旅游管理专业应用型本科规划教材

Tourism Psychology

旅游心理学

（第三版）

叶伯平　编著

清华大学出版社
北京

内容简介

本书分为五大部分：第一部分介绍旅游心理学学科的性质、研究对象和方法，简明扼要地阐述了普通心理学的基本原理；第二部分从心理视域上对旅游、休闲、旅游业、旅游产品与心理的关系做宏观研究；第三部分研究旅游者的决策心理和影响因素；第四部分研究旅游服务心理原理与服务心理艺术及其在旅游业中的运用；第五部分研究旅游企业员工心理、团体心理和领导心理。

本书理论体系完整，逻辑结构严密，观点鲜明，内容翔实，总结了旅游心理学的最新理论研究成果和实践经验，从而使本书既有理论的先进性和独创性，又有实践的实用性和操作性。

本书即可作为旅游高等院校（含高职高专）旅游管理专业、酒店管理专业、导游专业和餐饮管理专业的教材，也可作为旅游业中高级管理人员的业务用书和中等职业学校旅游管理专业教师的教学参考用书。

本书封面贴有清华大学出版社防伪标签，无标签者不得销售。
版权所有，侵权必究。侵权举报电话：010-62782989，beiqinquan@tup.tsinghua.edu.cn。

图书在版编目（CIP）数据

旅游心理学 / 叶伯平编著. —3版. —北京：清华大学出版社，2019（2025.3重印）
（旅游管理专业应用型本科规划教材）
ISBN 978-7-302-51523-4

Ⅰ. ①旅⋯ Ⅱ. ①叶⋯ Ⅲ. ①旅游心理学—高等学校—教材 Ⅳ. ①F590-05

中国版本图书馆CIP数据核字（2018）第254756号

责任编辑：邓　婷
封面设计：刘　超
版式设计：雷鹏飞
责任校对：黄　萌
责任印制：刘海龙

出版发行：清华大学出版社
网　　址：https://www.tup.com.cn, https://www.wqxuetang.con
地　　址：北京清华大学学研大厦A座　　邮　　编：100084
社 总 机：010-83470000　　邮　　购：010-62786544
投稿与读者服务：010-62776969, c-service@tup.tsinghua.edu.cn
质量反馈：010-62772015, zhiliang@tup.tsinghua.edu.cn
印 装 者：三河市人民印务有限公司
经　　销：全国新华书店
开　　本：185mm×260mm　　印　　张：16.75　　字　　数：450千字
版　　次：2009年7月第1版　2019年1月第3版　印　　次：2025年3月第6次印刷
定　　价：49.80元

产品编号：079499-01

编委会

编著 叶伯平

参编 林 敏　解海渊　易宏进
　　　　邱琳琳　孟玉婷　陈为新
　　　　张 杰　王梦之　刘 雪

前　言

在党的十一届三中全会的精神指引下,我国旅游业从小到大,成绩斐然,举世瞩目,形成了一个新兴的产业;我国已成为国际旅游业的大国,现正在向旅游强国发展。

2017年10月中国共产党第十九次全国代表大会确立的习近平新时代中国特色社会主义思想是中国特色社会主义理论体系的新丰富、新发展,是马克思主义中国化的新阶段、新飞跃,是在新的历史起点上进一步开创中国特色社会主义新局面,决胜全面建成小康社会,实现中华民族伟大复兴的中国梦必须长期坚持的指导思想。党的十九大为旅游业带来了前所未有的新机遇、新方向、新使命和新要求。

40年来,中国旅游发展路径基本是以建设景区、景点、酒店为主,称为"景点旅游发展模式"。这种模式催生了中国现代旅游发展的初级阶段,并呈现了排浪式和井喷般的发展局面。但是,旅游业发展到今天,已经到了全民旅游和个人游、自驾游为主的大众旅游时代,旅游消费不断升级,传统的以"抓点"方式为特征的景点旅游模式,已不能满足现代大众旅游发展的需要。随着大众旅游时代的到来,我国旅游综合管理滞后、有效供给不足、市场秩序不规范、体制机制不完善等问题日益凸显。为不断提升旅游业现代化、集约化、品质化、国际化水平,更好地满足人们的旅游消费需求,2018年3月9日经国务院同意,发布的《关于促进全域旅游发展的指导意见》(以下简称《意见》),提出了新时代旅游业的七个转变,要走全域旅游发展的新道路。《意见》对指导思想、基本原则、主要目标、产品供给、服务提升、基础配套和公共服务、绿色发展和共享发展、系统营销、规划指导、体制机制创新提出了要求,同时,加大投融资机制、财政金融和用海用地政策支持力度。其对实施"人才强旅、科教兴旅"战略,大力发展旅游职业教育,推进旅游基础理论、应用研究和学科体系建设,加快培养适应全域旅游发展要求的管理、技术技能人才提出了指导意见,是我们进行旅游研究、旅游教育的纲领指南。

文化和旅游部副部长李金早在《当代旅游学》一书的前言中说:"产业理论与产业发展密切相关。一般来说,产业立,理论亦立;理论不立,产业难立。没有产业理论的产业发展是不可想象的;同样,脱离产业发展的产业理论,也是靠不住的。中国旅游的实践之蛹,快速成长,张力尽显,已成突破理论蚕茧之势。旅游实践之水,早已汹涌澎湃,巨浪滔天,而长久以来旅游理论之渠却未见端倪,亟待开凿。""产业发展需要理论指导支撑,产业发展的实践又丰富升华理论。"现代大众旅游的新特点要求人们对旅游和旅游业规律进行全方位的、深入的系统研究,反映当代旅游发展状况和特点,凝聚旅游业界的智慧,总结、提炼、上升为理论指导。"开凿理论之渠,澎湃实践之水",成为我们研究、实践旅游理论的专家、学者、政府官员和企业家、职业经理人的历史使命。旅游心理学产生于20世纪70年代末,最早散见于一些学者在报刊上发表的关于旅游中的心理问题研究的文章。1981年,美国CBI公司出版了由佛罗里达中心大学劳迪克·波普旅游研究所所长小爱德华·J.梅奥和商业管理学院副院长兰斯·P.贾维斯编著的《旅游心理学》。该书第一次从行为科学角度考察旅游和旅游业,从心理学角度分析研究旅游者的旅游行为,揭开了旅游心理学研究的序幕。20世纪80年代初以来,我国的专家、学者也相继开展了旅游心理学的研究,先后有一批教材问世。这些教材在吸收、借鉴国外理论的同时，注意结合我国国情和我国旅游业的实际，为我国旅游心理学的发展奠定了基础。上海旅游高等专科学校屠如冀教授于1985年主编了《旅游服务心理学》和《旅游心理学》教材，1996年又主编了《现代旅游心理学》教材，得到了香港旅游教育界同行的好评，成为中国许多高校旅游专业的专业基础理论教材。近20年来，更多的高校旅游专业老师编撰了旅游心理学教材，为构建中国特色的旅游学科做出了贡献。

笔者于20世纪70年代末就参加筹建上海旅游高等专科学校，从事旅游高等教育的管理、教学与科研工作；在40年的教学、科研与管理中，积累了大量的教学经验和案例，参与了《旅游百科全书》中的旅游心理卷与屠如冀教授主编的《现代旅游心理学》的编写工作，积淀与形成了具有特色的旅游心理学的理论体系。退休以后，笔者有了余暇时间进行系统的理论提炼与提升，在此基础上于2009年9月主编了《旅游心理学》（第一版），教材获得旅游高等院校和旅游业界的广泛认可，获得上海师范大学"精品课程"教材荣誉；2013年6月对全书的结构进行了较大的调整，再版了《旅游心理学》。在"迎接大众旅游时代"，全域旅游、"厕所革命"、"旅游+"、旅游外交、建设旅游强国"三步走"战略、优质旅游发展等旅游新生事物层出不穷，我国整体上进入以体验、休闲、度假为主的旅游新阶段，旅游者越来越重视质量效果、内心感受并及时进行评价分享，旅游者的消费心理日趋成熟并出现众多新的特点，而旅游理论研究、旅游基础教育还远远跟不上飞速发展的旅游业和人们对旅游美好生活的追求，缺乏与时俱进的科学理论和系统教材。在这样的时代背景下我诚惶诚恐接受了修订《旅游心理学》（第三版）的任务。这次修订，全书结构不做大的调整，只对部分内容做了修改与补充；注重吸收国家关于旅游的最新政策法规，旅游发展中的新形势、新业态、新情况与新产品，中外旅游管理与旅游心理理论的最新研究成果；进一步梳理了旅游心理的理论体系的逻辑结构，总结了贴近现代旅游企业的管理实践经验，力求体现理论系统性、教学创新性和实践应用性三大特色；同时，为体现旅游高等院校教育改革的思想和趋势，依照"原理先行、实务跟进、案例同步、实训到位"和"从抽象到具体"的原则，循序渐进地展开教材的内容，在"实用""应用"上下功夫，体现个性、凸显特色。为了帮助教师和学生实现更多的教学互动，编写完本教材后，笔者还准备编写配套的PPT课件与习题库，本书的使用者届时可与出版社联系。希望本教材对旅游企业的服务与管理，对旅游院校的学生掌握旅游心理起到一定的作用。

本教材以心理为主线，从心理视域全面观察、系统分析在旅游活动、旅游产业、旅游产品、旅游服务与旅游管理中的各种心理现象，力图揭示阐述其中的心理规律，为旅游业的发展提供心理理论依据。全书分为五大部分，第一部分（第一章）简略介绍旅游心理学学科和普通心理学的主要原理，第二部分（第二章）对旅游、休闲、旅游业、旅游产品及各种关系在心理视域上进行宏观分析研究，第三部分（第三、四章）研究旅游者的旅游决策心理及其影响因素，研究"人—现代人—旅游者"的发展历程，第四部分（第五、六、七章）研究旅游者的旅游需求、旅游服务心理原理与艺术及其在旅游业各要素中的运用，第五部分（第八、九、十章）研究旅游企业管理中的员工心理、企业团体心理以及领导心理。

本教材总结、融汇了笔者40年来在教学、科研中的理论见解与参与行业经营管理工作的实践经验，参考学习了其他学者、专家编著的相关教材（详见参考文献）和《中国旅游报》等刊物的相关文章，在此谨向有关文献的编著者与资料的提供者表示衷心的感谢。尤其要感谢我的学生：原任安徽合肥安港大酒店有限公司董事长、现任安徽邦诺资产管理有限公司总经理林敏先生，原任首旅集团酒店管理集团高管、现任安徽医健新安护理院有限公司总经理解海渊先生，北京新世纪青年饮食有限公司董事长兼总经理易宏进先生，原任酒店总经理、现任安徽煤监局安全技术中心党支部书记邸琳琳女士。近三十年来，无论是在学校时教学相长式的研磨探讨与刻苦学习，还是在酒店时彻夜畅谈管理实务与领导艺术，他们既是我的学生也是我的老师。他们丰富的职业经验，生动而鲜活的管理实践与领导艺术的案例，给了我许多理论上的启迪与实践上的支撑，我与他们结下了深厚的师生之情。现在，年已古稀的我在颐养天年、教学科研之余，又与林敏、解海渊先生共同创业"医护养服"四位一体的养老事业，立志把高星级旅游饭店的金钥匙服务理念和服务质量管理的实践运用到旅居、养老、护理事业中去，创造出一套具有中国特色的医养结合的温馨护理的经验与模式，形成护理品牌，建立连锁企业。同时，我也感谢我的同行辽宁建筑职业学院孟玉婷副教授和上海师范大学旅游学院/上海旅游高等专科学校陈为新副教授、张杰讲师，他们做了许多资料收集工作。感谢我现在的同事合肥医健新安护理院王梦之主管和刘雪护士，为全书做了 PPT 课件和练习题。更由衷地感谢清华大学出版社邓婷编辑的辛勤劳动，十多年来，在我多本教材的出版过程中，在申报"十二五"职业教育国家规划教材过程中，她给了我许多帮助和支持。

受笔者学术水平的限制，本教材不可避免地存在一些弱点、缺点和盲点，写得仍比较粗糙，权作一家之言抛砖引玉，笔者愿和从事旅游业、旅游高等教育的同行共同切磋琢磨。教材中不妥或疏漏之处，诚望国内同仁和广大读者不吝赐教指正。

叶伯平于上海寓所

目 录

第一章　学科概况与理论概述 / 1

  第一节　学科概况 ……………………………………………………………… 3
    一、旅游心理学概况 ………………………………………………………… 3
    二、普通心理学概况 ………………………………………………………… 7
  第二节　理论概述——人的心理与行为规律 …………………………………… 10
    一、人心 …………………………………………………………………… 10
    二、人性 …………………………………………………………………… 12
    三、人情 …………………………………………………………………… 13
    四、人行 …………………………………………………………………… 15
    五、人品 …………………………………………………………………… 19
    六、人脉 …………………………………………………………………… 21
    七、个性 …………………………………………………………………… 26
    八、人和 …………………………………………………………………… 28

第二章　心理视域析旅游 / 30

  第一节　旅游、休闲与心理 …………………………………………………… 31
    一、旅游、休闲与旅游业 ………………………………………………… 31
    二、旅游是一种生活方式与经历体验 …………………………………… 36
    三、旅游活动运行分析 …………………………………………………… 38
  第二节　获得幸福感是现代旅游者的终极目标 ………………………………… 42
    一、体验经济时代的经济心理化 ………………………………………… 42
    二、旅游产品的本质是心理体验 ………………………………………… 44
    三、服务的本质是人际情感交流 ………………………………………… 48

第三章　旅游决策心理 / 54

  第一节　旅游者是购买旅游产品的决策者 …………………………………… 55
    一、形成旅游者的各种条件 ……………………………………………… 55
    二、旅游者的旅游决策过程 ……………………………………………… 59
  第二节　旅游决策的内在动因 ………………………………………………… 60

　　　　一、马斯洛的"需要层次理论"与旅游决策 …………………………… 60
　　　　二、"单一性与复杂性的需要平衡理论"与旅游决策 …………………… 63
　　　　三、旅游动机 …………………………………………………………… 65

第四章　旅游决策影响因素研究 / 70

　　第一节　旅游知觉与旅游决策 ……………………………………………… 71
　　　　一、感知理论概述 ……………………………………………………… 71
　　　　二、旅游者对旅游条件的知觉 ………………………………………… 75
　　第二节　旅游态度与旅游决策 ……………………………………………… 78
　　　　一、态度理论概述 ……………………………………………………… 78
　　　　二、旅游态度、旅游偏爱与旅游决策 ………………………………… 80
　　第三节　人格与旅游决策 …………………………………………………… 82
　　　　一、人格理论概述 ……………………………………………………… 82
　　　　二、人格类型与旅游决策 ……………………………………………… 82
　　第四节　社会因素与旅游决策 ……………………………………………… 84
　　　　一、家庭与旅游决策 …………………………………………………… 84
　　　　二、社会阶层与旅游决策 ……………………………………………… 86
　　　　三、社会文化与旅游决策 ……………………………………………… 88

第五章　旅游者消费心理研究 / 92

　　第一节　旅游者共性消费需求心理与行为特征 …………………………… 93
　　　　一、旅游者旅游心理基本需求 ………………………………………… 93
　　　　二、旅游活动过程中不同阶段的心理需求和行为特征 ……………… 94
　　　　三、现代旅游者的心理特点与发展趋势 ……………………………… 95
　　第二节　旅游者群体消费需求心理与行为特征 …………………………… 96
　　　　一、境外客源国的民族心理 …………………………………………… 96
　　　　二、国内旅游者的区域心理 …………………………………………… 99
　　　　三、社会习俗中的喜忌心理 …………………………………………… 101
　　　　四、旅游者的社会角色心理 …………………………………………… 109
　　　　五、不同类别旅游者的消费心理 ……………………………………… 111
　　第三节　旅游者个性消费需求心理与行为特征 …………………………… 113
　　　　一、旅游者的个性类型 ………………………………………………… 113
　　　　二、旅游者的消费类型 ………………………………………………… 114

第六章　服务心理理论与服务心理艺术研究 / 117

　　第一节　服务心理理论——"四双理论" ………………………………… 118
　　　　一、双关系理论 ………………………………………………………… 118

　　　　二、双服务理论 ·· 121
　　　　三、双因素理论 ·· 122
　　　　四、双满意理论 ·· 124
　　第二节　服务心理艺术 ·· 125
　　　　一、形象悦人，印象深刻 ·································· 125
　　　　二、舒适方便，符合人性 ·································· 126
　　　　三、平等待客，一视同仁 ·································· 128
　　　　四、特别关照，富有人情味 ································ 129
　　　　五、声情并茂，溢于言表 ·································· 132
　　　　六、诱导理智，互补交往 ·································· 139
　　　　七、准确敏捷，高效快速 ·································· 141
　　　　八、客我满意，双胜无败 ·································· 143

第七章　服务心理在旅游业中的运用 / 148
　　第一节　旅行社服务心理 ······································ 149
　　　　一、旅行社服务概述 ······································ 149
　　　　二、游览活动设计心理 ···································· 150
　　　　三、带队讲解服务心理 ···································· 151
　　第二节　旅游交通服务心理 ···································· 155
　　　　一、旅游交通是旅游的先决条件 ···························· 155
　　　　二、旅游交通服务中的心理因素 ···························· 158
　　第三节　饭店服务心理 ·· 159
　　　　一、饭店氛围服务心理 ···································· 159
　　　　二、饭店前厅服务心理 ···································· 161
　　　　三、饭店客房服务心理 ···································· 161
　　　　四、饭店会展服务心理 ···································· 163
　　第四节　餐饮服务心理 ·· 164
　　　　一、顾客饮食需求分析 ···································· 164
　　　　二、塑造餐厅形象、突出餐饮特色 ·························· 165
　　第五节　旅游商品销售服务心理 ································ 169
　　　　一、旅游者购物心理 ······································ 169
　　　　二、旅游商品中的心理因素 ································ 170
　　　　三、旅游商品销售服务心理 ································ 171
　　第六节　景区景点服务心理 ···································· 173
　　　　一、宣传品服务心理 ······································ 173
　　　　二、景区景点服务心理 ···································· 174

　　　　　三、景区游客管理 ································· 175
　　第七节　休闲康乐服务心理 ······························· 176
　　　　　一、休闲康乐内容 ································· 176
　　　　　二、休闲康乐心理功能 ····························· 179
　　　　　三、旅游者休闲康乐心理 ··························· 179

第八章　旅游企业员工心理研究 / 181

　　第一节　员工个性管理 ··································· 182
　　　　　一、心理视角析管理 ······························· 182
　　　　　二、气质与管理 ··································· 183
　　　　　三、性格与管理 ··································· 184
　　　　　四、能力与管理 ··································· 186
　　第二节　员工行为管理 ··································· 187
　　　　　一、激励与强化期望行为 ··························· 187
　　　　　二、预防与矫正问题行为 ··························· 195
　　第三节　员工健康管理 ··································· 197
　　　　　一、心理健康与管理 ······························· 197
　　　　　二、工作疲劳与恢复 ······························· 204

第九章　旅游企业团队心理研究 / 207

　　第一节　团体理论 ······································· 208
　　　　　一、团体概述 ····································· 208
　　　　　二、团体心理效应 ································· 210
　　第二节　团队建设 ······································· 212
　　　　　一、团队组织建设：法治 ··························· 212
　　　　　二、团队心理建设：德治 ··························· 216
　　第三节　团体关系 ······································· 220
　　　　　一、人际关系 ····································· 220
　　　　　二、团体关系 ····································· 220
　　　　　三、人际沟通 ····································· 221
　　　　　四、非正式团体 ··································· 225

第十章　旅游企业领导心理研究 / 228

　　第一节　领导科学 ······································· 229
　　　　　一、领导概述 ····································· 229
　　　　　二、领导理论 ····································· 234

第二节　领导艺术 …………………………………………………… 239
　　　　一、中国人与中国文化 …………………………………………… 239
　　　　二、"两手"艺术：严字当头 …………………………………… 240
　　　　三、"两手"艺术：爱在其中 …………………………………… 245

参考文献 / 250

第一章 学科概况与理论概述

学习目标

通过本章学习，应达到以下目标：
1. 知识目标：了解旅游心理学的研究内容、研究意义与研究方法，了解普通心理学的历史、基本内容、心理的本质。掌握人的心理与行为的基本原理和规律。
2. 技能目标：熟练掌握旅游心理学的各种研究方法，重点掌握观察人的技巧。
3. 能力目标：能运用人的心理与行为的基本原理来了解、解释、预测与调控人的心理与行为。

导入案例

【案例 1-1】"金钥匙"服务哲学的力量

2017 年 11 月 18 日，合肥医健新安护理院隆重举行加入中国金钥匙国际联盟组织的挂牌仪式。这家护理院遵循"让患客快乐地、有尊严地活着，活长，活好"的企业使命，贯彻"做到满意，赢得惊喜，创造感动，产生信赖"的核心护理理念，提出"人人都是 VIP，个个都是金钥匙"，为患客提供"医护养服"四位一体的医疗保障和温馨护理的质量标准体系。

护理院全体员工秉承中国金钥匙的"先利人后利己，用心极致，满意加惊喜，在客人的惊喜中找到富有的人生"的服务哲学，指导、践行护理工作，不断创造着惊喜与奇迹。患者出现了七个转变：临终的转变成活着了，病重的变轻了，插管子的可以不必插了，卧床的可以坐起来了，坐轮椅的可以走动了，住院的可以出院了，去世的有尊严地走了。区政府官员考察了护理院的业绩，高度评价护理院："抓住了社会的痛点，填补了行业的空白，补齐了社区的短板，解决了家庭的难题，赢得了民生的好评。"

一、医——做到满意。"瞿奶奶活了！"

2017 年 10 月 17 日，护理院迎来了一位从安医大二附院重症监护室转来的临终病人瞿奶奶。当时瞿奶奶是被 120 的平车直接推送到病房的（二附院诊断是脑出血后遗症，病情危重），身上插着鼻饲管、导尿管以及吸氧管，医生给她检查身体时发现好多部位有溃烂，立刻就下了特级护理的医嘱。瞿奶奶刚入院的前几天，护士就整日整夜监护，观察生命体征和病情变化。业务副院长高教授亲自查房、仔细观察，确诊瞿奶奶为帕金森综合征，调整了治疗方案，使病情很快得到了控制。在护理院，每一位患者都有特定的护理计划。瞿奶奶鼻饲饮食的总量、营养、能量都是医生和营养师根据她的病情和恢复情况合理制订的。护士尽心尽责护理，鼻饲、膀胱冲洗、会阴护理、口腔护理、红外线治疗、2 小时定时翻身等护理措施面面俱到。护理员 24 小时陪护，处理大小便，翻身拍背等生活护理。经过

10天的细心呵护，瞿奶奶开始会说话了。"当时我和平时一样来看望她，走的时候就随口跟妈妈说了句'我走了'，没想到当我快走到门口的时候，护士把我叫回来，说奶奶会说话了，只听见妈妈微微说了句'走吧'，当时我特别激动，好久没听她开口说话，这次真是让我感到惊喜，很感激这里的医护人员对妈妈的细心照顾。"瞿奶奶的女儿说。当瞿奶奶的儿子过来看望时，瞿奶奶已经能很清楚地说"你来了"。儿子很激动地说"我已经很久没听到妈妈讲话了"，并为母亲拍了一张照片留作纪念，也表达了对医护人员的感谢。责任护士杨阿婷说："瞿奶奶现在的病情日益好转，身上的各种管子都已经陆续拔除了，能坐起来喝水、吃饭了，有时候我们还带奶奶出去逛逛空中花园，晒晒太阳。"

二、护——赢得惊喜。"金钥匙"迎来了"南丁格尔"！

2017年9月9日，护理院大堂举行了一场隆重而热烈的入住仪式："金钥匙"迎来了"南丁格尔"。90多岁的汪赛进奶奶是护理界的老前辈，曾获得过第36届南丁格尔奖，是安徽省唯一一位由国家领导人授奖的获奖者，为安徽省护理事业做出了突出的贡献。汪奶奶的到来不仅是对护理院的认可，更是一种促进。她的儿媳妇吴丹女士是安医大二附院护理部主任。"我从事护理工作好多年，考察了多家养老机构，始终犹豫不决。当我来到合肥医健新安护理院时，让我感动的不是医疗技术，而是他们的细致入微和精明强干，无论是基层保安还是院部高管，都时刻让我们有惊喜，所以我就果断选择了这家护理院。"吴丹激动地说。汪奶奶患的是阿尔茨海默病，精神状态不是很稳定。护理院邀请上海有经验的老年病协会的两位护理专家到护理院进行护理指导和教学，制订有针对性的护理方案。汪奶奶发病期间，睡眠作息时间很不稳定，护士和护理员不分白天黑夜，细心照顾，让汪奶奶得到了无微不至的关怀。家属来看望时意味深长地说："老妈今生有幸，能遇到如此用心的服务和精心的照护。"很多汪奶奶的老同事，也是护理界的老前辈，他们前来看望时，对护理院的护理给出了很高的评价并给予了细致的指导。在汪奶奶入院之前，金钥匙成员对汪奶奶的家庭情况、生活习惯、宗教信仰、以往病史和人生经历做了深入细致的了解，做了定制化服务的方案。汪奶奶病房的醒目处摆放着她与国家领导人的合影及她撰写的护理著作，鲜花盛开，处处弥漫着家庭般的温馨。她喜欢热闹，护士们就常带她去人多的地方讲话，为她鼓掌，让她感到自豪；她热爱护理工作，护士们就常围着她向她请教，让她找回当年的感觉；她喜欢听歌，就让会唱歌的护理员唱给她听，让她感到愉快、开心。

三、养——创造感动。"林爷爷又回来了！"

林金魁爷爷脑出血导致左侧偏瘫，口齿不清，大小便失禁，肌张力三级，不能自主活动，正处于关键的恢复期。住院后，康复科医护人员为他定制了康复理疗和针灸推拿治疗方案。康复医师李瑜说："刚开始治疗时，我们到床边给林爷爷针灸、理疗和言语刺激，然后逐渐加强治疗。现在林爷爷能在护理员的搀扶下，到康复科做基础的步行步态训练、平衡功能和偏瘫肢体综合训练了。有时，我们还陪林爷爷打牌、玩跳棋、下象棋、捏橡皮泥等，让他肢体功能得到锻炼和恢复。"精心治疗20天后，林爷爷的病情大有好转，家人就带着他转院。在其他医院治疗期间，林爷爷由于找不到像我们护理院一样充满爱心且又细心的医生、护士与护理员，就执意要回来，不然拒绝治疗，于是家人把林爷爷又送回到我们的护理院。"当林爷爷再次看到我们的康复团队时，激动得热泪盈眶，仿佛又回到了亲人身边一样，一直拉着我们的手不停地说话。"那一刻，康复科的医护人员们也红了眼睛，因为他们得到了最好的礼物——患者的信任。"三个月来，我老伴恢复得非常好，说话清楚了，能下床站起来走路了，他在这里的每天都很开心。护理院的护理让我们太放心了！"林爷爷的老伴柯阳英开心地说道。

四、服——产生信赖。"有尊严地走了！"

2017年11月3日，在金钥匙成员的陪同下，护理院迎接了一位肝癌晚期的病人——吴祥华。来时老人的病情非常严重，已经是人生的最后阶段。护理院刚处于试运转阶段，要不要接受临终病人呢？护理院高管经过激烈讨论，去除杂念，最终决定接受老人入住，提供临终关怀的安宁护理。"舒患者之痛，缓家属之忧"，对吴老采取姑息治疗法，对家属进行心理慰藉。经过三天的精心护理，最终老人安详逝世。护理院虽有临终预案，但年轻护士们难免紧张。护理部陈凤主任亲自带领年轻护士为老人擦身、穿衣，院长、主任相关领导干部亲临病房为老人集体道别，肃立、默哀、鞠躬——让吴爷爷有尊严地体面离世。悲痛的家属在一旁用手机记录了这感人的一幕，"没有一家护理院有像你们这样贴心的护理、临终的告别，让老人安详而有尊严地走了！"吴爷爷家属感动地说。在吴爷爷去世两天后，家属还未处理完后事，却赶来为护理院送上了一面"精心护理，仁心仁德"的锦旗。

五、践行贯标金钥匙服务理念——用心极致。"我的后事拜托你们了！"

第一位入院的夏爷爷，退休前是省财政厅的老干部、老党员。入院前，在省三甲医院办理了遗体捐赠手续，并让儿女们集体签字，到公证处办了公证。来院一周后，夏爷爷看到护理院的"用敬业之心、做专业之事、成伟业之功"的创业精神，非常感动。他将自己的后事做了安排，写了讣告，大致内容有：去世后，不办丧事、遗体捐赠、缴纳最后一次2万元的党费。他怕自己去世后，儿女不执行遗嘱，就亲手将签好字的遗嘱与讣告交到院长手中，拜托护理院在其逝世后监督家属执行，患者的信赖令我们动容。

在护理院还住着许多有传奇经历的老人，他们都有着许多感人的故事。邹爷爷不善言辞，但喜欢十大元帅，金钥匙服务就赠予邹爷爷一本十大元帅的书。邹爷爷常给其他老人们讲十大元帅的故事，心情也变得开朗了。肖奶奶是前图书馆馆长，喜欢看书，入院时带了一箱书，每天翻看。女儿起初不放心，在病房陪伴七天后感慨地说："我考察过青岛、合肥好多家护理院，通过这几天的相处，我觉得合肥医健新安护理院是最令我满意的一家，值得我们托付，新安护理院一定会成为行业的标杆。"马爷爷喜欢写字，有时还教护理员认字，每天拿着笔在本子上写三字经、百家姓。护理院的老人们相处融洽，经常一起下棋、聊天、锻炼，党的十九大召开时，他们积极学习，畅所欲言，纷纷发表感想……在住院期间，有好多老人亲自写了感谢信，家属也给护理院送上了一面面锦旗。一病区护士长王春影在总结自己与小姐妹的护理工作体会后，提炼了"四像"服务的理念："像对待父母一样孝顺，像对待子女一样爱护，像对待朋友一样友善，像对待领导一样尊敬。"如今，这个理念已被院部列为新安护理院的十大护理理念之一。

第一节　学 科 概 况

一、旅游心理学概况

（一）旅游心理学的研究内容

旅游心理学是研究人们在旅游活动中的心理与行为规律的学科，是一门新型的应用性边缘学科。

1. 旅游者心理

旅游者是旅游活动的主体，旅游心理学研究"人—现代人—旅游者"做出旅游决策的心理过程及各种影响因素，研究旅游者在旅游活动各个阶段、各个环节中的共性心理需求、团体差异心理需求与个性心理需求。

2. 旅游服务心理

针对旅游者的消费需求心理，旅游心理学研究在导游服务、旅游交通服务、酒店服务、餐饮服务、会务服务、旅游商品销售服务、景区景点服务、休闲康乐服务等方面的服务心理原理和服务艺术，提供富有人情味的服务。

3. 旅游企业员工心理

旅游服务具有工作时间长、体力和脑力负荷量大、突发事件多、心理压力大、工作要求高、与旅游者关系复杂等特点，旅游心理学研究旅游企业员工的心理活动特点、应具备的心理品质，锻炼和培养良好的心理品质，提高服务质量与工作效率。

4. 旅游企业管理心理

旅游心理学研究旅游企业内的员工个体心理、团体心理与领导心理，调动员工的工作积极性，增强团队的凝聚力，提升领导的影响力，发挥管理的最佳效能，创造性地实现组织的目标。

5. 旅游目的地居民心理

旅游心理学研究旅游地居民心理的理论依据、心理发展历程以及研究方法、旅游地居民心理的影响因素、国内外不同的旅游地居民分类，找出其发生、发展、变化的规律，为政府制定旅游政策、旅游开发商决策、旅游地构建和谐稳定的社会秩序等提供理论依据。

6. 旅游资源开发及旅游设施建造中的心理问题

针对旅游者的心理需求，旅游心理学研究旅游资源开发、旅游设施建造、配置等与旅游者的关系，精心考虑和建造旅游设施、开发旅游资源，使旅游者的旅游活动更舒适、更愉快。

（二）旅游心理学的研究意义

1. 有利于提高旅游服务质量

通过学习旅游心理学，把握旅游者的心理和行为特征，掌握服务心理的原理与艺术，使旅游资源具有吸引力，旅游设施设备具有好客性、人性化，旅游服务富有人情味，让旅游者"满意、惊喜、感动和信赖"。

2. 有利于提高员工的心理素质及职业素养

根据产品—人品—企品的"三品"理论，提供高质量的服务产品，关键在于有一支高素质的员工队伍。员工良好的心理素质和职业素养很大程度上取决于旅游心理学的应用水准。学习心理学可以帮助员工提高自身的职业素养与心理素质，帮助各级管理者正确对待员工需求，激励员工的工作积极性，打造一支具有凝聚力的高效团队。

3. 有利于提高旅游企业经营与管理水平

企业经营在于"定位"与"聚焦"，旅游心理学研究不同个性、阶层、文化、群体的旅游者的心理和行为规律，对旅游市场进行细分，明确企业经营方针，改善经营措施，制订经营策略，生产有针对性的旅游产品，不断扩大市场份额。同时，根据员工心理、团队心理和领导心理，进行严爱结合的科学管理和领导艺术，有助于管理者提升管理水平，提高领导能力。

4. 有利于科学合理地安排旅游设施和开发旅游资源

遵循心理学的基本原理进行旅游"硬件"的开发与建设，使旅游设施和旅游资源具有强大的吸引力，让旅游者在旅游活动中身心得到极大的满足。

5. 有利于推动社会形成健康的旅游观念与旅游行为

旅游观念往往是自发的，自在而不自知；其影响是潜移默化的，自动而不自觉。旅游观念受社会文化制约，进步的旅游观念会引导旅游者采取健康、正确的旅游行为，推动旅游业健康和谐地发展。在国内外地旅游中，我国少数旅游者"脏、吵、强、粗、俗、窘、泼"的不文明、不礼貌、不卫生的形象与旅游观念密切相关。旅游心理学的研究对全社会推动、培养、树立进步的旅游观念与健康的旅游行为有着积极的影响。

（三）旅游心理学的研究方法

旅游活动是综合性很强的社会现象，旅游者是特殊的社会群体，具有构成上的复杂性，时间上的短暂性，空间上的流动性，个性上的差别性，行为上的随意性等特点，因此在研究旅游心理学时必须坚持客观原则、发展原则、系统原则和理论联系实际的原则。研究方法上与普通心理学既有共同之处，又有不同之处，要学会灵活运用。

1. 观察法

（1）含义。"听其言、观其行、察其意、究其实"。观察法是在自然条件下，有目的、有计划、系统地观察旅游者的语言、表情、动作等外部行为表现，进而分析其内在心理活动规律的一种方法。观察法是心理学研究中最一般、最方便、最普遍使用的一种研究方法。

（2）形式。按照不同标准可分类为：对个体的观察和对群体的观察，长期跟踪观察和短期定期观察，针对性观察和随机性观察，全面观察与重点观察，自然观察与条件观察，公开观察与隐蔽观察，人工观察与机械观察，等等。

（3）特点。优点是被观察者心理表现自然真实，操作比较简便，花费较少，缺点是观察的信息有一定的消极性、被动性和偶然性；观察到的是表面现象，较难揭示本质或因果规律；受个体差异的影响，观察结果需要进一步验证；此外，为了使观察得来的资料真实、可靠，要求观察的对象数量大，涉及面广，所需投入的人力和时间必然较多。所以，观察法最好与其他方法结合起来使用。

（4）途径。观察的途径主要有以下几种。① 观察面部表情。人类学家达尔文认为，面部表情在人类各种文化中表达的都是同样的情绪状态，是超越语言的传播媒介之一。人的面部表情是反映内心情感状态的外在线索，喜怒哀乐等情绪变化均可在面部有所反映。细心观察人的眼神变化，可以窥见其心理状态。如较长时间炯炯有神地注视某人或某一事物，说明对其产生了浓厚的兴趣；如闭目养神，沉默不语，说明已感疲劳需要休息；目光不与人接触或有意避开，说明害羞或害怕；正在传达坏消息、诉说痛苦的事情也可能避免目光的接触；眼睛直直地盯着人，表示威胁、恐吓。微笑是热情的表现。② 观察衣冠服饰。衣冠服饰能显示人的社会等级、工作职业、性情爱好、文化修养、信仰观念、生活习惯及民族地域等信息。文化修养较高的学者、教授，戴眼镜的较多，有书卷气，衣着款式不随波逐流，喜欢深色的衣服；公务员、公司职员或企业家、商人讲究效率，给人以精明能干、守信、处事严谨的印象，衣着多为挺括的西服或夹克；演艺界人士大多衣着高雅华丽，显得光彩照人。英国人、日本人一般衣着讲究，显得彬彬有礼；美国人衣着较为随意，不拘一格。佩戴饰品也是其身份的象征，如胸戴十字架多表示宗教信仰。戒指戴在中指是"在恋爱中"，戴在无名指上是"已婚"，戴在小指上则表示"独身"。③ 观察言语特点。"听话听声，锣鼓听音"。根据口音和语种可以判断人的所属地区、职业和性格。"三句话不离本行"的人，表明他对他的工作非常专注和熟悉；讲话准确、洗练，注意词语修饰的是文化修养较高的人；讲话快速是急性子，慢条斯理、阴声细气是性格内向。豪放的人，语多激扬而不粗俗；潇洒的人，言谈举止生动而不随便；谦虚的人，语言含蓄而不装腔作势；宽厚的人，言必真诚直爽而多赞扬；善交的人，言谈开朗而好说话；博学的人，旁征博引、话有重点而简要；图虚名的人，言好浮夸；刻薄妒恨的人，言好中伤；言语啰唆者，多为逻辑思维紊乱。④ 观察体态动作。谦虚的人，躬身俯首，微缩双肩，力求不引人注目；高傲的人，挺胸腆肚，摇头晃脑；矫揉造作的人，娇滴滴地装模作样；好媚的人，卑躬屈膝，约露奸笑。手势也有丰富的含义，激动时手舞足蹈，不安时手足无措，平静时动作很小。手脚麻利，步态轻捷的人，多为性格外向、豪爽明快的人；步态正规而精神，则可能是公务员或军人；步履轻盈、挺胸收腹者，可能是演艺人员；步态缓慢而无力，表明此人此时生理或心理上有疲惫感；步态轻松自如，则表明其心情愉快。⑤ 观察生活习惯。港澳客人喜欢数字"8"，欧美客人忌讳"13"。办公与生活用品摆放整齐有序，体现此人有条理性、效率高、办事细心认真，但也可能是刻板固执；用品凌乱，说明此人个性随便、要求不高或自由散漫、工作欠条理、有头无尾；有客人来时整理有序，过后就不然，说明此人个性聪明，但很懒惰或较随便。⑥ 观察其他行为方式。如观察笔迹、办公室及办公桌的整洁、观察行李用具等。

2. 访谈法

（1）含义。调查者面对面地与受访者进行交谈，以口头信息沟通的方式来了解人的动机、态度、个性和价值观念。此种方法具有直接性、灵活性、适应性、回答率高、效率高等特点。当然，访谈人员的谈话技巧、认知程度、人格特征等因素会直接影响调查的结果，有时访谈结果缺乏真实可靠性。

（2）形式。① 结构式访谈。调查者根据预定目标事先拟定谈话提纲，向受访者逐一提问、回答。优点是访谈条理清楚，调查者能控制访谈过程，所得资料较系统，节省时间。缺点是受访者易感被动、拘束，缺乏主动思考，易使访谈双方缺乏沟通和交流，因而影响所得信息的深刻程度。② 无结构式访谈。调查者与受访者双方以自由交谈的形式进行的调查活动。事先没有固定程序，不局限访谈范围，不限定时间长短，气氛轻松，便于交流，受访者在不知不觉中会吐露心中的真情实感。但是，这种访谈要求调查者有较高的访谈技巧和经验，否则难以控制谈话过程，从而影响访谈目标的实现。③ 个人访谈。调查者向单个受访者的访谈，优点是面对面访谈便于随机应变，如情景合适可以增加询问问题，不合适可提前结束访问；通过情感交流鼓励对方发表意见，以增加信息量。缺点是花费时间多，费用高，访谈数量有限，受调查者个人素质制约大。④ 小组访谈。调查者以召开座谈会的方式向一组受访者进行的访谈，人数3~8人较为合适，要有代表性。优点是节约时间，减少耗费；气氛活跃，相互启发。缺点是如调查者缺乏控制能力，会议容易偏离主题；与会者的相互影响，会妨碍持不同意见者发表个人见解，整理座谈资料的难度较大。

（3）注意要点。① 明确目的。调查者应根据调查要求和受访者的特点，事先明确访谈的内容和范围，并在访谈过程中紧紧围绕目的进行。② 讲究方式。应根据受访者不同的社会背景和心理特征，采取相应的漫谈、提问、商讨等方式，使受访者在轻松愉快的环境中说出自己的真实想法。谈话时要察言观色，随机应变。③ 争取信任。调查者态度要诚恳，方式要恰当。介绍自己身份，说明访问目的，尊重对方意见，承诺为其保密。访谈中不应涉及无关的、个人隐私的问题。结束后应对受访者表示感谢或赠送小礼品。④ 直截了当。提问直接明了，言简意赅，争取少费时间，获取有效信息。

3. 问卷法

（1）含义。调查者将其所要调查的事项制成问卷，请被调查者按要求填答，从而做出比较、分析、统计。一般用于无法直接测量的认知、情感、态度、需要、动机、爱好等心理活动内容。问卷中的问题质量高低对调查成功与否起着决定作用。

（2）形式。① 封闭式问卷。提供了回答问题的多种答案，供答卷者选择其中一个或多个答案的一种问卷。优点是易于量化处理，便于统计分析；缺点是受已有答案限制，不能充分反映被试的思维深度。设计的问题形式有：a. 选择式。将问题的几种可能答案统统列出，让答卷者选择符合自己情况的答案。形式有单项选择、双项选择与多项选择几种。

b. 判断式。提出一个问题让答卷者做出是非取舍。c. 排列式。答卷者对问题的多种答案，依其喜欢、满意程度排序。例如：请把以下海滨城市按你喜欢的程度排序：青岛、大连、深圳、海口、福州、秦皇岛。② 开放式问卷。只给出问题，不限定答案的范围，答卷者根据自己的理解酌情回答。开放式问卷可更多地反映被调查者对问题的思维深度和答案外的多种看法，但也会提供一些无关信息，同时，对分析和统计也会有一定的困难。

4. 资料统计法

依据有关统计资料对相关问题进行分析和研究。这种方法因其便利性与准确性而被广泛使用。常用于了解旅游者的国籍、年龄、职业、收入等人口统计学上的背景因素。现代信息网络的发达，为资料统计法提供了极大的便利。

5. 实验研究法

由于旅游活动的特点，一般较难采取实验室研究法。自然实验法是根据一定的研究目的，在旅游活动中控制某些条件，在被试者不察觉的情况下进行实验，因而具有较强的现实意义。但由于活动现场的各种条件比较复杂，很多因素很难予以排除或在一定时间内保持恒定，往往需要有一个周密的实验计划和坚持长时间的观察研究才能成功，因此，需要投入大量的人力和物力。

6. 案例研究法

案例研究法又称个案法，是指研究者结合某个旅游业的实际情形，对其发展过程进行全面的、长时间的、连续的观察、调查、了解，在掌握各方面情况的基础上进行分析、整理，总结出其中的规律，使之成为典型案例，用于教学、科研与服务，指导实际工作。

7. 心理测试法

根据测试的目的和需要，选择合适的测试量表，让被测试者根据量表的每个问题进行回答，事后对测试结果进行统计、分析、评定，给出一定的结论。常用于对人的人格、智力、能力、兴趣等心理素质与服务行为的关系测试。由于专业性很强，一般由专业机构来进行测试。

8. 其他方法

中国人在长期的生活实践中总结出了许多判断他人心理的途径、策略和方法，如时间考验法（路遥知马力，日久见人心）、危难考验法（危难时刻见真情）、利益考验法（利动小人心，义动君子心）以及世态考验法（通过在他人的穷富、成败、盛衰等变化过程中去考察其态度，以识别其真实人格）等，可以用其去辨别他人的真假善恶。

二、普通心理学概况

（一）心理学的历史

人是"万物之灵长，宇宙之精华"，"人的心理是宇宙中最美丽的花朵"。"心理学有一个悠久的过去，却只有一个短暂的历史"，德国实验心理学家艾宾浩斯认为心理学是一门既古老又年轻的学科。

1. 心理学的产生

曾有人比喻，心理学的产生和发展，哲学是父亲，生理学是母亲，而生物学是媒人。自有人类以来，人们就对自身心理活动进行不断地探索，最早这种探索是在哲学框架下进行的。早在两千多年前，古希腊的苏格拉底、柏拉图、亚里士多德等哲学家就将人类的本性、本能、心灵、感觉、意识等问题作为哲学上的主要概念进行研究。中国春秋战国时期，诸子百家对人性等问题进行探索，如孟子的"性善论"，荀子的"性恶论"。但这些研究是思辨的、猜想的，缺乏客观的研究方法，没有形成科学的心理学理论，因此只能称为哲学的或思辨的心理学。19世纪以来，自然科学得到迅速发展，生理学、生物学等学科得到了长足的发展，启发了人们的思维，刺激人们寻找研究心理的新方法，出现了一批尝试用实验的方法研究人的心理现象的探索者，德国生理学家、哲学家威廉·冯特是其中的杰出代表。1879年，他在莱比锡大学建立了世界上第一座心理学实验室，用科学实验的方法来研究人的心理现象，标志着心理学的独立与诞生。因此，冯特被誉为心理学之父，1879年被称为心理学的独立年份，心理学成为一门科学的学科。

2. 心理学的发展

心理学形成伊始发展至今，有六大流派：19世纪有以冯特为代表的构造主义学派，以詹姆士、杜威为代表的机能主义学派，以韦特海默为代表的格式塔心理学派等三大流派，而著名的、有影响力的新三大流派形成于20世纪。

（1）精神分析学派——内因论：本能论。20世纪20年代精神分析心理学的创始人是奥地利精神病医师弗洛伊德，他强调潜意识的重要性，认为本能是人的心理的基本动力。他认为，人的心理分为两部分：意识与潜意识。潜意识不能被本人感知，它包括原始的盲目冲动、各种本能以及出生后被压抑的动机与欲望。他把人格分为本我、自我、超我三部分：本我是与生俱来的，包括先天本能与原始欲望，执行的是"快乐原则"；自我是人格的执行者，处于本我与外部世界之间，执行的是"现实原则"；超我是"道德化了的自我"，包括良心与理想两部分，执行的是"理想原则"，指导自我去限制本我的冲动。三者通常处于平衡状态，平衡被破坏，则导致精神病。精神分析学派重视潜意识与心理治疗，扩大了心理学的研究领域，并获得了某些重要的心理病理规律，但弗洛伊德的本能说、泛性论和人格结构论等主要理论，遭到了20世纪30年代中期以沙利文、霍妮、弗洛姆为代表的一批心理学家的反对，强调文化背景和社会因素对精神病产生和人格发展的影响，形成了新精神分析学派。

（2）行为主义学派——外因论：环境论。① 早期行为主义学派。1913年产生于美国，创始人是华生。该学派认为科学研究应从观察开始，而人的心理是无法观察的，可观察、可研究的只是人的行为。人的行为产生在于外部的刺激，提出了"刺激—反应"论（S—R）的行为公式。② 新行为主义学派。代表人物是创立了"强化理论"的美国心理学家斯金纳。他们认为，有机体不是单纯地对刺激做出反应，在外部刺激和人的行为反应之间，必须有一个"中介"因素"O"，这就是个体的心理，使行为主义的模式成为"S—O—R"。认为人的行为产生不仅取决于刺激的原因，而且还取决于行为的结果，对行为的结果加以强化会导致这种行为的重复产生，这就是强化理论，用公式表示为"R—S"。

（3）人本主义学派——内因论：潜能论。美国心理学家马斯洛和罗杰斯于20世纪五六十年代创建。认为人的行为由内在的潜能所决定，主张研究人的价值和潜能的发展，"心理学应该关心人的尊严和人的提高"。

一个多世纪以来，人们对自身心理活动的规律已经有了较深入的认识，并且能够利用心理活动的规律去指导实践活动，心理对人类来说已不再是神秘而不可捉摸的了。如今心理学已经有了很大的发展，并形成了其主干学科和众多的分支学科。

（二）人的心理的实质

1. 心理是人脑的机能

现代科学表明，人脑是人的神经系统的核心部分，是人的心理活动的物质载体。脑是心理器官，没有大脑就没有心理活动。

2. 心理是客观现实的反映

人的心理是对客观现实的反映，是人脑与客观现实相互作用的结果，客观现实是心理的源泉和内容。客观现实不依赖于人的意志而独立存在，包括自然界和社会环境，而对人的心理与行为具有直接影响的则是人生存的周围环境，即人的现实社会生活条件。

3. 实践活动是心理发生发展的必要条件

大脑是心理产生的物质基础，客观世界是心理产生的外部源泉，但并不意味着一定会产生心理活动。人只有在实践活动中，通过人和客观事物的相互作用才能产生心理。

4. 人的心理具有自觉能动性

心理的自觉能动性表现在人对反映的对象、进程及其结果都可以清楚地意识到。同时，已有的主观世界（知识、经验、个性特点、心理状态等）会对现实反映的事物产生影响，在正常的情况下，不同的主观世界对同一事物常有不同的反映，而这种反映是人积极作用于客观世界过程中进行的，人同时丰富着自己的主观世界，也不断认识、改变与创造着客观世界。

5. 心理的社会历史制约性

人是生活在社会之中，其心理的发生与发展必然受到自然与社会的制约和影响。而人的本质在于社会特质，因此人的观念、习惯、心理必然受其所处的社会环境、历史条件和社会方式的影响与制约。

（三）心理学的基本内容

心理是心理现象、心理活动的简称。普通心理学是研究人的心理活动及其规律的科学，基本任务是揭示心理活动的本质和发生、发展的规律。

1. 心理动力

心理动力系统决定着个体对现实世界的认知态度和对活动对象的选择与偏向，主要有需要、动机、兴趣、爱好、理想、信念与价值观等心理成分。

2. 心理过程

研究人的心理活动是如何产生、发展的。人脑对现实的反映过程，有知、情、意三大心理过程，三大过程是统一的、联系的，表现于心理过程的不同方面。

（1）认识过程（知）。人们通过感觉器官对客观事物进行感觉、知觉、记忆、思维、想象和注意等心理活动。感觉是人脑对客观事物的个别属性的反映，知觉是人脑对客观事物的整体属性的反映。把感知了的信息在"大脑仓库"中进行储存、加工和整理，并在一定条件下重新回想起来，这就是记忆。思维是人脑对客观事物本质特征的间接的、概括的反映。想象是用过去感知的材料来创造新形象的过程。注意是心理活动对一定对象的指向和集中。

（2）情感过程（情）。在认识基础上，人对客观事物能否满足人的需要而产生的心理体验，如满意、厌恶、喜欢、反感等心理活动。由情绪（生物性）与情感（社会性）构成，内在的情绪或情感的外部表现是表情，表情通过言语、身体动作表现出来。

（3）意志过程（意）。有意识地确立目的，调节和支配行为，并通过克服困难和挫折，实现预定目的的心理过程。常把受意志支配的行为称为意志行为。

3. 心理状态

心理活动在一段时间里表现出的相对稳定的持续状态，如情绪活动时的心境、激情与应急；意志活动时的忧郁、果敢等；感知活动注意时的聚精会神、漫不经心。

4. 心理特征

人在认知、情绪和意志活动中形成的那些稳固的经常出现的个性特征，包括能力、气质和性格。

也有学者认为心理现象包括心理过程与个性心理两个方面：心理过程包括知、情、意三大心理过程，是人的心理的共性方面；个性心理包括心理倾向（动力）与心理特征，是人的心理的个性方面。个性心理是在心理过程中发生、发展的；已经形成的个性心理又对心理过程起着调节作用。心理过程和个性心理相互影响、相互制约。

（四）精神的力量

1. "两个飞跃"的认识论

毛泽东的哲学思想认为：存在决定意识，人的正确思想来源于社会实践。人们在社会实践中从事各项活动，有了丰富的经验，有成功的，有失败的。无数客观外界的现象通过人的眼、耳、鼻、舌、身这五个官能反映到自己的头脑中来，开始了感性认识。这种感性认识的材料积累多了，就会产生一个飞跃，变成理性认识，这就是思想。这是整个认识过程的第一个阶段，即由客观物质到主观精神的阶段，由存在到思想的阶段。这时候的思想（包括理论、政策、计划、办法）是否正确地反映了客观外界的规律，还不能确定，然后又有认识过程的第二个阶段，即由精神到物质的阶段，由思想到存在的阶段。这就是把第一个阶段得到的认识放到社会实践中去，看这些理论、政策、计划、办法等是否能得到预期的成功。一般说来，成功了的就是正确的，失败了的就是错误的。人们的认识经过实践的考验，又会产生一个飞跃。这次飞跃比起前一次飞跃意义更加伟大。因为只有这一次飞跃，才能证明第一次飞跃究竟是正确的还是错误的，此外再无别的检验办法。一个正确的认识，往往需要经过由物质到精神，由精神到物质，即由实践到认识，由认识到实践这样多次的反复，才能够完成。这就是辩证唯物主义的认识论。

2. 精神的力量

物质与精神是认识生命的过程中，两个互相依存但处于不同空间的要素。物质是须臾的、脆弱的、杂芜的，精神是永恒的、坚实的、纯净的。提升生命的质量最可靠的力量不是物质而是精神，小到决定一个人人格的优劣，大到决定一个民族和国家文明的兴衰。精神质量可以改变个人与世界的命运。精神的力量有多大？马克思在《黑格尔法哲学批判导言》中从理论上阐述了规律："批判的武器当然不能代替武器的批判，物质的力量只能用物质来摧毁；但是理论一经掌握群众，也会变成物质力量。"能征善战的拿破仑在实践方面留下了答案："世上有两种力量：利剑和思想；从长而论，利剑总是败在思想手下。"

第二节　理论概述——人的心理与行为规律

一、人心

1. 心理作用

（1）手脚是由大脑支配的，行为是由心理决定的。人的行为是由身体来执行，由心理来支配的。① 驱动作用。人的需要是行为的源泉与归宿，求满足的欲望是行为的内驱力。② 导向作用。人的认识活动是导向系统，通过选择行为的对象和方式来实现。③ 调节作用。人的意志活动是制动系统，管"刹车"的，不该做的事情坚决不做。

（2）行为失误的心理原因。① 在正常情况下，人总是会有各种各样欲望需求的，总是想采取行动来满足自己的需要；因此，行为失误不应该从心理的驱动作用上来找原因，而要从心理的导向作用与制动作用上去分析。② 没有选择正确的对象和合理的方式来满足需求，或是违反自然规律，或是违反社会对人的要求。③ 没有发挥心理的导向作用就"轻举妄动"，选错目标，方式不对，鲁莽行动。④ 该"刹车"时不"刹车"，明知不对却还不改，撞到南墙不回头。⑤ 过多制动，一味克制、过分压抑自己的欲求，在行动上一事无成，在心理上造成沉重负担。

2. 心行关系：表里关系

（1）表里关系。① 表层：行为。行为是心理的外在表现，具有外显性，看得见、听得到。人通过说（言语）、做（表情、动作）来表达内心的各种信息，并在社会生活中起作用。② 里层：心理。心理像个黑箱，是支配行为，隐藏在行为下面的，让他人看不见也听不到的"里层"东西，具有内隐性。

（2）表里一致。行为与心理处于表里一致状态时，心里怎么"想"，嘴巴就怎么"说"，身体就怎么"做"，情绪就怎么"表现"，这时人的意识行为与潜意识行为是一致的。处于表里一致时，了解一个人内心太容易了，一听就知道，一看就明白。

（3）表里不一。由于"超我""自我"对"本我"的调控，由于社会规范的制约，由于人出于环境约束而进行的自我保护，不少情境下人的心理与人的行为表现并不一致。这种"表里不一"是人的文饰现象。人懂得掩饰，懂得恰当地压抑、调节自己的行为表现，是人的社会化成熟的表现。处于表里不一时，了解他人就难了，必须下一番"由表及里、由此及彼、由浅入深"的功夫来揣摩、推测、分析与研究内在心理，弄清楚种种行为是由什么需要来驱动的，由什么理由来控制的。这时，人的意识行为与潜意识行为是不一致的，潜意识的行为表现了人的真实心理，而意识行为则是克制文饰出来的。

3. 心理结构：浅深两层

"人的心里怎么想，只有他自己知道"。其实对于自己"心"中怎么想，我们自己也并不完全知道，这是因为我们的内"心"世界，有深、浅两个层次。

（1）心理浅层：意识层。意识是被人意识到的心理，本人能够察觉到的内心世界的想法。人的意识层容量是有限的，在任何时候，人的意识总是他的心理活动全部内容当中的很小一部分，只有少量的东西才能够被人意识到。

（2）心理深层：潜意识层。① 潜意识含义。当时没被意识到，而以后有可能被意识到的，或者曾经被意识到过，而目前还没有被意识到的心理，也就是自己也觉察不到、意识不到的想法。② 潜意识的构成。a. 被忽视的内容。在特定情况下，我们碰到许许多多的刺激不可能同时加以注意，而只能选择其中很小的一部分加以注意，而对大多数的信息则"不见、不闻、不知"，"意识不到"它们存在，但却可以进入并储存于头脑中的潜意识层，成为潜意识的一部分。b. 被遗忘的内容。我们能够记住的东西很多，但在同一时间能回忆、想起来的东西却有限。所谓遗忘，实际上是指那些被储存于潜意识层的东西已经很难再回到意识层来了。c. 被压抑的内容。人的心理有避免痛苦的趋向，为了使自己的心灵不受伤害，人就会把使自己痛苦的事情驱逐到潜意识层去，并且不允许它们再回到意识层来，这就是压抑。连想也不再想的称为压抑，而想说的不说、想做的不做、想表达的不表达，这些称为克制。d. "自动化"行为。通过后天学习成为熟练的习惯性行为，由潜意识支配。e. 尚未充分显露的萌芽状态的东西。人们常常不知道自己的一些想法是怎么形成的，它们似乎是突然从什么地方"冒出来"的，实际上是在潜意识中逐渐形成，然后从潜意识跑到意识中来的。f. 人的原始情绪及本能行为。③ 潜意识的作用。a. 储存作用。是意识的仓库，把暂时没想到的意识储存到潜意识层中。b. 缓冲作用。把痛苦的事情排斥到潜意识中去，暂时忘了难受。c. 自动化调节作用。潜意识层是人的内心世界的一个"自动控制装置"。人的行为不仅自觉地受浅层的意识支配，而且不自觉地受深层的潜意识的支配，潜意识常常在不知不觉中左右着里层的意识与表层的行为，减轻了意识的负担。

（3）浅、深关系。"心，流也。"人的心理是会流动的，当它从潜意识层流向意识层，这时被我们意识到了，成了"意识"；当它流出意识层，深藏在潜意识层，我们就意识不到了，成了"潜意识"。心理的流动实际上是意识与潜意识的交流。

二、人性

1. 人的本性是"趋利避害"

（1）人性：趋利避害。《史记》曰："天下熙熙，皆为利来；天下攘攘，皆为利往。"《韩非子》曰："夫安利者就之，危害者去之，此人之情也。"管子曰："人之情，逢利莫不趋之，逢害莫不避之。"人的本性是趋利避害、趋吉避凶、趋乐避苦——这是人最基本的需要，最基本的人性与人之常情。

（2）两种心理倾向：有所趋、有所避。① 进取。就是对那些有利于自己的东西做出"趋向""就之"，即走近、朝向的反应，是缩短与对象的距离，是一种正倾向、取向性的倾向，为了寻求更多、更好、更高层次的心理满足，通俗地说有所希望、有所趋求、有所图。② 防卫。就是对那些有害于自己的东西做出"回避""去之"，即离开、躲避、害怕的反应，是一种负倾向、防卫性的倾向，为了躲避和抵挡各种伤害，通俗地说有所恐惧、有所回避、有所怕。回避即加大与对象的距离，可以通过消极的"撤退型"回避来实现，也可以通过积极的"进攻驱逐型"回避来实现。进取与防卫这两种倾向之间的关系有相辅相成的一面，也有矛盾冲突的一面。

（3）利、害分析。根据马斯洛的需要层次理论（详见第三章的内容）与阿德弗的"ERG理论"（详见第八章的内容），利与害，不仅表现在低级的生存需要上，还表现在中级的交往需要和高级的成长需要上，这样理解才是全面科学的。低层次的生理需要、安全需要获得满足，人就会产生安全感、舒适感与方便感，即生理与心理上的快感；如得不到满足则会产生不舒适感、不方便感、不安全感。爱与归属需要获得满足，人就会产生亲切感；如得不到满足则会产生孤独感。高层次的尊重需要、自我实现需要获得满足，人就会产生自豪感；如得不到满足人则产生自卑感。而在每一层次需要的满足上，人都要获得新鲜感，单调的、刻板的生活环境和生活方式，会使人产生枯燥、单调、乏味感或厌倦感。身心受到威胁，会使人产生不安感；对目标的趋求不能如愿以偿，会使人产生挫折感；失去了自己所珍惜的或习惯了的东西，会使人产生失落感。所有这些安全感、舒适感、方便感、亲切感、自豪感、新鲜感都是"利"，是人所要追求的美好快乐的体验；而所有那些不安感、不适感、孤独感、自卑感、挫折感、失落感、厌倦感等都是"害"，是人所要回避的痛苦的体验。

（4）满足以"获得感"为指标。判断一个人的需要是否已经得到满足，只有他本人的感受才是最可靠的指标。只有当本人"感到"满足时，他才"真的"得到了满足；只有当他有了"满足感"时，他才真的得到了"满足"。人的需要可以在物品、经历、感受这三个不同层次上来加以描述。在物品层次上的描述最为具体，得到的满足也最容易忘却；在感受层次上得到的满足体验最为深刻。幸福与痛苦不是根据所拥有的"物"和所经历的"事"而获得，而是根据人在生活中的"心情"和得到的感受或体验来判断的。

2. 人生幸福

（1）幸福与道德。幸福是人的价值得到一定实现，人的需要得到合理满足，人生发展获得某种完满所达到的一种生活境遇及其所产生的积极肯定的心理体验，是客观生活境况和主观心理体验的有机统一。无论是客观的福祉还是主观的幸福感，都是由多种因素组成。中国自古以来就有五福之说，"五福临门"寄托了天下百姓的美好心愿。《书经》中"五福"："寿、富、康宁、攸好德、考终命"，即长寿、富贵、康宁、好德、善终。长寿是命不夭折而且福寿绵长；富贵是钱财富足而且地位尊贵；康宁是身体健康、内心安宁、家庭安康祥和；好德是生性仁善而且宽厚宁静；善终是临终时，没有祸害、病痛与烦恼，能安详、有尊严地离开人间。五福合起来才能构成幸福美满的人生。"德者，福之基也"，强调道德是人类幸福的基础所在。在民间的门额或门匾上也多有题写"厚德载福""德门福庆""德茂福盛"之类的吉祥词语，体现了民间百姓的德福关系观。古希腊哲学家亚里士多德认为，真正的幸福"是他的合于他自身的德性的实现活动"，强调幸福归根结底在于人自身而不是外在之物，是以满足人的内在理性、道德、精神之需求而不断实践的活动。德国古典哲学家康德说："我作为知性世界成员的活动，以道德的最高原则为基础，我作为感觉世界成员的活动，则以幸福原则为依据。"把幸福原则置于道德原则规定之下。按照亚里士多德和康德的看法，"物质财富增长为何未给人们带来更大的幸福感"这一困扰人心的问题，只有置于道德的尺度下才能有解。[①]

（2）幸福感三要素。人的幸福感的心理体验由三种心理感受构成：① 亲切感。亲切感是在人与人的"接触"中得到的一种满足。对于人来说，亲切感是一种不可或缺的心理上的"营养素"，是由那些能接受我们、欢迎我们、关心理解我们的人带来的。亲切感是对"身心接触"的需要（更多的不是"体"的接触，而是"心"的接触），是对广义的爱的需要。② 自豪感。就是自己对自己满意。觉得自己是一个有价值的、尊重他人也被他人尊重的人，值得自己和别人来爱的人。③ 新鲜感。是一种对生命力的感受。不仅新奇，而且鲜活；鲜活比新奇更为重要，含义更为丰富。只有那些鲜活的、活泼活跃的、活生生的、充满了活力的东西，才是名副其实的"新鲜"的东西，才能给人带来长盛不衰的新鲜感。人之所以感到幸福，是因为他拥有许许多多的亲切感、自豪感与新鲜感的感受和体验。

（3）人生难题：趋避冲突。趋求幸福、回避痛苦是人的本性。不舒适感、孤独感、自卑感、挫折感、不安全感、失落感、厌倦厌烦感都是人们所要回避的痛苦体验。人对痛苦的回避常常会妨碍人对幸福的追求。人对幸福的追求与对痛苦的回避这两种欲望之间的冲突，是构成人生难题的最基本的心理因素。解决人生难题的途径有二：一是努力去改变自己的处境，战胜面临的各种各样的对手和困难；二是努力使自己适应环境。人生道路实际上既有幸福，又有痛苦；只有经历痛苦，才能得到幸福；要在困难中坚持对幸福的趋求。

三、人情

1. 情绪与情感

（1）情绪与情感的含义。情绪与情感是人对客观事物是否满足自己需要的态度的体验。

（2）情绪的特征。情绪具有：① 两极性。如在动力性上的增力与减力，激动度上的激动与平静，强度上的强与弱，紧张度上的紧张与轻松等两极。② 扩散性。自己在某一时段的情绪影响了其他时段的情绪称为情绪的内扩散；人与人之间的情绪影响称为情绪的外扩散。③ 机体外部表现性。情绪会在身体外部上表现出来，一是言语表情，在言语的音调、强度、节奏和速度等方面的表现；二是非言语表情，包括脸部表情与体态表情，通过人的神情、举止等方面来表现。旅游者的情绪具有兴奋性、感染性、易变性、敏感性、多虑性和即时性等特征。

[①] 王荣发. 道德是幸福之基[N]. 上海解放日报, 2013-06-15.

（3）情绪的功能。情绪具有：① 信号功能。传递信息、沟通思想。② 动机功能。对内驱力会产生放大和增强的作用，从而更有力地激发有机体的行为。③ 调节功能。对其他线路活动起着协调、促进或瓦解、破坏作用。这种作用大小与情绪强度有关。④ 适应功能。它是有机体生存、发展和适应环境的重要手段。

（4）情绪与情感的分类。情绪按内容分有基本情绪（快乐、愤怒、恐惧和悲哀）与复合情绪；按状态分，即按发生的强度、速度和持续时间分，有心境、热情、激情与应急。情感可分为道德感、理智感和美感。

（5）情绪与情感的构成。① 认知层面：主观体验。个体对不同情绪和情感的自我感受。同一个人会因为不同情境产生不同的自我感受，不同的人在同样情境下也会产生不同的自我感受。② 生理层面：生理唤醒。因情绪和情感而产生的生理反应，是人体的一种内部生理反应过程。不同的情绪其反应也不同的。③ 表达层面：外部行为。当情绪、情感产生时会伴有外部反应过程，会体现在身体姿势和面部表情上。在评定一个人的情绪时，这三个部分缺一不可，只有三者同时活动、同时存在，才能构成完整的情绪体验过程。

2. 人情味

人情味是一种情感体验。当人际交往能感受到亲切感与自豪感时，就会产生人情味。要使对方感受到人情味，自己首先要富有人情味，同时要善于表现自己的人情味。使人产生亲切感与自豪感的措施详见第六章的服务心理艺术的内容。

3. 情商

（1）情商的含义。情商就是情绪智力，是一种准确地评价、表达和调节情绪的能力，是使人获得成功的非智力因素。情商是认识管理自己的情绪和处理人际关系的能力，是测定与描述人的"情绪情感"的一种指标。

（2）情商的内容。概括为四句话：① 认识自己的情绪：能准确全面地认知自己的情绪，这是情绪智力的核心。② 控制自己的情绪：能按照某一目标调节控制自己的情绪，使之适时、适地、适人、适宜、适度。③ 了解别人的情绪：能敏锐感受他人情绪的能力，这是最基本的人际交往能力。④ 尊重别人的情绪：通过采取各种方法尊重别人的情绪，与他人建立和谐的人际关系。

（3）情商的作用。情绪会影响人的行为方式。利令智昏，"情"也会令人智昏。人在大喜大怒时不决策，这时的决策往往会失误。据美国心理学家研究，一个人成功与否，从个人角度分析，智商只占30%，而情商要占70%。当一个人与别人在一起时，他的情绪状态如何就不再纯粹是他个人的事情了，他的喜怒哀乐会通过对别人的感染而产生一种社会效果。人与人之间情绪感染的作用有时是强大的，甚至是不可抗拒的。具有良好情商的人在人际交往时绝不能"陷"在自己的情绪里而忘掉自己的职责，必须对自己的"情绪变化"及其"社会影响"有高度的自觉和敏感。

（4）智、情关系。① 智商高、情商高，这种人"春风得意马蹄疾"，事业兴旺发达。② 智商平平情商高，这种人有贵人相助。③ 智商高、情商低，这种人怀才不遇，"老牛掉在水井里，有劲使不出"。④ 智商低、情商低，这种人碌碌无为，平庸终生。

4. 旅游业员工的情感要求

（1）良好的情感倾向。各种情感要先利客人、先利事业，后利自己。对生活和工作充满乐观，对人具有爱心和同情心，热情、坦率、真诚。具有人文情怀，懂得关爱他人。

（2）深厚的情感强度。对客人与工作有浓厚的热情。

（3）持久的情感时效。保持积极、乐观、稳定而持久的情绪。

（4）较高的情感效能。把情感转化为积极学习、努力工作的动力。

（5）很强的情感自控。培养良好的心境，学会掌控自我激情的各种方法。

四、人行

1. 行为公式——行为是人与环境的函数

（1）人的行为是可改变的。人的行为是随着人的因素（其中最重要的是心理因素）和环境因素的改变而改变的。研究人的心理与行为一定要在人的心理、人的行为与人所处的环境这三者的相互联系中来加以研究。同样的人，环境变了，行为会有相应的改变。同样的环境中，人变了，行为也会有相应的改变。人的行为改变，或者改变自己，使自己适应环境；或者改变环境，使环境适应自己。

（2）个人因素影响：因"人"而异。人的行为会受到个人的先天生理素质、后天身体状况、健康程度等生理因素的影响，受认知、情感、意志、兴趣、需要、动机、态度、价值观以及个性特征的气质、性格、能力等心理因素的影响，还会受到个人的出身、经历、知识、职业、家庭、社会阶层等社会文化因素的影响。所以，人的行为要因"人"而异。

（3）环境因素影响：因"境"而异。环境是人的行为的诱发因素，是人所趋求或所回避的对象。环境的作用：一方面能诱发人的行为，提供满足人的需要的对象或设置障碍、阻挠人们满足自己的需要，即对人的行为产生吸引力或排斥力的正影响或负影响；另一方面也能制约行为的后果。人的某种行为是否出现，与其"诱因"有关（这就是行为科学中的刺激—反应论）；而这种行为是否重复出现，成为习惯行为，则与其"后果"有关（这就是新行为科学中的强化理论）。人的行为会随着所处环境的改变而改变，一个人在不同的环境下会有不同的行为方式。环境因素有宏观环境与微观环境、人文环境与物理环境、"过去"环境与"未来"环境（人们对将要发生的事情所抱的期望和人们为自己所树立的目标会影响现在的行为）、"前因"环境与"后果"环境等。

2. 行为动力理论

（1）行为动力模式：需要—动机—行为—目标。需要产生动机，动机趋向行为，行为指向目标，目标实现需要获得满足。行为的成败取决于行为的"动力"与"模式"两方面。一个人要把工作干好，一是要肯干：有行为动力；二是要会干：掌握正确的行为模式。事物产生一靠内因（内驱力，决定因素），二靠外因（诱因，吸引力，相关条件）。

（2）内驱力。需要和动机是人的行为的内在动力。① 需要。a. 含义。需要是个体在一定的社会条件下，为了获得某种满足而产生的意愿和欲望。人在生理上、心理上缺少某种东西而产生的紧张、骚动、不安的一种主观状态，为了消除身心紧张，恢复心理平衡，人一定会采取某种行动。需要，一是缺乏，感到有"不足之感"；二是期望，还需有"求足之感"。需要是行为的源泉与归宿。需要是一个人的基本生理机能，需求是用来满足一种需要的特殊消费方式。b. 特点。需要具有对象性、多样性、制约性、差异性、周期性和发展性。c. 分类。可分为自然需要和社会需要，物质需要和精神需要，低层次需要和高层次需要，现实需要和潜在需要，生存需要、交往需要、发展需要和成就需要，等等。缺乏性需要通过"索取"来满足，用回避来描述；成长性需要属于"完美感需要"，只能通过"奉献"来满足，如表1-1所示。② 动机。a. 含义。动机是引起和维持个体活动，并使活动朝向某一特定目标的内在动力。需要与欲望是强度不同，欲望与动机是方向不同。需要是潜在的欲望，欲望是激化了的需要，动机是有了一定方向（即找好了对象）的内驱力。b. 产生。动机产生的必须条件，一是需要，二是满足需要的对象，三是个体对符合需要的对象的知觉。不同的需要会产生不同的动机，相同的需要受到不同环境因素的影响也会产生不同的动机。c. 分类。原始动机与习得动机，内在动机与外在动机，主导动机与辅助动机，自然动机与社会动机，有意识动机与无意识动机，根据特殊领域所做的区分，如成就动机、利他动机、攻击性动机等。d. 动机与行为的关系。有动机不一定有行为，因为行为产生还需要其他因素，如客观环境条件；有些行为则没有动机，如受迫行为；同一动机可产生好几种行为表现；同一行为也可受多种动机驱使。

表 1-1 需要的分类[①]

	生存与安全（缺乏性需要）	满足和兴趣（成长性需要）
属于身体方面的	回避饥饿、渴、缺氧、过度的热、冷和疼痛、膀胱、结肠太满、过度的肌肉紧张、疾病与其他不舒服的身体状态等	获得愉快的视、听、味、嗅、触等感觉；身体的舒适；肌肉运动；有节奏的身体运动等
属于与环境的关系	回避危险的、可怕的、丑陋讨厌的物体；寻找为将来的生存和安全所需要的物体；保持一个稳定、安全、可靠的环境	获得快乐的占有、创造和发明的东西；理解环境；解决难题；参加各种游戏和比赛；探索环境中的新异和变化等
属于与别人的关系	回避人与人之间的冲突和敌意；维护社群成员的资格、威信和地位；遵守一定团体的规范和社会准则；掌握和控制别人等	从人们或集体中获得爱和积极的确认；从与别人的交往中得到快乐与接纳归宿感；帮助和谅解别人；能独立等
属于自己方面的	在把自己与别人或与理想的我比较时，回避产生自卑感和失败的情感；回避有失身份；回避羞愧、有罪、害怕、焦虑等情感	获得自尊和自信感；自我表现；成就的情感；被人挑战的情感；建立道德的和其他的价值观；发现自己在宇宙中的有意义的地位等

（3）吸引力与排斥力。① 诱因。对人有吸引力的、可以诱发某种行为的外部对象，即可以用来满足人们需要的行为目标。诱因具有激励和导向作用，促使需要变为欲望，欲望变为动机。但诱因只有在自我调节的作用下，意识或预期到其存在和意义、价值的时候，它才可能转化为个体内在的行为动因。目标可以是外界实在的对象，也可以是理想或精神的对象。目标可以自设，也可外部要求。目标只有在个体理解与接收时才会转化为动力。因为目标的作用，使人的心理有"进取"和"防卫"两种倾向，从而产生了进取性行为与防卫性行为。② 吸引力（正诱因）与排斥力（负诱因）。目标若能满足人的需求，则对人有利，产生正能量，称为正诱因，形成吸引力，人就会产生趋求行为，趋向行为目标。目标若不能满足或影响、损害人的需求，则对人有害，产生负能量，成为负诱因，形成排斥力，人就会产生回避行为，躲避或远离行为目标。吸引力与排斥力虽然完全相反，却可以同时存在。人的某些行为是正、负诱因共同起作用的结果，前者"推"，后者"拉"。如果正、负诱因存在于同一事物之中，它们就会对人的行为起相反作用，产生心理冲突。③ 心理冲突。由于诱因有正负力量，各种诱因之间也会存在矛盾，这就会引起心理冲突。a. 趋避冲突。当同一个目标既能够满足需要、有吸引力，同时又会带来威胁，有某种伤害性时，既包含正诱因，又包含负诱因，趋近和逃避这一目标的动机同时存在，并相互冲突。它是日常生活中遭遇最多，而又最难解决的一种冲突。b. 双趋冲突。同时存在两个具有相似吸引力的目标，但又"鱼与熊掌不可兼得"，必须放弃其中一个目标时，就会在心理上产生难以做出取舍的内在冲突。c. 双避冲突。同时存在两个都有害的目标，而现实又迫使我们必须选择一个，这会给心理上带来很大压力，并由此产生强烈的心理冲突，导致挫折感产生。d. 多重（或双重）趋避冲突。同时有两个或两个以上的目标，而每一个目标既有益又不利时，人既想接近它又想躲避它，出现了双重趋避冲突。心理冲突的解决关键是对利弊的权衡，寻找自己最大的利益点。④ 摩擦力。人们在决定行为时，为要付出的代价而产生的种种顾虑。这种代价有经济上的、时间上的，也有体力上的、心理上的。代价越大，顾虑就越多；顾虑越多，摩擦力就越大。吸引力有可能被排斥力与摩擦力削弱甚至抵消。⑤ 压力。"铁人"王进喜说："井无压力喷不出油，人无压力轻飘飘。"人的行为产生需要有一定的压力。a. 外部压力。通过有形的规章制度和无形的舆论氛围给人产生心理压力。人在外部

[①] 吴正平，阎刚. 旅游业心理学[M]. 北京：旅游教育出版社，2015.

压力下产生的行为是被迫的。外部压力归根到底要靠内部的自我压力起作用。b. 内部压力。人有两种心理紧张，一是内驱力，二是内心压力。内心压力是通过道德、良心、价值观而产生的自我约束。内部压力下的行为是自觉的。⑥ 调节力。自我调节介于内在动机与外在诱因之间，是联结需要、动机与目标之间的桥梁。通过自我调节作用，内在动因被激发并获得了朝向目标的方向与能量；外在诱因转化为内在动力因素，成为行为的动机。自我调节有四个阶段：a. 认知。通过认知了解目标的意义与价值及实现的可能性，从而唤起需要，形成动机。同时，也可调整目标，使其切实可行。b. 评估。人对自己能够进行某一行为的能力的判断或推测，这种评估会直接影响到动机水平。c. 意志。对行为进行发动或制止的自觉性、果断性、坚韧性和自制性。d. 反馈。通过反馈对后继行为产生动机作用。行为目标实现，人的需要得到满足，紧张得到缓解，心理恢复平衡，人就体验到满足感；若未达到目标，需要没有得到满足，心理仍处于失衡状态，就会产生不满感，又叫挫折感。内心体验到的满足感或挫折感，都会反馈到行为模式的起点，于是一个完整的行为模式周期结束了。此种反馈可以是积极的或是消极的，对产生新的需要和动机，开始新的行为周期会起到不同的强化作用（强化理论详见第八章的内容）。

3. 中介原理（公式 S—O—R）

（1）"刺激—反应"理论（公式 S—R）。人与环境是相互作用的过程：环境作用于人，人又反作用于环境。在心理学中，常把环境对人的影响或作用称为刺激，把人的行为看成是人对刺激所做的反应。环境影响是刺激，在前、为因，人的行为是反应，在后、为果，有什么样的刺激就会有什么样的反应，构成了"刺激—反应"理论。

（2）心理活动是中介。但为什么同样的刺激却会产生不同的反应呢？因为在外部刺激和人的行为反应之间，必须有一个"中介"因素"O"，这就是个体的心理活动，中介原理的公式成了"S—O—R"。刺激引起的反应要以人的心理活动作为中介来进行调节，来自环境的影响并不直接决定人的行为，对人的行为直接起作用的还是人的心理因素，一是人的想法，二是人的感受。一事当前，我们总是要想一想，然后再做出反应。我们的嘴巴与手脚都是由我们的头脑来指挥的，有不同的想法与感受，就会有不同的行为反应。人具有不同个性、不同需要和不同知识经验，使人对来自同样的环境影响产生了不同的想法与感受，因而做出不同的反应。

（3）中介调节过程。① 理解。人是根据自己对刺激的理解来做出反应的，不同的理解会产生不同的想法，做出不同的反应。而对当前所遇情境的理解是以人的过去的知识经验为根据的。② 体验。体验是在情绪反应的基础上产生的感受。理解和体验，想法和感受，动脑筋和动感情是相生相克，很不一样的。人动脑筋时可能很理智、很平静；而动感情时就不平静了，身心就会发生波动。动感情才能使人真正"动"起来，才能使人的行为具有强大的动力。要打动人心，就要让人动感情。情感由认识"生"出来，对它起推动、促进作用，也会起干扰、妨碍作用。③ 期待。它是人对尚未发生的事情所抱的希望，或所做的准备。现实与人的期待常常是有差距的，因此需要进行调节。④ 选择。理解、体验、期待所起的作用都要通过选择来实现。人对环境以及自己做出的行为反应都是有选择的，以趋利避害为前提。控制必须选择，不加选择就是失控。自控或他控人的行为，实际上是对自己或别人的选择施加影响，做出所期待的选择。

4. 优势原理（优势需要、主导动机）

众多心理活动中，人的行为主要取决于当时的心理活动中占优势地位的心理因素，占优势地位的心理因素改变了，行为也会有相应的改变。以人的需要来说，某一时刻有某一时刻的优势需要，某一时期有某一时期的优势需要。一个人所想的、所做的多半是与满足他的优势需要有关的东西和事情。"牵牛要牵牛鼻子，拿衣要拿衣领子。"事物有矛盾，矛盾有主要方面与次要方面，做事情要抓主要矛盾与矛盾的主要方面。做人的工作，首先要了解人的优势需要与主导动机，然后用合理的对象恰当地去满足人的优势需要，人的行为就能得到控制。需要、动机在人的心理活动中占优势地位或不占优势地位的原因是多方面的，与心理的联想有关，与外部的刺激有关，需要仔细探究。

5. 趋谐原理

（1）心理状态：和谐与失谐。① 心理和谐。影响决定行为的两个最重要的心理因素是"需要"与"理由"。要解释人的行为，第一要弄清楚产生这种行为是为了满足什么需要，第二要弄清楚选择这种行为来满足需要的理由是什么。因为人有需要，世界上各种各样的东西就和人有了不同的利害关系。需要获得满足，人就感到快乐，感到心满意足；得不到满足，人就感到不适，甚至痛苦。人是有理智的。理智就是不仅要满足需要，而且还要获得合理，使自己的行为在他自己与别人看来有正当理由。心理和谐是既感到心满意足（需要满足、目标实现），又感到心安理得（言行得理）；既追求满足，又追求合理。所谓"心安理得"，实际上是"得理"才能"心安"。② 心理失谐。当人们感到需要没得到满足，目标未达到，理想未实现，前景受挫折，未被环境接纳，自己行为不合理时，等等，都会出现失谐的心理状态。人常常会在"求满足"与"求合理"之间产生矛盾，也就是感情与理智的矛盾。

（2）心理规律：趋向身心和谐。人的心理活动和行为是极其复杂且变化多端的，但是有一点是肯定的：人总是在追求（或者说力图保持和恢复）和谐的心理状态。人们在生活中有一种有秩序和一致性的需求，趋向身心和谐是人的心理活动和行为固有的趋势。当一个人的身心不平衡时就会产生强烈的紧张感，为了缓解身心紧张，人就会自觉或不自觉地采用种种正当的或不正当的方法来取得身心的平衡。趋向身心和谐，从正面来说是要达到和谐平衡，从反面来说是要改变失谐失衡状态，恢复和谐平衡状态。人的生理和心理平衡和谐，身心才会安宁、愉悦与健康。生理上，个体必须不断补充一定的物质和能量才能生存，如食物、睡眠、热量等，这些物质和能量的摄入量由体内复杂的生理系统进行调节，新陈代谢，从而维持人的生理平衡状态。人既有物质的满足又有精神的满足，如爱、求知、审美、尊重、自我实现需要等。心理上，当需要与现实、理智与情感、信念与行为不一致、不平衡、有矛盾、有冲突时，人更会产生一种心理紧张感。为减少这种不愉快、不协调的紧张心理状态，人便会通过各种途径，采用各种方法来平衡身心，达到和谐状态。人的心理与行为就是在"不平衡—平衡—新的不平衡—新的平衡"中螺旋式地发展。

（3）心理调节：改变心理失谐的途径。面临矛盾，人可以做出不同的选择：① 放弃不合理的行为，避免由于不合理的行为而受到舆论的谴责和良心的责备；② 坚持这种不合理的行为，但要找到一个"合理"的借口，让自己、让别人都相信它是合理的。于是对不合理的行为重新加以解释，把它解释成"合理"而心安理得。在趋谐过程中，人们应当采取合法、合理、合情的行为方式，而不应采用不合法、不合理、不合情的行为方式来达到心理平衡。

6. 习性原理（学习理论）

（1）人的两类行为。① 天性行为。它又称本能行为，是不需要后天学习，由先天遗传而获得的行为。② 习性行为。它又称习得行为，是通过后天广义的学习而获得的行为。

（2）学而知之。人类的绝大部分行为都包含了某种形式的学习，也就是说，人类行为的许多变化都要受到学习过程的影响。学习是一种历程，既可以是认知学习，也可以是行为学习。学习有可能经历简单的、偶然的，甚至是无意的学习，这是简单学习。对抽象的概念、观念以及如何解决复杂问题的学习属于复杂学习。在复杂学习过程中，人必须是主动的、积极的，并需要付出较大的认知努力。

（3）学习的基本构成要素。① 动机。动机是以需要和目的为基础的，动机对学习产生激励作用。动机越强，学习积极性越高，持续的时间也会越长。② 暗示。动机激励学习，暗示则为动机指向的确定提供线索。③ 反应。根据刺激或暗示采取的行动就是反应。但如何反应，在很大程度上将依赖于以前的学习，即以前的反应是否得到了强化以及如何被强化。④ 强化。详见第八章的强化理论的内容。⑤ 重复。重复刺激既可增加学习强度，又可增加学习速度。重复次数越多，行为就越老练，就是俗话说的"熟能生巧"。当然，重复的影响是和信息的重要性以及所给予的强化紧密联系在一起的。但是，如果重复太多，则可能缺乏新鲜感而引起厌烦，所以要把握好重复的度。

（4）学习途径。人的学习包括尝试学习、观察学习与领悟学习。按照人格结构理论分析，人的行为是由人的三个"自我"来支配的，而这都是经过广义学习而获得的。"感情自我（儿童自我）"是经过尝试学习而形成，"权威自我（家长自我）"是经过观察学习而形成，"理智自我（成人自我）"则是经过领悟学习而形成（详见第六章服务心理艺术中的互补交往的内容）。① 观察学习。"经由对他人的行为及其强化的结果的观察，一个人获得某些新的反应，或使现有的行为反应得到矫正"。模仿学习是对榜样的简单复制，观察学习则可能包含模仿，也可能不包含模仿。观察学习的过程：a. 示范。有学习的榜样。b. 注意。榜样的行为及其后果引起观察者的注意。熟悉的事物，具有影响力和吸引力的示范，预期带有较大奖惩后果的示范更容易引起注意。c. 保持。把观察到的信息储存在记忆中。d. 再造。把以符号形式编码的示范信息转化为适当的行为。e. 动机。经过上述环节，示范行为基本上由观察者所掌握，但人们不一定会表现所学到的所有东西。只有产生了积极的诱因以后，这些行为才会由潜伏状态转化为行为。② 尝试学习。行为学习理论有两种：a. 刺激—反应理论。认为学习是对外部事件做出反应的结果，把学习看成是刺激和反应的联结过程（S—R）。b. 强化理论。详见本章行为主义心理学与第八章的强化理论的内容。③ 领悟学习。即认知学习理论。如果说刺激—反应理论是一种"吃一堑长一智"的经验上的学习，那么，认知学习理论是一种类似于在头脑中形成的"认知地图"的概念上的学习。认知学习是思考过程的结果，涉及心智活动与心智状态，强调心理的能动作用，强调学习过程中的创造性和洞察力。这类学习有助于人们在没有直接经历和强化条件下形成理论、判断，从而达到解决问题或是理解事物间各种关系的目的。

五、人品

1. 品商（德商）

（1）品商的含义。品商就是做人的商数，即人的品德、品质、品格和品性，人的道德与品德修养，有的学者也称其为德商。在心理学上，品商是做人的水平与能力，配不配做一个"人"的问题，是除却智力水平（智商）、情感水平（情商）的一个综合考量。如果说，智商低叫"笨"，情商低叫"傻"，那么品商低叫"劣"；前两商关乎智、情高低，后者则关乎品行、道德的优劣。三国时期，曹操的几个儿子争嫡。曹植智商极高，有天纵之才，然而他情商不高，恃才傲物，自命不凡。但此人单纯简单，没有心机，品商没有问题。曹丕智商、情商都很高，他的诗文水平也相当优秀，在和曹操及大臣们的关系处理上，也左右逢源，深得众人拥戴。但是，他的品商有问题。曹操死后，曹丕将他父亲宠幸的姬妾们悉数收在身边，他的母亲骂他"狗鼠不食汝余"，是为不孝。他为争夺帝位，逼同胞弟弟曹植七步成诗，险将其杀害，是为不悌。古人曰："子欲为事，先为人圣。"要做事之前，先以道德来规范自己的行为。我们的智商水平有参差，情商水平有高低，但品商一定不能低下。

（2）品商内容。道德是人品之魂，人品就是人的道德修养所达到的境界。人品赢得尊严和尊重，而人品魅力首先来自道德魅力。李嘉诚说："做事先做人，一个人无论成就多大事业，人品永远是第一位的，而人品的第一要素是忠诚。"古语"为人谋而不忠乎？" 忠者：尽心为忠，赤诚无私，诚心尽力。诚者：开心见诚，言行一致，真实不欺。我国古人概括为仁、义、礼、智、信。现代理念认为，人最基本的品质是使命感与责任感，有了最基本的品质，事业就有理想和追求，工作就有目标和热情。对外（工作）要有事业心，对内（家庭）要有责任心；对事要敬业，对人要仁爱；做事像山一样刚，处世像水一样柔。俄国的唯物主义哲学家、作家车尔尼雪夫斯基认为，"人品＝丰富的知识＋思考的习惯＋高尚的情操"。他指出，没有丰富的知识就会愚昧，没有思考的习惯就会鲁莽，没有高尚的情操就会鄙俗。人越没知识越接近动物，越有知识越像人；人越不肯动脑筋，越不思考问题，越像动物，越爱开动脑筋越像人；人与动物的本质区别就是品德。一个愚昧、鲁莽、鄙俗的人，将一事无成。一些学者、一些企业对人品提出了许多见解与观点：品质＝德＋才＋体＋美；品德＝事业追求＋战略眼光＋综合能力＋创新思维＋求实作风；品性＝知识（掌握学问）＋学识（创作学问）＋见识（发表学问）＋胆识（使用学问）。

2. 心商——做一个心理成熟而健康（即优秀、幸福）的人

（1）心商含义。心商就是心理成熟度，待人接物的心理状态。水的状态是由温度决定的，人的状态是由心灵的温度决定的。心想事成，只有心想才可能事成，心想是事成的必要前提条件。心有多大，舞台就有多大。心态决定人生，高度决定视野，角度改变观念，尺度把握人生，眼光决定未来，思路决定出路。心商是人生本源，直接决定人生的苦乐与事业的成败。热忱的态度远比专门知识来得更重要。一个有激情的人与团队，散发出来的力量是惊人的。工作中最巨大的奖励主要是由激情带来的精神上的满足，而不是来自财富的积累和地位的提升。

（2）心理成熟而健康。标准与关键词。标准四条：以强健心态和豁达心态处世；与人相处坚持平等、双赢原则；在人际交往中，坚持选择与诱导艺术；能自觉地实行自我整合，避免自我疏远和自我挫败。心理健康详见第八章的内容。七个关键词，详见下面分析。① 强健。热爱生活，渴望成长。进取胜于防卫的处世心态。有很强的进取心，寻求更多、更好、更高层次的满足。为了成功，不怕失败。忍受痛苦，为所当为，敢于承担。② 豁达。a. 心胸开阔。容人、容言、容事。容得下矛盾：既富有浪漫色彩，又具有务实精神；既严肃认真，又幽默风趣；既有很强的竞争意识，又有很强的合作精神；既有很强的进取心，又能知足常乐、随遇而安；既能为远大的目标而坚持不懈地奋斗，又能不把体验人生幸福的希望完全寄托于明天；既能吃大苦、耐大劳，又能忙里偷闲、苦中作乐等。b. 明智多情。"成人自我"起主导作用，三个"自我"各得其所，根据实际情况，该表现哪一个"自我"就表现哪一个"自我"。关于"三个自我"的理论详见第六章服务心理艺术的诱导理智、互补交往的内容。c. 拿放舍得。该"拿起来"的拿起来，该"放下"的放下。该做的事，无论承受多大的痛苦也一定要把它做好；不该做的事，无论它有多大的诱惑力也决不去做。③ 平等。与人相处，以彼此平等为出发点。a. 你的事情你做主，我的事情我做主。b. 两个人的事情商量着办，不能一个人说了算。c. 遇到超越个人利益的原则问题，双方都按原则办事，都不能只要求别人按原则办事，而自己不按原则办事。相互尊重是人与人之间和睦相处以至相亲相爱的根本保证。你能尊重一个人，保护他的自尊心，你就能把他身上最好的东西调动起来；而如果伤害了他的自尊心，你就会把他身上最坏的东西调动起来。对人的尊重首先是肯定他的价值，看到他的长处，赞美他的业绩。④ 双胜。详见第六章服务心理艺术的内容。⑤ 选择。详见第六章服务心理艺术的内容。⑥ 诱导。详见第六章服务心理艺术的内容。⑦ 整合。强健、豁达、平等、双胜、选择、诱导都要通过"整合"来实现。自觉进行自我整合，把自我疏远、自我挫败减少到最低限度。自我整合靠自我调节来实现。

品商、心商理论是笔者一家之言，仅供参考。

六、人脉

1. 人际关系含义

（1）最重要的关系。心理学认为人际关系是人与人之间的心理与行为的关系，管理心理学认为人际关系是组织环境中人与人之间的交往与联系，是一群心理相互认同、情感相互包容、行为相互近似的人与人之间联结成的关系。人脉，就是一个人的人际关系的脉络，社会关系的网络。古希腊学者亚里士多德说："一个生活在社会中、同人不发生关系的人不是动物就是神。"在现实生活中，每个人都生活在各种关系之中，其中人际关系是最重要的关系之一。韦纳的归因理论认为人们都要追求成功，成功既要靠自己主观的能力与努力，又要有外部的机会及事情的难度（详见第八章的归因理论内容）。但是，人际关系良好，成功的概率必然增大；相反，人际关系不良，会对成功造成很大的阻碍。成功=（能力+努力+机会+难度）人际关系指数，说明人际关系在成功公式中是指数，起着"事半功倍"的重要作用。① 指数为 0，则$(1+1)^0=1$：好不容易得到机会，自己很努力，结果却由于人际关系不好，产生阻力，只能取得有限的效果。② 指数为 1，则$(1+1)^1=2$：人际关系一般，没助力也没阻力，取得一般的成绩。③ 指数为 2，则$(1+1)^2=4$：人际关系良好，获得很大助力，产生更佳的成就。④ 指数为 3，则$(1+1)^3=8$：人际关系甚佳，得到更大助力，一旦抓住机会，将取得巨大的成功。

（2）最复杂的关系。人际关系极为复杂，法国学者格兰库纳斯提出了一个计算群体中人际关系的公式：人际关系=$n(2^{n-1}+n-1)$，其中 n 为群体中的人数。按照这个公式计算，2个人交往时有 6 种关系，3 个人交往时有 18 种关系，4 个人交往时有 44 种关系，5 个人交往时有 100 种关系，10 个人交往时达到 5 210 种关系。人际交往的复杂性还表现于人与角色之间、社会角色与心理角色之间的复杂性（详见第六章的服务理论的内容），因此，艺术地进行人际交往十分重要。

2. 人际交往作用

（1）功能作用。沟通信息，协调关系，提高工作效率，实现组织目标。个体在团体中聚集力量，使个体的力量加倍甚至数倍地发挥出来。关系融洽，和睦相处，有助发挥积极性和创造性。反之，关系紧张、相互猜疑、彼此戒备，会降低工作效率。

（2）心理功能。人的个体社会化与自我意识的发展是在人际交往中发生和发展的。知识使人变得文雅，交际使人变得完善。人际交往有益于个体身心健康。人际关系协调，沟通渠道畅通，待人谦让温和，遇事互相帮助，人们心情愉快、笑逐颜开；而关系失调，会导致心情压抑，有时会愤怒发火，行为激动紧张，严重的会导致心理疾病。

（3）人脉等于金脉。美国好莱坞流行一句话："一个人能否成功，不在于你知道什么，而在于你认识谁。"追赶太阳的人，永远都会见到阳光。"人脉是一个人通往成功的入门券。"人际关系是人一生中最珍贵的资产，因为它能为你开启所需能力的每一道门，让你不断成长。比尔·盖茨说："一个人永远不要靠自己一个人花 100%的力量，而要靠 100 个人每个人花 1%的力量。"要成功，就需要有朋友；要建立一个自己的朋友圈。成功在于有个贵人提携你，有个团队支持你。我们应该按照莎士比亚说的"对众人一视同仁，对少数人推心置腹，对任何人不要亏损"的原则，艺术地处理人际关系，建立自己的人际关系网络。

3. 人际关系需求

（1）包容需求。这是人际关系最基本的心理需求。希望与他人交往、沟通、容纳和参与，与他人建立并维持接纳与被接纳的和谐关系；不愿被孤立、退缩、排斥、忽视、对立与疏远。

（2）控制需求。其行为特征是运用权力、权威、威信去影响、支配、控制、领导他人，相反特征是抗拒权威、忽视秩序、追随模仿他人、受人支配。

（3）感情需求。其行为特征是同情、喜爱、热情、友善、亲密、照顾等，而不愿被疏远、厌恶、憎恨。

4. 人际关系类型

人际关系按形式分，有合作关系、竞争关系与分离关系；按内涵分，有公务关系与私人关系；按组织形式分，有正式团体中的人际关系与非正式团体中的人际关系；按时间分，有长期的人际关系与短暂的人际关系；按人数分，有二人关系、三人关系、多人关系、个人与团体的关系、团体与团体的关系，等等。这里着重分析以下两类关系。

（1）按缘由分的人际关系。① 亲缘关系。a. 血亲关系。以血统为纽带形成的人际关系，有直系亲属关系（如父母与子女的关系）、旁系亲属关系（如兄弟姐妹关系、堂亲、表亲关系）。b. 姻亲关系，如夫妻关系以及与配偶一方的各种关系。c. 友亲关系，即亲朋好友关系。② 地缘关系。以地域为纽带形成的人际关系，如老乡关系、邻里关系。③ 业缘关系。以事业为纽带形成的人际关系，如师生关系、同事关系。④ 趣缘关系。由相同的兴趣爱好而建立的人际关系，如票友、球友、驴友、牌友。

（2）按效果分的人际关系。① 稳定形态。交往频率高，信息量大，满意度高。互相尊重，互相关照，互相体贴，互相帮助，富有人情味。② 互补形态。人与人之间相互依存与依赖，互补性很强。①和②两种关系属于良好形态。和谐、融洽、友爱、团结。人们心情舒畅，干劲倍增。③ 互利形态。表现于物质层面的交往，互惠互利，功利性比较强。④ 强制形态。出于各种动机，非自愿地被迫进行人际交往。③和④两种关系属于一般形态的人际关系。⑤ 障碍形态。轻度形态，如矛盾、猜忌、疏远、紧张等。⑥ 冲突形态。严重形态，内耗丛生，互不服气，冷嘲热讽，指桑骂槐，甚至公开指责，互相拆台。其结果或是关系疏远、组织涣散，或是各不相让、互相决裂，或是彼此敌视，互相攻击。⑦ 封闭形态。人际交往中断，"老死不相往来"，处于停止形态。这三种关系属于消极形态。

5. 人际交往心态

（1）四种心态或心理角色。① 强者心态：即我行，你也行。② 优越者心态：即我行，你不行。③ 弱者心态：即我不行，你行。④ 离群索居者心态：即我不行，你也不行。

（2）彼此"强者"心态交往。在人际关系中应扮演"强者"心理角色，而不是"弱者""优越者"心理角色，抱着"我行，你也行""我尊重你，你也应尊重我"的"强者"心态进行彼此平等的人际交往，最终实现双胜目标。而怀着其他三种心态进行交往，其结果一定是不平等的，会导致双败的结局。详见第六章的服务心理四双理论内容。

6. 人际关系建立

（1）零级阶段。互不相识，无接触。

（2）觉察阶段。单相识阶段，仅是注意而已。

（3）相识阶段。交往初期，表面接触，仅仅是你认识了我，我也认识了你。交往具有短暂性、表面性、角色性、非感情性的特点。

（4）合作互惠阶段。为工作或为个人利益、兴趣的原因进行互惠互利的合作交往。

（5）知己友谊阶段。进入亲密水平，再发展到知交水平，达到孟子所说的"人之相识，贵在相知；人之相知，贵在知心"。相知：知人知面亦知心。相投：彼此各向对方倾斜。相依：谁也离不开谁。相敬：从心眼里仰慕对方。相助：你的事就是我的事。相托：可以托付，可以信赖。相思：无尽的惦念牵挂心头。

7. 人际关系衡量

（1）交往水平。交往的主动性：能否积极主动地进行交往。交往的频率：反映双方交往水平的高低。交往中的情绪体验：是感情倾向性的反映，交往是否让人感到愉快。

（2）互酬水平。互酬的无私性：经济上的互助、劳务上的互助是否无私。互酬的层次性：除了物质互酬外，是否有精神互酬。精神上的相互认同、肯定、欣赏。

（3）包容水平。不仅包容长处，更要包容短处。容纳不同的个性。善于理解人、谅解人。对人不计较，不苛求。

（4）评价水平。评价的真诚性。评价的客观性。评价的全面性。

人际关系的程度可用数字来衡量统计。知己 4——好朋友 3——主动交往 2——有好感 1———般 0——疏远-1——冲突（隐）-2——表面化-3——敌对-4。

8. 人际吸引原则

（1）相近原则：邻近性吸引。人们在时空上彼此"多接近"会产生感情。① 空间上，如邻桌的同学、同一办公室的同事、相邻居住的邻居等，容易建立友好关系。距离因素只有在其他条件基本相同的情况下才显示出它的作用，而且随个体年龄增长发生变化，年龄越小作用越大；到成年期，作用就较弱了。"海内存知己，天涯若比邻"，即使人们远在天涯海角，只要兴趣、性格、爱好、价值观接近，也可以成为知己朋友。② 时间上，交往的频率越高，越容易形成密切关系。特别是原来不认识的人，交往频率的高低对建立初期的人际关系有着重要的作用。当然，决定人际关系性质的不是交往的频率，而是交往的内容和质量。

（2）相依原则：依赖性吸引。人与人之间的依存性、依赖性、依靠性越大，人际吸引就越强。你需要我，我需要你；你承认我，我承认你；利益相关，关系越好。进入知己友谊阶段的亲密水平的关系全是相依原则的体现。

（3）相悉原则：熟悉性吸引。人们总是倾向于与熟悉的人接近，并产生亲切感。当一个人来到陌生环境，尤其是异乡客地，这种熟悉性吸引因素就会起更大的作用。为了彼此更加熟悉，作为自我应该敞开心扉，袒露心理。自我袒露的优点是有利于加深了解，增进友谊；但也有风险，因为别人会根据你的自我袒露的内容来决定是否喜欢你。在袒露自我的过程中要有"级差交往"意识，处于不同心理距离的人，应采取不同的交往方式，逐步开放自我、深入了解，过多或过少的自我袒露都会造成个体的适应性困难。

（4）相似原则：认同性吸引。古话有"同声相应，同气相投"和"物以类聚，人以群分"。同类事物会产生感应，同性格的人容易合得来。人们思想、兴趣、爱好相同就会情投意合，形成认同。认同就是认为对方和自己相同，进而产生亲切感，然后导致趋同倾向，促进人际交往。认同有类似认同、接近认同、关联认同。有共同的背景、利益、兴趣、需要、认知、经验、目标等则会有更多的共同语言，更容易相互理解。其中，最重要的是态度、理想、信念、价值观方面的一致性。彼此建立了友谊关系、相互喜欢的人，往往会夸大他们态度的相似性；而对不喜欢的人，则会夸大态度的不一致性。年龄小的人，生物性方面的相似性作用比较大，如年龄相仿容易合道。随着年龄的增大，社会方面的相似性作用逐渐明显，如家庭状况、经济条件方面相近的容易接近、结伴。随着个体的成熟，更注重心理品质方面的相似，尤其是在兴趣爱好、理想抱负、信念观点、处世态度等的个性倾向方面的相似，更容易引起思想感情上的"志同道合"。管理者要取得管理成效，必须首先赢得别人对你的认同，发自内心地承认你、拥戴你、追随你。赢得认同就是寻找共同点的艺术：外求共同点，做好信息沟通，如年龄、阅历、利益、关系、性格、兴趣；内求共鸣感，进行情感沟通，了解人的思想、认识、感情、心理，找准兴奋点、关注点。

（5）相补原则：互补性吸引。性格、气质、能力上的互补是形成良好人际关系的重要条件。性格互补可以发展成密切的友谊，如脾气暴躁的人与脾气随和的人能友好相处，独断专行者与优柔寡断者会成为好朋友，活泼好动的人与沉默寡言的人也会结成亲密关系，好为人师者与乐于接受他人指导者等，互不原则更易于建立和维持良好的人际关系。甚至男女择偶也是互补的，如典型的男子气与女子气的结合。

（6）相酬原则：回报性吸引。"礼尚往来""来而不往非礼也""投之以李报之以桃"说的都是这个道理。人们总是喜欢给自己带来酬赏的人，喜欢那些也喜欢自己或尊重自己的人。酬赏有各种形式，包括物质酬赏与精神酬赏。自尊心较强的人，尊重的需要已经得到满足，不太注意从他人那里获得这类积极评价；而自尊心较弱的人，则更需要获得他人的积极评价，一旦获得，回报性吸引便油然产生。当然，这种评价必须符合事实，讨好、谄媚不能引起回报性吸引。

（7）相悦原则：美貌性吸引。亚里士多德所说："外表包括人的外貌、身高、风度等。这些因素也会影响人与人之间的关系。美丽比一封介绍信更具有推荐力。"人与人接触，首先观察到对方的外貌，包括容貌、姿态、风度、打扮、衣着等。外貌美丽、英俊，能够起到吸引人接近的微妙作用。外貌美会产生吸引力，首先因为爱美是人的一种本性，美可以引起人们心理的愉悦，产生精神上的快感；其次外貌美会产生"晕轮效应"；最后，外貌美能强化人们的第一印象，从而引起再次接触的愿望。欣赏一个人，始于颜值，敬于智慧，合于性格，久于善良，终于人品。随着人际交往的深入，内在的素质越来越重要。

（8）相优原则：优越性吸引。凡是真、善、美的东西都能吸引人，吸引的"磁力"越多，人们越想相互接近。① 言语吸引。如果言语得体，甜蜜中听，就会使人听得舒服，感到高兴，从而引起共鸣，为下次接触打下基础。② 才华吸引。一个人才华横溢，诗文俱佳，擅长书画，或者能歌善舞，使别人羡慕、敬佩，进而打动人们的心灵，产生一种感染力。③ 学识吸引。学问高的人，博古通今，见多识广，和他相处可以获得教益，也能吸引人。学识吸引是一种内在吸引力，比外貌吸引要深刻得多。④ 能力吸引。能力强的人吸引力大。据调查显示，能力强而有点小过失反而更招人喜欢，能力弱有过失会更丧失吸引力。⑤ 品性吸引。品德好的人，修养好，对人诚恳热情，乐于帮助别人，从而吸引人。⑥ 名望吸引。知名度越高，美誉度越好的人，众人仰慕，"粉丝"就多。名望吸引往往是先声夺人，是一种无形的影响力。⑦ 性格吸引。良好的性格，是吸引他人、让他人喜欢的重要原因。按他人喜欢程度，把人分为四种：人缘儿（大家都喜欢他）、嫌弃儿（大家都不喜欢他）、矛盾儿（一部分人很喜欢他，一部分人很不喜欢他）、孤立儿（有他无他无所谓）。让人喜欢的人缘儿与令人不喜欢的嫌弃儿的性格特征如表 1-2、表 1-3 所示，影响人际关系的主要个性品质如表 1-4 所示。

表 1-2　人缘儿的性格特征

次　序	个性特征	百　分　比
1	尊重他人，关心他人，对人一视同仁，富有同情心	100%
2	热心集体活动，对工作可靠和负责	94%
3	持重、耐心、忠厚、老实	94%
4	热情、开朗、喜爱交往、待人真诚	92%
5	聪颖、爱独立思考、成绩优良、乐于助人	89%
6	重视自己的独立性和自治，并且有谦逊品质	80%
7	有多方面的兴趣和爱好	51%
8	有审美的眼光和幽默感（但不尖刻）	38%
9	温文尔雅、端庄等	12%

表 1-3　嫌弃儿的性格品质

次　序	个性特征	百　分　比
1	自我中心，只关心自己，不为他人的处境和利益着想，有极强的妒忌心	100%

续表

次序	个性特征	百分比
2	对集体工作缺乏责任感、敷衍了事、浮夸不诚实或完全置身集体之外	100%
3	虚伪、固执、爱吹毛求疵	90%
4	不尊重他人，操纵欲、支配欲强	81%
5	对人淡漠、孤僻、不合群	81%
6	有敌对、猜疑和报复的性格	78%
7	行为古怪、喜怒无常、粗暴、神经质	70%
8	狂妄自大、自命不凡	69%
9	学习成绩好，但不肯帮助别人，甚至轻视他人	63%
10	自我期望很高、小气、对人际关系过分敏感	54%
11	势利眼、想方设法巴结领导而不听取群众意见	54%
12	学习不努力，无组织、无纪律、不求上进	43%
13	兴趣贫乏	32%
14	生活放荡	14%

表 1-4　影响人际关系的主要个性品质

最令人喜欢的品质	中间品质	最令人讨厌的品质
真诚	固执	古怪
诚实	刻板	不友好
理解	大胆	敌意
忠诚	谨慎	饶舌
真实	易激动	自私
可信	文静	粗鲁
智慧	冲动	自负
可信赖	好斗	贪婪
有思想	腼腆	不真诚
体贴	易动情	不善良
热情	羞怯	不可信
善良	天真	恶毒
友好	不开朗	虚假
快乐	好动	嫉妒
不自私	空想	不老实
幽默	追求物欲	冷酷
负责	反叛	邪恶
开朗	孤独	装假
信任	依赖别人	说谎

资料来源：申荷永. 社会心理学：原理与运用[M]. 广州：暨南大学出版社，1999.

9. 人际交往规律

（1）接近吸引规律。详见相近、相悦、相优原则的内容。

（2）趋同离异规律。① 认同现象和趋同倾向。详见相似原则的内容。② 认异现象和离异倾向。对具有差异的人会产生认异现象和排斥倾向。认异包括观念认异、言论认异、行为认异。由于认为对方和自己不一样，就会形成心理距离、心理障碍，甚至产生反感，导致离异倾向。差别越大，认异现象越明显，排斥趋向越严重。③ 酬赏性趋同和惩罚性离异。酬赏性趋同，交往过程中有物质或精神酬赏，促进趋同倾向的形成，使人际关系密切化。惩罚性离异，在交往过程中受到惩罚，物质上受损失，精神上受打击，甚至人身受损伤，必然使关系恶化，以致决裂。趋同与离异如果与利害关系相结合，就会产生更大的影响。④ 阿伦森效应。即人际吸引水平的增减原则。对别人的喜欢不仅取决于别人喜欢我们的程度，而且还决定于别人喜欢我们的水平与性质。人们更喜欢那些对自己的喜欢、赞扬不断增加的人，而不太喜欢那些对自己喜欢、赞扬不断减少的人。

（3）互需互酬规律。① 互需是建立人际关系的思想基础。人际关系是相互的，必须双方互需，才会产生交往接触的愿望。表现在学习上、工作上、生活中的互相帮助、互相协作、互相关照。如果双方都无所需求，哪怕接触较多，也只能限于一般应酬，而不能深入发展关系。② 互酬是发展人际关系的重要条件。互需是内心的心理活动，互酬是外在的行为活动。互酬有口头上的礼貌语言，文字上的感谢信笺，行动上的支持帮忙，物质上的馈赠酬谢，精神上的肯定赞扬等形式。

（4）渐进深化规律。① 礼仪交往。人们最初的接触多半是礼仪上的，如问候、寒暄之类，给人以良好的第一印象，这是进一步交往的基础。因此要讲文明、讲礼貌，尽量给人留下良好的印象。② 功利交往。工作业务上的交往多数是公务关系。会交际，事情办得很顺当，功利就好一些；不会交际，事情没办好，反招来麻烦，功利就差一些。在功利交往中，既要坚持原则，秉公办事；又要方法灵活，把事情办好。礼仪交往和功利交往多半是外在的。③ 感情交往。通过私人接触，逐渐增进了解，建立感情。人是有感情的，在社交过程中，使情感相互交流，互相关心，互相体贴，彼此产生感情，成为真正的朋友。④ 思想交往。这是更深层的交往，真正的深交能从思想上互相理解，达到肝胆相照、心心相印的程度，成为知己、知音。感情交往、思想交往是内在的。

（5）交互中和规律。人际关系是一个动态过程，互为因果的复杂关系。交往双方在交往态度上并不是完全均等的，而是有强弱、高低、冷热之分，交往过程中互相影响，逐渐接近，结果趋向中和状态。甲方吸引力强，乙方吸引力弱，逐渐接近，形成强弱中和；甲方热情，乙方冷淡，逐渐折中，形成高低中和；甲方超前，乙方落后，双方互动，取得一致，形成先后中和。中和状态是人际关系中的普遍现象，是人际关系融洽、和睦、团结、友好的表现，否则会有矛盾、冲突、纠纷。

（6）平等双赢规律。人际交往的出发点是彼此平等，目标是双胜无败。详见第六章双胜无败的内容。

10. 人际沟通与艺术（详见本书第九章的内容）

七、个性

1. 个性的含义

个性也称人格，是一个人所具有的各项比较重要的和相当持久的心理特征的总和。个性一词来源于拉丁语"面具"，原意指舞台上演员戴的假面具，代表着剧中人物的身份。心理学用以表示每个人在人生舞台上所表现出的相应行为。个性影响着一个人的思想、情绪和行为，使他具有区别于他人的、独特的心理品质。个性是在先天遗传的基础上，通过后天环境的影响与学习而逐渐形成。其影响因素主要有生物遗传因素、社会文化因素、家庭环境因素、自然物理因素与早期童年经验的影响。

2. 个性的内容

（1）心理倾向，即个性倾向性，是个人在社会生活过程中逐渐形成的思想倾向，包括需要、动机、兴趣、态度、理想、信念、世界观等，是人的行为的内在动力，制约着人的全部心理活动的方向。

（2）心理特征。个性特征包括气质、性格和能力。

3. 个性的特征

（1）独特性。人心不同，各如其面；人性各别，各有长短。天下没有两片相同的树叶，每个人都是独特的，极具个性色彩。个性特征的独特性与共同性的关系就是共性与个性的关系，共性包含着个性，个性通过共性表现出来。

（2）稳定性。"江山易改本性难移"，个体的人格特征一旦形成就相对稳定，会在不同时空下表现出一致性的特点。

（3）倾向性。既表现于个人的需要、动机、兴趣、信念、理想和价值观等内在倾向，又表现于外露的气质、性格与能力的个别差异，而这些都具有动力作用。

（4）统合性。个性是多种成分构成的一个有机整体，具有内在的一致性，受自我意识的控制。当个体的人格结构在各方面彼此和谐一致时，就会呈现出健康的人格特征，否则会发生心理冲突，出现各种生活适应障碍，甚至出现"分裂型人格"。

（5）复杂性。人格的构成要素的组合千变万化，使得人的行为表现出多元化、多层面的特征。

4. 个性理论

个性理论是对个性的形成、结构、功能及个性与行为的关系的研究。心理学界最具影响力的理论有四种，四种个性理论的基本观点比较如表1-5所示。

（1）特质论。以卡特尔个性特质理论、奥尔波特和艾森克的个性类型学说为代表。

（2）精神分析论。以弗洛伊德的个性结构学说为代表。

（3）学习论。以斯金纳的操作条件学习论和班杜拉的社会学习理论为代表。

（4）自我论（人本论）。以马斯洛需要层次理论、罗杰斯为代表。

表1-5 四种人格理论的基本观点比较

人格理论内容	特 质 论	精神分析论	学 习 论	人 本 论
人性是善还是恶	中性	恶	中性	善
行为是什么决定	有决定因素	有决定因素	有决定因素	可自由选择
行为的动力	个人的特质结构	性欲和攻击驱力	各种驱力（诱因）	自我实现
何谓人格结构	特质	本我、自我、超我	行为习惯	自我
潜意识的作用	极小	极大	无	极小
何谓良心	诚实等特质	超我	自我强化经验	理想自我
发展理论中的核心概念	遗传和环境的作用	心理—性欲阶段	关键的学习情境、认同、模仿	自我和谐
个体成长的障碍	不健康特质	潜意识冲突、固着	坏习惯的习得	自我的不和谐

资料来源：刘俊丽. 旅游心理学[M]. 武汉：中国地质大学出版社，2011.

5. 个性类型

（1）希波克拉底的"体液说"。人格类型是根据不同个性特征或行为特征而对人进行的分类。古希腊医生希波克拉底认为人的身体里有四种体液，血液（生于心）、黄丹汁（生于肝）、黏液（生于脑）、黑胆汁（生于胃），根据不同体液的多少，形成不同气质类型，即胆汁质、多血质、黏液质和抑郁质。不同的气质导致不同的行为方式。现实中，绝大多数人属于中间型，且多数人兼有多种气质的特点。

（2）荣格的"心向说"。① 外倾型。心理活动指向他人和外在的客观世界。表现为善交际，合群，朋友比较多，愿意与人交谈，不大喜欢独处，易激动；做事凭一时冲动，往往不计后果；爱开玩笑，说话常不分场合；喜欢运动和变化，常表现出粗心大意；具有攻击性倾向，感情不易控制。② 内倾型。心理活动重视自己和自己的主观世界。他们喜欢安静、独处，不喜与人交往；做事深思熟虑，极少冲动，也很少发脾气，忍耐性强，能够控制自己的情感。

八、人和

1. 对立统一

人是世界上最重要、最宝贵、最珍贵的资源,但也是最复杂、最麻烦、最难弄的资源。天体大宇宙,人体小宇宙。人是一个最为复杂的矛盾体,既对立又统一。人既有自然性,又有社会性。西方谚语说"人一半是魔鬼,一半是天使";莎士比亚认为人白天都是天使,夜里全变成撒旦。可以从多方面来分析人的复杂性、多样性与统一性,最终都会统一在"人和"上。"和"主要坚持和传承中国传统文化中倡导的"和为贵""和气生财""和衷共济"等价值趋向和理念,并融入社会主义价值观的"和谐"之中。

2. 因势利导

(1) 因势。人不是要去改变人的行为固有趋势,而是承认、尊重、顺应和利用事物发展变化所固有的规律与趋势,自觉地或不自觉地运用合法、合理、合情的方法,来满足需要和解除内心的压力,使自己的心理得到平衡。趋向心理和谐从正面来说是要达到心理和谐;从反面来说,是要恢复心理和谐。只有获得合理的满足,才能达到心理和谐;只有解除内心压力,才能恢复心理和谐。

(2) 利导。对事物的发展变化施加影响,使其朝着有利的方向变化和发展;对人的行为施加影响,使人们采取合乎规范的行为。

(3) 按照因势利导原则去做人的工作,一要使人的需要得到合理的满足,二要为人的内心压力找一条合理的宣泄通道,三要以理服人和以情动人相结合。

3. 身心和谐

(1) 适应。① 对现实环境的适应。对环境有比较深入的了解,能按照实际情况去同环境打交道。② 自我适应。了解并接受"现实的我",看到自己的长处与短处,建立正确的自我概念。

(2) 和谐。① 心理和谐。把感情与理智统一起来。办法:一是战胜自己,用理智战胜感情;二是迁就自己,让理智迁就感情。总是迁就会使自己越来越不适应现实环境,而没有适应,也就不可能有真正的内心和谐。对于满足的追求与对于合理的追求应统一起来。② 管理和谐。制度管理与亲情管理的卓越:严密的制度与教育相结合,严格的执行与关心相结合,严肃的评价与理解相结合,严明的赏罚与尊重相结合。卓越与和谐的统一,没有和谐,卓越就会走向反面;离开卓越,和谐将会导致落后。③ 社会和谐。如求利行为与道德行为的统一;安、和、利、乐的卓越(安人为目的、修己为起点;和谐协调,产生合力;正利、有利为安,邪利、不利为不安;社会众乐、企业独乐、少数人寡乐、祸害是不乐);内协与外争的和谐;干群关系的和谐;等等。

(3) 节奏感。一个心理健康的人并不是没有内心压力的人,但是他既有紧张,又有轻松,既有苦恼,又有欢乐,两者交替使他产生节奏感。要维护心理健康,就要保持正常的节奏感。我们可以把防卫机制当作保持节奏感的手段来使用。该压抑的时候压抑,该宣泄的时候宣泄,未能获得预期的满足,就追求适当的补偿;感到过于紧张时不妨暂时"逃避"一下,或者以幽默的态度使自己放松一下;既严格要求自己,又进行必要的自我安慰。

案例讨论

【案例 1-2】饭店表演,百花齐放[①]

这是一间半地下室的餐厅,棕褐色的木地板,橘黄色的灯光映照着厚重的木头桌

---

① 资料来源:京城饭店餐厅流行表演风[N/OL].中国消费报,2009-02-25(C3).http://www.doc88.com/p-4844905066772.html.

椅，餐桌上堆放着一瓶瓶伏特加。环境简单，但演出不含糊，在餐厅的小舞台上，一群俄罗斯演员正在表演歌舞，男的拉着手风琴，女的载歌载舞，演唱的是俄罗斯经典民歌《喀秋莎》。这是位于北京玉渊潭南路的一家俄罗斯风味的餐厅。不知从什么时候开始，一股表演之风开始在京城餐馆流行起来：基辅餐厅的俄罗斯民族风情表演，凯瑞酒店的民俗表演，巴国布衣的变脸表演，蕉叶餐厅的泰国舞蹈表演，"红色经典"餐厅的革命样板戏，"一千零一夜"的阿拉伯肚皮舞，"向阳屯"地道的东北"二人转"，老舍酒家的传统曲艺等。记者用"餐厅+有表演"在大众点评网上搜索，发现仅北京地区有现场表演的餐厅就达144家。该网站相关人士告诉记者，2009年春节年夜饭预订过程中很多消费者已经开始对有表演的餐厅表现出了浓厚兴趣，在吃到可口年夜饭的同时，消费者的需求已经开始提高。用餐之余，能够欣赏到精彩的歌舞演出，绝对是一件惬意的事。这种表演大多是在饭店大厅里举行，并不单独收费，是商家吸引消费者眼球的一项免费服务。但是如果顾客点名要求表演什么节目，就要单独收费了。大众点评网相关人士在接受记者采访时表示，餐厅之所以会推出形式多样的表演，主要和餐厅的定位有关。菜品是一方面，表演则可以吸引更多的消费者，营造一种氛围，迎合不同的消费群体。同时，也与饮食文化有很大关系，如川剧的变脸表演一般都是在川菜馆，蕉叶餐厅则是东南亚风情表演，在不同的氛围要配合相应的表演才能更吸引消费者。

请用心理学原理分析这种餐饮消费现象。

实训项目

1. 请选择一个主题，从内容上、形式上制订一个符合问卷法要求的心理调查问卷。

2. 题目：鉴貌辨色。目的：揣测人的心理，投其所好。方法一：组织学生分组模拟训练，互相观察对方喜悦、愤怒、悲哀、恐怖和嫌弃的面部表情。方法二：通过观察他人的服饰、面部表情、言行举止、体态动作和生活习惯，来提高自己的观察能力。

3. 辩论：正方——旅游业是情绪性的行业；反方——旅游业是理智性的行业。

第二章 心理视域析旅游

学习目标

通过本章学习，应达到以下目标：
1. 知识目标：了解旅游、休闲与旅游产品的含义、构成和心理特征，了解旅游中的各种现象与各种关系，了解体验经济时代的心理特点，了解体验产品设计的理论。
2. 技能目标：运用心理学知识来分析旅游产品与旅游各种关系中的心理因素。
3. 能力目标：根据旅游产品的心理特征对旅游企业与旅游产品进行科学的生产与管理。根据体验原理设计一个旅游经历体验产品。

导入案例

【案例2-1】"慢旅游"的基本理念[①]

慢旅游就是放慢节奏的旅游方式，它是对旅游活动效率反思的产物，是对休闲心态调整、闲暇时间管理、旅行速度控制进行创新的结果。

（1）3S。① Slow（缓慢的）。基本特征与核心理念。体现在旅游活动的速度和节奏上，缓慢、减速，以减少压力感、匆忙感，使旅游者重获自由感、自控感。② Simple（简约的）。简约主义提倡将设计的元素、色彩、照明、原材料简化到最少的程度，但对品质要求高，讲究品位格调，追求精神文化需求的满足。③ Small（小规模的）。一般采取家人、同事或朋友结伴出行的方式，规模比旅游团队要小得多，对旅游地环境与文化的影响也小得多。同时，志同道合的游伴也有利于旅游活动中的交流与合作。

（2）3L。① Long（长期的）。强调充足的时间和游客对于闲暇时间的自主性，在旅游目的地放缓旅游速度、停留更长时间，注重对旅游对象的认识、理解、欣赏和发现，在慢慢观赏、细细品味之中寻找旅游地的不同之处。"休闲如果被效率左右，那么它将与工作没有任何区别"。② Low（低影响的）。对可持续发展的贡献体现在自然环境与社会文化两个维度。强调保护自然，不改变当地人的生活节奏，不为满足旅游者单方面的需求而影响当地的自然与文化生态系统。③ Lohas（乐活的）。核心理念是倡导"成长、环保、健康、分享、实用、时尚"的生活方式和生活态度。乐活族提出了十大宣言，如"我会注意自我成长、终身学习、灵性修养，并关怀他人""我会经常运动、适度休息、均衡饮食，不把健康的责任丢给医生""我支持有机农产品，并尽量优先选用"的基本准则。

（3）3N。① Natural（自然的）。强调对自然的回归，享受宁静的氛围，发现自然界的美丽与奥妙，对不同生态系统的深刻理解，与大自然和谐相处。② Native（本土的）。

---

① 资料来源：杨光."慢旅游"的基本理念[N].中国旅游报，2013-01-09.

注重地方感,要求全面了解旅游地的自然环境、历史沿革、民俗风情、经济发展状况。注重地方性知识的挖掘、传播和利用,优先选择本土的原料、技术、产品和服务,以减少旅游漏损,扩大乘数效应,促进旅游地经济发展。③ New(崭新的)。从结果来说,目的在于发现一个地方的独特之处,或者发现新的吸引物。不再满足于旅游指南上反复出现的那些标志性景点。同时,在慢旅游中摆脱了匆忙感和压力感控制下的日常生活,重新认识自己,获得"新生"。

(4) 3C。① Culture(参与当地文化)。人们不再满足于做历史遗迹、民族文化、文化创意景观的旁观者和参观者,而是希望能够参与其中,获得相对真实的感知和深度的体验。② Communication(与社区居民进行交流)。人们坚信旅游的目标是在相遇、交流、对话、游戏中实现的。不少人花了很多钱去国外旅游,可是却不与当地的人民、文化进行较多的接触。这一方面与团队旅游的制度化安排有关,另一方面还与旅游者的素质与需求相关。③ Change(谋求自身改变)。低级层次的开阔视野、增长见识,中间层次的接受新事物、获得新技能,高级层次的重新认识自我、调整发展方向。

(5) 3R。① Ready(精心准备)。游客从选择目的地开始,就自己搜寻资料,筛选信息,比较方案,安排行程,进行较为全面、精心的准备,对目的地有了更多的了解,让旅游者带着有准备的头脑去观察和欣赏,为获取深度体验奠定了基础。② Random(随遇而安)。因为时间充足、节奏缓慢,在旅途中遇到自己感兴趣的事物时,可以自行调整活动安排表,在因外部条件如天气、交通时刻等发生变化时,也可以心平气和地灵活应对。这种随遇而安的心态是缓解匆忙感和压力感的重要条件,也是慢旅游得以实现的心理基础。③ Reflect(及时反思)。法国建筑师科尔比西埃指出:"'闲暇'这个词绝不反应一种不应提倡的惰性,而应该是一种发挥个人主动性、想象力和创造性的劳动。"在慢旅游中,旅游者认同积极的休闲旅游方式,接受新知识、留意周围环境,喜欢思考和创新,善于结合旅途所见所闻对自己的人生进行反思,更加关注旅游中的收获。

第一节 旅游、休闲与心理

一、旅游、休闲与旅游业

(一)旅游概述

1. 旅游是社会经济高度发展的必然产物

人类早期只有出于被迫的、以求生为目的的迁徙移动,而以享乐为目的的古代旅行最早是在四大文明古国以及古希腊、古罗马等地发展起来的;中国主要有帝王巡游、官吏宦游、商务旅行、士人漫游、高僧云游等形式。产业革命以后,社会生产力水平得到了提升,带来了社会经济的繁荣,加速了城市化的进程,促进了科技和交通运输手段的进步,增加了余暇时间与收入,这一切为近代旅游提供了客观的发展条件。同时,工厂生活的枯燥、乏味、压抑又导致人们产生了外出旅游调节身心健康的内在需要,旅游活动就此形成。第二次世界大战以后,随着社会经济的高速发展以及现代化喷气式飞机的出现和国际航线的增加,大众旅游开始兴起和发展;新世纪进入了新时代的大众旅游时期。

2. 旅游含义

(1)"艾斯特定义"。几十年来,不同的学者从不同的角度对旅游概念进行了研究,其中影响较大的是"艾斯特定义"。瑞士学者汉泽克尔和克拉普夫于1942年在《普通旅游学纲要》中提出:"旅游是非定居者的旅行和暂时居留而引起的现象和关系的总和。这些人不会导致永久居留,并且不从事任何赚钱的活动。"这一定义于20世纪70年代被"旅游科学专家国际联合会"(AIEST)采用,称为"艾斯特定义"或国际定义。

(2)旅游特征。根据"艾斯特定义",旅游由两部分内容构成:一部分是旅游活动即旅游者往返于出发地与目的地之间的旅行(空间转移)活动和在目的地停留期间的游览活动,揭示了旅游活动的异时性(短暂性)、异地性与异常性的时空特点;另一部分则是由此而引起的各种现象和关系,揭示了旅游活动的综合性、社会性、休闲性、审美性与消费性等文化特征。因艾斯特定义表述概括精炼,较为科学,产生了广泛的影响。

(二)休闲概述

1. 休闲的含义

休闲是一种摆脱了外在压力,在闲暇时间进行的一种自己所喜爱活动的活动状态,目的是实现自己身心健康的美好生活理想。劳动与休闲是人类生活不可分割的两个方面,休闲是摆脱劳动后的自由时间或自由活动。古希腊学者亚里士多德认为"我们工作是为了得到休闲",当代旅游专家魏小安先生认为休闲就是要"得闲空、蓄闲心、做闲事、学闲技、交闲友、聊闲天、处闲境、读闲书、养闲趣、用闲钱"。事实上,与我们一生相伴的是休闲,而不是工作。

2. 休闲的层次

美国休闲学家J.B.纳什将休闲行为模式分为以下六个层级。

(1)负层级:表现为不良行为,如破坏公物等行为,这种行为往往具有反社会性质。

(2)0层级:表现为放纵行为,如酗酒等,这种行为往往会导致自我伤害。

(3)第1层级:表现为消磨时间行为,如无所事事地呆坐,是被动性的消遣活动。

(4)第2层级:表现为投入感情的参与行为,如歌迷、球迷,促进情感交流。

(5)第3层级:表现为积极参与的行为,如旅游、跑步、演唱等,这时个体直接参与活动。

(6)第4层级:最高层级,表现为创造性参与行为,如发明、艺术创造活动等,这种行为往往会使得行为者陶醉其中,起到舒缓身心的作用。

3. 休闲的特征

(1)消遣性。本质特征。消磨时间、放松身心、愉悦精神,大部分休闲兼有增加阅历、丰富知识、加强交往、深化情义等目标和功能。

(2)普遍性。休闲涉及所有人群,贯穿人的一生。

(3)现代性。现代人类休闲有更明确的目的、更丰富的含义、更广泛的形式、更合理的组织。

(4)广泛性。休闲的内容和形式比消遣性旅游更为丰富,直接涉及经济、社会、文化、生活、生态等各个领域,为休闲提供产品和服务的部门更多。

4. 旅游与休闲的关系

(1)交叉关系。旅游与休闲呈交叉关系,既有相同部分,又有不同部分。两者关系如图2-1休闲活动谱所示。

(2)不同点。① 活动时间。只有离开居住地到目的地的一定时间(1天至365天),并以观光、度假、健身、娱乐、探亲访友为目的的休闲活动,才是真正意义上的旅游活动。6小时至1天的休闲活动称为短程游览。而休闲活动不受时间长短的约束。② 活动内容。旅游过程中的休闲游憩活动包括吃、住、行、游、娱、购、体、疗、学、悟等。其中观赏、娱乐、运动、疗养是最纯粹的休闲游憩活动，修学、感悟是精神活动，运输、住宿、饮食、购物既是满足基本生理需要的基础服务，又是旅途生活中可以形成兴奋点与愉悦性的游憩内容，带有享受和休闲的性质。而专项旅游活动主要不是休闲放松，事务性旅游和参加会议展览也不应归于休闲之中。

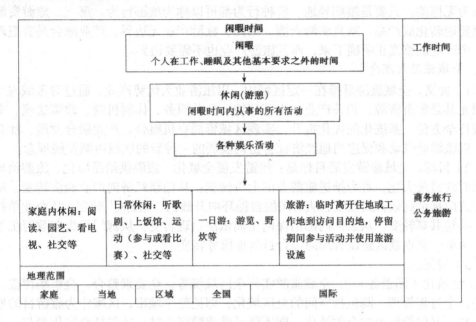

图2-1　休闲活动谱

（三）旅游业是幸福产业、美丽产业、民生产业

1. 旅游活动要素

（1）旅游活动的构成三要素。主体——旅游者，客体——旅游资源（自然景观、人文资源），介体——旅游业。

（2）旅游全程活动的多要素。旅游活动涉及行、食、住、游、购、娱等六个要素。现在又拓展丰富了"商、养、学、闲、情、奇"等新的旅游要素。同时，从保障旅游发展的角度，也可以概括出"文（文化）、生（生态）、土（土地）、信（信息）、人（人力）、科（科技、装备）"等发展要素。

2. 旅游业

（1）诞生。旅游业被作为一项经济产业是近代的事。英国商人托马斯·库克于1841年开始组织团体旅游，接着成立了世界上最早的旅行社，标志着近代旅游和旅游业的诞生。20世纪50年代后，由于世界经济、科技文化、交通运输的迅速发展，加上第二次世界大战后各国政府对发展旅游业的重视和相关政策的支持，旅游业得到了飞速发展，进入了大众旅游的时代。21世纪的现代旅游作为一种休闲方式，越来越被人们接受，成为人们美好生活中不可或缺的内容之一。

（2）含义。旅游业是以旅游资源为凭借，以旅游设施为条件，以旅游者为对象，为旅游者的旅游活动、旅游消费创造便利条件并提供其所需商品和服务的综合性产业。旅游业是连接旅游者、旅游资源的重要纽带。目前，旅游业已成为世界第一大产业。

（3）特征。2009年国务院《关于加快发展旅游业的意见》指出：旅游业是战略性产业，具有战略地位高、经济规模大、发展潜力足、产业链条长、产业关联广、发展可持续等六大基本特征。旅游业对经济的贡献不仅是消费热点，也是投资热点、出口热点。它资源消耗低，带动系数大，就业机会多，综合效益好。旅游业具有"行业、产业、事业"三位一体的综合性的特点，也是一种新的经济社会组织方式。魏小安先生把旅游与旅游业概括为四句话：第一，旅游需求无穷尽。任何需求都有穷尽，但是旅游需求无穷尽。第二，旅游行为无框架，只要是短期异地，各种行为都可以称为旅游行为。第三，旅游资源无限制，只要能转化成产品，就是旅游资源。第四，旅游产业无边界，产业融合是普遍现象，没有一个产业能够真正明确下来，而且旅游产业也不需要边界。

3. 全域旅游新理念[①]

（1）含义。全域旅游是指在一定区域内，以旅游业为优势产业，通过对区域内经济社会资源尤其是旅游资源、相关产业、生态环境、公共服务、体制机制、政策法规、文明素质等进行全方位、系统化的优化提升，实现区域资源有机整合、产业融合发展、社会共建共享，以旅游业带动和促进当地经济社会协调发展的一种新的区域协调发展理念。

（2）目标。全域旅游发展目标是：旅游发展全域化、旅游供给品质化、旅游治理规范化、旅游效益最大化。着力推进旅游业的七个转变：从门票经济向产业经济转变，从粗放低效方式向精细高效方式改变，从封闭的自循环向开放的"旅游+"转变，从企业单打独享向社会共建共享转变，从景区内部治保向全面依法治理转变，从部门行为向政府统筹推进转变，从单一景点景区建设管理向综合目的地服务转变。

（3）特征。

① 全域化（涵盖各方）。全域旅游实行全区域统筹，全要素整合，全市场覆盖，全方位服务，全过程管理。既包括空间的全区域化，即把整个城市、区域作为旅游目的地进行整体打造；又包括行业的全领域化，即不断延伸旅游产业链；还包括全民化参与。增进民生福祉是旅游发展的根本目的，全域旅游不仅涵盖了吃穿住行，更是从"吃住行游娱购"到"医养研学居"发展，涵盖了不同年龄、不同群体。

② 融合化（跨界融合）。旅游休闲消费具有最终消费、综合消费、绿色消费、可重复消费和多层次消费等特点。出现了"大旅游、大休闲、大市场、大产业"的"旅游+"与"+旅游"的理念，旅游产业与四个主要产业领域的融合，一是与城镇化、工业化和商贸业（城工贸），二是与农业、林业、水利（农林水），三是与交通、环保、国土、海洋、气象（基础和资源），四是与科技、教育、文化、卫生、体育（科教文体卫）等产业的融合发展。推动了旅游业态的创新，形成了层出不穷、眼花缭乱的旅游产品新概念、新业态、新产品、新供给，既为旅游业发展自身拓展了全新空间，也为其他产业发展提供了巨大动能。

③ 平台化（平台搭建）。依托互联网、物联网、大数据等现代信息科技，打造服务标准化、管理精细化、运营市场化的O2O运营管控中心，使旅游业从导服为中心的非标时代迈向以平台为中心的标准化时代。

④ 国际化（一带一路）。深化"一带一路"旅游国际合作，积极参与全球旅游治理体系改革和建设，不断贡献中国智慧和方案，全面提升中国旅游综合竞争力和国际影响力，开创旅游外交工作新局面，推动构建人类命运共同体。

⑤ 网络化（网上服务）。通过互联网，为游客提供园区内餐饮、休闲、住宿等商业资讯服务，包括提供在线查询、预定、支付等，从而实现线上线下结合。既可以通过自有终端设备随时随地查阅，也可以通过园区内的自助导游硬件设备查阅。

⑥ 智能化（智慧旅游）。建设"智慧景区"，为游客提供建立在无线通信、全球定位、移动互联网、物联网等技术基础之上的现代自助导游系统，在线游览服务上提供导游数字

[①] 童昌华. 中国旅游发展进入"4.0新时代"[N]. 中国旅游报, 2018-03-27.

地图，支持无线上网，支持全球定位系统，完成自助导游讲解。

（四）中国特色旅游发展历程①

1. 四个阶段——探索中国特色旅游发展道路

改革开放40年来，中国旅游业探索了一条体现中国特色、反映世界趋势、遵循旅游规律的旅游发展之路：短缺型旅游发展中国家—小康型旅游大国—富裕型旅游强国。

（1）起步阶段（1978—1991年）。新中国建国初期只有外事接待工作。20世纪80年代的改革开放使旅游业"苏醒"，中国旅游业起航。但是"一花独放"，仅有入境旅游。国人对中国与世界的认识普遍停留在地图上，有机会去旅行也多半是"出差"，又或是节假日走走他乡的亲戚，最像样的旅游还是单位组织的"疗养"与"学习"。

（2）高速成长阶段（1992—2009年）。20世纪90年代"双轮驱动"：入境旅游、国内旅游全面开展。"外面的世界很精彩"，人们目光远大起来，荷包鼓了起来，出游目的地也越来越远，旅游的触角已深探到海外。进入21世纪后是"三足鼎立"：国内旅游、出境旅游与入境旅游三大旅游市场培育推进、旅游产业加快成长，是中国进入亚洲旅游大国之列的关键时期。21世纪旅游业不断涉及新领域与新业态，中国旅游业由经济增长点向新兴产业、国民经济重要产业转型阶段，也是中国融入世界经济体系，跨入世界旅游大国的重要时期。

（3）成熟阶段（2009—2018年）。中国旅游业由国民经济重要产业向战略性支柱产业转型发展阶段。中国成为世界第三大国际旅游目的地，全球最大客源输出国，世界最大国内旅游市场。

① 网络时代的旅游。互联网大潮是推动中国旅游业新发展的永动机。"智慧旅游"以云计算、3G/4G技术及下一代通信网络、三网融合、高性能信息处理、智能数据挖掘等新一轮科技革命应用技术在旅游体验、产业发展、行政管理等方面的应用，把中国旅游业带上"互联网+"的道路，红红火火的在线旅游改变了人们的旅游理念和旅行体验，旅游行业的格局悄然发生变化。旅游服务智能化，旅游场所实现免费Wi-Fi、通信信号、视频监控全覆盖、主要旅游消费场所实现在线预订、网上支付，主要旅游区实现智能导游、电子讲解、实时信息推送，开发建设咨询、导览、导游、导航和分享评价等智能化旅游服务系统。

② 微时代的旅游。以自媒体、微传播，以微博、微信为代表的新媒介成为文化资讯传播的重要手段传播主体亦"散"亦"聚"，信息的传播因其瞬时性和扁平化，速度比传统媒介更快，内容更具冲击力和高黏度。网络营销的空间无限性、即时性、主体性、互动性等特征，使游客不仅是旅游体验的参与者，同时又是旅游的动员者、营销者和组织者，旅游声誉"口口相传"的效应通过自媒体被几何化放大，同时又被快速聚焦。随着微信等平台向在线支付功能延伸，"微支付"功能将改变消费习惯。

③ 跨界时代的旅游。随着人类经济活动分工的日益细化和各行各业的不断跨界整合，产业之间界限更加模糊，功能相互交叉，一个融合发展的跨界泛产业时代已经来临，对旅游业而言更是如此。旅游活动维度越来越"泛"，旅游连接社会生活各部分以及各部分与其外部环境的作用更加明显，据统计，旅游经济涉及的部门有29个，直接或间接关联的行业有110多个。而实际上现实的旅游业已经远远超出这些统计概念，在经济、政治、生态、文化诸多领域发挥着深刻的影响和积极的作用。

④ 休闲时代的旅游。我国从2017年开始迈过人均GDP 9 200美元的门槛，根据国际规律，着力发展休闲度假产业的时机已经来临。休闲体验成为需求和消费的主题，旅游需

---

① 中国旅游发展报告（2016）[N]. 中国旅游报，2016-05-19.

求越来越"高级""深层"化。有形价值提供给消费者的满足感弱化，对精神满足和自我发展的渴望与日俱增，旅游体验需求也从追求感官体验向追求精神、情感、智慧等深层内涵化的综合体验转变。

（4）新时代的全域旅游阶段（2018年——　）。2018年3月9日，国务院办公厅正式发布了《关于促进全域旅游发展的指导意见》，标志着我国进入全域旅游阶段。

2. 十大转变——展示中国旅游业辉煌成就

实现从规模旅游、速度旅游向品质旅游、美好旅游转变；从小众旅游向大众旅游转变；从大众同质产品向精致差异产品转变；从单一景点景区旅游向全域旅游转变；从观光旅游向休闲旅游转变；从浅层次旅游向深度旅游转变；从边缘产业向支柱产业转变；从低质巨量的发展模式向高质适量大发展模式转变；从旅游大国向旅游强国转变；从接受跟从国际规则向积极主动旅游外交转变。

3. 五个着力——绘就中国旅游业发展蓝图

（1）五大发展理念。"创新、协调、绿色、开放、共享"五大发展理念为中国旅游发展模式转变开辟了广阔天地，旅游业的战略性地位日益凸显，供给侧结构改革为旅游发展提供了重要机遇，旅游政策红利正在加快释放，爆发式增长的旅游消费为旅游业发展提供了巨大发展动力，全国各地发展旅游、企业投资旅游和人民群众参与旅游的热情前所未有，未来几十年是中国旅游业发展的黄金期。

（2）中国旅游业发展蓝图。到2020年，坚持统筹兼顾、融合发展，因地制宜、绿色发展，改革创新、示范引导的基本原则，实现旅游发展全域化、旅游供给品质化、旅游治理规范化、旅游效益最大化的主要目标，中国将从初步小康型旅游大国迈向全面小康型旅游大国。到2050年，中国成为初步富裕型国家，实现从全面小康型旅游大国到初步富裕型旅游强国的新跨越。全面实现"八高、八强、八支撑"。① "八高"。旅游总量高、旅游品质高(旅游产品质量、旅游服务质量、旅游景区环境质量)、旅游效益高、旅游综合贡献高、旅游从业者素质高、游客文明素质高、旅游安全水平高、旅游科技利用水平高。② "八强"。旅游吸引力强、旅游创新力强、旅游个性特色强、旅游持续发展能力强、国际旅游竞争力强、世界旅游影响力强、全球旅游话语权强、旅游综合带动力强。③ "八支撑"。拥有世界一流的旅游城市、世界一流的旅游企业、世界一流的旅游目的地、世界一流的旅游强省强县、世界一流的旅游品牌、世界一流的旅游产品、世界一流的旅游院校、世界一流的旅游人才队伍。中国旅游将全面实现旅游现代化、信息化、国际化，那将是中国旅游业发展更大的黄金期。

二、旅游是一种生活方式与经历体验

丹麦作家安徒生曾说过，旅行即生活。从心理学角度看旅游，旅游是一种"日常生活之外的生活方式""不同于日常生活的特殊的生活方式"。旅游具有"生产与生活"的双重性，除了是一种经济形态之外，更是一种现代生活方式。

（一）旅游的社会心理功能[①]

（1）旅游是人们心情的愉悦剂。旅游是人们在物质生活得到相应满足后所追求的一种精神生活。旅是过程，游是经历，乐是目的。由于旅游途中看的是秀丽风光，听的是新异奇怪，吃的是美味佳肴，住的是各类宾馆，接触的是异国风情，找到的都是和在家时不一

---

① 杨元珍. 浅谈旅游社会功能[N]. 中国旅游报，2012-09-19.

样的感觉，得到的是视觉上的冲击、感官上的舒适，达到的是精神上的放松、享受、快乐与愉悦。

（2）旅游是人类身心健康的增强剂。追求健康长寿是人的本质要求，随着物质生活的不断提高，这种要求会变得越来越强烈。旅游大都跟名山大川、大江大河联系在一起，参加旅游活动要爬山涉水，要身体力行各种活动，能增加人的运动量，锻炼人的体质，调节人的心理。

（3）旅游是美好生活的添加剂。利用闲暇时间来追寻除物质生活之外的精神生活，好日子要好好过，旅游让人们的生活更充实、更美好、更丰富多彩。

（4）旅游是扮靓城乡的催化剂。旅游是审美活动，注定是跟"美"紧密联系，各地为了吸引游客，改善生活环境，纷纷扮靓城市、扮靓乡村，有景推景，无景造景；而且注重完善吃、住、行、游、购、娱的旅游功能。于是，一条条特色购物街、美食街出现了，一座座娱乐城、主题公园出现了，一个个特色村庄出现了。旅游让城乡更美好。

（5）旅游是社会和谐的润滑剂。旅游不分年龄、不分职业、不分身份，走到一起，只有一个称呼——游客。大家购买同样的产品，享受同样的服务，因此气氛和谐，关系融洽。旅游大多是一种群体性的活动，人们因游结友，增进了社会的交往与和谐。

（二）旅游休闲的终极目标是体验幸福[①]

2013年3月2日国务院批准发布了《国民旅游休闲纲要（2013—2020年）》（以下简称《纲要》），《纲要》体现了治国理念的转变，人民的美好生活质量与幸福感、获得感越来越重要，已被提升到国家战略层面。科学认识和对待旅游休闲，大力推广健康、文明、环保的旅游休闲理念，让旅游休闲成为国民意识和全社会共识。中国传统中一直缺少旅游休闲理念，切实摆脱一提旅游休闲就是追求安乐享受、就是不务正业的观念束缚。其实旅游休闲的重要性一点不亚于工作，工作不是目的，工作是为了美好的生活。旅游休闲是人们美好生活的一个重要组成部分，已经成为人们的一种重要生活方式和一项基本生活权利，成为人们追求幸福、感知幸福的一种"刚需"。旅游休闲业是幸福产业。在世界上所有的消费形态中，旅游是最能体现人们生活心态、幸福感最强的一种消费。当前，随着大众旅游时代的兴起，旅游已经融入普通百姓的日常生活，旅游不仅能让人们感受历史文化、亲近自然风光、强壮体魄、放松身心，满足人们更高层次的精神享受；还能发挥其综合性、带动性功能，与文化、教育、体育、健康养老等产业充分融合，带来新业态、注入新内容、产生新动能，为人民群众创造更多、更好感受幸福的方式。[②]

追求和享有幸福是人的本性需要和自然诉求，人类追求幸福的脚步从未停止。旅游是幸福生活的重要承载。其他不少行业是保障"过日子"，旅游是过"好日子"。种植业保障生存，制造业解决短缺，服务业提供便利，旅游休闲业创造幸福。旅游业是集美丽产业、快乐产业和幸福产业于一身的民生产业，位于"旅游、体育、文化、教育、健康"五大幸福产业之首。

旅游过程中感知和体验的愉悦是幸福的基本组成。旅游之幸福首先是感知和体验的愉悦。在旅游过程中，游客观赏自然和人文景观，与目的地居民和谐接触，感受目的地生活氛围，参与和体验休闲活动等过程都可以获得身心愉悦。中国旅游研究院的一项调研表明，94.3%的受访者认为能够通过旅游活动愉悦身心、增长知识、丰富生活阅历、体验异地风情和摆脱琐碎的生活烦恼，并获得内心的平静。调查数据还表明，14~28岁的青少年和60~69岁的老年人在旅游提升学习体验方面的幸福感最强。旅游之幸福来源于人际关系的

[①] 蔡家成. 对休闲的几点认识[N]. 中国旅游报，2013-02-27.
[②] 唐晓云. 确立以人民为中心的旅游发展观[N]. 中国旅游报，2018-04-04.

改善。旅游对提升青少年、老人、妇女、离异单身等特定群体的幸福感作用突出。调查表明，女性从旅游中获得的幸福感高于男性，离异人群通过旅游获得的总体幸福感最高。调查还显示，人们通过旅游可以同时获得个人和家庭、生活和工作的双重双向幸福感。旅游对提升人际交往方面的幸福感作用非常突出，87.4%的受访者认为能通过旅游获得同事朋友对自己的积极评价，受到更多关注，增进亲情、友情和爱情，拓展社会关系网络；77.5%的受访者认为旅游"能激发工作、生活热情，旅游回来后以全新的状态投入工作"。可见，旅游对促进家庭和睦、社会和谐、增进社会整体幸福的作用不容小觑。旅游之幸福还来源于实际获得和美好生活的实现。人们可以通过旅游活动获得新的认识，接触不同的文化，增加获得感。就目的地而言，发展旅游可推动目的地公共服务设施和服务的整体提升，当地交通条件、城市面貌、厕所等基础设施的改善，都能提升游客的幸福感。就当地居民而言，旅游发展可显著改善人们的生活质量，尤其是参与旅游经营的居民。根据调查显示，82.6%的受访者认为，通过旅游"自己实现了对美好生活的追求"。旅游业无疑是多元利益相关者共同受益的行业，是游客、当地居民和企业能共同分享经济社会发展成就的行业。

三、旅游活动运行分析

（一）旅游活动运行中的各种现象与各种关系以及结构

1. 旅游活动运行中的各种现象与各种关系

（1）"各种现象"。由旅游者的旅游活动所引发产生的有关经济现象、社会现象、文化现象、政治现象、心理现象乃至外交现象、法律现象以及现代的网络现象等各种现象。本书只从心理角度进行分析，其他现象不做深入研究。

（2）"各种关系"。旅游活动中的各种关系和现象是由于旅游者在旅游活动中的心理与行为直接引发出现的，这种关系和现象在人与人、人与社会和人与物、人与自然关系之间运行。人与人、人与社会的关系指旅游者、旅游企业、目的地居民、政府四者之间，因各自追求利益的不同而在相互直接或间接接触过程中所引发的彼此之间错综复杂的关系；人与自然的关系指旅游业与自然生态环境之间的共存关系等。

2. 旅游活动运行中的结构

南开大学申葆嘉教授在《旅游学原理》一书中认为，旅游活动的运行会导致出现经济和文化两类关系和现象。

（1）外层结构：经济关系。旅游者的旅游活动是在两个不同形式的层次中进行的。旅游者在旅游活动运行中，需要购买各种旅游票证，需要乘坐交通工具、住宿饭店、餐馆进餐、购物、游览、娱乐等活动。这些活动在旅游活动运行中都属于浅层的表面关系和现象，由于这个过程存在的各种关系和现象主要属于经济范围内的购买、供需和消费行为，因此这些关系和现象可以视作旅游活动运行的外层结构。

（2）内核结构：文化关系。旅游者在旅游活动运行中要和接待地的居民和服务人员接触，外来游客和这些人的交往沟通会对接待地的文化、社会和物质环境产生深远的影响。由于这种人际关系之间的文化交往和沟通过程存在于旅游活动的深层结构中，常常不能被人们完整地观察到。由于文化关系和现象的存在取决于旅游者的旅游需要，因而这种关系和现象在旅游运动的运行中具有本质属性的含义，而经济关系和现象仅仅处于附属地位。

（二）旅游活动运行中的人际关系

1. 旅游人际关系类型

（1）客我关系。游客与旅游企业和服务人员之间的关系被称为"客我关系"，这是旅游活动中最典型、最有研究价值的人际关系。

（2）主客关系。游客与旅游目的地政府、居民之间的人际关系，被称为"主客关系"。

（3）客客关系。客人之间的相互关系与交往，本书不做研究。

（4）员工关系。旅游企业员工之间的关系，将在第八至十章的管理心理中研究。

2. 客我关系、主客关系的人际交往特点

一般人际交往具有对等性、长期性和自然性等特点，根据联合国教科文组织的研究，在旅游过程中客我、主客之间的关系具有以下特征。

（1）短暂性。旅游的时空特点决定了客人在旅游目的地停留时间很短，任何客我、主客之间的交往都只能是偶然的和表面的，是一种"短而浅"的人际关系。

（2）公务性。交际都出于公务目的，交往的程度为较浅层次。一般情况下，服务员与旅游者的接触只限于客人需要服务的时间和地点，否则成了打扰客人的违规行为。

（3）限制性。由于旅游季节性与旅游景区空间容量有限性的特点，使旅游者通常集中在某些旅游景点上。即便是大众旅游，旅游者个人也缺乏与当地主人会面的自发性；即便是包价旅游，旅游者与居民的接触也是事先安排好的，这使旅游成为一种商业性的安排。

（4）不对等性。主客之间的接触是不对等、不平衡的。客人在旅游途中的新奇经历对于当地居民来说只是日常工作，并没有什么兴趣。为客人服务时，只有客人能对服务员提出高质量的服务要求，而服务员不能对客人提要求。

（5）个体与群体的兼顾性。旅游者既是一个个具有个性特征的人，同时又是一些同一社会阶层、同一文化、相同或相似职业的人聚集在一起成为同质旅游团，在消费过程中出现从众、模仿、暗示和对比等群体消费心理。因此服务员在服务过程中必须注意个体与群体的兼顾。

（三）旅游承载力

1. 承载力内涵

（1）旅游承载力。它是指无害于某一旅游地可持续发展的旅游活动容量。由于目的地旅游资源的特色，从而使其具有很强的吸引力且不可替代。一方面，游客对旅游资源的稀缺所做出的适应性反应就是不约而同纷纷前去游览，使得游客人数大于（甚至远远大于）目的地居民的旅游承载容量，导致超载产生；另一方面，由于旅游资源具有明显的外部性，目的地旅游企业往往对旅游资源采取掠夺式的开发，不顾旅游地的承受能力进行超负荷的运营，这更加剧了目的地承载容量的超载，从而导致旅游目的地居民对旅游的态度发生变化。目前，我国出现了游客需求量与旅游目的地承载力之间的不平衡问题，尤其在旅游旺季时问题更突出，由此产生了不少矛盾与冲突，亟须找出两者之间不平衡产生的原因与解决问题的科学方法。游客需求量与旅游目的地承载力之间的不平衡受到旅游生态环境容量、旅游心理容量和旅游空间与旅游设施容量等的制约。因此，旅游目的地承载力的规划与治理要做到既让游客舒适与满意，又让当地社区居民接受与欢迎，旅游企业受益，当地社会、经济与生态可持续发展。

（2）旅游心理承载力。旅游目的地居民心理承载力的产生是旅游目的地旅游资源的稀缺性所带来的必然结果。旅游心理承载力不仅取决于旅游者人数（虽然这是关键因素）的多少，而且在很大程度上取决于旅游者的类型特征的影响。从心理角度分析，人都喜欢追求短缺，什么少就追求什么；什么越升值，什么就越趋之若鹜。旅游发展初期阶段，短缺的是经济，目的地居民愿意以牺牲自己的生活方式、承担旅游带来的负面影响来换取收入的增加和生活水平的提高。当旅游业发展到一定时期，由于最为短缺的已不是经济，而是和谐的生态环境与宁静的生活方式等，一旦这种需求得不到满足，不满情绪便油然而生。

2. 旅游目的地居民对旅游的态度

（1）两种相反态度。① 积极态度。一方面来自于目的地居民从旅游发展中获得现实的经济利益；另一方面来源于目的地居民对本身价值观的认可。② 消极态度。目的地居民的主观对旅游活动效果的判断和评价，即其对所得到的现实利益与付出的成本之间的权衡（这种成本包括社会成本、环境成本、劳动成本、物资成本等内容，既有无形的一面，也有有形的一面），如果现实利益小于付出的成本，即使旅游活动的开展给他们带来了可观的经济效益，他们也可能持消极态度。

（2）态度变化过程。① 欢迎阶段。最初阶段，目的地居民对投资者和旅游者热情有加，极尽殷勤，对旅游发展所能带来的美好前景充满憧憬，游客管理也没有任何具体约束措施。此时主客关系极为融洽，二者处于蜜月期。② 冷淡阶段。随着旅游业的进一步发展，旅游区的各种设施逐步完善，旅游者的数量持续增加，居民获得旅游收益的增加，目的地居民视为理所当然，没有特别的感觉，仍能以原来的生活方式继续生活，主客关系转为冷淡。③ 不满阶段。随着旅游者数量的持续增加，旅游地的承载容量开始饱和，拥挤的人潮和车潮开始出现，物价上涨，当地民众的生活受到巨大冲击，有限的生活空间受到挤压，资源如果保护不力，就会受到很大破坏。民众由冷淡变成不满，抱怨情绪开始产生。④ 厌恶阶段。当旅游业接近或者达到饱和程度，当地居民对旅游者越看越不顺眼，精神上的压力也日益沉重，恼怒的情绪达到了顶峰。如果有关管理单位置之不顾，就有可能产生对抗行为，最后管理单位不得不寻求解决方案，使双方的关系趋于平稳。

（3）以旅游业为生的地方可能"坑"更多。① 人们总以为，越是新出现的旅游景点和远离现代都市的偏远地方，民风越是淳朴，对外来的游客也就越友好、热情。现实和人们的美好愿望恰恰相反。往往越是这样的地方，一旦开发以后，当地经济对旅游业的依赖就越大，而一个地方的旅游业占 GDP 比重越高，说明这个地方越缺乏其他产业，经济条件落后，当地人只能紧紧抓住旅游这个新饭碗，开始狼吞虎咽，杀鸡取卵。反之越是经济发达的地方，越不依赖旅游业的收入，对游客的待遇也就越趋近于本地待遇。比如北京和上海的旅游业占总 GDP 的比重分别仅 7.3% 和 7.5%，但在《中国旅游城市吸引力排行榜》上，上海和北京分别位列第一和第二。至于其他城市旅游业占总 GDP 比重，三亚是 29.3%，西安是 18%，厦门是 9%，南京是 7%，旅游体验往往和旅游业占比成反比。

（四）旅游与生态的共存关系

1. 良好的环境生态系统是旅游活动存在的生命源泉

绿水青山是旅游产业发展的资源宝库。人们日益增长的休闲旅游消费需求离不开良好的生态环境。面对资源约束趋紧、环境污染严重、生态系统退化的严峻形势，人们必须树立尊重自然、顺应自然、保护自然的生态文明理念，把生态文明建设放在突出地位，融入经济建设、政治建设、文化建设、社会建设各方面和全过程，努力建设美丽中国，实现中华民族永续发展。

2. 旅游是美丽产业

旅游是幸福生活、健康生活和美丽生活的标志。通过旅游，可以发现美、创造美、享受美、呵护美、传播美。旅游业是美丽产业、绿色产业、和谐产业、开发产业和共享产业。旅游业资源消耗低、污染少、可循环发展，是世界公认的人与自然和谐相处的绿色产业，可以为人们创造出美丽的环境，其自身发展就是一个绘制美丽的过程。旅游产业发展和美丽中国建设的内涵和要求一致，完全可以成为建设"美丽中国"的主力军，成为展示"美

---

① 张从志. 东北雪乡变形记[N]. 报刊文摘, 2018-01-19.

丽中国"形象的重要载体，成为中外游客感知"美丽中国"的最好方式。党的十八大提出的"美丽中国"的目标，党的十九大提出要把我国建成富强民主文明和谐美丽的社会主义现代化强国的目标，这个"美丽"包括自然美、人文美、历史美、生活美等多个方面。美丽中国是让"近者乐、远者来"的"宜居、宜业与宜游"之地：宜居是环境优美，社会和谐，生活富足，最适合人居；宜业是生产资源丰富，产业体系完备，最适合投资创业；宜游是山川秀美，历史厚重，文化绚丽，能吸引世界各地游客来游览大好河山、体验民风民俗。旅游业是我国国民经济战略性支柱产业，促进文化繁荣的动力产业，推动社会进步的和谐产业，经济生态协调的先导产业，深化对外开放的窗口产业，新一轮国民消费热点产业，是公认的"无烟产业、绿色产业、朝阳产业、幸福产业"，是一项传播文明、传播美丽，带动培育美丽经济、提高人民生活品质的美丽产业。

3. 旅游对环境生态的影响

（1）旅游影响研究。旅游对环境的关系十分敏感，既有积极影响，也有消极影响。稍有疏忽就会对环境产生不利影响。由于大批游客在一个较短时间内涌入较小空间，造成水质下降，空气污染，噪声增加，改变或破坏了植被状况，影响了野生生物生存，进而影响整个生态系统的退化。另外，也会造成游客在旅游活动中获取的体验逐渐淡化消退，原先遥远而神秘的感觉逐渐消失。

（2）旅游与生态关系。

① 各自为政。旅游和环境保护可以各自推行工作，互不干涉。但这种关系不可能维持太久，因为随着大众旅游的增长，旅游运行对环境的影响越来越明显。这个阶段一般需要解决两者之间是共存关系还是矛盾关系的问题。

② 矛盾关系。旅游和环境保护发生矛盾，表现为旅游给环境带来有害影响。当前比较严重的情况是，在某些地方对环境的破坏已到了不可复原的地步。近年来，全球国际旅游发展明显好转，在一片看好的欢呼声中，也应清醒看到全球旅游发展正面临着"过度旅游"的挑战。2017年年底，世界旅游理事会发布了一份题为《应对成功：旅游目的地的拥挤管理》的报告，直面世界旅游发展中普遍存在的过度拥挤难题。德国IPK国际旅游咨询机构代表柏林国际旅游博览会（ITB）发布了题为《繁荣还是萧条?旅游走向何方》的世界旅游趋势报告，其中有个专题叫作"过度旅游：国际旅游业需要制定新战略来管理"。报告提出，据"世界旅行监测"2017年对世界24个国家29 000名国际旅游者的调查显示，25%的被调查者承认对其旅游目的地有"过度旅游"的感觉。报告分析，世界上大约有9%的游客(约1亿人)的确感到他们的出境旅游质量受到了影响，其中带孩子出游的家庭和34岁以下的年轻人对这一影响感受最深，他们的旅游度假、邮轮旅游、城市游览、阳光海滩度假和乡村度假质量都受到了影响。越是世界有名和区域有名的景区景点，拥挤问题越显严重。从地区来看，亚洲出境旅游者对"拥挤"现象更加敏感。"过度旅游"逐渐变成了一种普遍存在的问题，而并非局限在城市。世界旅游理事会详细分析了"拥挤"对旅游目的地发展提出的挑战，这包括"异化了的当地居民、衰退了的旅游体验、超负荷的基础设施、对自然的破坏和对文化与遗产的威胁"等五方面的表现，"过度旅游"不仅直接影响旅游目的地、旅游吸引物、当地的基础设施和居民，还影响着旅游者本身。针对这些问题提出应当采取的措施建议，其中包括"随着时间的推移舒缓游客人数、向不同的地点疏散游客、调整价格以平衡供求、调节住宿供给能力和限制可进入性及活动频率"等。但对待这一现象要从长计议，重视长期规划，而不应机械反应，慎用"一刀切"的对策。近年来，我国旅游业蓬勃发展，在期许旅游业大发展的同时，也应当认真关注一下"过度旅游"这一世界旅游发展新趋势，不能忽视它对自然、社会、文化、体验等方面造成的威胁与破坏的后果。

③ 共存关系。旅游和环境保护相互支持，相互从对方得到好处，形成共存关系。生态

就是在保护环境质量的同时又保护了旅游，把自然环境和旅游视为伙伴关系，不因保护环境而限制旅游活动，也不因旅游活动而破坏环境质量，两者是互利合作的关系。习近平曾说过"既要金山银山，又要绿水青山"，认为人们对"两座山"之间关系的认识经历了三个阶段：第一个阶段是用绿水青山去换金山银山，不考虑或很少考虑环境的承载能力，一味索取资源。第二个阶段是既要金山银山，又要保住绿水青山，这时，经济发展与资源匮乏、环境恶化之间的矛盾开始凸显出来。人们意识到环境是我们生存发展的根本，要留得青山在，才能有柴烧。第三个阶段是认识到绿水青山可以源源不断地带来金山银山，绿水青山本身就是金山银山。我们种的常青树就是摇钱树，生态发展变成经济优势，形成一种浑然天成、和谐统一的关系。这一阶段是一种更高的境界，体现了科学发展观的要求，体现了发展循环经济、建设资源节约型和环境友好型社会的理念。以上这三个阶段，是经济增长方式转变的过程，是发展观念不断进步的过程，也是人与自然关系不断调整、趋向和谐的过程。旅游活动是传播文明、传播文化、推动生态文明建设、优化美化环境的重要渠道。通过发展旅游，一些荒山、荒地、荒坡、沙漠、盐碱地、资源枯竭矿山等得到了综合利用，一座座城市"显山、露水、透绿、通畅"。加强环境保护，推进共建共享，树立"处处都是旅游环境，人人都是旅游形象"理念，人民群众的生态保护意识不断增强，生态旅游、低碳旅游、绿色旅游正在成为旅游消费者的自觉行为。不断提升和全面净化优化旅游的自然生态环境和人文社会环境，建设放心、舒心、开心的旅游目的地。

4. 旅游活动与环境生态的可持续发展[①]

可持续发展是一种新的发展观，它给人类指出了一条如何实现长期生存和发展可供选择的道路。世界环境与发展委员会提出：人与大自然和谐相处，切实保护好人类赖以生存的自然环境。习近平提出了"人与自然是生命共同体"的思想，发出了"像保护眼睛一样保护生态环境，像对待生命一样对待生态环境"的指示。旅游可持续发展是建立在人们适度开发、旅游资源可持续利用水平和生态承载力不断提高的基础上的活动。无论是在旅游产业低碳经营运作、生态技术的创新研发方面，还是在生态环境建设、修复和维护方面，都要"让居民望得见山，看得见水，记得住乡愁"。敬畏自然、珍视资源、善待文化、尊重前人。

第二节 获得幸福感是现代旅游者的终极目标

一、体验经济时代的经济心理化[②]

1. 经济心理化

美国未来学家阿尔温·托夫勒在《第三次浪潮》中说："我们正在从一种'饱肚子'经济向一种'心理'经济过渡。"在今天物质较为丰富的情况下，"经济的心理化"有以下两个方面。

（1）添加"心理成分"。托夫勒说："在所有的技术化社会中，在设计物质新产品时，要在物质产品中添加一些'心理成分'，要越来越多地考虑给消费者一点'额外'的、心理上的满足。"如厂商总是在操纵盘或仪表板上多装几个漂亮的旋钮、把手或刻度表，哪怕这

[①] 张广瑞. 旅游可持续发展需要精心设计和良好管理[N]. 中国旅游报，2018-02-28.
[②] 吴正平. 旅游心理学[M]. 北京：旅游教育出版社，2003.

些小玩意儿并没有什么实际用处，但会使机器的操纵者感到他正在控制着一台很复杂的机器，从而增加他的自豪感。

（2）扩大"心理成分"。托夫勒说："我们将超越功能上的需要，使服务业变成一种预先设计的经历。服务业除了要为消费者解决种种实际问题之外，还应该成为'经历的制造者'。"餐厅经营者要让客人得到"预先设计的经历"，那就不仅要考虑让客人吃什么样的饭菜，还必须考虑客人用餐的环境、气氛等。托夫勒指出：目前，"经历"还像是"糕点上的糖霜"，仅作为附属品随某些传统服务一起出售的；将来它会像"实实在在的物品"一样，严格地以其所固有的价值来出售。到那时，将会出现一个新的行业，它既不出售物质产品，也不出售普通的服务，而是出售预先安排好的"经历"。

2. 体验经济时代

（1）体验。体验是使每个人以个性化的方式参与其中的事件，是当一个人达到情绪、体力、智力甚至是精神的某一特定水平时，在意识中产生的难忘感觉。早在1998年，Pine Ⅱ和Gilmore就提出基于体验的特质可将体验分为娱乐体验、教育体验、遁世体验和美学体验四种，让人感受最丰富的体验是同时涵盖四个维度的"甜蜜地带"的体验，如到迪士尼乐园、拉斯维加斯活动。诺贝尔奖得主、心理学家丹尼尔·卡纳曼经过深入研究，发现对体验的记忆是由高峰时（无论是正向的还是负向的）与结束时的感觉来决定的，这就是峰终定律。对一项事物体验以后，所能记住的是在峰与终时的体验，而过程中好与不好，体验的比重、时间长短，对记忆影响不大。基于这种理论，产品规划中应在体验的高峰和结束的节点上进行细节设计，让其产生深刻的印象。这种体验包括消费者主动参与还是被动参与、融入情景还是仅吸收信息。著名学者王国维在《人间词话》中说："诗人对宇宙人生，须入乎其内，又须出乎其外。入乎其内，故能写之；出乎其外，故能观之。入乎其内，固有生气；出乎其外，固有高致。"讲的就是体验活动的时空特点。

（2）获得感。现代消费心理研究证明人的获得感的过程是："物品—经历—感受"的过程。物质贫乏时期，或当人们还不富裕的时候，顾客花钱主要购买"有形"的物质产品的使用功能，拥有"物品"即可满足需求。而当顾客感觉自己所拥有的"物品"比较丰富的时候，就会觉得自己的"经历"太贫乏了；而如果没有比较丰富的经历，就算是拥有再多的"物"，生活的质量也还是不高的。"物"与"经历"两者既有区别又有联系。没有"物"就谈不上"经历"，但是"物"毕竟不等于是"经历"。"经历"离不开人的行为。判断经历的首要标准是在经历中的"感受"是否良好，能否带来亲切感、自豪感与新鲜感。因此，顾客消费心理最终应以感受体验为指标。

（3）体验产品。企业以服务为舞台、以商品为道具，环绕着消费者，创造出值得消费者回忆的活动。其中，商品是有形的、服务是无形的、体验是令人难忘的。人的消费心理层次依次是物品（具体）—经历（抽象）—感受（深刻）。在这意义上，托夫勒说："'经历产品'是世界上'最为短暂，而又最为经久耐用的产品'。""在这里，消费只是过程，消费者成为这一过程的产品。当过程结束后，体验记忆将会长久地保存在消费者脑中。消费者愿意为体验付费，因为它美好、难得、非我莫属、不可复制、不可转让、转瞬即逝，它的每一瞬间都是唯一。"

（4）体验经济。体验经济是一种通过满足人们的各种体验而产生的经济形态。托夫勒在他所著的《未来的震荡》一书中指出：人类经济发展的历史，划分为产品经济、服务经济与体验经济三个阶段。约瑟夫·派因与詹姆斯·吉尔摩合著的《体验经济》也提出了"体验经济时代"概念，是继农业经济时代、工业经济时代、服务经济时代之后的第四个经济发展阶段。体验经济时代，不再是对产品与服务收费，成熟、精致的体验也要收费，企业必须设计更丰富的体验经历内容。互联网时代的"线上+线下+体验"将是未来产业的组织形式，也是旅游业的未来发展模式。"线上+线下"主要解决服务渠道和服务效率问题，而体验则高度依赖目的地的文化、自然环境等资源。

二、旅游产品的本质是心理体验

（一）旅游产品构成

产品具备使用价值与价值的基本属性，能满足人们的某种利益与需要。产品有两种存在形式：一种是以实物形态存在的物质产品，它可以脱离产品的生产者而单独存在，可以投入现实的商品流通；另一种是以员工的"活动"形式提供的服务产品，它是一种特殊的产品，不是以物质形态表现出来的一个个具体的劳动产品，而是凭借一定物质条件以各种服务形态表现出来的无形产品。旅游产品涵盖了产品的两种形态。

1. **实物形态的旅游吸引物：具有吸引力**

旅游产品的"硬件"是由以实物形态存在的旅游吸引物构成，这是为客服务的目的物与凭借物，起到物质凭借作用和物质基础作用。"硬件"对旅游者要具有吸引力。

（1）旅游资源。旅游资源的本质特征是具有激发旅游者产生旅游动机的吸引力，能向旅游者提供难忘与愉悦的经历和体验的物质基础；不具有这种吸引力，任何资源形式都不是也不会成为旅游资源。旅游资源要有吸引力，关键是有特色、有个性，越有特色、越与众不同，就越有吸引力。

（2）旅游设施设备。旅游设施设备的吸引力不仅在于具有满足旅游者在行、食、宿、游、娱、购的过程中享受它们的使用功能，更要具有满足客人安全感、舒适感与方便感的身心需求的心理功能。五大设施：① 旅游交通设施，包括道路与旅游工具等设施设备；② 旅游夜间娱乐环境设施；③ 旅游环卫设施；④ 旅游安全设施；⑤ 能源通信设施。设施设备一要完好，要求齐全、完善、配套、安全、质好；二要方便，要求结构合理，设计布局方便客人使用，操作简单，告之客人使用方法；三要舒适，要求性能良好，正常运转、发挥效能，舒适美观。

（3）公共服务体系。六大体系：① 旅游交通服务体系；② 旅游公共服务中心；③ 国民旅游休闲网络；④ 公共信息服务平台；⑤ 安全保障服务体系；⑥ 公共行政服务体系。

（4）环境氛围。① 按内、外环境分。a. 外部氛围。包括周边环境、企业建筑外观风格、建筑体量、表面材质、设计语言符号等，通过各种艺术文化元素的运用赋予建筑物深刻的文化内涵，给人带来强烈的视觉冲击。b. 内部氛围。由空间布局、室内装潢、灯光音响、温湿度、空气清新度、艺术陈列品摆设等构成，体现科学性、功能性、整体性、艺术性，给客人以舒适感与美感。② 按软、硬标准分。a. 有形氛围。客人感官能感受到的各种硬件条件，如地理位置、建筑外观、厅房构造、空间布局、内部装潢，以及光线、色彩、温湿度、气味、音响、家具、艺术品等多种因素，靠设计人员的精心设计与员工的日常精心维护保养。b. 无形氛围。由员工的服务形象、服务态度、服务语言、服务礼仪、服务技能、服务效率与服务程序等因素，构成了动态的人际环境和文化环境，使客人的心理愉悦、满意、温馨。

（5）实物产品。① 旅游商品。要求独具特色，雅致美观，品种齐全，价格合理，符合客人的购物偏好。② 实用产品。能直接满足客人物质消费需要，如酒店的菜点、酒水和客用品配备等。

2. **心理形态的旅游服务：富有人情味**

旅游产品的"软件"是以员工的"活动"形式提供的心理形态的服务产品。要发挥旅游产品"硬件"的吸引作用，一定需要软件即旅游服务人员的服务支撑。服务的本质是人与人之间的人际交往，关键是富有人情味，使客人产生亲切感、自豪感与新鲜感。

（二）旅游产品是"经历产品"

1. 花钱买"经历"

旅游是旅游者从离家出门到旅游目的地兜一圈，然后再回家的一次具有异地性、异时性、异常性特点的完整经历过程。旅游者花金钱、花时间、花精力与花体力购买什么呢？一句话："花钱买经历"，暂时离开自己的家与工作，过一段与日常生活不一样的生活，获得不一样的心理体验，这个经历过程应是美好愉悦的感受与体验。这种经历产品是无形产品，但比任何有形产品都"经久耐用"。人脑具有记录、回忆、重温等功能。游客在旅游中体验旅游活动，从中记录旅游经历，以后可以清楚地回忆起来，想起过去曾经经历过的事情，而重温能使人回到发生那件事情的时刻，重新体验当时曾经体验过的"峰—终"心情。一次非常愉快的旅游体验之所以特别珍贵，是因为在今后的漫长岁月里，可以无数次地重温当时的愉快心情。旅游服务产品从本质上说是一种"经历"产品、"体验"产品。顾客购买服务产品并不仅是购买其凭借的具体实物，更是购买一次舒适、方便的享受，体验一次美好、愉快的经历，产生多次甚至是终生难忘、永远怀念、铭记在心的美好回忆。随着时间的推移，可能会导致物质形态的产品耗损毁坏，而精神产品就其情感体验而言，却能"经久耐用"，能使人"回忆重温"，产生深刻而长久的印象。衡量"经历产品"质量指标的是"感受"与"心情"，这种感受是跟着游客自己的"感觉"走的，这把尺子是主观的而不是客观的。

2. 花钱"买"经历——购买过程也是"经历"

"花钱买经历"包括购买"经历产品"，也包括购买产品过程中的经历。购买"物品"的过程是一种经历，购买"经历产品"的过程也是一种经历。购买过程也成了经历产品的一个有机组成部分，这一点常常被人忽视。要使顾客对所购产品满意要做到两点：一是让顾客对所买产品本身感到满意，二是让顾客对购买过程也感到满意。要做到第二个满意，就要创造一个令人满意的、能够提高顾客自我评价的、使他们感到愉快的"购买经历"，这种购买经历要使顾客动心、放心、省心。

3. 花钱买"体验式的经历"

旅游是一种"花钱买经历"的消费，这种经历一种是"享用和观赏性的经历"，另一种是"操作和表现性的经历"。现代游客不再满足于当感官上的享受者，更要当全身心的参与者；不再满足于单感官（或眼看、或耳听、或口尝）的静态参与，更希望多感官（眼看+耳听+口尝+身体力行）的全身心的动态参与；不再满足于"坐在剧场里看戏"当看的人、当观众，更要"登上舞台来表演"当演员、当做的人；不再满足于享用与观赏性的经历，而需要操作和表现性的经历；不再是"请坐下，听我讲故事"，而是"请起立，让我们一起做游戏"。旅游不仅要"有东西可看"，更要"有事情可干"；不仅旁观，更要参与；不仅领受，更要奉献，切实让旅游成为一种经历与体验。离开了游客的全身心参与，就不可能有美好的经历与真切的体验。

（三）旅游体验产品的心理特征

1. 产品形态上的不可感知性

体验产品与实物形态产品比较，表现为非物质形态，它的特质及组成元素在很多情况下是无形无质，让人不能品尝、观看、触摸与嗅闻到的。由于体验的无形性，企业不能申请专利，竞争者容易模仿；顾客在购买前难以评价，增加了顾客购买的风险；企业生产的单位成本很难确定，价格与质量的关系变得更为复杂；体验产品的数量难以定量化，质量评价带有主观感受性，质量测评既复杂又困难。要消除体验无形性带来的负面作用，可以采取无形产品"有形化"的策略，不仅提高辅助客人对有形产品的感知度，更要对无形产品操作的流程以及员工劳动的动作和时间进行细化、量化的精确分析，以确保无形产品质量的稳定性和高标性。

2. 生产与消费上的不可分离性

（1）同步性。物质产品从生产、流通到最终消费，要经过一系列的中间环节，生产与消费是两个可分离的过程，具有一定的时间间隔，因此产品的生产过程与客人无关，其生产的环境、员工的形象等因素是客人无须经历和感受的。但体验产品的生产过程同时也是消费过程，生产者与消费者在同一时空下直接发生联系，顾客参与到产品的生产过程中。对客人来说，体验环境的文化品位和自然气息，设施设备的完善、便利、舒适程度和档次高低，员工的形象、态度、技能与效率，服务项目的多寡与细腻，都会即时影响客人对产品的感受。这种特性，使得客人在决定购买和消费体验产品之前无法检查与验证其产品的质量，导致购买决策时会产生很大的风险与疑虑。

（2）参与性。由于顾客必然参与体验产品的生产过程，因此企业以什么方式或程序进行生产，顾客以什么感官、心情及如何参与生产过程，都会直接影响顾客的感受。从消费心理分析，单感官的参与和多感官、全身心的参与，人的感受是不一样的。在产品设计中，一定要让客人多感官、全身心地参与活动经历，获得更丰富、更美好的体验。

3. 人格上的差异性

以"人"为中心的产业，由于人的个性存在差异，使得体验质量检验很难采用统一标准。不同的员工为不同的顾客提供同一种服务，会因顾客的需求、阅历、经验、性别、职业、情绪的个性差异与其所处社会的文化差异等因素不同，导致主观感受与主观评价不同；同一个员工提供的同种服务也会在不同时间、不同场合，因员工的价值观念、工作态度、个人情绪以及处理人际关系技巧的不同，从而影响到体验质量的高低好差。

4. 时间上的不可储存性

体验产品"生产"的结果不以具体的实物来表现，其所形成的效用需要在"使用"时才能显示出来，因此，顾客从体验中所得的感受不能像物质产品那样储存起来。虽然提供体验的各种设备可以在需求之前准备，但生产出来的体验如不能当时消费掉，就会造成损失。体验产品的时间性很强，客人只能在规定的时间内来使用它；如当时不使用，体验产品的效用所体现的价值将随时间而消失，且永远无法补偿。这种供需之间的矛盾，一方面要对需求流量进行监控，对需求波动进行预防；另一方面要调节需求量使其与企业的供给相适应。

5. 空间上的不可移动性

体验产品的流通不能以物流形式出现，只能以信息传递、客人的流动表现出来。体验需有一定的物质形态基础，有些物质形态的东西不可能发生空间的移动，产品只能在生产所在地进行消费。如旅游资源离开了所在地就会缺乏吸引力，旅游设施设备、环境气氛在空间上也不能移动。

6. 所有权上的不可转移性

旅游实物商品如旅游纪念品、旅游购物品在消费过程中发生了所有权的转移，而体验产品在消费过程中并不发生所有权的转移，顾客购买的只是获得了暂时的有限的使用权，如旅游景区、旅游饭店、旅游线路等。而缺乏产品所有权的转移，会使消费者在购买时感受到较大的风险。

7. 产品质量上的不稳定性

尽管旅游企业对体验产品制定了严密的标准与规范，也对多种可能发生的情境做出了预警机制。但性格各异的顾客需求仍有极大的随意性、变化性和突发性，不可能全部事先都预测到；而体验生产过程中的波动性，更会导致产品质量的不稳定性。这就要求企业对反复操作的体验程序用标准化手段来规范服务行为，加强现场控制与督导，要求员工提高综合素质，能快速反应、灵活应变、及时跟进。

8. 人际交往上的艺术性

从人际关系角度分析，体验过程就是人与人之间发生的人际交往，离开了交往沟通也无所谓体验。旅游服务中的客我关系是服务与被服务关系，要形成和谐、融洽的服务人际关系，关键要掌握人际交往的技巧与艺术。员工为客人提供服务的过程，就是与客人"打交道"、进行"人际交往"的过程。只要从事了旅游服务工作，就要频繁地接触人，同各种各样的人打交道。

9. 服务沟通上的情感性

第一、第二产业的员工的工作对象是没有生命的"物"，其产品是固定有形的物质形态，而属于第三产业的旅游业是一个"高接触"的行业，是一项"高情感"的工作，其服务对象是活生生的、有血有肉有情感的"人"，其产品是无形的精神形态的"情感体验"。人的情感体验具有强烈的主观感受与主观评价特点，因此体验产品缺乏客观的细化与量化的标准，会给对产品的生产与评价带来个体特性的主观色彩。

10. 体验经历上的综合性

旅游者购买旅游经历产品具有完整性的特点，这就要求每一个旅游企业、每一个部门、每一个岗位以及服务的每一个流程，都要提供优质产品。各部门、各岗位的每位员工为客人提供的种种服务则是整体产品的许多零部件。"细节影响成败，关键细节决定成败"，产品的整体质量与各零部件的质量关系十分密切。任何一个工作岗位的员工在某个服务流程上的"真实瞬间"的细小疏忽，都会影响产品的整体质量。有人把服务比作一根链条，每个员工、每个节点都是链条上的环，链条能否发挥正常功能首先取决于它所有的环是否环环紧扣，在这个意义上，旅游服务业提出的"100-1=0（甚至小于零）""100+1=满意+惊喜"具有深刻的意义。服务产品的综合性决定了服务产品的生产与销售会受到多种因素的影响与制约。

（四）设计旅游经历产品

旅游业生产的是"难忘的经历""美好的回忆""轻松愉快的心情"，这是世界上任何一种物质产品都无法与之相比的、最有价值的产品。旅游企业要当好"经历设计师"，不仅在设计产品时添加心理成分，更要在设计经历中扩大心理成分，在体验上下功夫，满足客人心理体验、心理感受的获得感、幸福感。

1. 设计体验要素

（1）确定主题。主题是体验的基础与灵魂。主题应简单、吸引人，甚至震撼人，要有故事情节。主题必须带动所有的设计与活动。

（2）以正面线索塑造印象。塑造不可磨灭的印象才能呈现主题、实践主题、支撑主题。线索构成印象，创造深刻的印象必须制造强烈的线索。每个线索必须与主题保持一致，要有正能量。

（3）淘汰消极印象。要塑造完整的美好体验，不仅要设计一层层的正面线索，而且必须去除削弱、违反、转移主题的负面线索。

（4）提升科技水平、文化内涵、绿色含量。增加创意产品、体验产品与定制产品，提供更多精细化、差异化的产品和更加舒心、放心的服务。

（5）配合加入纪念品。纪念品的价格虽然比不具有纪念价值的相同产品高出很多，但因为具有回忆体验的价值，所以消费者还是愿意购买。

（6）涵盖五种感官刺激。体验中的感官刺激应该支持、增强主题，而且体验所涉及的感觉越多，就越令人难忘。旅游产品应充分调动人们的五官，有效刺激旅游者的多种感觉，使旅游者对旅游项目留下深刻印象而强化旅游者的旅游体验。

2. 塑造体验途径

塑造体验可从享受、人际交往、场景、知识技能、荣誉、自我表现、故事传说和有形纪念品等八个方面来进行。广州从化碧水湾温泉度假村董事长曾莉介绍的经验有三个：一是注重服务设计。不仅从产品打造之初考虑客人需求和感受，让产品更具人性化，同时还从每一个活动细节着眼，提升活动的仪式感、知识性和趣味性。二是既追求让客人惊喜感动的服务，又追求让客人开心快乐的体验。成为消费主体的"80后""90后"的年轻人，追求快乐、新奇、有趣的体验成为主流。在为客人提供个性化服务时不仅要让客人感到你的朴实和用心，更要让客人感到你在用心、用情时，还有品位、有趣味、有智慧。如给卫生间里用毛巾制作的玩偶配上"眼镜"，涂上"口红"，客人看到后忍俊不禁，还忍不住用手机拍下来发到微信朋友圈与朋友分享，这就是一个开心的体验。三是帮助客人赢。在组织活动时，主动帮助客人关注到每个细节，主动替他们把关，审核各个流程。客人没想到的我们替他想到，客人想到的我们替他做到。要让客人放心、安心、省心，最后由欢喜、信任到信赖。[①]

三、服务的本质是人际情感交流

（一）服务含义

1. ISO（国际标准化组织）定义

1991年国际标准化组织ISO 9004-2标准即《质量管理和质量体系要素第二部分：服务指南》，把服务定义为："为满足顾客的需要，供方与顾客接触的活动和供方内部活动所产生的结果。"可从以下四个方面来理解"服务"。

（1）顾客。顾客是个广义的概念，包括所有的服务接受者。对旅游业来说，有两种顾客：一是外部顾客，旅游企业的服务对象，服务产品的受益者；二是内部顾客，旅游企业内部的各部门、班组与个人。

（2）需要。对顾客服务的目的是满足顾客需要。旅游企业应随时研究不断变化着的顾客需求，在符合社会公益、顾客利益和企业自身利益的基础上，适时设计和提供服务，以满足顾客期望之中的需要。

（3）活动。活动包括企业与顾客的接触过程、为企业提供产品或服务的供应商和企业内部的运作三个方面。活动体现一个宗旨，即满足顾客的要求，取得预定的结果。

（4）结果。服务结果与企业满足顾客需要的程度、企业及其业主的满意程度和其他受益者的满足程度均密切相关。

2. 国家技术监督局定义

国家技术监督局颁布的《中华人民共和国国家标准：旅游服务基础术语》中对旅游服务产品的定义为：由实物和服务综合构成的，向旅游者销售的旅游项目，其特征是服务成为产品构成的主体。旅游者所购买和消费的产品中，有形的物品是少量的，大量的是无形的产品，即接待服务。旅游服务是针对客人的心理需要，采取有效的服务方法和策略，为

---

① 卫静. 创新，永葆青春活力[N]. 中国旅游报，2017-09-29.

旅游者创造一个美好经历的过程。

3. 心理学定义

从心理角度分析，北京第二外国语大学吴正平教授认为服务就是"为他人做事，让他人获益"。服务是人与人之间的人际情感交流，通过一种用以解决或减轻他人困难的行为方式，达到援助他人或有益于某事之目的。服务提供者（员工）通过认真细致地做事，让服务接受者（客人）受到实惠与获得利益，满足生理与心理等多方面的需求，从而产生身心的满足与愉悦。

（二）服务类型

1. 按服务的客观存在来分

（1）存在型服务。服务的存在与顾客的评价关联不大，是相对独立而又得到客观认可的活动，如购物活动中的售后服务、优惠服务。以"有"或"没有"来衡量。

（2）评价型服务。提供某种服务的方式、方法、态度、技巧，用"好""差""优""劣"等形容词来做评价。评价型服务是存在型服务的高级阶段，只有在服务活动被认可之后，才可能产生有关优劣的评价。

2. 按服务过程中有否"物"的形态来分

（1）硬性（实）服务，也称物质性服务。为客服务中，凭借硬件即以"物"的形态来实现的，是"物对人的服务"。其质量要受服务设施的性能和完善与否的影响，如厨房提供的美味佳肴、客房部提供安全舒适的客房等。

（2）软性（虚）服务，也称精神性服务。凭借一定的或者很少的，甚至不需要物质条件，而由员工提供专业的知识性、技术性与有人情味的服务。这是"人对人的服务"，其质量则要受员工的服务意识与服务技艺的影响。它包括服务意识，服务态度、服务效率、服务现场氛围、员工形象，合理服务程序与规格，娴熟的服务技能，完善合理的服务项目。相比物化形态而言，人的情绪状态更容易发生波动，因此软性服务更有"弹性"，更会"变形"，更难掌控。

3. 按服务满足客人的需求来分

（1）功能服务。它指服务中具有一定客观标准的部分，满足客人期待的"实用性"与"享受性"的需求。实用性是指服务工作应为客人解决实际问题；享受性是指通过服务人员的工作，使客人生理上产生安全感、方便感、舒适感。

（2）心理服务。它即服务的情感性，通过人际交往中的态度、表情、动作、语言等交往方式与艺术，使客人心理上产生亲切感、自豪感、新鲜感。

4. 按是否直接面对客人服务来分

（1）直接服务。它是面对面地直接为客服务。提供这类服务的通常是旅游企业的一线部门或称前台服务部门，如酒店里的营销部、前厅部、餐饮部、客房部、康乐部等。

（2）间接服务。它是不直接为客服务。提供这类服务的通常是旅游企业的二线部门，如总经理办公室、人力资源部、安保部、工程部等。

5. 按是否收费来分

（1）有偿服务。需要支付报酬的服务。企业功能服务都需收费。

（2）无偿服务。无须支付报酬和补偿的服务。心理服务一般都属于无偿服务。

（三）服务质量

1. 服务质量评价标准

服务质量是旅游服务活动所能达到规定要求和满足客人需求的能力与程度。

（1）功能性。核心要素。服务所发挥的效能和作用，做到有效性、一致性。① 设施设备。布局合理、配套齐全、运行正常、使用方便、性能良好。② 服务用品。方便使用、数量满足、质量物有所值。③ 服务流程。项目到位、标准适度、时间合理、程序科学、方式恰当、技能娴熟。

（2）经济性。敏感要素。得到不同服务所需费用的合理性，要物有所值。企业所提供的服务内容越多、等级越高，或者企业所收的费用越低，就越具有经济性。企业要综合考虑服务成本的投入和服务功能的产出以及客人付出和所得的恰当比例。服务价值必须明确数量、质量，并予以组合。

（3）安全性。第一要素。保障客人的人身安全、物质安全、心理安全。① 设施设备的安全：科学的设计、完善的消防设施、有效的防盗装置、规范的安装。② 保证安全管理的有效性：完善的安全管理制度、有效的安全防范措施、熟练地安全防范技能。③ 保证服务的安全性：合理的操作规范、人性化的服务方式、尊重隐私权、保证客人私人空间的私密性。

（4）时效性。在时间上满足顾客需要的能力。时间定量成为衡量服务质量的主要标准之一。服务要讲效率，企业可靠地、准确无误地完成所承诺的服务。保证服务效率，尽量缩短顾客在消费过程中的等候时间。当服务出现故障时，及时地解决问题将会给顾客的感知质量带来积极的影响。

（5）舒适性。使顾客身体和精神感到轻松愉快的程度。舒适程度是相对的，不同等级的服务应制订出相应的规范。环境优美，布置典雅，设施完备，功能齐全，用品舒适，整洁卫生，服务周到。

（6）文明性。满足精神需要的程度。它包括精神文明与环境文明两方面。美在仪表仪态，贵在热情真诚，重在技术专业，巧在交流沟通，雅在环境氛围。

2. 服务质量内容

（1）服务形象。服务形象是企业文化、企业形象的体现，是员工精神文明和文化修养的表现。要求员工仪表规范，仪容美观，仪态端庄，仪情悦人，语言谈吐文雅，行为举止优美，待客热情有礼，尊重风俗习惯，服务得体规范等。

（2）服务态度。服务应主动、热情、周到、细致、耐心、诚恳。力争把服务做到尽善尽美，面面俱到。服务态度是提高服务质量的基础。它取决于服务人员的主动性、积极性和创造精神，取决于服务人员的素质、职业道德和对本职工作的热爱程度。良好的服务态度表现为热情、主动、耐心、周到和细致的服务。

（3）服务项目。服务项目设置应以满足客人便利（服务程序简洁）、快捷（服务速度高效）、周到（项目设置全面）为依据。基本服务项目，在服务指南中明确规定的，对每个顾客都要发生作用的。附加服务项目，由某客人即时提出的，并不是每个顾客必需的。服务项目的多寡反映了企业的服务功能和满足顾客需求的能力。

（4）服务程序。服务程序是以描述性的语言规定某一特定的服务过程所包含的内容与必须遵循的顺序。它是从对服务作业的动作、过程、规律的分析研究中设计出来的，以强制性的形式规定了服务过程的内容与标准。

（5）服务技能。它包括服务知识与操作技能应知应会两个方面。服务人员的技术知识和专业技术水平，是服务质量的技术保证。

（6）服务效率。有时以在单位时间内完成的工作量来表示，有时则以从客人产生需求到员工实现服务之间所花费的时间来衡量。服务效率要求准确、迅速、及时。

（7）服务时机。细致观察客人的言行举止，正确解读客人的体态表情和语言，判断客人的个性与消费心理，掌握最佳服务时间点，提供恰到好处的服务，避免客人的寻觅、召唤和不必要的等待使客人不耐烦。

（8）服务设施。服务质量必须有硬件作保障，硬件质量是产品质量的第一构成要素。要求是完善、完好，给客人方便、舒适的享受。

（9）服务环境。清洁、安静、美化、和谐、温馨、高雅的氛围。

（10）服务安全。安全与客人生命与财产联系在一起，从维持秩序、消防、防盗、紧急情况疏散到食品安全，都绝对不可忽视。

（四）旅游服务发展趋势

1. 企业经营从"企业本位"向"顾客本位"转化——顾客观

企业经营有以下三种模式。

（1）生产导向模式（产品为中心）：我产—我卖—你买。我，指企业；你，指顾客；我产，指企业设计与生产；我卖，指企业推销与销售；你买，指顾客购买。这种模式把企业生产放在第一位，然后推销产品，顾客来购买。这种模式是以企业为主，以产品为中心，不考虑市场与顾客的需求，是典型的计划经济的模式。

（2）推销导向模式（推销为中心）：我卖—你买—我产。企业以利润为中心，以销售为龙头，讲究推销策略与技巧，千方百计让顾客来购买。企业是为"卖"而卖，由内而外。它是计划经济向市场经济转化过程中的经营模式。

（3）需求导向模式（需求为中心）：你买—我产—我卖。以市场为导向，以顾客为中心，把客户需求放在第一位，研究顾客购买心理与消费需求，企业根据顾客需求设计、生产与销售产品。企业是为"买"而卖，由外而内。它是典型的市场经济的模式。

2. 顾客消费需求从"注重产品功能属性"向"注重主观心理感受"转化——心理观

我们正处在一个产品过剩的时代，是顾客挑剔与选择企业的时代，同时又处在一个众多消费者潜在需求尚未满足的时代。现代人正追求"生活水平—生活质量""过日子—美好生活""生存需要—人格完善""满足—满意"的全面发展。现代人购买产品不仅重视购买产品的功能属性，同时更重视购买产品的心理属性。顾客购买产品就是买经历、买象征、买感受；重视心理、情感的充实与满意。

3. 为客服务从满足顾客的"共性需求"向满足顾客的"个性需求"转化——个性观

从企业服务发展历程来看，服务是沿着"随意性服务"—"标准化服务"—"个性化服务"—"定制化服务"的线路发展的。标准化服务是优质服务最基本的保证，满足顾客共性需求。但是，在激烈的市场竞争压力下，在众多旅游企业都能做到标准化服务时，要想获得和保持企业的优势地位，就必须用个性化与定制化的服务来超越、替代标准化的服务。

4. 消费理念从"以人为本"向"以人与自然和谐为本"转化——绿色观

企业要树立绿色理念，进行产品的绿色设计、绿色生产和管理，要做到：企业的建设对环境的破坏最小，企业设备的运行对环境的影响最小，企业的物资消耗降到最低，企业积极参与环境保护的积极性最高。具体措施有：节约资源，减少污染；绿色生活，环保选购；重复使用，多次利用；分类回收，循环再生；保护自然，万物共存。

5. 服务本体从"顾客第一"向"顾客与员工第一"转化——员工观

"顾客第一"是要求企业所有员工都要站在顾客的立场上，想顾客之所想，急顾客之所急，挖掘顾客需求，摸准顾客心理，尊重顾客选择，形成一种为顾客服务的氛围。"员工第一"就是把员工看成是内部顾客，要求企业重视员工的价值，以期通过员工的满意达到顾客的满意。美国罗氏旅游公司老板桑布鲁斯认为，作为公司老板，在市场观念上自然应该是"顾客第一"，但"攘外必先安内"，在经营管理上则必须做到"员工第一"。"员工第一"的终极目标是全心全意为顾客服务。无论是员工还是顾客，都是企业的无形资产，它随时都会向有形资产转化。当他们得到尊重、感到满足之时，企业就多了一份无形资产。

6. 服务管理从"条规约束制度管理"向"凝聚协调心本管理"转化——人性观

管理偏重制度面，领导偏重人性面。管理要从：是非化（慎断是非、去非存是）—标准化（列为标准，明确清晰）—制度化（定为制度，共同践行）发展。但是，制度化的管理并不是最好的管理，把所有成员看成是"平均人""机械人"，僵化、缺乏应变，不切合时宜，制度化很难适应组织成员的个别差异。因此，管理应进一步向制度化—合理化—人性化发展。仅有严字当头的管理，只能进入管理的低级阶段，即顺从阶段；同时爱在其中，才能使管理进入高级阶段，即内化阶段。

7. 企业经营从"经济本位"向"文化本位"转化——文化观

旅游企业是以提供服务为主要产品，将追求高服务效益作为经营目标，从而形成经济本位的观念。随着社会经济的发展，服务不再是单纯的追求效益的方式，它更成为一种文化的象征，逐渐具有特色的文化韵味，这也将成为企业吸引与发展客源的着力点。于光远先生说："国家富强在于经济，经济繁荣在于企业，企业兴旺在于管理，管理优劣在于文化。"企业长寿发展靠核心竞争力，核心竞争力来自技术，技术出自管理，管理靠的是企业文化。

8. 学习培训从"后喻文化"向"前喻文化"转化——学习观

知识经济是人才经济。知识和善于把知识变成智慧的人是社会的最宝贵的财富。培根在 200 年前提出了"知识就是力量"的口号，1984 年托夫勒曾提出：现在"知识就是力量"已经过时，今天要想取得力量，需要具备关于"知识的知识"，这就是取得和驾驭知识能力的知识。新时代学习具有伟大的意义，而学习要变革与修炼，不仅应以"继承"知识为目标，而且应以"创新"为目标。"后喻文化"是年轻人向长辈学习、向传统学习；"前喻文化"是面向世界、面向未来，长者向年轻人学习，向未来学习。

案例讨论

【案例 2-2】案例告诉你：如何让顾客为"体验"付费[①]

一、营造主题氛围

例 1：某景区一家观光度假酒店从环境设计到实物，都与茶文化主题相关。店内庭院种有茶树；客房有新颖别致的茶具和有关茶文化的文字资料；餐厅推出别具一格的"茶宴"；开辟了一处茶艺居，经常有茶艺表演；酒店商场摆满了茶叶和各式茶具；不时举办有顾客参与的采茶、制茶、选"茶王"的活动。浓厚的"茶乡"氛围，让顾客体验到城市里没有的那种贴近自然的茶乡气息。

例 2：某精品酒店坐落于北京颐和园边上，宛若皇家园林。该酒店最大的皇家套房，就是一个独立的四合院。古朴的宫灯在院内高悬，房间布置体现出明代居家风格，空气中弥漫着檀木家具的香味，桌椅上镌刻着精美的古典图案。穿着长衫或是旗袍的酒店员工穿行其间，令每位入住的客人沉浸在醇厚的皇城文化氛围之中。

例 3：某酒店的包厢装修简单但很有特色。乍看时"家徒四壁"，也没有复杂的吊顶，但纯照明灯一灭，留下紫色的特殊光源，包厢内立即出现独特的环境空间，或翱翔太空，或潜游海底，或漫步森林，或置身草原峡谷，客人一下子融入大自然中。

二、让客人亲身参与

例 1：某海滨休闲度假酒店设计的近海拉网捕鱼活动：包下当地渔民的机帆船，每船约载七八位游客，穿上救生衣（购买了保险），由渔民协助在近海拉网捕捞，中午

[①] 陈文生. 案例告诉你：如何让顾客为"体验"付费[N]. 中国旅游报，2015-07-01.

在附近海岛吃饭休息，下午返航时收网，"战利品"在店内加工。尽管客人皮肤晒得发红，甚至有的客人晕船呕吐，但那种记忆却非常难忘。

例2：某休闲度假山庄利用当地小山丘搞了一个狩猎场。客人向酒店买上数只山鸡，背上从酒店租来的猎枪，穿上迷彩服，与酒店派出的教练一道，带上猎犬，上山当了一回"猎人"。

例3：酒店推出让顾客自己动手的项目。例如，餐厅为客人准备一些半成品食材，由客人自己烹调，然后举行烹饪大赛；咖啡厅让客人研磨咖啡豆，自己烧煮咖啡；音乐酒吧或演艺厅让客人上台弹奏演唱；茶艺居让客人模仿茶艺小姐完成整套茶道动作；陶吧或插花学习班，让客人自己动手，作品归客人；在棋牌室、球类活动室举办竞赛活动等。

三、打好"感情牌"

例1：北京某酒店为了迎接某位国际著名的音乐大师抵达酒店，大堂酒廊的小乐队奏起了这位大师的成名曲，大师十分感动。迎接非洲某国总统女儿，在大堂旗杆上挂着她祖国的国旗，继而听到乐队奏响祖国的国歌，令这位公主十分感动。

例2：日本东京某酒店开辟有女子楼层，只见墙壁皆为粉红色；房间浴室内的洗漱用品齐全精致，犹如细心的母亲为女儿所备；卧室里，床罩、枕头、梳妆品和各种饰品摆设得十分温馨。最令单身女宾印象深刻的，是放在床头柜的一本厚厚的装订考究的日记册，里面留下了房客的只言片语，如同女宾之间的悄悄话，抒发人生感怀，交流彼此心事，不经意间排遣了单身女子出门在外的孤寂。

例3：充满情感的细节。某精品酒店洗手盆旁边立着一块告示牌，上书"温馨提示：请别忘了给家里打一个电话，免得您家人牵挂"；茶几上的果盘前放着一张由总经理亲笔签名的精美的欢迎信笺；开夜床时，床头柜上多了一朵鲜花和一块包装精美的巧克力，并放置由服务员签名的晚安致意卡；VIP客人的睡袍上绣有他的名字；卫生间马桶里漂着几片花瓣等。

实训项目

1. 联系实际分析旅游活动中的各种现象与各种关系。
2. 结合所学的理论与知识，讨论：21世纪是"体验经济"的时代。
3. 如何理解游客"花钱买经历"？
4. 根据设计体验的原理与方法，设计一项旅游活动。

第三章　旅游决策心理

学习目标

通过本章学习，应达到以下目标：
1. 知识目标：熟知需要和动机理论，掌握旅游行为的动力模式的内容。
2. 技能目标：能运用马斯洛的"需要层次理论"和"单一性与复杂性的平衡理论"来解释旅游者的旅游需求。
3. 能力目标：根据旅游动机产生和激发的理论对旅游市场进行调研与引导。

导入案例

【案例 3-1】打造"精彩上海，品质之旅"[①]

"百年中国历史看上海"。上海是一座极具现代化而又不失中国传统特色的"魔都"，旅游资源和旅游文化极为丰富，正以巨大的吸引力吸引着五湖四海的游客。

（一）红色文化。上海既有中共一大会址、二大会址、四大会址，也有中国工人阶级几次伟大抗争所留下的历史痕迹，"统一战线"相关历史遗迹也十分丰富。这些红色文化资源构成一条红色线路，其中有内在逻辑、有历史传承，更有思想启迪。

（二）海派文化。近代上海的历史形成了独具特色的海派文化。"石库门"的老建筑、外滩老式的西洋建筑与浦东现代的摩天大厦交相辉映；沪剧、滑稽戏和交响乐、芭蕾舞，本帮菜和西餐大菜，老街茶馆和喧嚣酒吧……中西合璧，海纳百川，各有精彩。丰富多样的体育旅游服务和产品也是上海城市经济和文化发展的重要蓝海，让赛事型、观光型、参与型体育旅游多元化、常态化、品牌化。上海的剧场条件过硬，专业艺术院团和学校众多，文艺创作资源与人才极为丰富。积极打造、系统规划上海"文艺旅游"资源，培育舞台精品，成为夜间旅游文化的"拳头产品"，丰富上海的文化品牌建设。

（三）江南文化。地处江南的上海颇具江南自然与人文的美景特色。建造黄浦江、苏州河等河流的沿岸水岸回廊、绕行通道、岸边栈道、观光平台，构建城市绿道、景观步道，骑行专线、慢行系统，为旅游和休闲提供充足的滨河公共空间，打造具有通达、游憩、体验、运动、健身、文化、教育等复合功能的主题旅游线路。加强对自然生态、田园风光、传统村落、历史文化、民族文化等资源的保护，保持传统村镇原有肌理，延续传统空间格局，注重文化挖掘和传承，构筑具有地域特征、民族特色的城乡建筑风貌，结合乡愁、乡土和乡村文化，真正体现出市民与自然风光相融相乐，体现出以人为本。

[①] 顾亦礼.打造"精彩上海，品质之旅"[N].上海旅游时报，2018-01-30.

（四）工业文化。从城市文明的历史特征看，近现代上海是中国工业文明的摇篮，上海的城市遗产包括大量工业历史的空间遗产。工业遗存作为城市发展产业转型的旧痕迹，如同城市日记，有着独特的保存价值。在建筑师眼里，这里有"骨骼清奇"的空间：煤气包、储油罐、海事塔、粮仓、水厂、飞机跑道、纺织车间……在有阅历的市民心中，这里还是曾经标注生活幸福指数的"几个轮子"出产地：自行车厂、缝纫机厂、手表厂……工厂、车间、仓库，一批批留存着万千市民记忆的地标，在改建创新中构建起一个个魅力新空间，用文化来点亮工业遗存不啻为一种时尚。为什么人们对看上去厚重、冷硬的工业遗产萌生巨大兴趣？同济大学建筑与城市规划学院副院长李翔宁谈到了人的需求，"艺术空间集群式出现，说明现在人们对艺术的需求越来越大。上海定位于国际文化大都市，提升城市的文化吸附力，需要艺术家、设计师们把文化空间在雅与俗多个层次上、在东南西北城市的各个方位上都有所体现。如此看来，与生活发生密切关系的工业遗存的老旧空间，自然成了文化艺术的延长线"。建筑是可阅读的，城市是有温度的。上海是创新之城、生态之城、人文之城，归根结底是幸福之城。

第一节　旅游者是购买旅游产品的决策者

一、形成旅游者的各种条件

（一）产生旅游行为的各种"力"

按照行为动力模式理论分析，产生旅游行为必须具备以下几个方面的"力"。

（1）旅游内驱力。旅游需要与旅游动机是产生旅游行为的心理动力。

（2）旅游摩擦力。人们对将要外出旅游而可能付出的经济、时间、体力、精力等代价的心理顾虑构成了摩擦力的因素。

（3）旅游吸引力。旅游资源（主要是景观）是产生旅游行为的外部诱因。当旅游目的地能满足旅游者的旅游需要，就能成为吸引旅游者前去旅游的吸引物。

（4）旅游排斥力。当外部旅游环境不能满足，甚至有损、有害于旅游需要的满足时，甚至使旅游者产生厌恶时，则成了排斥力的因素。

（二）形成旅游者的主观条件

1. 心理条件：有需

将在本章第二节中详细分析。

2. 健康条件：有健

健康条件是指旅游者的生理特征、生理机能的健全程度、身体健康状况等。人类的生理构造与机能是行为产生的物质基础，旅游者的每一个行为都是以生理活动为基础的，并且通过生理机能的整体协调运动来产生和完成的。一个人的身体状况直接关系到旅游活动能否真正实现，只有身体健康才能外出旅游。

3. 经济条件：有钱

（1）国民生产总值决定国民出游的可能性。旅游是人们在物质生活得到相应满足后所追求的一种精神生活，必须以一定的经济条件为基础。一个国家的经济发达程度，一方面影响到本国居民的出游能力，另一方面还影响到对国外旅游者的吸引力。据研究统计，当一个国家或地区人均国民生产总值达到 800~1 000 美元时,国民将普遍产生国内旅游动机;达到 4 000~10 000 美元时,将产生出国旅游动机;超过 10 000 美元时将会产生洲际旅游动机。当人们收入水平超过临界水平之后,每增加一定比例的可支配收入,用于旅游的消费额便会以更大的比例增加,这就是旅游消费的收入弹性系数。据世界旅游组织估测,旅游消费的收入弹性系数为 1.88。

(2) 经济收入的高低决定旅游消费水平与消费结构。经济收入的高低不仅影响一个人是否外出旅游,还会影响到对旅游目的地及旅行方式的不同选择,更影响着旅游者的旅游消费水平的高低与旅游消费结构的有机构成。家庭富有的旅游者在食、宿、购、娱、游等方面会花费较多的钱,从而使交通费用在其全部的旅游消费中所占比例减小;而在经济条件次之的旅游者消费构成中,交通费用所占比例肯定较前者大。

(3) 可自由支配的收入。个人能否产生旅游动机取决于可自由支配的收入,即扣除了本人及其家庭的日常生活和社交必要开支的费用后,可自己随意支配的收入。一个人的收入水平或者确切地说其家庭的收入水平和富裕程度,决定着其能否产生旅游动机和实现旅游活动的重要物质基础。在一个温饱尚不能满足的家庭是不可能产生旅游动机的;当人们的经济收入仅能维持其基本生活需要时,也不可能外出旅游;只有进入衣食无忧、生活小康的阶段,才有外出旅游的动机和条件。

4. 时间条件:有闲

(1) 人生时间构成。① 法定的就业工作时间。每周 40 小时。② 必须的附加工作时间。③ 用于满足生理需要的生活时间。④ 必须的社会活动时间。⑤ 闲暇时间。

(2) 闲暇时间。即在日常工作、学习、生活及其他必需活动的时间之外,人们可以自由支配用来从事消遣娱乐或自己乐于从事任何其他事情的时间。

(3) 闲暇时间类型与休闲、旅游之间的关系。① 每日闲暇。指每日除工作、家务、社交等之外的剩余时间。特点是零星分散,不能进行旅游活动,但可用于在家或附近场所进行休闲或文体娱乐活动。② 每周闲暇。指每周 2 天的休假时间。闲暇时间比较集中,如具备其他旅游条件,可用于近距离的周末度假游或一日游。随着交通设施的便利和私家车的增多,生活在都市里的人们作郊游和短距离的旅游越来越多,"城市周边游"成为一种时尚。

③ 公共假日。各国法定的公共假日数量不一,大都与各国民族传统节日有关。a. 我国全体公民法定节假日:元旦节 1 天、春节 3 天、清明节 1 天、劳动节 1 天、端午节 1 天、中秋节 1 天、国庆节 3 天,共计 11 天。b. 我国部分公民放假的节日及纪念日:妇女节,妇女放假半天;青年节,14 周岁以上青年放假半天;儿童节,不满 14 周岁的少年儿童放假 1 天;建军节,现役军人放假半天。c. 少数民族习惯的节日,由各少数民族聚居地区的地方人民政府,按照该民族习惯规定放假日期。西方国家最典型的节日是圣诞节和复活节。在中国,节日期间往往是家人或亲人团聚活动的好时机,特别是连续 3 天或 3 天以上的公共假日若与周末假日连在一起,更是人们外出旅游的高峰时间,可进行中、远距离,甚至是国际旅游,形成了中国特色的"旅游黄金周"。在一定时期,"旅游黄金周"对推动旅游发展、经济增长起到了很大的作用;但由于旅游供给能力有限,也导致了旅游"拥挤"现象:交通堵塞、景区人满为患、服务质量下降、环保受到影响的负面效应,从而阻碍了旅游业的健康发展,亟须进行旅游供给侧改革。

④ 带薪假期。带薪假期是世界各国公民生活和权利的一项基本要求。这种制度的最大优点是,公民自主享受休假权利与企事业单位正常活动相协调,错开休假时段,从而保障社会经济文化生活和国家内政外交活动全年候的正常运行。世界各国带薪假期各有差异,如美国 2~4 周,瑞典 5~8 周,欧洲各国平均 4 周。根据我国于 2008 年颁布的《职工带薪

年休假条例》的规定，只要职工工作累计满一年，就可以享受 5 天以上的年休假。带薪假期由于时间较长，若与公共假日结合，是人们开展远程旅游，尤其是国际旅游的最佳时机。

（4）特殊群体的闲暇时间。闲暇时间主要针对就业人员而言，至于其他人员的旅游时间则应根据实际情况另作分析，如学生有寒暑假、退休老人有大把的闲暇时间等。对于商务、公务旅游者和部分奖励旅游活动而言，由于其旅游是工作的延伸，因此无须考虑有无闲暇时间，主要视其所在的组织而定。

（三）形成旅游者的客观条件

1. 社会文化条件：有序

（1）社会环境。国家政治稳定、社会安定、人民安居乐业，经济发展繁荣，交通安全、便利和舒适、科学技术发达、网络传播畅通，政府支持鼓励，为旅游者出入境提供方便，简化签证及其他管理手续等支持体系。形成了具有"安全、有序、优质、高效、文明"的旅游环境。

（2）社会文化。社会文化氛围与旅游商业环境深刻地影响着旅游消费心理，使旅游成为时尚与潮流。不同国家、地区、民族的旅游者由于文化背景、宗教信仰、道德观念、风俗习惯以及社会价值标准不同，旅游消费观念与行为方式也各不相同。

（3）旅游设施。旅游设施配套齐全，具有可供给性。住宿、饮食等生活设施具有可逗留性。旅游设施具有可享受性。旅游交通进得去、散得开、出得来，具有可进入性、可集散性。

2. 自然环境条件：有宜

自然环境条件包括地理区域、季节和气候条件、资源状况等因素。自然环境直接构成了旅游者生存的空间，在很大程度上促进或抑制旅游活动的开展与进行。任何旅游活动都是在一定的气候条件、自然环境中进行的，而且任何旅游目的地又总是处在一定气象气候的自然条件下，因此气象气候是旅游者产生与否和产生数量多少的条件之一，也是旅游者选择游览目的地和路线的重要因素。特别是那些夏季避暑和冬季避寒的旅游胜地，比其他地方更容易受到旅游者的青睐。在人们进行旅游活动的自然环境中，一方面气象气候通过水文、土壤、生物等地理因素，形成一定区域的自然景观，影响自然景观的季相变化，也影响到游客对一些景物的观赏效果；另一方面，良好的气象气候使旅游者身心舒畅、精力充沛、兴趣倍增，反之则使人疲倦。由于气象气候因素的影响，各国各地范围内都会出现一些旅游热点热线与冷点冷线，使一些景观产生季相变化，使旅游业因旅游者数量的变化出现了旺季和淡季的区别。

3. 旅游景观条件：有趣

（1）旅游景观类型。旅游景观可分为两大类：① 自然旅游景观。有岩石圈旅游资源（地质、地貌、洞穴）、水圈旅游资源（海洋、河流、湖泊、冰川、地下水）、生物圈旅游资源（植物、动物）、大气圈旅游资源（气象、气候、空气）、宇宙太空天文旅游资源。② 人文旅游景观。有遗址遗迹类、建筑与居落类、陵墓类、园林类、社会风情类、历史文化类、文学艺术类等。

（2）旅游景观特性。核心是吸引力，具有可欣赏性。旅游吸引物的吸引力大小取决于其本身固有的价值质量及其坐落地点这两个方面的结合。特点：古老特有、奇异神秘、雄伟精湛、博大精深、连贯系统。旅游学家魏小安先生认为旅游景观要做到："达到五看：想看、能看、可看、好看、耐看。形成五可：可进入、可逗留、可欣赏、可享受、可回味。强化五度：差异度、文化度、舒适度、方便度、幸福度。建设五力：视觉震撼力、历史穿透力、文化吸引力、生活沁润力、快乐激荡力"。

【案例 3-2】七彩云南有"八美"[①]

古人刘伯温诗:"江南千条水,云贵万重山。五百年后看,云贵胜江南。"如果您打点行装,迎着七彩云霞走进云南,您会走进一个绝世而独立、美丽而神奇的云南,发现一个七彩斑斓、如诗如画的云南,体验到云南与众不同的美。

(1)美在山河奇丽。多样性的地质地貌条件,造就了丰富奇特的云南景观。2014 年 6 月 22 日,红河哈尼梯田文化景观被列入联合国教科文组织世界遗产名录。加上丽江古城、澄江帽天山古生物化石遗址、"三江并流"、石林等,云南目前共有 5 项世界遗产。荣获第 82 届奥斯卡最佳摄影、最佳视觉效果、最佳艺术指导等 3 项大奖的 3D 电影《阿凡达》中有个"潘多拉星球",那原生态的自然景观,美得让地球人羡慕异常,其中的不少场景原型就来自西双版纳的原始森林。

(2)美在气候多样。立体分布的气候类型,使得云南"四季有美景,一年皆可游"。温泉度假,从春泡到冬;高尔夫之旅,挥杆 365 天。每到最冷和最热的季节,最能彰显云南的气候宜人:当北方"千里冰封,万里雪飘"之时,来自西伯利亚过冬的红嘴鸥便如期而至,相约在冬季的昆明。夏季的"烧烤天",使到云南的旅游人数急剧增加,仅 8 月份,昆明长水机场平均每天起降航班 760 架次,平均人流量为 9.7 万人次。

(3)美在文化多元。云南有 26 个民族,其中有 15 个独有世居族群。遍布全省各地的民族风情之旅,分布一年四季的特色节庆之旅,会让你眼花缭乱,流连忘返。只说歌舞一项,就让你尽享视听盛宴:傈僳族的多声部合唱,与巴黎圣母院的唱诗同工异曲;源于生活劳作的哈尼族舞蹈,被称为"东方的踢踏舞";红河一带的烟盒舞,小脚老人跳起来别有风味,被喻为"老年迪斯科";德宏景颇族的目瑙纵歌,万人集体舞,已经纳入吉尼斯纪录。在这里,每个民族都有自己的节庆,而每个节庆都有自己的特点。

(4)美在历史悠久。早在 2000 多年前的汉朝,南方丝绸之路沟通中印缅;茶马古道连接川滇藏,延伸进不丹、尼泊尔和印度境内,直到西亚、西非红海的海岸;19 世纪初,法国人将铁路从越南海防铺到我国昆明,全长 855 千米,滇越铁路成为云南的第一条铁路。景颇人吹起风笛,拉祜族吉他弹唱,在很久以前,这些西方乐器就在云南这块土地上与民族乐器和声交响,相映成趣。而现磨咖啡的"嗞嗞"声,法国葡萄酒的醇香,法国香水的芬芳,在这里也可能比中原内地更早地飘过……

(5)美在各民族和谐共处。在被称为世外桃源的怒江丙中洛,丁大妈一家人 6 个民族,她是藏族,老伴是怒族,大女婿是白族,二女婿是傈僳族,三女婿是壮族,儿媳妇是汉族。不同的民族,不同的信仰,平等和睦,彼此一家亲。这是云南各民族和谐共处的真实缩影和形象写照。

(6)美在区位特殊。云南与缅甸、越南和老挝 3 个国家接壤,与泰国、柬埔寨通过澜沧江与湄公河相连,与马来西亚、新加坡、印度、孟加拉国邻近,是我国毗邻周边国家最多的省份之一,也是全国边境线最长的省份之一。有意思的是,从昆明飞到我国的首都北京要两小时五十五分钟,而飞到泰国首都曼谷则只要一小时五十分钟。这种独特而优越的区位优势,使得云南的旅游极富国际范儿。

(7)美在生态美食。云南特色美食数不胜数,而且自然生态。在"云南十八怪"中,说得最多的就是吃食,有"牛奶做成片片卖"的大理乳扇;有"过桥米线人人爱",这是滇南、滇中一带的地标性食品,有滋有味有故事;有"哈尼吃饭街心摆",闻名遐迩的"长街宴",逢年过节,家家搬出吃食,沿街接龙,蔚为大观;有"鲜花当蔬菜",云南人不仅爱花、种花、戴花,而且还吃花,有鲜花宴、鲜花饼;还有"鸡蛋拴着卖""豆腐烧着卖",

---

[①] 段跃庆. 七彩云南有"八美" [N]. 中国旅游报,2014-01-03.

等等，实在太多，说不尽道不完。

（8）美在商品琳琅。云南的旅游商品不胜枚举，会让你挑花眼。"云茶流香"——云南出好茶，好茶不止普洱茶，凤庆红茶、滇绿、大理沱茶、雪茶、昆明十里香等都是茶中上品。哈尼族把茶称为"诺博"，意思是"虔诚的奉献和美好的祝愿"。"珠圆玉润"——如果说珠宝玉石是东方的一个古老传奇，那么云南翡翠就是这个传奇中的华彩之笔。在中国传统文化中，玉是吉祥物，能祈福避祸，带来好运。古人佩玉不仅在于把玩，佩玉还能使人的行为举止有节度、显高雅。

二、旅游者的旅游决策过程

1. 旅游决策的五个阶段

（1）旅游需要。现代化的生活在使人变得富裕的同时，也会令人身心疲惫，人们需要得到心灵宁静和放松，需要享受家居生活之外的生活，这种需要会随着生活节奏的紧张、工作压力的增加而变得日益强烈。外部条件一旦具备，旅游者便会产生外出旅游的动机。

（2）筛选信息。旅游者在明确自己需要旅游之后，便会通过宏观的商业环境与微观的个人社交环境来收集各种旅游信息。对旅游信息的知觉是旅游者做出旅游决策、产生相应的旅游行为的前提条件。在对信息进行分析研究后，形成购买旅游产品的各种方案，进行比较筛选。

（3）做出决定。在综合分析、评价各种方案后，做出购买某一旅游产品的决定。

（4）外出旅游。实施旅游决定，付诸旅游行为，消费旅游产品，享受美好经历。

（5）售后评价。购买产品后的评估行为。旅游活动结束，旅游者便会对所购买的旅游产品进行评价，这不仅影响对本次旅游行为的心理感受，还将对下次购买旅游产品的决策起着重要作用。

2. 旅游决策中的知、情、意心理活动

（1）认知心理。旅游者在做出旅游决策之前，要对所购买的旅游产品有个较为全面的认识，明确哪个产品能满足自己的需要。然而，旅游者在购买前是不可能看到旅游产品的，只能通过收集资料，通过旅游企业的宣传或是亲友的介绍才能对旅游产品有个大体的认识。这个过程中有注意、感知、记忆、思维、想象等心理活动在起作用，旅游者的知识经验也参与其中。这些对旅游产品的个别认识在大脑中结合旅游者自己的知识经验，经过思维想象等加工，形成了一个总体印象，并对这一信息进行了评价。如果这一信息符合旅游者的需要，一旦有条件，他就会去旅游。旅游者的认识活动不仅在旅游活动的初始阶段对旅游者产生旅游动机、做出购买旅游产品决策行为起着重要作用，也对在旅游实施过程中认知、判断外部世界，感知旅游目的地，直至消费结束，形成一个总的完整的认识和评价起着重要作用。

（2）情感心理。旅游者在旅游决策过程中与旅游者的情感心理密切相关。喜爱的、愉悦的情感会促使旅游者做出购买的决定，厌恶的、愤怒的情感促使其放弃购买。情感过程和旅游者的个性以及社会时尚有关。一个个性活泼好动、喜欢热闹欢腾的旅游者，往往对宁静素雅的旅游产品不感兴趣，不会做出购买的决策。而在实施旅游行为过程中，情感对旅游者的影响更是不可忽视，一旦对产品产生厌恶甚至愤怒的情感时，就会对整个产品持否定态度，这种否定的评价会影响其后续行为的发生。

（3）意志心理。旅游者经过认识、情感过程，对购买旅游产品的目标是明确的，意志会使旅游者坚定对其购买的目标不动摇，并使其积极地进行购买活动，排除来自内部、外部的干扰，克服困难，做出并实施决策。

3. 知、情、意心理活动在旅游决策中的关系

旅游者在旅游决策过程中,知、情、意三种心理活动过程是既相互区别又相互联系、相互促进的。知、情、意心理活动影响制约着旅游者旅游决策的制定和实施。认识过程是旅游者心理活动、旅游决策的开端和基础,影响着情感和意志过程的进行;情感过程和意志过程又促进或强化认识过程的发展和变化。情感过程制约着意志过程的发生;意志过程又调节和支配着情感过程的变化。

第二节　旅游决策的内在动因

一、马斯洛的"需要层次理论"与旅游决策

(一)马斯洛的"需要层次理论"简介

美国人本主义心理学家马斯洛在1943年所著的《人类动机理论》一书中,提出了"需要层次理论"。

1. "需要层次理论"的内容

(1)生理需要。① 生存需要。"生命诚可贵,健康价更高"。生存需要是最原始、最基本、最珍贵、最神圣的需要。生存需要得不到满足,人就无法生存;人只有解决了生存问题,才能从事其他活动。生存需要包括"三活":一是活着。活着就有对食物、水、氧气、睡眠等生理需要,如吃饭、穿衣、休息、睡眠、住宅、医疗等,它是产生、推动人们行动的最强大的内在动力。二是活长。希望健康、长寿、康寿、乐寿,而不愿多病短命。按照生物学原理,人都可以"健康七八九、百岁不是梦"。三是活好。活得好、活得有意义是更高层次的事。既有生理上的活好,得到一定的物质享受;更有精神上的活好,得到尊重,获得成功,实现生命价值。② 生殖需求。"饮食男女,人之大欲""食色,性也",心理学家弗洛伊德认为这是人的本性之一,行为的原动力之一。

(2)安全需要。当一个人的生理需要得到满足后,继而出现的是与安全相关的需要。① 生命安全,如躲避身体遭遇的危险、受保护。② 财产安全,如社会与法律对私人财产安全的保护。③ 环境安全,如生活环境安全稳定、恒定的秩序。④ 职业安全,如操作安全、劳动保护、保健待遇,避免失业的威胁、年老生病时的福利保障等。⑤ 心理安全,如自由、解除严酷监督、免受不公正的待遇,尊重隐私、避免恐惧的焦虑等。安全需要得不到满足,也就谈不上更高层次的需要。

(3)交往需要。① 爱的需要。人都希望生活在爱的阳光之下,不愿生存在缺少爱的沙漠之中。人都希望在亲友之间、异性之间、同事之间等人际关系中保持融洽、友谊与忠诚。人需要得到三类爱:一是母爱(亲情),纯属自然之爱,动物也普遍具有。二是性爱(爱情),兼有自然之爱与社会之爱,动物也具有,对人类来说却是社会性的开端。三是博爱(友情),纯为社会之爱。人人都希望得到爱,付出情感并得到回报。② 归属的需要。人有社会群体性,有团体归属感的要求,希望被他人、被群体接纳、爱护、关注、鼓励和支持,建立和谐的人际关系。这种需要如得不到满足,个体就会产生强烈的孤独感、异化感、疏离感。

(4)尊重需要。① 自尊。人有强烈的自尊心,包括自我尊重、自我评价,引起注意,获得认可,取得成就,受人欣赏,地位名望等。常言道:"人要脸面树要皮""人争一口气,

佛争一炷香""冷粥冷饭好吃，冷言冷语难受"，说明自尊心是人的最敏感、最脆弱、也是最重要的心理因素。②他人尊重。人的本性是"一爱表现、二爱表扬"，要求有名誉、赏识、关心、重视和高度评价。马斯洛认为，尊重需要得到满足，能使人对自己充满信心，对社会满腔热情，体验到自身价值。人们正是为了获得更多尊重的需要，才去受教育、去发展事业等。

（5）自我实现需要。自我实现需要是一种要求挖掘自身潜能，实现自己理想和抱负，发挥自己能力与极限的高级需要。法国作家莫泊桑说"人是生活在希望之中的"。德国有位心理学家说过"了解人的心理秘密要记住四句话，人人都想'表现自己、突出自己、肯定自己、实现自己'"。通俗地说就是"能开什么样的花就要开什么样的花，能结什么样的果就要结什么样的果"，发挥才能、挖掘潜能，实现信仰和理想。

2. "需要层次理论"的特点

（1）需要是行为的原动力。人的行为是由人的需要所决定的。要预测、控制人的行为，就要尊重人的需求，了解人的需要，用合理合法的方式恰当地满足人的需要。

（2）需要分层次。人的需要有许多，五大需要从低到高依次排列。生理、安全、交往、尊重需要属于缺失性需要，可通过索取来满足；自我实现需要是一种成长性需要，要通过创造、奉献来满足，这是更高层次的精神满足。

（3）需要层次的发展。五个层次的需要之间存在相互依赖与相互重叠的发展关系，人总是在低级需要基本满足的前提下才会产生高一层次的需要。需要层次的发展既与个体年龄增长相适应，也与社会的经济和文化教育程度相关。高级需要的满足比低级需要满足更强烈，同时，高级需要的满足比低级需要的满足要求更多的前提条件和外部条件。需要的满足程度还与健康成正比，在其他因素不变的情况下，任何需要的真正满足都有助于个体的健康发展。

（4）优势需要。人在每一时期都具有一种占主导地位的优势需要。人的优势需要有三种模型：第一种是梯形模型，主要满足生理与安全方面的低级需求；第二种是菱形模型，主要满足交往情感方面的中级需求；第三种是倒梯形模型，主要满足尊重、自我实现方面的高级需求。

（二）现代人的"三求"（求补偿、求宣泄、求平衡）心理与旅游需要①

1. 现代人的情感特点：多了紧张感、孤独感，少了亲切感、自豪感和新鲜感

研究旅游决策心理要从研究人的日常生活开始，要了解现代人在日常生活中缺少了什么，剩余了什么，从而产生希望外出过一段"与日常生活不一样的旅游生活"的需要。

人的本性是趋利避害，人要追求安全感、方便感、舒适感、亲切感、自豪感、新鲜感，躲避不安全感、不方便感、不舒适感、孤独感、自卑感、单调感、枯燥感、厌烦感。进入小康社会后，物质条件优渥，在某种意义上说安全感、方便感、舒适感越来越多了。"水往低处流，人往高处走"。低级需要基本满足之后，中高级的精神需要就越来越强烈，人就要追求更多的亲切感、自豪感、新鲜感。国学大师南怀瑾先生认为，我们今天所处的时代是最好的时代，也是最坏的时代。说好，西方文化的贡献，促进了物质文明的发达，这在表面上来看可以说是幸福；说坏，是指人们为了生存的竞争而忙碌，为了战争的毁灭而惶恐，为了欲海难填而烦恼。在精神上，是最痛苦的。在这物质文明发达和精神生活贫乏的尖锐对比下，人类正面临着一个新的危机。现代化使人们的物质生活水平普遍提高，可精神世界却缺少了关照。欲望在吞噬理想，多变在动摇信念，心灵、精神、信仰在被物化、被抛

---

① 吴正平. 旅游心理学教程[M]. 北京：北京旅游教育出版社，1994.

弃。大家好像得了一种"迷心逐物"的现代病。因此，现代社会物质丰裕了，但并没有给人们更多的亲切感、自豪感、新鲜感这三种精神上最重要的获得感，在某种意义上说反而少了；另外，使人们感到很"沉重"的心理压力感、精神紧张感以及孤独感却增多了。在民族现代化的过程中有一个"精神安顿"问题。

2. 补偿心理与旅游需要

缺少的获得感需要补偿，多余的紧张感希望宣泄，目的是要追求回归本位，身心平衡，均衡发展。现代人希望通过旅游生活来补偿在日常生活中缺少的新鲜感、亲切感和自豪感。

（1）补偿新鲜感。人的本性之一是"喜新厌旧"，追求新鲜感。"多吃少滋味，少吃多滋味"，再美的东西天天看也会产生审美疲劳，说的就是为了获得新鲜感。新鲜感包含着惊奇、喜悦、清新和振奋等多种成分的满足感。富有新鲜感的生活是生机勃勃、意趣盎然的，新鲜的生活方式对人充满吸引力。人们由于长期生活、工作在固定的环境，日复一日地过着同样的生活、忙着同样的工作，极易产生"单调的紧张"即厌烦疲倦感，因此会寻找和开辟更加广阔的新天地。"外面的世界真精彩"。陌生的环境，罕见的景致，独特的民俗，异国的情调……能给人带来强烈的新鲜感和愉悦感。人们外出旅游正是为了寻求这种不断扩展、不断更新、给人以新鲜感的生活。"城里的人想到城外去，城外的人想到城里来"，旅游也是一种"围城现象"：这地方的人想到那地方去旅游，那地方的人想到这地方来旅游；城里人想到农村去旅游，农村人想到城里来旅游；中国人想到国外去旅游，外国人想到中国来旅游；等等。走来走去的目的就是过一段"与日常生活不一样"的新鲜生活，看到许多新鲜的事物，满足新鲜感的需求。

（2）补偿亲切感。后工业社会有三大心理矛盾：即物质文化与精神文化的矛盾，社会化生存与个体化生活的矛盾，博爱精神与无情竞争的矛盾。物质文明极大进步，而精神文明不仅没有同步进步，而且相对滞后。在高新技术的社会中，人们更多地与冰冷的、刚性的机器、电脑打交道，而与活生生的、柔性的人打交道的机会相对减少了。人类在地球村的生活方式越来越现代化，人与人之间的依赖性越来越强，可个体人格却越来越独立。激烈的市场竞争使人际关系变得错综复杂，人们为了在竞争中获胜，变得冷漠无情，彼此倾轧，克制和压抑了对真诚相爱的渴求。高新技术与深切情感之间发生了巨大的矛盾，人与人之间、人与自然之间失去了平衡和谐，令人烦恼的各种不协调现象越来越多。最终产生了以下社会心理现象："外面的世界很精彩"，现实的环境很无奈，人的精神负担很沉重，人的情感生活很匮乏。人是需要爱的。在马斯洛的五个层次需要中，爱的需要是处在承前启后的中间环节。低层次需要的满足不能给人带来真正的幸福，而高层次需要的满足是以得到"必需的爱"为前提。如缺乏维生素会有害于人的身体健康导致生病一样，爱的体验是心理健康的营养素，缺乏爱会成为心理学意义上的"病态人"。人们外出旅游的深层次原因之一，就是寻求广义的爱的补偿性满足。

（3）补偿自豪感。人的自豪感来源于肯定的或者更高的自我评价，而提高自我评价的欲望在一般人的日常生活中难以得到满足。在日常生活与工作中，人们按照一定的常规来生活与工作，不能充分地成为自己、表现自己和突出自己。而旅游可以使人摆脱某些常规的束缚，自由自在地过一段日子，充分地表现自己，来满足自己的自豪感。

3. 宣泄心理与旅游需要

（1）宣泄紧张感。现代社会不断增加的工作压力，不断缩小的生活空间，不断加快的生活节奏，繁忙的日常事务和复杂的人际关系，产生了竞争与合作的冲突、满足欲望与抑制欲望的冲突、自由与现实的冲突，使人们内心的压力越来越大，紧张感越来越多。现代青年都无法也不敢再任性，在城市生存的泛中产一代的焦虑愈发严重。现代人体力用得太少，脑力用得太多，也会使人失去平衡，导致精神负担大大加重。精神紧张是人最沉重的负担，也是人受到的最大伤害。缓解精神紧张疲劳有两种方式，一是休闲放松，二是寻求更强烈的刺激，而这两种方式在旅游中都能得到最佳的实现。于是人们产生了一种逃避现实、宣泄精神紧张的愿望，借助外出旅游寻找一方"世外桃源"，从日常生活的精神紧张中暂时解脱出来，恢复脑力与体力的平衡。日常生活是以工作而不是以游戏为中心的生活，旅游是可以让人躲进"日常生活之外的生活的游戏"。正如法国社会学家夫尔·杜马兹迪尔所说："旅游与其说是对我们所生活的这个世界进行探索，还不如说是对现实的一种必要的逃避。"他把旅游称为"可以让人们躲进第二现实的一种游戏"。因此，旅游是人们所进行的并从中获得乐趣的一种活动，旅游一方面能够对人们的日常生活起补偿的作用，另一方面也能够对人们的日常生活起治疗的作用。

（2）解脱孤独感。心理学家弗鲁姆认为现代文明越发展，越使人感到孤独无力与被疏远，现代人与大自然、与他人、与自己之间的距离变得更远，产生了疏远、分离感。现代人的日常生活呈现出一定程度的病态，其"病因"就在于失去了人与自然之间和人与人之间的和谐。弗鲁姆认为，人类最深切的需要就是克服分离，找回和谐。人们外出旅游正是为了回归自然、接近自然，找回失去的和谐，追求心理的平衡与快乐。

4. 平衡心理与旅游需要

平衡心理与旅游需要将在下面作详细阐述。

二、"单一性与复杂性的需要平衡理论"与旅游决策

（一）"单一性与复杂性的需要平衡理论"简介

1. 单一性需要

单一性是指人们在生活中寻求平衡、和谐、相同、可预见性和没有冲突。心理学家弗洛伊德认为，人们行为的基本目的是减少由非单一性所造成的那种心理紧张。如果人们面临着非单一性的威胁，他们就会设法防止这种威胁成为事实；如果不幸真的遇到了某种意想不到的事情，就会表现出强烈的紧张和不安，从而会采取各种可预见性措施来抵消或避免这种由非单一性情况造成的紧张和不安，并且在以后会更加谨慎，以防类似非单一性情况的出现。

2. 复杂性需要

复杂性是指人们追求新奇、出乎意料、富于变化和不可预见性等。复杂性能给人带来刺激和挑战，带来愉悦和满足。正是人类天性中具有对外界事物好奇的因子，人们才不断探索，达到认识、理解和把握世界的目的。因此，"喜新厌旧"，好奇、猎奇，尝试新鲜事物，探索未知世界，获得非同寻常的感受也是人的基本心理需求之一。

3. 单一性和复杂性的平衡

（1）人是复杂的矛盾体，既离不开单一性的需要，也追求复杂性的需要。单一性和复杂性是对立的、矛盾的，但这两种对立矛盾的需要对人来说都很重要，都不可欠缺。

（2）任何一种需要都不能过度。长期单一的刺激会使人产生单调感、枯燥感、乏味感与厌烦感，也会造成心理上的紧张和不安，导致厌倦、忧郁、偏执，产生幻觉；长期复杂的刺激会使人产生焦虑和紧张，产生心脑血管疾病。

（3）对立统一，寻求平衡点。单一性过多，会令人厌倦，使人想追求新奇、变化；复杂性太多，会令人过分紧张以至于恐惧，从而寻求简单、平静。由于人们所处的环境以及个人的心理感受能力不同，对单一性和复杂性的需要程度也就各不相同。人总是力求在单一性和复杂性之间寻求一个平衡点，使心理维持在一个可以承受的紧张程度。这个平衡点是因人而异、因境而异的。

（二）平衡心理与旅游需要

1. 人的心理是矛盾的

（1）矛盾的追求。人有矛盾心理：既需要变化，又需要稳定；既需要复杂，又需要单一；既需要新奇，又需要熟悉；既体验紧张，又体验轻松；既求安、求稳，又求新、求变。人们在安全、稳定的环境中生活得比较踏实，任何人都不愿意生活在动荡不安之中。当人们过着不安稳的、危机四伏的生活时，人们不可能有更高的享受，只要过上安定的生活就心满意足了。而人们一旦过上了安稳的生活时，求新、求变的欲望便出现了。这样就产生了一个矛盾：安稳的生活没有变化，变化的生活意味着不稳定。要进入一个新领域，冒一定的风险，就会缺乏安全感；在熟悉的环境中可预测性很强，心中踏实，却又感到乏味、腻烦。人们在渴望生活中有新东西、有变化的同时，求安、求稳的心理并没有消失。这种矛盾心理同时存在于一个人心中。将要外出旅游的人对陌生的旅游环境抱有复杂心理，既向往美好的新奇的旅游生活，又担心"人生地不熟"的种种不便。我们既要让游客体验"另一种生活"，又要保持他们的安定感，在一个新奇的宏观环境中，创造一个熟悉的微观环境。

（2）矛盾的体验。追求轻松感与紧张感的体验是旅游者的共同心理和行为的特征之一。旅游一方面可以使人们从日常生活的紧张中解脱出来，另一方面也可能由于生活环境和生活方式的改变而带来日常生活中所没有的紧张。消除紧张感才能享受旅游的乐趣，但丝毫没有紧张感也不能感受到旅游的乐趣。过分紧张感不好，没有必要的紧张也会成问题。紧张对于旅游者也有一定的意义：第一，没有一种新的紧张感，人们往往难以从原有的紧张感中解脱出来；第二，没有足够的紧张感，人们也就体验不到解除紧张感时的那种轻松；第三，紧张感是由受约束而引起的，不受任何约束是最轻松的，完全放弃了适当的约束，就可能发生"乐极生悲"的事情，走向反面的结局。日本旅游学者前田勇把旅游心理解释为"解放感和紧张感"两种完全相反的心理状态的同时高涨。人们离开日常生活外出旅游，一方面意味着接受新的经验具有紧张感高涨的作用。它的表现有二：一是出于紧张感的高涨引起精神上的疲劳；二是由于紧张感往往强化人们对某一新事物的态度，使人们在心中留下深刻的印象。另一方面从日常生活束缚中暂时脱离、解脱出来，消除生理上、精神上的疲劳，具有提高解放感的作用。

（3）矛盾的平衡。人的心理极具复杂性。人要在变化与稳定、复杂与简单、新奇与熟悉、紧张与轻松等矛盾心理中寻求一种和谐平衡。寻求平衡不仅要在矛盾心理的两个极端之间找到一个平衡点，而且要让两种相反的事物或状态交替出现，从交替中得到平衡。以新奇与熟悉为例，人们外出旅游"换换环境"是为了躲避日常生活的"熟视无睹"。然而，并不是越新奇就越有吸引力。新奇意味着陌生，陌生意味着难以适应；过于陌生的环境甚至使人怀疑它是否潜伏着某种危险。因此要善于把新奇与熟悉巧妙地结合起来。人们对那些已经知道一点，但又不完全知道的东西最感兴趣，既有熟悉感，又有新奇感的东西最容易使人喜欢。让远来的旅游者在异国他乡看到一点熟悉的东西会感到惊喜和亲切。

2. 旅游是纠正日常生活单一性与复杂性失衡的一副心理"良药"

（1）纠正失衡。旅游者的求平衡心理表现在两个方面：一方面要通过旅游来纠正日常生活中的"失衡"，另一方面在旅游中保持必要的"平衡"。旅游者做出不同的旅游决策是缘于对单一性与复杂性平衡点的选择。由于每个人所从事的职业不同，其工作环境所提供的单一性与复杂性也不同，如生产线上工人的工作环境是单一的、令人厌倦的；高级行政人员却是处在多样的、不可预见的和复杂的工作环境中，精神又过度紧张。职业所造成的单一性与多样性不平衡同样使人感到疲惫，调换工作的可能性不是很大，维持平衡的办法只有进行自我调整，旅游对调整这两种需要的不平衡起着重要作用。

（2）保持平衡。旅游中，新奇的东西固然有吸引力，但并不是新奇的东西越多越好，也不是越新奇越好；超过一定限度，新奇就会变成排斥力。旅游中既要用新奇的东西吸引旅游者，又要用一些为旅游者所熟悉的东西来保证旅游者在旅游环境中的心理平衡。"他乡遇故知"正是新奇与熟悉的和谐结合。

三、旅游动机

（一）新时代美好生活的新理念[①]

1. 全域旅游引领未来旅游发展的新理念

全域旅游使人们不再习惯"圈"起来的生活，而是向往一段敞开的诗与远方的生活追求，实现"由休闲度假到生活方式"的转变。

（1）"轻生活"理念。即：简单、淡然、节俭、从容、快乐以至返璞归真。"轻生活"的理念可以是"无官一身轻"的潇洒，亦可是"轻舟已过万重山"的逍遥，还可以是"轻如鸿毛"的颠覆。"轻生活"理念指导下的旅游是一种温饱之后的清空归零，这样的新生活是大众旅游时代的一种旅游心理特征和环境模式需求，是另外一种意义的奢侈——心灵奢侈。

（2）"微度假"理念。全域旅游引领下的旅游出行方式和出游时间具有随意性，"铁公机"构筑的畅达交通网络和各地旅游公共服务水平的不断攀升，为"一场说走就走的旅行"提供了充分保障，但现行的假日制度仍是我们最大的阻碍。"微度假"如同修行，在家出家都是一样，生活自有诗意，何必要去远方。"微度假"类似于传统周边游，是一种就近度假和在地度假，但在品质上对产品提出了更高要求，也相应增加了旅游产品的规划设计难度。近年来比较火热的民宿、营地等产品即属此类理念下催生的产物。

（3）"慢享受"理念。城市化越来越快的今天，城市的密度越来越大，城市被越来越多的工业、高楼大厦包围，空气污染破坏了平衡的生态环境，城市的发展使人们的活动空间越来越狭小，人们的生活节奏也越来越快，太多传统的文化被现代化的元素所代替，城市和城市之间正变得越来越缺乏个性，人和人之间正变得越来越冷漠和缺乏亲情。在这样的生活环境里，"慢"哲学应运而生，它钟情于人与自然的高度和谐，倡导纯粹生活，保护当地特色，强调在悠闲的生活节奏中回归生活的本质与体悟生命的意义。

2. 全域旅游传递社会发展新愿景

（1）"成全我的碧海蓝天"。雾霾笼罩、污水横流不仅令当地居民深恶痛绝，而且常常成为外地游客进入一个区域的最大屏障；反之蓝天白云、青山绿水不仅能成为一个区域居民幸福指数高的重要指标，而且能成为该区域重要的旅游吸引物和旅游卖点。

（2）"拉近鸟与人的距离"。曾有一位哲人讲，鸟与人的距离就是文明的距离。全域旅游应是人与自然、人与人和谐相处，城乡处处充满花香，孩童在广场上与成群的鸽子互动，麻雀不时飞上餐桌与人们共进晚餐，松鼠在街头巷尾的大树上追逐嬉闹，家家户户都有鱼游虫鸣的光景。

（3）"野蛮其体魄，文明其精神"。身体和灵魂总有一个要在路上，健康的身体是灵魂的客厅，要为幸福的人生保驾护航。全域旅游通过"旅游+"的放大作用，与文化、体育、医疗保健产业深度融合，将读书、读报、登山、跑步、徒步等活动融入日常生活，让百姓有实实在在的获得感。

（4）"吾心安处是吾乡"。在每个人心里，都有一种乡村情怀和乡愁情结。在全域旅游的指引下，应该让更多的传统乡村活起来，常有炊烟袅袅，偶有唢呐声声，常有花田市集，偶有庙会社火，常有黄发垂髫，偶有乡童牧歌。这样的乡村必是中华文明的结晶，也将成

[①] 于维墨. 全域旅游是生活中敞开的"诗与远方"[N]. 中国旅游报，2017-06-22.

为全域旅游给人类留下的宝贵遗产。

3. 旅游是一种"玩"文化

（1）"玩"文化。在古汉语中"玩"字的结构是左玉右元，表示一个人在那里赏玉。玩，不仅不俗，而且高雅。经济学家于光远先生说："玩是人生的根本需求之一。如果母亲是孩子的第一教师的话，玩就是人类的第一部教科书。人在玩中成长，在玩中增长智慧，在玩中展开想象和创造的翅膀。人类进化的历史表明，玩与人生密不可分。"马云先生说："文化是玩出来的。"这种"玩"，不是"玩物丧志"，而是"玩物励志"。它玩出愉悦心情，玩出健康体魄，玩出经济发展，玩出社会和谐。旅游学家魏小安先生认为，从容人生、品质生活要"山水养生、森林养眼、宗教养心、修炼养气、文化养神、运动养性、物质养形、气候养颜、学习养成、生活养情"。

（2）旅游"玩"的是文化。旅游是让人们觉得"好玩"并且"玩好"的玩文化。江西省赣州市旅游局杨元珍先生认为：① 玩得轻松。旅游是一种休闲。人们出去旅游，追求的是一种放松，他们需要释放压力，放飞心情。这就需要在旅游产品设计上，在旅游环境营造上，在旅游线路编排上，在旅游活动安排上都满足这种需求。这就需要研究环境学、美学，研究旅游产品怎样适应人的需求，研究人们怎样旅游才能感到轻松愉悦。这其中，任何一个环节，一项内容，无不闪烁着文化的光芒。② 玩之有"味"。趣味、品味是种"味"。给人们提供视觉、听觉、感觉上的美感是旅游产品的本质要求，精品意识、品质意识是旅游人始终需要确立的，只有这样，旅游才能品之有"味"。而做到这些的过程，就是运用文化、发展文化、创造文化的过程。回味是种"味"。旅游要做出回味才算真正有"味"，这就要研究游客，研究什么样的产品让游客一次看不够、玩不够，看了还想看、玩了还想玩。这些研究，其实质就是一种文化研究。③ 会玩。对旅游者而言会不会玩，也体现了文化。会玩的游客，他会正确地确定出游动机，理智地选择需要的旅游产品，科学地选择出游时机，认真地选定旅游目的地，合理地安排旅游路线，清醒地选择能够接受的价位。要做到这些，需要知识的积累，需要丰富的阅历，也需要做相应的研究。旅游是要研究让人们怎么"好玩"、怎么"玩好"的玩文化。旅游能够"玩出"文化，它和其他文化表现形式一样，是世界浩瀚文化宝库中的一朵奇葩。同时，它又是一种新的文化类型，虽然发展较晚，但其文化特征、文化构架、文化载体以及理论体系正在形成。把旅游上升为一种文化，不但为旅游这种"玩"正了名，而且充分体现了以人为本的理念——让人们好"玩"的天性不再遮掩，使人们能够正正当当地玩，轻松愉悦地玩。快乐经济激励旅游工作者创造出更多更好的"玩"产品，就是要适应玩的心态，研究玩的学问，建设玩的项目，开拓玩的市场，培育玩的范围。

4. 旅游需要

综上分析，旅游者外出旅游休闲的需要，概括起来一是积极的探新求异的需要，二是消极的逃避紧张感的需要。从本质上说，都是属于人的追求愉悦快乐的精神需要。虽然在旅游活动中也需要满足许多物质、生理等方面的基本需要，但这些需要都是为了保证精神需要的满足而派生出来的需要，不能形成外出旅游的主要目的。根据动机理论，当人有了内在的旅游需要，有了外部满足旅游需要的旅游条件，同时个体又对旅游对象有鲜明的知觉，旅游动机就有了产生的条件。

（二）旅游动机的分类

1. 旅游动机的复杂性与丰富性

旅游动机是指激励人们产生旅游活动意向以及到何处去进行何种旅游的内在动力。研究旅游动机的类型目的就是进行市场细分，了解客人需要，在供给侧上设计有针对性的产品,从而占领更多的市场份额。人们的旅游动机呈现出复杂多样的特征。国内外很多学者从不同角度对旅游动机进行了分类和归纳,如日本学者田中喜一、美国学者麦金托什、澳大利亚学者波乃克按照不同划分标准进行了分类。按旅游目的对旅游动机的分类如表 3-1 所示。

表 3-1 按旅游目的分类

动 机	需 要 表 现
健康娱乐型动机	表现为在紧张的生活和工作之余,为了放松、休养、娱乐而产生的旅游动机
好奇探索型动机	表现为人们要求旅游对象和旅游活动具有新异性、知识性和一定程度的探险性。例如人们参加的郊外拓展训练、野外生存训练等
审美愉悦型动机	表现为旅游者为满足自己的审美需要而产生的外出旅游动机,是一种高层次的精神方面的需求。例如李白、杜甫、徐霞客等名士的文化漫游
社会交往型动机	表现为人们的旅游以发展人际关系、公共关系为目的。旅游者往往要求同行者有共同志向或意愿,旅游过程中人际关系友好、亲切、热情。例如一些探访旅游、公务旅游等
宗教信仰型动机	表现为旅游者为了满足自己的精神需要,寻求精神上的寄托而产生的旅游动机。例如早期玄奘、鉴真的宗教旅游,目前世界各国宗教信仰者的朝圣游等
尽心尽责型动机	表现为旅游者为了使父母、配偶、儿女和其他亲人或恩人得到快乐而产生的旅游动机。例如一些青年人为父母报名参加的老年团、夕阳游等
商务公务型动机	表现为旅游者为了从事商务活动、参加会议或进行科学考察等产生的旅游动机

2. 旅游动机与旅游行为之间的关系复杂性

人的外在行为表现与内在心理动机可能相互一致,也可能不一致。旅游动机是因人而异、多种多样的,具体有四种情况:① 同一旅游动机可以引起各种不同的旅游行为;② 同一旅游行为可以出自不同的旅游动机;③ 旅游行为也不只是受一种动机驱使的,可能有几种动机同时存在,在这种情况下主导动机将起决定作用;④ 好的动机可能引起不合理甚至是错误的旅游行为,错误的旅游动机有时可能被外表积极的行为所掩盖。因此,既不可简单地从旅游行为推断出旅游动机,也不可绝对地由某种旅游动机去判断其旅游行为。据国家旅游局统计处《2012 年国内旅游市场发展综述》统计,国内旅游人数为 29.57 亿人次。其中,过夜游客为 13.03 亿人次,一日游游客为 16.54 亿人次。参加旅行社组团出游人数为 9246 万人次,散客游 28.64 亿人次。外地旅游为 7.7 亿人次,本地旅游为 21.87 亿人次。按出游目的分类,探亲访友占 39%,观光游览占 32%,商务出差占 13%,度假休闲娱乐占 11%,健康疗养占 3%。按同行人数分类,一人出行占 39.4%,二人出行占 24.2%,3 人出行占 21.9%,其他出行占 14.5%。这些统计数据,使我们能更好地了解中国国内旅游细分市场以及游客的旅游动机,便于我们更好地设计适销对路的产品。

(三) 旅游动机的激发

旅游动机的激发是指通过提高人们的旅游积极性,激发旅游兴趣,使现代人(潜在的旅游者)转化成现实的旅游者,积极地参加到旅游活动中去。

1. 精心设计产品,增强吸引力量

按照特色原理,旅游资源、旅游产品要有吸引力,关键在于"特",这就是"人无我有,人有我优,人优我精,人精我特"。旅游产品要具有"三特"。

(1) 突出个性特征。旅游作为一种体验性活动,能将锦绣山川、历史人文、多彩民俗转变为旅游吸引物，使游客感受、体验、并迅速地传播出去，形成目的地品牌，吸引社会大众前来旅游。人们旅游的目的是通过观赏名胜古迹、自然景观、风土人情、宏伟建筑等来增长知识、扩大视野、陶冶情操，从而满足旅游需要，而这种需要的满足程度在很大意义上取决于旅游资源的吸引力。只有旅游资源具备了能够满足人的需要的功能和魅力，才能引发人们的旅游动机。在旅游资源的开发和建设上，要发掘精髓，突出个性，强化魅力，以别具一格的形象吸引旅游者。

（2）坚持民族特色。"越是民族的，越是世界的"。由于各民族所处的生存环境不同，历史发展进程不同，社会经济状况差异，由此带来的各民族的生活习惯、风土人情、服饰装束、宗教信仰、民宅建筑等别具一格，烙下了浓厚的民族文化内涵和鲜明的民族个性色彩的印记。保持某些旅游景观的传统格调，突出民族性，挖掘地方特色，有助于提高旅游资源的吸引力。

（3）追求新奇特点。与众不同的、鲜明活泼的特点，这是旅游产品的吸引力、生命力所在。如现代旅游业的发展，要求旅游资源的开发不能局限于旅游客体上，而要将眼光放到旅游市场上，改变过去那种走马观花式的景点组合和旅游资源开发方式，把旅游市场与旅游资源融为一体进行考虑。设计具有更多的自由空间和机会的旅游产品，让客人充分展示自我，体验快乐。

2. 强化企业管理，提高产品质量

旅游产品设计、旅游线路的安排要合理、新颖，并具有选择性。旅游设施要完善、完好，保障旅游者进得来、住得下、玩得开、出得去，让客人感受到安全、方便与舒适。旅游企业应加强内部管理，培养员工的服务意识与服务技艺，提高旅游服务质量与接待能力，为客人提供尽善尽美的服务，在标准化服务基础上，力求满足不同客人的个性化需求。

3. 加大推介力度，使人动心、放心、省心

旅游宣传对激发旅游者的旅游动机起着决定性的作用，有些景区山美水美人更美，可就是宣传不到位，不能形成旅游市场，以致大好的资源被白白闲置。旅游企业要通过广播、电视、报刊、网络、新闻发布会、展览会等多种渠道对旅游景点、旅游线路、旅游设施、旅游节目以及旅游常识等内容进行长期连续的宣传推介，以激发众多潜在旅游者的旅游兴趣。加强营销力度，推出各种价格优惠、促销活动，激发旅游者的消费动机。宣传推介要抓住三个要点：一要使人"动心"，二要使人"放心"，三要使人"省心"。关键要动人心弦，打消顾虑，促使顾客决策。

案例讨论

【案例3-3】从旅游类型来看我国新疆旅游的游客的差异

目前，来我国新疆旅游的游客可谓来自五湖四海，由于不同的文化背景，他们在旅游行为和喜好方面有着比较明显的差异。具体从旅游类型来看：

（1）新疆周边国家的游客青睐边境购物商贸游。旅游购物客源市场主要有新疆周边的哈萨克斯坦、塔吉克斯坦、吉尔吉斯斯坦、乌兹别克斯坦、俄罗斯等旅游客源地。边贸购物旅游是各国游客的主要旅游形式，其旅游期限短但却十分频繁，且受季节变化影响较小。主要旅游目的地为伊犁、阿勒泰、喀什和塔城等地区的边境口岸以及乌鲁木齐市、阿克苏市等。虽然新疆与独联体各国有着某些相似的历史文化背景、宗教信仰、风俗习惯，但因购物型客源市场由周边欠发达国家组成，游客主要支出是用于购物及进行边境贸易，故人均旅游综合消费能力仍处于较低水平。

（2）日韩游客钟情西域文化观光游。日韩游客是观光型客源市场的主力，这主要

是因为日本、韩国经济发达程度较高，与新疆距离相对较近，以丝绸之路、佛教文化为纽带，加之两地社会环境、自然景观、民族风情、文化风俗等方面的巨大差异对旅游者产生较强的吸引力。因此，日韩游客比较偏向于到一些具有特殊历史文化背景或宗教意义的景点进行历史文化旅游观光活动，如参观游览乌鲁木齐国际大巴扎、喀什艾提尕尔清真寺、吐鲁番葡萄沟等具有新疆特色的旅游景点，以期实现一种文化交叉的旅游活动体验。

（3）欧美游客看重生态探险特种游。欧美客源市场主要包括德、法、英、意、荷、西、美、加、瑞典、瑞士、比利时等国家。新疆因其得天独厚的自然地理环境、悠久的宗教历史背景、丰富的社会人文资源以及绚丽多彩的民族风情而对欧美游客产生了巨大的吸引力，成为许多欧美游客来华的重要旅游目的地。由于历史上几位欧洲著名探险家对古丝绸之路文物的发掘引发了一个多世纪的丝绸之路文化热潮，加之现代西方人特有的探奇心理，使得欧美游客对丝绸之路上的各类文物古迹，东西文化交流所形成的宗教、艺术历史、建筑以及少数民族风情等都有浓厚的兴趣。欧美游客在游览西域大漠风光、品尝当地民族食物、体验丰富多彩的民俗风情之余，还偏爱于进行沙漠探险、登山、滑雪、徒步、漂流等比较具有冒险性的特种旅游和生态旅游活动。目前，新疆各大旅行社已陆续开辟了多条适合探险游的特种生态旅游线路。

论述新疆游客的不同类型的旅游动机以及产生不同动机的原因。

实训项目

1. 剖析一名现实的旅游者，从"人—现代人—旅游者"的形成过程及其各种条件。

2. 设计一份调查问卷，调查分析本地旅游景区各种类型旅游者的旅游动机。

3. 分析"中国河南：功夫的故乡"、"夏威夷：微笑的群岛"、"加拿大：越往北越使你温暖"、荷兰某一旅行社针对新婚夫妇就北极旅游的宣传词"请到北极来度蜜月吧，因为这里的夜长达24小时"、杭州采用"平静似湖、柔滑似纱"的宣传口号、黑龙江的冰雪旅游打出"激情燃烧在零下20摄氏度"的宣传口号的心理功能。

4. 收集整理旅游广告、宣传资料，并选择某一旅游目的地设计一份旅游宣传广告创意策划书。

5. 如何理解日本旅游学家前田勇先生提出的旅游者在旅游活动中"解放感和紧张感"两种完全相反的心理状态的同时高涨的理论？

6. 研讨"旅游是吃饱了撑的活动"的说法。

第四章　旅游决策影响因素研究

学习目标

通过本章学习，应达到以下目标：
1. 知识目标：了解感知理论，态度理论，人格理论，家庭、社会阶层和文化的基本概念和特征。
2. 技能目标：掌握影响旅游者知觉的各种因素，旅游者对旅游条件的各种知觉；能根据个性特征分析人的行为；根据家庭生命周期，根据社会阶层特点和文化特征来分析如何影响旅游决策。
3. 能力目标：掌握态度理论，具备改变态度的能力。

导入案例

【案例 4-1】看图《各有所思》

案例中的四位游客观赏同一个景点，为什么感受不一样？在旅游活动中，常常会出现不同心理的旅游者对同一客观事物有不同的反映，比如园艺师和建筑师对上海世博园的评价与欣赏的角度是不同的。同一个人在不同的状态下对同一个旅游景观的感受也不同，唐朝李白两次游洞庭感受却不一样。《陪族叔刑部侍郎晔及中书贾舍人至游洞庭五首（其五）》："帝子潇湘去不还，空馀秋草洞庭间。淡扫明湖开玉镜，丹青画出是君山。"而《陪侍郎叔洞庭醉后三首（其三）》："划却君山好，平铺湘水流。巴陵无限酒，醉杀洞庭秋。"

第一节 旅游知觉与旅游决策

一、感知理论概述

(一)感觉

1. 感觉的含义与分类

人类的一切心理活动都是以认知过程为基础的,而感觉和知觉是认知过程的开始。感觉是人脑对直接作用于感觉器官的事物的个别属性的反映。人的感觉分类如表 4-1 所示。研究感觉分类与特征的目的,就是要根据感觉特性来设计与生产旅游吸引物,让客人在观赏、使用旅游吸引物时,使客人的五大感觉器官得到快感,产生安全感、舒适感与方便感。

表 4-1 感觉的分类

感觉的类型		感觉器官	感觉刺激物	功 能
外部感觉	视觉	眼睛	光波	看东西
	听觉	耳朵	声波	听声音
	嗅觉	鼻子	气味	识别气味
	味觉	舌头	味道	感觉物质味道
	肤觉 触压觉	皮肤	物理压力	感觉硬度、形状
	痛觉	肉体	疼痛	生命安全
	温度觉	皮肤	温度	生命安全
内部感觉	机体觉	内脏器官与大脑	食物、水及体内失衡	吃喝
	运动觉	所有感官与大脑	身体运动	日常行动
	平衡觉	内耳中的前庭	身体重心	身体平衡

2. 感觉的特征

(1)感受性。感觉器官对刺激强度及其变化的感受能力叫感受性。感受性的高低是以感觉阈限的大小来衡量的。感觉阈限是刺激情境下感觉经验产生与否的界限,是指能使感觉持续一定时间的刺激量,可分为绝对感觉阈限和差别感觉阈限。

(2)适应性。感受器官在刺激物的持续作用下,在感觉阈限范围内其感受性会发生变化,既可引起感受性的提高,也可引起感受性的降低。大部分感觉都有适应现象,如视觉适应有明适应和暗适应,但痛觉没有适应性,这是机体自我保护的原因。

(3)对比性。同一感受器官在不同刺激的作用下,感受性在强度和性质上发生变化的现象。如吃了糖后接着吃梨,会觉得梨有些酸味;吃了苦药后接着喝白开水,会觉得白开水有点儿甜味。对比性有同时对比、先后对比两种形式。

(4)后效性。在刺激停止后,仍能暂时保留的感觉的一种现象。感觉后效在视觉中称为后像,如果让断续的刺激达到一定的频率(光源每秒钟闪动超过 10 次),则后像可以使这些断续的刺激引起连续的感觉,这时产生的心理效应就是闪光融合现象。

(5)补偿性。当某种感觉器官受损或缺失后,其他感觉器官的感受性则会相应提高,来弥补某种感觉的损失。如盲人在视觉丧失的情况下,听觉功能会高度地发展起来。

(6)联觉。对一种感官的刺激作用触发另一种感觉的现象,是各种感觉之间产生相互作用的心理现象。①"色—听"联觉，即对色彩的感觉能引起相应的听觉，现代的"彩色音乐"就是这一原理的运用。②"语—色"联觉，某些词汇引起的感觉，如"蓝色星期一"等。③"光—色"幻觉，可伴有味、触、痛、嗅或温度觉，如红、橙、黄色会使人感到温暖，被称作暖色；蓝、青、绿色会使人感到寒冷，被称作冷色。④ 材质联觉。材质表面的精与粗、光与涩、松软与挺括、柔韧与坚硬，会使人感到寒与暖、深与浅、凝重与明快的感觉。⑤ 其他联觉，如"甜蜜的声音""冰冷的脸色"等。

（二）知觉

1. 知觉的含义与分类

知觉是人脑对直接作用于感觉器官的事物的整体属性的反映。知觉是在感觉的基础上形成的，是由多种感觉器官联合活动的结果，并且包括当时的心情、期盼以及过去的经验与习得的知识，所以知觉是纯心理性的。社会知觉是在社会环境中对有关个人或群体特征的知觉，是人们在社会活动中产生、发展起来的社会心理活动，影响着人们的社会行为、人际关系和活动效果。知觉的分类如表4-2所示。

表4-2 知觉的分类

知觉的类型		知觉含义
对物的知觉	空间知觉	人对客观物体的形状、大小、远近、方位等空间特性的知觉
	时间知觉	人对客观事物延续性和顺序性的反映，即对事物运动过程的先后和长短的知觉
	运动知觉	人对物体在空间中的位移和位移速度的知觉。客观事物是在一定的时空中运动的，运动知觉具有阈限，运动速度太快或者太慢知觉是感受不到的
	错觉	在特定条件下对客观事物产生的有固定倾向的歪曲了的知觉，是不以人的意志为转移的心理现象。有图形错觉、方向错觉、形重错觉、运动错觉、时间错觉等
对社会的知觉	对他人的知觉	对他人的外表、言语以及内在的动机、情感、态度等心理状态和个性心理特征的认知
	人际知觉	对人与人之间相互关系的知觉
	角色知觉	对个体所在的一定的社会关系和社会组织中所处的特定地位或身份的认知，包括对身份与规范的认知
	自我知觉	人通过对自己行为的观察而对自己心理状态及行为表现的认识

2. 知觉的特征

（1）整体性。人根据自己的知识经验把直接作用于感官的客观事物的多种属性整合为一个整体的过程。当客观事物符合接近、相似、连续与趋合的组合规律时，人们更容易把这个事物知觉为一个整体。

（2）选择性。人有选择地将外来刺激物中的一部分作为知觉对象，而把其他部分作为知觉对象的背景，并对知觉对象进行组织加工的现象。

（3）理解性。人对现实事物的知觉是以过去的知识和经验为参照系数进行的。不同知识经验的人在知觉同一对象时，由于理解不同，知觉的结果也不同。理解程度受个人的知识经验、言语指导、实践活动和个人兴趣爱好等多种因素的影响。

（4）恒常性。当知觉条件在一定范围内发生变化时，人能够不随知觉条件的改变而保持对客观事物的映像相对不变的现象。

3. 社会知觉心理效应

（1）首因效应（第一印象）。人们根据最初获得的信息所形成的印象称为第一印象，这种印象特别深刻且不易改变，有的甚至是终生难忘，第一印象还会影响后来获得的印象。

第一印象首先是外表起作用,然后是内在的素质发挥作用。因此,对于旅游工作者来说,给游客留下良好的第一印象是非常重要的。

(2)近因效应(最后印象)。最近接触的人和事物印象更加深刻。在有两种或两种以上意义不同的刺激物依次出现的场合,印象形成的决定因素往往是后来新出现的刺激物。"压轴戏"要放在演出的最后,使演出在高潮中结束,给人留下深刻的印象。

近因效应和首因效应的区别:认知结构简单的人容易出现近因效应,认知结构复杂的人则易出现首因效应。当服务时间的间隔长时,首因效应小,近因效应大。

(3)晕轮效应(光环效应、月晕效应)。人们知觉事物时,易于从知觉对象的某种特征推及知觉对象的整体特征,从而产生扩大化和泛化了的一种以偏概全的主观心理现象。如月亮在云雾的作用下扩大成为月晕,形成一种光环。一个人的某种品质或一个物的某种特性给人以某种印象,在晕轮效应影响下,人们对这个人的其他品质或这个物品的其他特性也会给予某种评价,如"一好百好""一俊遮百丑"都是晕轮效应的结果;相反,"一差百差"则是消极的晕轮效应,心理学也称其为"扫帚星效应"。

晕轮效应与第一印象的区别与关系:第一印象是从时间上来说的,由于前面的印象深刻,后面的印象往往成为前面印象的补充;而晕轮效应则是从内容上来说的,由于对对象的部分特征印象深刻,使这部分印象泛化为全部印象。第一印象和晕轮效应紧密相连,第一印象的好与差,会紧接着产生晕轮效应的泛化现象。

(4)刻板印象。人对某类事物、某部分人群所持的共同的、固定的、概括的、笼统的看法和印象,这种印象不是对个体现象而是对群体的一种共识。"物以类聚,人以群分",生活在同一地域、同一社会文化背景中的人,同一职业或同一年龄段的人,他们的观念、社会态度和行为具有相似性。社会刻板印象有国民刻板印象、地域刻板印象和角色刻板印象等。刻板印象有助于人们对众多的人的特征做概括了解,运用这些共同特征去观察每一类人中的个别人,是迅速了解别人的一条有效途径。但是,每个人既有共性又有特殊性,仅从群体特点上去了解个别人是远远不够的,往往会造成认知偏差,因为每类人中每个人的具体情况不尽相同,而且每类人的情况也会随着社会条件的变化而变化。

(5)定势效应。人总是凭借自己已有的经验形成的思维定势来对认知对象进行认识、判断、归类的心理效应,《吕氏春秋》中的"疑邻盗斧"的成语故事说的就是这个道理。在人际交往中要避免定势效应,要用发展的、辩证的眼光去看人。

(6)移情效应。对知觉对象形成的特定情感转移到与这个对象相关的各种事物上的一种心理现象。在移情效应的影响下,会"爱屋及乌""情人眼里出西施"。如对知觉对象有好感,就会有"爱人者兼其屋上之乌"的感觉;相反如有恶感就可能出现"恨鼠焚屋"的状况。

(7)投射效应。把自己的感情、意志、特性等心理投射到他人身上并强加于人的一种认知效应。在人际认知过程中,人们常常假设他人与自己具有相同的特性、爱好或倾向等,"以自己之心,度他人之腹"或"以小人之心,度君子之腹"。利用投射效应,可以从一个人对别人的看法中来推测这个人的真正意图或心理特征。

(8)期望效应(皮格马利翁效应)。人对某种情境的知觉而形成的期望或预言,进而使该情境产生适应这一期望或预言的心理效应。皮格马利翁是古希腊神话里的塞浦路斯国王,他爱上了自己雕塑的一个少女像,这种真挚的爱情和真切的期望感动了爱神阿芙洛狄忒,阿芙洛狄忒赐予雕像生命。在人际交往中,我们对他人应抱着积极的期望,而不应抱着消极的期望,从而能够产生积极的而不是消极的期望效应。

(9)马太效应。《圣经·新约·马太福音》中说:"凡有的,还要加给他,叫他多余;没有的,连他所有的也要夺过来。"这种把好的愈好、坏的愈坏,多的愈多、少的愈少的一种社会现象称为马太效应。任何个体、群体或地区，一旦在某一个方面（如金钱、名誉、地位等）获得成功和进步，就会产生一种积累优势，就会有更多的机会取得更大的成功和进步。

（10）增减效应。在与他人交往中，他人对自己的持续评价会影响自己对他人的好恶印象。如 A 开始时对自己评价不好，而后逐渐好起来，而且不断增多；B 对自己的评价开始很好，而后却不好了，否定评价越来越多；C 对自己的评价始终是好的。按照增减效应，我们会更喜欢 A，讨厌 B。认知增减效应使我们对人的印象、评价失去了客观性，产生了偏差。当然，两者的增减内容必须是同样的，增减前后相比的内容也必须是一致的。

（三）影响旅游知觉的因素

旅游知觉是直接作用于旅游者感官的与旅游相关的客观事物的总体在旅游者头脑中的反映。包括对自然景观和人文景观的一种"人—物"关系的认知，对旅游者与各种人员的"人—人"关系的认知两个方面。旅游知觉具有审美性、浅表性和互动性的特点。

1. 影响旅游知觉的客观因素：特色原则

知觉原理告诉我们，想抓住游客的眼球，引起游客的注意，使游客产生旅游知觉，旅游对象一定要符合特色原则。下列因素能使旅游对象影响知觉。

（1）刺激强度。具有一定刺激强度的事物容易引起人的知觉。

（2）新颖独特。新奇独特的事物容易引起人的知觉。如旅游者无不被誉满天下的九寨奇异水色和黄龙特有的喀斯特地貌风光所吸引，久久不愿离去。

（3）组合形式。众多知觉对象的组合形式符合组合规律的时候，人们更容易把它们知觉为一个整体。① 接近律。当客观事物在时间、空间上比较接近时，容易被知觉为一个整体。② 相似律。当客观事物的颜色、强度、大小和形状等物理属性相似时，容易被知觉为一个整体。③ 趋合律。当客观事物不完整或没有闭合时，知觉的整体特性会自动把它们封闭成一个整体。④ 连续律。当客观事物具有连续性或共同运动方向等特点时，容易被知觉为一个整体。

（4）对比鲜明。知觉对象与背景在强度、颜色和形状上差异越大，对比越鲜明，就越容易被注意。"万绿丛中一点红"，这"一点红"很容易在"万绿"中被知觉选择；而"万红丛中一点红"，哪怕是"一团红"也很难被知觉注意。

（5）活动变化。在相对静止的背景衬托下，运动变化着的刺激物容易成为知觉对象，而静止不变的事物不容易被知觉选择。

（6）反复出现。反复出现的事物容易被人知觉，由于反复出现，多次作用于人的大脑，会使人产生较为深刻的知觉印象。但要注意，多次重复的刺激会使人产生单调感，导致心里厌烦。因此，反复出现时，形式要稍有变化，使人有新意。

（7）他人提示。他人的言语指导有助于提高知觉理解性，使旅游者迅速理解、加深原来陌生的旅游对象，从而做出知觉选择。"江山之美，全靠导游之嘴"，那些有导游讲解的旅游景点往往比没有导游讲解的知觉更加鲜明和完整。

2. 影响旅游知觉的主观因素：快乐原则

（1）兴趣爱好。兴趣是人们积极探究某种事物或从事某种活动的意识倾向，总是与一定的情感体验密切联系着。感兴趣的东西才能成为知觉对象，它不但影响知觉对象的选择，而且对知觉程度和知觉印象都有很大的影响。

（2）需要动机。凡能满足旅游需要、激发旅游动机的事物首先被知觉选择，那些不能满足需要和动机的事物往往被忽略。当人们想外出旅游时，有关旅游价格和线路安排以及旅游目的地天气的信息就成为主要的知觉对象。比较富裕的旅游者对出行是否舒适、方便，服务是否周到考虑较多，而经济能力一般的旅游者则考虑是否实惠。

（3）情绪情感。情绪是人们对客观事物所持态度的主观体验，"人逢喜事精神爽""欢乐良宵短，愁苦暗夜长"说的是情绪对行为的影响。当旅游者处于积极情绪状态时，会积极主动地去感知所接触的每一事物，虽顶风冒雪、风餐露宿，仍兴致勃勃；处于消极情绪状态时，会对一切事物毫无兴趣，甚至见花落泪、对月伤怀。

（4）个性人格。性格内向的旅游者喜欢较安静的活动项目，性格外向的人对参与性强、有一定冒险性的活动项目表现积极。多血质的旅游者知觉速度快、范围广，但不够细致；黏液质的旅游者则知觉速度慢、范围小，对事物知觉深刻。

（5）知识经验。知识经验能起到缩短感觉过程、扩大知觉体验的作用，影响着旅游者的审美情绪和审美判断。如初游与重游的心理感受大不一样。旅游者凭借以往的知识和经验，可以把接触的旅游信息进行归类，加速知觉过程。

（6）宗教信仰。宗教信仰对旅游知觉的选择也有很大影响。如对同一庙宇，信佛的人会把其知觉为圣地而朝拜，不信佛的人则只把其当作一般的庙宇；信仰不同宗教的人对不同宗教旅游目的地的知觉也全然不同，信仰伊斯兰教的人会不远万里去麦加朝拜，信仰其他宗教的人则不会把麦加当作特别的旅游目的地。

（7）年龄职业。由于经历的时代不同，不同年龄的人对同一景点的知觉往往各不相同。人们所从事的职业不同，在知觉方面也会有所差异。一个从事考古专业的旅游者与一个从事医务工作的旅游者对古陵墓的知觉也是完全不同的。

二、旅游者对旅游条件的知觉

（一）对旅游目的地的知觉

1. 到达目的地之前的知觉

旅游者对旅游目的地的情况了解得越多，知觉的信息越清晰，做出旅游决策的意志就越强。人们前往某一旅游目的地之前对该目的地的知觉会影响其对目的地的选择。旅游准备阶段，知觉信息主要来自于社交环境：一是商业环境信息，即各种新闻媒介的宣传、书刊、广告、展销会、旅游手册等；社交环境信息以间接信息为主。二是亲朋好友的旅游经验，这类信息是直接的、易使人信服。

2. 到达目的地之后的知觉

进入旅游活动阶段，知觉信息来源于自己的亲眼所见和亲身经历，以直接信息为主，影响旅游者的旅游过程和后续行为。

3. 影响目的地知觉的因素

（1）旅游景观。具有生态自然性、地质独特性和观赏性。有观赏游憩价值、历史文化科学价值、珍稀和奇特程度、规模与丰度、完整性、知名度、美誉度、市场辐射力、主题强化度等因素。具有可进入性、舒适性、观赏性。

（2）旅游环境。它包括旅游交通、游览、旅游安全、卫生、邮电服务、旅游购物、综合管理、资源与环境的维护等八大方面。

（3）游览活动。具有新颖性、参与性、丰富性。

（4）旅游服务。必须热情、周到、公平。

（5）旅游宣传。力度大，有新意。让旅游者动心、放心、省心。

（二）对旅游距离的知觉

1. 旅游行为产生的心理机制

（1）人的行为产生的心理机制。行为产生与否与投入/产出比的心理预期有关。① 预期产出大于投入，能满足人的需求和利益，即"物有所值"甚至"物超所值"时，行为必然会产生。② 产出小于投入，没有满足人的需求和利益，即"物不所值""得不偿失"时，行为就不会产生。③ 产出等于投入，人的行为具有或然性，可能产生，也可能不产生。当然，这个投入、产出的不仅有物质形态的东西，更包括精神形态的东西。

（2）旅游行为产生的心理机制。① 旅游投入。一是货币，即有形的金钱；二是心理货币，即无形的时间、精力、体力等。② 旅游产出。一是有形的旅游纪念品、餐饮出品（如美味佳肴与精美点心）和旅游中的硬件（如旅游资源的吸引力、设施设备的舒适、方便的使用）；二是无形的服务，满足心理需求。旅游者只有意识到旅游活动的结果是在产出大于（至少等于）投入、利益大于代价、得到大于付出的心理预估时才会做出旅游决策，进而把决策付诸实际行动。

2. 距离知觉对旅游决策的双重影响

（1）阻止作用。旅游目的地距离越远，旅游持续时间越长，旅游者体力、精力的消耗就越大，付出的旅游费用就越多，不方便、不舒适感就越强，这些是抑制旅游动机、阻止旅游行为的代价，被称为旅游决策的摩擦力。由此可以理解旅游客源地与旅游目的地距离成反比的现象，即距离旅游客源地越近的景区，旅游者越多；距离旅游客源地越远的景区，旅游者越少。这也就是"先近距离旅游、后远距离旅游，先国内旅游、后国际旅游"的旅游客源规律的心理原因之一。

（2）促进作用。人类有一种基本的内驱力，这就是好奇和探索；每个人都具有探索未知世界的意识和强烈的愿望。人有一种"远方崇拜"的倾向，遥远的异国他乡的旅游景观具有陌生感、神秘感与新奇感，对旅游者会产生特殊的吸引力。人在感知对象时，距离越远，信息的不确定性越强，给人想象的空间越大，人把自己的愿望投射到了相对模糊的对象上，从而产生了美的印象，这就是"距离产生美"的道理。加之随着各种旅游条件的具备，人们收入水平的提高，旅游经验的丰富，这种由神秘、陌生和美的因素构成的吸引力会越来越大，而那些付出的摩擦力会逐步减小，当距离吸引力的激励作用超过距离摩擦力的阻止作用时，旅游者就会做出到距离遥远的地方去旅游的决策。

（3）因况而异。旅游距离的近或远，都会对旅游决策产生积极的或消极的双重影响，这种影响则因旅游者的旅游经验、旅游条件与旅游目的而异。旅游初级阶段，旅游者首先会选择距离较近的旅游目的地去旅游，因为吸引力较大，摩擦力较小，付出的金钱较少、时间较短，付出的体力、精力不多，外出方便，有安全感和自我控制感；而距离遥远的旅游目的地，需要旅游者付出的金钱、时间、精力、体力很多，因此摩擦力很大。当旅游者具有丰富的旅游经验时，那些近距离的旅游景点已观赏过了，有的甚至已多次游览过了，这时，这些旅游景点原有的吸引力就会转化成摩擦力；而距离遥远的旅游资源的新奇性和独特性则会产生强大的吸引力，吸引旅游者前往旅游。

（三）对旅游交通知觉

详见第七章第二节旅游交通服务心理的内容。

（四）对旅游时间的知觉

（1）有节奏。"文武之道、一张一弛"。节奏，是大自然的根本规律之一，也是人类活动的时间规律之一。旅游者在旅游活动中要有节奏，概括成三句话：有张有弛，先张后弛，路张的弛。"有张有弛"是指旅游活动要张弛结合，劳逸相宜；不能过分紧张，当然也不能过分松弛。"先张后弛"是指在旅游活动的全过程中，起始阶段因为体力旺盛、精力充沛、求知欲望强，活动可安排得紧张一点；结束阶段活动宜安排松弛一点。"路张的弛"将在下面解释。

（2）旅宜速。旅行要紧张，即"路张"。旅行要快，即要用较短的时间完成居住地与目的地之间的往返行程。旅游者外出旅游，总要设法缩短枯燥的途中时间，采用最有效、迅捷的交通工具来节省时间。因为旅游者的旅游时间是固定不变的，缩短旅行时间意味着延长在旅游目的地逗留的时间。旅，只是条件；游，才是目的。旅游者希望有充足的时间观光游览，而在交通工具上的旅行是为实现这一目的的途径与方式。由于交通工具里的空间限制会造成人的生理疲惫与心理单调枯燥感。为了降低这种不良感觉，导游常在旅途中做让旅游者感兴趣的讲解，安排唱歌、游戏等有趣的活动。对旅游时间的知觉也因旅游动机而异，如徒步旅行者、邮轮旅游者更愿意把较长时间消耗在旅行途中，以更好地了解当地的风土人情或邮轮中的休闲生活。

（3）游宜慢。游览要舒缓，即"的弛"。在旅游目的地逗留的时间要充足，活动安排要松弛，能够保证旅游者尽兴地观赏游玩、从容地品评体味。游览景点是旅游的目的，而游览要有安逸轻松的心情，才能领略山川大海、风景名胜、历史古迹的美景；若是走马观花、浮光掠影，不能从深处领略美的内涵，则不能尽兴开怀。旅游企业应尽量在食、住、行、游、购、娱等方面为客人提供优质服务，变单调的观光产品为集观光、休闲、参与、度假等多元化产品，尽量延长旅游者在旅游目的地的休闲时间，使游客流连忘返。

（4）要准时。活动要准时，要兑现事先承诺约定的服务时间要求，交通工具准时出发、准点到达，各种服务规范要有时间制约。准时，能保证旅游者按照计划去安排时间和活动，旅行中因为各种原因一旦导致误时、误事，就会打乱旅游者的心理平衡，引起他们的强烈不安和反感，甚至要求旅游企业赔偿其损失。做好准时、及时、限时、守时、足时、省时、适时、延时的"八时"服务。

（5）可调控。时间，不仅有物理时间、社会时间，更有心理时间。旅游者的时间知觉是旅游者对时间这种客观事物的主观印象，人的时间知觉是相对的，心理时间是可以调控的。影响因素有：① 活动内容。丰富多彩的活动内容，旅游者心情愉快，会觉得时间过得很快；相反，旅游活动贫乏寡味，旅游者就会心情落寞，觉得时间过得很慢。② 情绪态度。态度积极、情绪盎然会对时间"短估"，感到时间过得快；相反，态度消极、情绪索然会对时间"长估"，感到时间过得慢。③ 期待。人在等待时，时间过得慢，等待对象来到了，时间则又过得快了。

（五）对旅游决策风险的知觉

1. 产生旅游决策风险知觉的原因

（1）风险。风险是对后果无法做出确定预测而可能带来的危险或损失，它由不确定性和后果两部分构成。不确定性是指消费者事前不能确定购买后结果（是否满意）的主观知觉，后果意味着购买和使用后可能的得失。如果购买和使用结果满意的话，说明消费者得到了实惠；如果不满意则说明他们的购买实际上给他们带来了损失。对购买结果的不确定性越高，知觉到的风险就越大。

（2）旅游产品特征。由于旅游者购买目标不明确，对付出与得到是否平衡产生疑虑，缺乏购买经验，群体伙伴的不认同，旅游产品推销员的业务水平及态度差等原因，都会知觉到旅游决策风险的存在。任何购买决策都会有一定的风险，而旅游者购买旅游产品的决策风险更大。因为旅游产品是一种"经历产品"，其生产和消费的同步性特点决定了旅游者在购买决策时，无法事先检查旅游产品的质量，无法确切得知产品是否符合自己的需要，心中存在着的顾虑和疑虑更多。

2. 风险知觉的种类

（1）功能风险知觉。对旅游产品的质量和服务能否达到期望水平的风险知觉。

（2）经济风险知觉。对旅游产品是否值得花那么多金钱和时间的风险知觉。

（3）安全风险知觉。对旅游产品是否会给旅游者的身体安全造成伤害的风险知觉。

（4）社会风险知觉。对购买旅游产品能否得到他人的理解与赞许的风险知觉。

（5）心理风险知觉。对购买旅游产品能否增强个人的幸福感或自尊心的风险知觉。

（6）时间风险知觉。对旅游活动能否在预定的时间内完成的知觉。

旅游者在购买旅游产品时，知觉到的风险可以是一种或几种的结合。如一次豪华的欧洲八国游，可能存在经济风险知觉、社会风险知觉、心理风险知觉等。

3. 旅游决策风险知觉的影响因素

（1）计划不明。虽打算旅游，但对到什么地方去，如何去，乘坐什么交通工具，随团还是单独行动等问题都不明确，很容易产生风险知觉。

（2）缺乏经验。缺乏旅游经验易产生知觉风险。

（3）信息不充分。缺少信息或信息矛盾也易产生知觉风险。

（4）相关群体影响。与相关群体其他成员意见与行为不一致时易产生知觉风险。

（5）推销人员影响。如销售人员业务不熟、态度不良、举止不当、仪表不佳，也易产生知觉风险。

4. 降低旅游决策风险知觉的措施

（1）掌握更多信息。旅的游决策过程是一个信息加工的过程，搜集到的信息越多，不确定性就越少，知觉到的风险水平也就越低。知觉高风险水平的人比知觉中、低风险水平的人花在寻求有关信息方面的时间要长，而且更易受信息的影响。

（2）寄托较少期望。期望越高，失望越大。成熟的旅游者懂得把自己对产品和服务的期望值调整到合适的水平，不要期望值太高。

（3）建立品牌忠诚。购买信赖、忠诚的品牌，知觉风险就会大大减小。旅游者会选择声誉高、品牌好的产品，而不轻易选购不熟悉的品牌产品来规避风险。

（4）寻求优质供方。为降低、消除知觉风险，旅游者会要求旅游供应商提供对产品的承诺，保证消费者对购买本产品期望效用的实现；如发现产品的功效达不到规定要求，有权要求赔偿，达到把知觉风险部分或完全地转移给旅游供应商，增强对产品的信心，最终产生购买行为。

（5）购买高价产品。"价格"是衡量产品质量的一个重要依据。"一分价钱一分货""好货不便宜，便宜没好货"，大多数情况下，购买高价产品会降低知觉风险。

（6）参照从众购买。当旅游者对产品宣传难以信任时，知觉到的风险水平自然就高，这时会通过大多数人的选择来做出自己的选择和购买决策，以降低知觉风险。

第二节　旅游态度与旅游决策

一、态度理论概述

1. 态度的含义

态度是人们对某一对象（人、事、物、观念等）的评价与所持的稳定的心理倾向。一个人的态度会影响到他的行为取向。各种态度的综合形成态度体系，表现出人的社会立场。态度的核心是价值，价值是指态度对象对人所具有的意义。事物的价值大小取决于事物本身和主观认知两个方面，因此，同样一件事，由于人们的价值观不同，会产生不同的态度。为此，能满足个人需要，迎合人的兴趣爱好，符合人的价值观念的事物，会产生正面的态度；反之，则会产生消极的态度。态度具有动力作用。态度具有对象性、习得性、社会性、差异性、内隐性、稳定性、可变性、价值性等特点。

2. 态度的构成

态度由三个因素构成，缺一不可，三者协调程度越高，则态度越稳定；反之则不稳。当三者不一致时，起主导作用的是情感因素。

（1）认知成分。对态度对象的认识、理解和评价，其主要内容是认知主体对对象所持的信念和观点，体现了道德观和价值观。认知因素是态度的基础。

（2）情感成分。对态度对象的情感体验，如喜欢—厌恶、亲近—疏远、爱—恨等。情感因素是态度的核心，起着调节作用。态度是人们的一种内在的心理体验，因此它不能被直接观察到，而只能通过人们的语言、表情、动作等行为表现来进行判断。

（3）意向成分。对态度对象的反应倾向，如谋虑、企图等，制约着人们对某一事物的行为倾向，是以语言、行为等外显形式表达。意向因素具有外显性。

3. 态度的形成

态度是在社会环境中经过学习形成的，是个体社会化的结果。态度形成之后便成为个性心理的一部分并影响个体行为，态度的习得可变性有助于人们更好地适应环境，保持一致性。已形成的态度还要在社会实践中受到检验，以决定是继续保持还是转变。

（1）态度形成阶段。① 低级阶段：服从。人们为了获得物质与精神的报酬或避免惩罚而采取的表面顺从的行为，其内心并不一定服从，是一种口服心不服的行为。由于服从行为不是个人心甘情愿的行为，当奖励或惩罚的可能性消失时，服从行为会立即停止。② 中级阶段：同化。它又称认同阶段，个体不是被迫而是自愿地接受他人的观点或信念，使自己的态度与他人保持一致。③ 高级阶段：内化。人们从内心深处真正相信并接受他人观点而彻底转变原来的态度，并自觉地指导自己的思想与行动。个体把那些新思想、新观点纳入了自己的价值体系，以新态度取代旧态度。一个人的态度只有到了内化阶段，才是稳固的，才真正成为个人的内在心理特征。

（2）态度形成因素。① 需要。凡能满足个人需要的对象或能帮助个人达到目的的对象都能使人产生积极的态度，相反则产生厌恶的态度。② 知识。个体所具有的知识影响着他对某些对象态度的形成。但是，新知识并不单独影响态度，新知识必须与原有的态度相互趋于一致才能发挥作用。③ 兴趣。兴趣是人们力求认识某种事物和从事某种活动的意识倾向。它表现为人们对某种事物、某项活动的积极的情绪反应。④ 人格。人格不同，即使属于同一团体的人在态度形成过程中也存在不同。⑤ 经历。个体的社会实践经验的积累是态度形成的原因之一。戏剧性的经验形成积极的态度，创伤性的经验形成消极的态度。⑥ 环境。"近朱者赤，近墨者黑""入国问禁，入乡随俗"，个体态度受团体规范压力、团体成员关系的影响，使同一团体的成员具有类似的态度。同时，个人又往往处于不同的团体之中，由于在各社会团体中的地位不同，对所属各团体的认同感也不同，那么各团体对其态度的影响也不尽相同。

4. 态度改变

（1）态度改变方式。① 态度方向与性质的改变，即质变。以一种新的态度取代原有的态度。② 态度强度的改变，即量变。只改变原有态度的强度而不改变态度的性质。

（2）影响态度改变的因素。如表 4-3 所示。

表 4-3 影响态度改变的因素

态度特征	一致性	认知成分、情感成分、意向成分等三种要素一致性越强，态度越不容易改变
	强度	极端性质的态度、幼年时形成的态度、一贯如此的态度不易改变
	复杂性	态度所依赖的事实越多、掌握态度对象的信息量越多、态度形成的因素越复杂，态度越不容易改变
	价值性	能满足人们较多需要的态度，对人的价值意义越大、影响越深的态度很难改变
	改变幅度	与原来的态度差距太大，不仅难以改变，有时反而会促使其更加坚持原来的态度，甚至持对立的情绪
个体特征	需要兴趣	能最大限度满足需要的易改变态度；而需要改变兴趣也会随之改变
	性格特点	依赖性强、暗示性高或比较随和的人，容易相信权威、崇拜他人，容易改变态度；反之，独立性强、自信心高的人，不容易被他人说服而改变态度
	智力水平	智力水平较高的人，具有较强的思维判断能力，态度不易受他人左右；反之，智力水平低的人，难以判断是非，常常人云亦云，态度容易改变
	自尊心	自尊心强的人，心理防卫能力较强，不容易接受他人的劝告，因而态度改变也比较难；反之，自尊心弱的人则敏感易变
环境特征	团队期望	人的态度与其所属团体的要求相一致，个人对所属团体的认同感强烈，态度不容易改变；反之，则易改变
	团队压力	团队规范严密、团队舆论强大，团体成员的态度不易改变
	个人地位	处于领导地位的人的态度不易改变；相反，处于被领导地位的人，态度易改变

二、旅游态度、旅游偏爱与旅游决策

（一）旅游态度在旅游决策中的作用

1. 旅游态度具有动力作用

态度具有动力作用，是影响、产生行为的重要因素之一。态度与行为不是一种对应的关系，态度是行为的内在准备状态，因而可以通过态度来预测行为。因此，旅游态度影响旅游者对旅游目的地、旅游企业、旅游产品与服务的判断和评价，影响旅游者的认知兴趣和效果，影响旅游者的购买和消费意向，进而影响其消费行为。

2. 旅游态度的类型

（1）积极态度。主动积极投身旅游活动，乐于购买消费旅游产品。
（2）中立态度。对旅游活动抱着无所谓、可有可无的态度。
（3）否定态度。出于种种原因，对旅游活动采取否定、拒绝的态度。
（4）旅游偏爱。建立在旅游者极端肯定态度基础上的针对态度对象的行为倾向。
（5）旅游偏见。对旅游对象持有的缺乏事实依据的不正确态度。

（二）旅游偏爱在旅游决策中的作用

1. 旅游偏爱的形成

旅游偏爱是建立在旅游者极端肯定态度基础上的一种针对态度对象的行为倾向。旅游态度虽然只能间接预示人们的旅游决策和行为，但却能直接体现人们的旅游偏爱；而旅游偏爱与旅游决策有着直接的紧密联系。旅游决策过程是旅游者心理活动的过程。旅游商业环境信息通过各种渠道作用于旅游者感官，人们的旅游需要转化为旅游动机；在旅游兴趣的作用下，通过对旅游产品的认识、评价，形成旅游态度；旅游态度在一定外界信息的强化下，会产生旅游偏爱；只要时机恰当，具备一定条件就会形成旅游决策；在实际的旅游活动中，当有多个可供选择的目的地取舍时，人要估计从那个特定的目的地所能获得多少利益，然后再决策。当可行时就会做出旅游决策，产生旅游行为，而这个决策行为又以信息的形式反馈回去，形成新的态度。由此可见，这个过程可简化为：内在需要—旅游动机—旅游兴趣—旅游态度—旅游偏爱—旅游决策。

2. 旅游偏爱的影响因素

（1）旅游态度的强度。态度的强度与复杂性对旅游偏爱形成具有重要影响。人们对某一对象的态度强度与态度对象的突出属性有关，旅游产品的属性越鲜明、越独特，旅游态度越肯定，旅游偏爱越易形成。每一款旅游产品都是由各个部分组成，如景观、住宿、餐饮、娱乐、交通、购物等，旅游者感受的是旅游产品各组成部分属性的总和。而态度对象的突出属性对人的重要性是因人而异的，就是同一个人在做不同的旅游决策时对某一方面属性的突出程度认同也会有所不同。

（2）旅游态度的复杂性。态度的复杂性是指人们对态度对象掌握的信息量和信息种类的多少，它反映了人们对态度对象的认知水平。旅游者掌握的旅游产品信息的种类和数量越多，旅游偏爱形成的可能性就越大；所形成的态度越复杂，而复杂的态度较难改变。要想使旅游产品成为旅游者的偏爱，要提高旅游产品信息的提供能力，要在产品的生产和宣传上力图使旅游者相信该产品具有提供旅游者所需要的能力。

（3）旅游吸引力公式。一个人对某一旅游目的地的偏爱态度形成，关键取决于这个旅游目的地的吸引力有多大。旅游目的地吸引力不仅与旅游者所获得的特定利益有关，而且也与该目的地提供这种利益的能力有关。其公式为：旅游地吸引力=个体获得利益的相对重要性×个体感觉到的目的地提供利益的能力。

（三）改变旅游态度的途径与方法

1. 更新旅游产品

"打铁先得自身硬"。更新旅游产品要在硬件、软件两方面做文章。硬件上，设计建造旅游新景区，开发新项目，改进和更新设施设备，或者对原有的硬件进行新的包装。软件上，提高员工的服务意识和服务技巧。此外，在价格、服务时间和地点、企业的形象设计等方面做调整和改进，给人以面目一新的感觉。

2. 加大宣传力度

（1）诉诸感情。"酒香不怕巷子深"的观念过时了，"酒香更要勤吆喝""王婆卖瓜自卖自夸"。"吆喝"即"夸"的艺术：一使人动心，"动人心弦"，令人向往；二使人放心，打消顾虑，解开疑团；三使人省心，方便易行。

（2）信息真实。宣传信息越是真实可靠越有吸引力，而旅游者一旦发现有假冒伪劣的虚假信息则更为排斥。

（3）正负传播。对于某个具体的宣传材料来说，有正反两方面的信息，是单方面宣传还是两方面宣传，视具体情况具体分析。① 宣传目的。欲产生立竿见影的效果，应提供正面信息；而想长时间树立观念，则应提供正反两方面的信息。② 客观情况。如果不知道反面信息，最好只提供正面信息，有利于形成并加强态度；而本来就知道反面信息，就应该主动提供正反两方面的信息，并同时强调正面信息，削弱或否定反面信息的真实性与可信性。③ 原来态度。一开始就对正面信息持肯定态度，最好不提供反面信息，这有助于加深和巩固态度。如果对正面信息持怀疑或反对的态度，则应该同时提供正反两方面信息，有助于削弱防卫心理，消除怀疑，改变否定态度。④ 文化水平。受教育程度高的人分析、判断问题的能力较强，应该向他们提供正反两方面的信息；而对受教育程度较低的人，则最好只提供正面信息。⑤ 年龄经验。向少年儿童、缺乏经验者只宣传正面信息；对富有人生经验的则应提供正反两方面的信息。

（4）形式多样。利用媒介做广告，参加交易会、举办展览会，印发精美宣传册子，微时代可用各种高科技手段进行推广。总之，要通过一切生动、形象的宣传活动，以"新"和"奇"来吸引旅游者，同时以各种承诺打消旅游者的疑虑。

（5）多次反复。要耐心地、不断地、反复多次地进行宣传，加深印象。

3. 削弱防御机制

（1）权威效应。利用各类"明星"、名人、权威，即人们心目中知名度、美誉度高的人来做宣传，能产生"名人效应"。

（2）自己人效应。若想改变别人原有的态度，首先要让别人接受你；而接受你最好的方法是为别人着想，让别人有"自己人"的认同感。

（3）强迫接触。不尝试先改变人的某种态度，而强迫他参与某种行为，从而使其态度随之改变。如一对老夫妇不喜欢旅游，在孙儿的"强迫"下参加了"金婚之旅"，在旅游活动氛围的影响下，态度逐渐发生转变，最后成了旅游活动的积极分子。

（4）角色扮演。"纸上得来终觉浅，绝知此事要躬行。"让人扮演欲改变态度对象的角色，体会其中的道理，从而产生正确的态度。

（5）"登门坎"效应，即"小步子"原则。欲改变一个大态度，首先进行态度分解，通过改变一个个小目标，最后实现改变大目标。如果对改变态度的期望值与原来的态度差别过大，则应逐步提出要求，不断缩小差距，最后达到完全改变。否则，一下提出过高要求，不但难以改变原来的态度，反而会使其产生逆反心理而更加坚持原来的态度。

（6）留面子效应。人都要"面子"，首先提出大的要求，其拒绝以后，一般不好意思全部拒绝，就会接受小的要求。

4. 运用团体力量

运用团体规范的力量，如制订、执行严密的团队规范，建设强大的团队舆论，利用从众心理来改变个人的态度。

第三节　人格与旅游决策

一、人格理论概述

人格也称个性。有关个性理论详见本书第一章、第八章的相关内容。

二、人格类型与旅游决策

1. 希波克拉底的"体液说"

人格类型是根据不同个性特征或行为特征而对人进行的分类。古希腊医生希波克拉底把气质分为多血质、胆汁质、黏液质、抑郁质。不同的气质导致不同的行为方式。

2. 荣格的"心向说"

（1）外倾型。心理活动指向他人和外在的客观世界。表现为善交际，合群，朋友比较多，愿意与人交谈，不大喜欢独处，易激动；做事凭一时冲动，往往不计后果；爱开玩笑，说话常不分场合；喜欢运动和变化，常表现出粗心大意；具有攻击性倾向，感情不易控制。

(2)内倾型。心理活动重视自己和自己的主观世界。他们喜欢安静、独处,不喜与人交往;做事深思熟虑,极少冲动,也很少发脾气,忍耐性强,能够控制自己的情感。内倾型人格和外倾型人格在旅游活动中的个性特征如表 4-4 所示。

表 4-4 内倾型人格(心理中心型)和外倾型人格(他人中心型)在旅游活动中的个性特征

	内倾型人格(心理中心型、单一性)	外倾型人格(他人中心型、复杂性)
个性特征	选择熟悉的旅游目的地	选择新旅游地区或非旅游地区,喜欢冒险
	喜欢旅游目的地的一般活动	喜欢获得新鲜经历和享受新的喜悦
	选择晒日光浴和娱乐场所、无拘无束的休息	喜欢新奇的、不寻常的旅游场所
	活动量小	活动量大
	喜欢驱车前往的旅游点	喜欢乘飞机去旅游目的地
	喜欢正规的旅游设施,如设备齐全的酒店、家庭式的饭店、旅游商店	旅途只要有一般或较好的旅馆和伙食,不一定要现代化的大型酒店,不喜欢专门的旅游商店
	喜欢家庭气氛、熟悉娱乐活动,不喜异国情调	喜欢与不同文化背景的人接触、交流
	要准备好齐全的旅游袋,全部日程要事先安排妥当	旅游计划只安排最基本的项目,有更多的灵活性,和选择余地

3. 斯坦利·普罗格的"心理类型说"

(1)心理中心型。内心体验深刻、考虑自己比较多、心情压抑、不爱冒险。在旅游决策时,他们要求一切都具有可测性,或者不旅游,或者选择一个比较熟悉的、风险较少的旅游目的地,只要能放松一下就可以了。一般会选择阳光充足的海滨、设备齐全的旅馆,在出发前几天就准备好行李,并安排好全部日程,对一切可能出现的问题都进行了认真的思考,以备不测。

(2)他人中心型。自信、探索欲强、外向、喜欢冒险、乐于接受新事物。他们渴望生活具有变动性,喜欢去常人不去的地方旅游,对新奇的事物有着强烈的渴望,希望得到一份出乎意料的惊喜,对那些千篇一律、缺少特色的旅游产品不感兴趣。

这两类人数分布和内、外倾性格者人数分布,多样性与单一性需要人数分布有着相似之处,即呈两边低、中间高的分布特点。(见表 4-4)。极端的他人中心者和心理中心者为少数,大部分介于两者之间,只不过偏向程度不同,他们不具有真正的冒险精神,但对旅游感兴趣,是旅游活动的主要客源。

4. "生活方式说"

个体生活方式是一种综合性的人格特征,它与人在日常生活中的各种行为关系密切。在旅游活动中,具有不同生活方式的人在进行旅游决策时的表现是不相同的。分析生活方式特点有助于理解与解释旅游者的旅游方式与旅游行为。

(1)恋家型旅游者。重视家庭生活,喜欢清静安宁的气氛和渴望井然有序的生活,不愿意冒任何风险。关心孩子,维护传统,重视清洁和健身。喜欢轻松悠闲的旅游方式,喜欢选择阳光明媚、空气清新、安宁幽静的旅游目的地,喜欢参与安全系数大的旅游项目,希望通过旅游活动放松身心、充分休息。总之,他们要求一个"静"字。

(2)交际型旅游者。活跃、外向,乐于主动和他人交往,广交朋友,扩大自己的影响;敢于尝试新的事物,对任何新鲜的经历都有很大的兴趣。在旅游活动中,希望能远行,特别是环球旅行。喜欢选择与居住地差异较大的目的地和旅游景点,喜欢参与新颖的旅游活动项目,热衷于社交活动,还往往被不同文化所吸引,愿意接触具有异族文化背景的人,体验更丰富多彩的人生经验。总之,这类人的特点就是一个"动"字。

(3)享乐型旅游者。把旅游活动看成一种愉快的情绪体验,是满足精神方面需要的一种享受。在旅游活动中,乐观自信,兴趣多样,积极主动,广泛参与,他们陶醉于各种美好事物带来的精神愉悦之中，奇异的景色、可口的美食、新颖的项目、浓郁的地方风俗都使他们感到刺激和快乐，并成为难忘的经历。

（4）发展型旅游者。把旅游活动看成自我充实、自我提高、自我完善的过程，旅游的目的在于扩大视野、学习知识、挑战自己、追求健康。在旅游活动中，喜欢展示和表现自己的才能与价值，享受发现带来的喜悦和新鲜感；希望旅游活动的安排留给个人较大的空间和较大的灵活性，对旅游服务的设施和食宿条件要求不高。

5. 其他划分标准

（1）美国运通公司根据旅游者对旅游产品的反应，将旅游者分为五类：享乐型旅游者、梦想型旅游者、经济型旅游者、探险型旅游者和担心型旅游者。

（2）百慕大政府根据海滨度假者的生活方式和价值取向，将旅游者分为三类：价格与数量型旅游者、阳光和从浪型旅游者以及质量至上型旅游者。

（3）根据旅游者表现出来的开放程度，将旅游者分为三类：封闭型旅游者、开放型旅游者和半开放半封闭型旅游者。

第四节 社会因素与旅游决策

一、家庭与旅游决策

（一）现代家庭消费特征

1. 家庭在消费中的作用

家庭是人们社会生活的基本单位，家庭是建立在婚姻、血缘关系或收养关系基础上的亲密合作、共同生活的小型群体。家庭不仅对家庭成员的消费观念、生活方式、消费习惯有重要影响，而且直接制约着消费的投向、购买决策的制定与实施。家庭的结构、形态、经济条件、父母的文化背景都会在一定程度上影响人们的消费观念与行为方式。

2. 家庭消费特点

（1）决策的群体性。家庭消费是群体决策，家庭规模、家庭权力结构、家庭消费决策类型等都会对家庭旅游消费决策产生影响。

（2）产品的共同性和广泛性。家庭购买产品一般是其成员共同使用，产品涉及生活消费品的方方面面。

（3）转承的代际性。家庭消费可以使上、下两代，甚至几代的代际层的消费品互相使用，其财产按照法律可以继承和转让。

（4）消费的差异性。由于家庭的收入水平、人员结构、受教育程度、职业、消费观念、思维方式的不同，不同家庭的消费在决策心理与购买行为上有明显差异。

3. 休闲旅游已成为现代家庭生活的重要组成部分

家庭是旅游活动的基本单位之一，休闲旅游是现代家庭的重要生活方式。马克思说："'自由时间'就是可以自由支配的时间……这种时间不被直接生产劳动吸收，而是用于娱乐和休息，从而为自由活动和发展开辟广阔天地。"今天，一个人、一个家庭是不是真正富有，不仅要看他拥有多少物质财富，还要看他拥有多少闲暇时间，采用何种休闲生活方式。中华民族是一个具有十分浓厚的家庭观念的民族，随着人民生活水平的提高，举家出游的比例将越来越大，是当前旅游企业的基本目标市场。中国家庭的闲暇生活已进入休闲、旅游和享受模式。据调查，2018年春季假日旅游有52.96%的游客选择和家人出游，亲子旅游引领市场。中国大城市居民闲暇生活状况调查资料表明，已经有相当数量的家庭到市区及附近的风景区、郊区度假村、国内风景名胜区，甚至出国旅游。同时，钓鱼、学画、跳舞、登山、耕田、击剑、出海、骑马、打高尔夫球等闲暇生活方式也受到广大百姓的喜爱。

（二）家庭形态与旅游决策

1. 家庭形态

（1）延续式家庭。至少由祖孙三代人组成。

（2）核心式家庭。由夫妻及未婚子女组成。

（3）日趋增多的新型家庭。随着社会的发展变迁，我国出现了一些新型家庭，且比例呈上升之势，其旅游行为有很大的独特性。① 独身家庭。不愿结婚的独身主义者，一身轻松、来去自由，是各类旅游活动的积极参加者。② "丁克"家庭。有生育能力和经济条件，但不愿生养孩子的家庭，是热衷旅游的活跃分子。③ 单亲家庭。夫妻离婚后，由父亲或母亲一方抚养孩子的家庭。因孩子年幼或经济负担过重，对旅游活动较疏远。④ 单身家庭。夫妻离异后没有孩子的单身家庭，在旅游方面有较大的随意性，有的会成为旅游活动的积极参加者，把旅游视为满足其社交需要的一种重要途径，有的却甘愿离群索居，对旅游毫无兴趣。

2. 家庭成员的地位对旅游决策的影响

家庭成员在旅游决策中的角色有：提议者、影响者、决策者、购买者和使用者。如以全家人到北京旅游为例，首先妻子提议到北京旅游，其次丈夫与孩子表示赞同，其后全家一起商量决定，再由妻子或丈夫办理各种手续，最后全家开开心心地赴京旅游。

3. 家庭的决策类型

（1）丈夫决定型。这种家庭成员文化较低，收入较少，观念较传统保守。旅游决策中在旅游目的地的选择、交通工具的确定和住宿条件的把控上影响大。

（2）妻子决定型。由于女性社会地位、财产自由和家庭话语权的提升，全球家庭的"钱袋子"说到底是掌握在女性手中，围绕女性消费活动形成了"她经济"的特有的经济圈和经济现象。从以前注重价格到现在更关注品质，"宁愿多花钱买更好的东西"成为世界潮流。据中欧国际工商学院调查家庭消费中女性完全掌握支配权的比例占44.5%，与家人协商的比例占51.6%，做不了主的占3.9%。另外，女性个人消费在家庭支出中占一半的比例高达53.8%。这种决策类型在城市家庭中比较多，家中经济条件比较好。

（3）双方商量一方决定型。如旅游时间、出游所带的生活用品。

（4）双方商量共同决定型。这种类型在现代城市中较为普遍。夫妻双方文化水平较高，收入较高，思想开放，氛围民主，关系融洽。但决策速度较慢，购买理智较强。

（5）子女决定型。由于独生子女的特殊地位，孩子对旅游决策的影响虽然不是直接的，但影响却很强烈。如孩子的兴趣、需要、年龄、知识结构等对旅游目的地、旅游项目、交通工具、住宿条件、餐饮食品都有很大影响。

（三）家庭生命周期与旅游决策

（1）未婚期：青年单身家庭。未婚青年人经济自立、身体状况佳、没有家庭负担，学习、娱乐、交友、健身、求新、求奇等需求较为突出，他们是旅游的生力军，是最具旅游潜力的群体。尤其是一些新型的旅游项目，如探险、攀岩、蹦极和自助游等旅游方式更具有时尚特征，更适合年轻人。

（2）新婚期：青年已婚无子女家庭。旅游与年轻人结婚几乎是相伴而行的，新婚期是比任何时期都更有可能去旅游的好时期,"蜜月旅行"成为时尚。现在很多年轻人由于事业、生活方面诸多考虑,并不是一结婚就准备要孩子,而是推迟生育时间,甚至不准备要孩子,因此新婚期的时期被延长。年轻无子女夫妇没有生活拖累,压力较小,消费欲望强,既有精力又有能力外出旅游,可将这类家庭视作潜力巨大的旅游者群体。

(3)满巢期Ⅰ:青年已婚有六岁以下孩子的家庭。这种家庭消费行为集中在满足儿童穿、吃、用、玩等方面。孩子的年幼使得家庭出行显得极为不便,不大可能考虑远途旅游,只在家庭附近的公园、动物园进行休闲娱乐,且频率较高。举家出游的情况不多,但夫妇一方尤其是男主人因商务活动等工作原因而外出旅游的可能性较大,或者有可能把孩子交给父母代管小夫妻两人自己外出旅游。

(4)满巢期Ⅱ:中年已婚有六岁以上孩子的家庭。孩子进入学龄期,教育成了家庭的主题,旅游也成了对孩子进行教育,让孩子扩大视野的一个重要方面。家长会有意识地趁节假日期间带孩子外出旅游,但对旅游目的地的选择非常慎重,多以博物馆、纪念地、历史文化名城等人文景观为选择对象。旅游方式多是一家同时出游。

(5)满巢期Ⅲ:中年已婚有自立子女的家庭。孩子已自立,父母有固定的收入,消费水平高、购买能力很强。这类家庭具备旅游成员搭配比较灵活的特点,有举家出游、年轻人单独出游、父母双双出游、父母之一与孩子一起出游等各种方式。但由于"先攒钱后花费""父母应帮孩子成家立业"的传统观念在中国大部分人身上还普遍存在,即使有钱也不舍得用于旅游的消费观念影响了旅游的发展。只有当人们的观念彻底改变,潜在的旅游消费需要才能变为现实。

(6)空巢期:老年已婚无子女的家庭。详见第五章老年旅游者消费心理的内容。

(7)鳏寡期:老年单身家庭。夫妻一方的去世必然会影响另一方的出行积极性。中国人具有尊老爱幼的传统美德,如果家里只剩下老父或老母一人,晚辈就会加倍予以关照。与父母不在一个城市的子女,会主动邀请父母到自己所在地旅游以及生活居住;与父母同在一地的子女也会主动陪伴父母外出旅游。

二、社会阶层与旅游决策

(一)社会阶层结构

1. 社会阶层含义

社会阶层是指由于收入水平、受教育程度、职业及地位声望等综合因素的影响,社会中的人形成相对稳定、相对独立的不同层次的社会群体。决定社会阶层的因素有经济因素,包括职业、收入和财富;社会因素,包括个人声望、社会联系和社会化;政治因素,则包括权力、阶层意识和流动性。

2. 社会阶层结构

(1)"六阶层"理论。美国社会学家C.G.沃尔特斯把美国社会分为上层、中层和下层三个层次,每层次又可分为上下两层,共六个阶层。

① 上层阶层。美国南加州大学教授伊丽莎白在《昂贵的小幸福:关于有志阶级的理论》中分析了美国当代社会富人阶级消费观念与行为的变化:相比于中产阶级把大把的钱花在购买传统的奢侈品上,现代高收入人群成为"有志阶级",不再追求"炫耀性消费",更愿意把钱花在教育、医疗、食品、知识、艺术、体育、旅游和育儿等"隐形消费"上,让生活更高效,让投资有更大的回报,让消费更有意义。他们把旅游作为生活的基本内容之一,强调旅游的知识性,要求旅游活动具有文化和审美的内容及高级文化娱乐活动,喜欢购买艺术品、古玩等商品。有较多的人参加远距离旅游和出国旅游。

② 中层阶层。思想开放，更有自信，旅游兴趣广泛，重视旅游的教育意义。由于受更高的社会地位的直接吸引，更爱冒险和承担风险。他们是各种旅游活动的参加者，是数量最多的旅游者。同时出现了追求奢侈品来虚荣地点缀自己的社会地位和阶级。目前，从总量上看，中国的中等收入人群规模为世界之最，但从占比来看，与发达国家差距较大。

③ 下层阶层。由于受文化教育水平的限制，大部分人的视野不如上层人士，他们会把时间、金钱和精力投入自己的家庭。他们也参加旅游活动，但由于对外部世界有较大的风险感觉，对去遥远的旅游地不感兴趣，而把国内短途旅游观光或到某个旅游点短期度假作为自己理想的旅游方式，在旅游购物时比较注重实用性。

（2）"五阶层"理论。原国家计划委员会以家庭年收入为划分标准，将中国城镇居民划分为五个阶层。

① 富豪阶层。占1%。包括民营企业家、合资企业老板、著名演员、体育明星、名画家和名作家、股份制企业负责人、部分承包租赁者、包工头、证券交易获高利者等。消费特点：奢侈享受型消费，即购买各种高档用品；炫耀显示型消费，玩高尔夫球、住高星级饭店、出国旅游等；投资储蓄型消费，即购买房地产、珠宝、古董车。

② 富裕阶层。占6%。包括外资企业和合资企业的中方高级管理人员、高级专家、律师、部分企事业单位领导人、个体企业主等。消费特点：象征标志型的消费，注重商品的名牌，喜欢到风景名胜区旅游度假等；高雅舒适型的消费，对吃、穿、住较为讲究；简便快捷型的消费，偏爱科技含量高的商品。

③ 小康阶层。占55%。包括公司的中高级职员、一般外企雇员、企业中层以上的管理人员和技术人员、公务员、效益较好的单位职工等。消费特点：注重生活质量，追求品牌与个性化消费；有较强的攀比和从众心理，喜欢追求时尚；在旅游方面注重保健活动和娱乐休闲。小康阶层是我国旅游活动的主体和生力军。

④ 温饱阶层。占34%。普通工薪阶层。消费特点：经济实惠型消费，主要收入用于购买生活必需品；对价格敏感，追求物美价廉，经久耐用，购物时精挑细选；对质量稳定的老牌子、老厂家忠诚感强，不盲目追求时尚或名牌。对旅游不太重视，只是在节假日、家人生日等特别的日子里才到公园及周边地区做短暂游览。

⑤ 贫困阶层。占4%。包括经营状况不好的企业职工、临时工人、部分退休职工、失业人员等。消费特点：勉强度日型的消费，主要购买日常生活必需品，留心廉价低档商品，如折价处理品、换季甩卖品等。基本不参加旅游活动。

以上划分比较符合我国城镇居民的情况，旅游部门可根据不同阶层居民的消费特点开展旅游产品开发、营销、服务等工作。

（二）社会阶层对旅游决策心理的影响

1. 社会阶层心理

（1）认同心理。人们常会遵循所在阶层的消费模式行事。如自认为是"上层阶层"的人，不管是否真心喜欢，都倾向于以打高尔夫球、钓鱼、打桥牌等为主要的休闲活动，以符合其上层身份。

（2）自保心理。人们大多抗拒较低阶层的消费模式。如一位自认为是有名望的富翁，可能会认为跟普通百姓坐在一起吃路边摊上的食物是一件有失身份的事情。

（3）高攀心理。人们往往喜欢采取一些超越阶层的消费行为，以满足其虚荣心。如一个普通工人，可能会花费几个月的积蓄去豪华游轮上住几天，以此放松身心，同时感受上层人士的闲暇生活。

2. 社会阶层与旅游行为

（1）同一社会阶层内旅游行为的相似性。同一个社会阶层的成员，在价值观念、经济收入、教育程度和社会地位等方面比较接近，因此旅游行为呈现出相似的特点。人们把和自己属于同阶层的其他人视为与自己相同或相似的人，对所属阶层具有认同感，会协调自己的行为，使之与同一阶层的人们保持一致。如中层阶层的人常选择有文化内涵和教育意义的旅游产品，对出国旅游很感兴趣。下层阶层的人，会选择离家较近的旅游目的地，开支也不至于太大。

（2）同一社会阶层内旅游行为的差异性。社会阶层是一个多维度的集合体，在同一社会阶层内部，因为人的兴趣、爱好、动机不一，旅游行为也会表现出差异。有的对中国的传统文化感兴趣，有的对新的旅游方式如生态旅游、农业旅游等更感兴趣，有的秉持"读万卷书，行万里路"的目的，以了解社会、增长见识，有的则出于健康的需要，选择一些疗养地、温泉景区以修养身心。

（3）不同社会阶层之间旅游行为的相似性。"人同此心，心同此理。"处于不同社会阶层的人在消费心理方面也存在一定的相似性。旅游者的旅游行为有时会超越他们所属的阶层，如对时髦的关心程度，就与社会阶层没有多大的联系。不同阶层的旅游者，都可能追逐同一种旅游产品与服务。

（4）不同社会阶层之间旅游行为的差异性。不同社会阶层的人在消费观念、消费行为上存在着明显的差异，在旅游目的地、交通工具、住宿设施、饮食等方面的选择差别颇大。如上层阶层的人，购物时倾向于求美、求新，注重品牌和款式；下层阶层的人，则倾向于求实、求廉，注重物品的实用价值；上层阶层的人不仅想漫游全国，还想周游世界；下层阶层的人，则可能选择比较经济的自助旅游，搭乘汽车或火车前往比较近的旅游区旅游度假。

三、社会文化与旅游决策

（一）文化与旅游的辩证关系

1. 文化对旅游的作用

（1）文化是旅游的重要资源。文化是指人类在社会历史发展过程中所创造的物质财富和精神财富的总和。狭义文化是指一定社会的意识形态，仅包括精神文化的内容。旅游是以资源为基础而产生的一种生活活动。有资源才能建景区，有景区才能吸引人们去旅游。旅游资源很多都与文化有关，名山大川之所以出名，除了它的地貌特征等自然属性外，主要还是靠文化。因为有名人去了，留下了名诗、名画、名联，才有传唱，才有故事，才能吸引人去旅游。文化就是"人化"，由群众创造，名人总结，名人推动。没有人的活动，没有人创造的文化，旅游就失去了重要资源、主要依托。

（2）文化为旅游添彩。文化资源虽然只是旅游资源的一部分，也并不是"没有文化就没有旅游"，但"文化使旅游更精彩"是绝对的。① 有文化的旅游有"学头"。一个有文化的景区或是反映一段历史，或是展现一种文化，或是展示一种风土人情、民风民俗，使人们在游玩过程中得到知识的熏陶。② 有文化的旅游有"味道"。文化景区往往包含着许多历史事件、名人轶事，要么惊心动魄，摄人心魂；要么情意绵长，催人泪下，使旅游有"味道"。③ 有文化的旅游有生命力。唯有文化，才是永恒。

（3）文化是旅游的灵魂。文化是旅游之魂，旅游是文化之基。只有在与人类心灵的碰撞激荡中，文化才真正发生和存在着，旅游可以让人与文化进行心灵碰撞。鉴于此，让旅游涵养文化，让文化反哺旅游；让旅游滋润文化，让文化拥抱旅游；在旅游中感受文化、享受文化，被文化熏陶感染，进行有品位的旅游。人们在开发旅游产品的时候，总是千方百计地挖掘文化，做出文化。

2. 旅游对文化的作用

（1）旅游创造文化。中国最早开创旅游活动的群体恐怕要算那些文人墨客。满腹经纶、风流倜傥、闲情悦志之士，或独行天下，或结伴而行，遍游名山大川，遍访名胜古迹。每到一地，以文会友，以诗言志，以题留名。他们这种"玩"，创造了灿烂的文化。旅游创造文化还体现在产品的开发上。在景区开发上，许多景区的开发就是创造一种文化产品。如海南的南海观音景区，把一个口头流传的故事用景观表现出来，使非物质文化物质化。再如迪士尼乐园，它创造了一种游乐文化。在旅游商品开发上，各地研发的旅游商品、旅游纪念品，无不体现当地特色，反映当地文化。在旅游餐饮开发上，各地结合当地的特色，利用当地的特产，开发出"全竹宴""全鱼宴""豆腐宴"等，无不散发着浓浓的文化味。特别是在旅游演艺方面，近年来推出的情景剧、实景演出，使演艺形式、演艺舞台、观演方式发生变革，创造出一种全新的演艺文化。

（2）旅游保护文化。有人认为，文化保护特别是文物保护与旅游开发是一对矛盾。其实不然，在保护的基础上合理适度地开发旅游产品，是保护文化、文物的最好渠道。现实当中不乏这样的例子，同样是文保单位，同样是古建筑或古村古镇，进行旅游开发的，保护完好，没有进行旅游开发的，坏得快、消亡得快。这是许多文保单位、文化遗产纷纷开发旅游的重要原因，也是国家提倡文化与旅游融合发展的重要出发点。充分挖掘文化资源，几乎是旅游产品开发的共性思维，在中国乃至世界，许多面临灭绝的文化资源都是通过旅游开发的形式抢救出来的。抢救文化就是传承文化，就是保护文化。

（3）旅游交流文化。旅游实际上是人的流动，人的交流。没有人的交流，就没有文化的交流，难以推动文化的发展。旅游业发展至今，对文化的发掘、利用、展示更加重视，文化传播、交流的功能更加显现，特别是依托文化资源开发的旅游产品，更是向人们展示文化，传播文化。而且这是一种快乐的传播方式，它寓教于乐，寓学于乐，让人们在快乐中接受知识，在享受中学习文化，不但自愿，而且乐意。

（二）文化对旅游决策的双重影响

（1）吸引作用。文化具有地域性、时代性与超地域性、超时代性的特征，使文化有了同质普遍性与异质独特性的特点，深刻影响旅游者的旅游决策心理。出于求新求异心理以及爱玩心理，旅游者外出旅游就是为了欣赏异地、异时、异常的异质文化。旅游是一种"玩"文化，人们外出旅游就是"好玩""玩好"。旅游目的地的文化越具有地域性、民族性和时代性，特色就越鲜明，价值就越大，对旅游者的吸引力就越强。独特的异质文化促使人们有兴趣抱着求新求异的心理去了解、体会和欣赏，有利于旅游业吸引国内外的旅游者，促使旅游者做出赴外地、国外旅游的决策。

（2）排斥作用。跨国、跨地区旅游最大的障碍就是文化差异与心理障碍。主客之间的接触过程中，由于不同文化背景的隔阂产生的知觉偏见和文化差异，使双方沟通发生困难，这种现象人类学称之为"文化距离"。首先是语言障碍，相互之间不能得到充分沟通与理解；其次是经济和政治结构与发展水平的不同，因而在意识和观念上存在差别，缺乏沟通基础；再次是相互接触中由于时间很短，而双方都十分拘谨，无法得到相互充分理解的机会；最后是频繁变化的文化也是一种重要的障碍因素。如有一些狭隘的地方主义者人为地使这种沟通难以进行，甚至使旅游者与当地人发生冲突；一些旅游服务人员为牟取暴利，"宰"旅游者，使得这种隔阂与冲突更加严重，直接影响到旅游者的总体感受，以至于发出"不到某地一辈子遗憾，到了某地遗憾一辈子"的感慨。

（三）文化差异在旅游行为中的体现

（1）旅游观念差异。每一个人都是生活在一个特定的文化环境之中，不同国家、地域，不同民族、种族，不同经济发展水平，其文化传统与价值观念会有很大差异，因此在消费观念、消费行为上不尽相同。如中国传统文化主张"节欲""怡情养性"，"父母在，不远游""不登高，不临危"，视旅游和休闲活动为游手好闲、不务正业，有"玩物丧志"之嫌。受此影响，中国有史以来芸芸众生中爱好和从事旅游者寥寥无几。与此不同的是，西方人历来对旅游抱有积极肯定甚至崇尚的态度。

（2）旅游偏好差异。不同时期、不同地域、不同民族的文化，各自形成所在群体不同的审美标准，从而使不同文化群体成员形成旅游偏好上的差异。如大都市的人看惯了钢筋水泥和车水马龙，因而繁华的闹市对其不具备旅游吸引力；而偏僻山区的居民则视崎岖山道和古树幽泉为稀松平常。他们都乐意选择对方所在的区域为旅游地。旅游者自身的文化知识水平、知识结构也影响到对旅游景区景点美的认知和判断。如五岳至尊的泰山因其自然美景和文化内涵而被评为世界自然和文化双重遗产，对于泰山的诸多碑刻，一些文学造诣较深、对书法擅长或感兴趣者，往往是兴趣浓厚、流连忘返，而一些文化层次较低的游客，则对此视而不见。

（3）旅游方式差异。中国人的价值观主张追求"中庸""平和""天人合一"，强调人与自然相融，是一个和谐的统一体。旅游中以"游览观光"为中心，达到"耳闻目睹"而已。西方人则强调个性，追求刺激，旅游中强调参与性、刺激性、冒险性，所以探险、攀岩、漂流、潜水、滑雪、蹦极等活动项目在西方早已盛行，只是最近几年才传入我国。这种观念在人文景观的风格上都有鲜明的体现。如我国的许多寺庙、道观大都是建在自然环境优美的山上，隐藏在苍松翠柏之间，既远离尘世，又与自然融合。而西方人的观念是战胜自然、征服自然，他们的建筑，特别是一些教堂都有一个尖顶，直直地冲向天空，象征奋斗、向上、索取的"征服自然"的气派。

（4）旅游思维差异。中国人喜欢感性思维，往往会"触景生情"，见松树想起崇高、长寿，见柏树想起高尚和学者，见鸳鸯便想起恋人……同时还会寄情于景，借景抒情。而西方人充满了理性思维，他们的观念是：风景就是风景，建筑就是建筑，人只是人，三者之间不存在共同感情因素。这在景观设计上体现得淋漓尽致。中国的园林，尤其是苏州园林，通过借景、抑景、障景等各种造园的方法体现的是一种欲扬先抑、曲径通幽的意境；而西方的园林则一览无遗，中间是人工湖，两边是树林，再穿插大片的草坪，人工痕迹明显，人工湖、草坪和树林无不整整齐齐。

（5）景观欣赏差异。东方的景观和文化喜欢创造一种意境、一种气势，它需要人们流动地去欣赏，才能见其宏伟；而西方的景观和文化喜欢创造一种典雅和精美，游客不必流动，要定点、量化、细致地观看，才能欣赏到其景观的典雅与精美，走马观花是不行的。

案例讨论

【案例4-2】绍兴微营销的"蝴蝶效应"扇动旅游大市场[①]

绍兴旅游行业以绍兴旅委为核心，各旅游景点及以单位为轴的微博网和旅游集团的三部微电影为代表的微营销，如蝴蝶的两大翅膀，扇动着绍兴旅游市场。

一张由全市旅游行业共同编织的微博网，让"微博控"们在刷新时都能接收绍兴旅游的信息。旅委、旅游集团、景区、饭店，第一时间均开通了微博，均有专人负责，

[①] 吕金兰. 绍兴微营销的"蝴蝶效应"扇动旅游大市场[N]. 中国旅游报，2012-09-05.

微博内容不仅展现景区内容、饭店信息，更有深受粉丝喜欢的漫画、每日一课等形式。尝试着探索粉丝的喜好，分别从内容的整合、形式的调整，到微博线上线下活动的结合，与浙江在线联手策划微活动"寻找你不知道的老绍兴"，邀请知名博客、微博网友来绍兴采风。通过活动，百度上"寻找老绍兴"的关键词搜索达到了11.9万条。2012年从民俗风情、美食等角度设计了50幅绍兴漫画，为微博内容注入了活力，引起广泛关注。

　　三部微电影让绍兴旅游尝到了"几万元的投入，带来几百万的门票"的甜头。2012年3月，绍兴市旅游集团尝试性地策划推出了首部旅游微电影《樱为爱情》。此举不仅开创了浙江乃至全国景区利用微电影进行旅游营销的先河，而且取得了意想不到的效果。电影上线仅两周，在优酷网上点击量接近30万次，大量网友慕名来到绍兴古城。趁热打铁，紧接着又推出《樱为爱情Ⅱ·五月之恋》，该剧引爆了绍兴五月旅游市场，取景的东湖景区，更是成为"五一"旅游热点景区。为配合暑期旅游市场宣传，同年7月第三部微电影《爱在绍兴》精彩上线。上线仅1个月，点击量已超过150万次，吸引了全国各地百余个旅游团来绍兴参加"三味早读""跟着课本游绍兴"。微电影让绍兴旅游大放异彩，绍兴旅游也形成了自己的"微电影节"。

实训项目

1. 千姿百态的山，杜甫从山顶上看是"一览众山小"，苏东坡边走边看是"横看成岭侧成峰"。唐僧、八戒、沙僧肉眼平视，是一个娇滴滴的美人；悟空腾到半空俯瞰，金睛火眼一扫，分明是白骨一堆。请用心理学原理分析其因。

2. 我国古代有一女子终年生活在景色优美的家乡，朝夕与共并未发现它的美。一次乘船离家，在江上远眺家乡时，发现家乡是如此之美，于是即兴做了一首诗："侬家住在两湖东，十二珠帘夕照红。今日忽从江上望，始知家在图画中。"同样景色，同一审美主体，为什么会产生如此不同的审美效果？

3. 研讨"在旅游过程中，西方人是在用眼睛感受美，而中国人是在用相机感受世界和美"的心理原因。

4. 研讨旅游就是"好玩"与"玩好"。

第五章　旅游者消费心理研究

学习目标

通过本章学习，应达到以下目标：
1. 知识目标：了解旅游者的一般心理需求、群体心理需求和个性心理需求知识。
2. 技能目标：能根据喜忌习俗心理分析不同类型游客的消费心理与行为特征。
3. 能力目标：掌握和运用心理学原理，具有灵活接待我国境外主要客源地（国）和我国不同地区、不同民族游客的接待技巧。

导入案例

【案例5-1】遨游网发布2014年游客行为之"最"[①]

数据显示，遨游网客人双人出行订单占全部订单的61.28%，可谓是最浪漫的旅游电商网站。

（1）最平等：下单客户性别比例趋同，男女性别比例为1∶0.94。

（2）最年青：客群青年化。占比最高的是25~30岁年龄段，占31.2%，其次是31~35岁年龄段，占比21.7%，40~60岁年龄段占比达到22.2%。

（3）最浪漫：双人出行占全部订单的61.28%。25~35岁年龄段也正好是恋爱、结婚的"高发期"，因此两人出行占大多数也就不足为奇了。

（4）最激烈：国内旅游市场百花齐放，充分竞争。最受欢迎的国内自由行目的地：海南、云南、福建、广东、浙江、广西、四川、吉林、辽宁、黑龙江。最受欢迎的跟团游目的地：浙江、海南、云南、西藏、四川、吉林、北京、山西、广西、广东。

（5）最海岛：巴厘岛独占鳌头。海岛游作为一种放松、休闲的旅行方式，近些年大受游客追捧。全年最受欢迎的海岛：巴厘岛、三亚、马尔代夫、毛里求斯、塞班岛、普吉岛、夏威夷、希腊、济州岛、帕劳、塞舌尔。三亚作为境内唯一入选前十的海岛，也充分体现了三亚在游客心目中不可替代的独特价值。

（6）最自由：自由行、参团游占比一升一降。2014年参团、自由行游客占比约为5.5∶4.5，充分表明旅游者对旅游出行的自由度和个性化方案有更高的要求。

（7）最省钱：错峰（暑期、春节）出行是王道。绝大部分热门目的地价格在春节假期（尤其是节前）和暑期出现两个高峰。四季度旅行产品价格一路走高，除了适逢圣诞、元旦、春节等一连串节日之外，与近些年旅游电商发起的"双11""双12"大促活动催热旅游市场不无关系。

[①] 遨游网.遨游网发布2014年游客行为之"最"[N].中国旅游报，2015-01-12.

（8）最省心：免签（落地签）受欢迎。2014年，对中国公民开放免签、落地签政策的国家和地区已有近90个。

（9）最"土豪"：客单价超万元。游客平均在海外停留天数为6.29天，国内游平均停留天数为4.95天。境外客单价为14 917.9元，境内客单价为6 008.9元，平均客单价为11 963.4元。

（10）最无线：旅行移动端崛起。旅游最大的亮点是手机客户端和WAP网站为代表的移动端迅速普及，主要功能涵盖管家服务、出境游、国内游、抢游惠等旅行顾问服务，签证、门票单项要素频道；我的战利品分享服务、扫一扫、摇一摇等趣味功能，用户体验得到持续优化。

（11）最精准：大数据引领旅游新时代。通过平台化、网络化、移动化，以大数据为准绳，提供更加优质的旅游产品、更加友好的用户体验、更加便捷的服务，最大化地满足客户的旅游服务需求。

研究旅游者的旅游消费需求可从以下三个方面进行。

（1）共性需求。旅游者作为一个"人"，作为一个"客人"，必然会有"人"的、"客人"的共同需求，根据共性需求，提供必要因素的一视同仁的标准化服务。

（2）个性需求。研究作为"每一个"客人的独特的、与众不同的个性心理需求，针对个性需求，提供魅力因素的特别关照的个性化服务，再上升为定制化的服务。

（3）群体需求。人是社会人，旅游者总会属于某些群体，必然会有某些群体的心理与行为特征。这种群体需求，可从不同角度如国家与民族、地区、职业与工作、年龄与性别等方面进行分析。

这三个方面的需求，也可用三句形象的话加以概括：① 每一个人和所有的人都一样；② 每一个人和所有的人都不一样；③ 每一个人和一部分人都一样或每一个人和其他部分的人都不一样。

第一节 旅游者共性消费需求心理与行为特征

一、旅游者旅游心理基本需求

（1）美好期望。旅游者摆脱了日常生活的枯燥、单调和紧张，利用休闲时间出游，内心充满美好的期望：希望旅游是愉快的全新的感观体验，能够得到最大的身心满足。希望旅途是方便、准时、舒适、安全、充满乐趣的，住宿是安静、整洁的，设施是齐全、方便、舒适的，餐食是可口的，游览项目是心驰神往、美不胜收的，购物是满意的，整个旅程是美好的，事事如意，回忆起来是甜蜜、难忘的。

（2）调节身心。健康的身体是高质量生活的保证。现代人工作节奏快、生活压力大，很容易造成身体上的疲劳和心理上的紧张。为了调整这种失衡状态，在时间和金钱允许的情况下，人们会选择一种悠闲的度假旅游方式，远离平时生活、工作的压力，暂时换个生活环境，通过观光游览、纵情娱乐，使身心得到放松。

（3）寻求新奇。人们对未知的事物总是充满了好奇心，有探索其奥秘的欲望，这是与生俱来的。好奇心是人类在面对新奇、陌生或复杂刺激时所产生的追求明白、理解和掌握的心理倾向。人们旅游的深层原因是满足好奇心与探索欲给人带来深层的快乐。具有古、稀、奇、新等特点的游览胜地能满足人们猎古、寻奇、求异、好新等心理的需求，尤其是探索和冒险动机比较强烈的人，更会选择新异性和探险性强的旅游项目。

（4）舒适方便。旅游是为了改变日常工作与生活环境，获得享受快乐的一种休闲活动。旅游者外出旅游是"花钱买享受"，而不是"花钱买气受"，更不是"花钱买罪受"。这种享受不仅是物质需求的满足而在生理上产生的快感，更是精神需求的满足而在心理上产生的愉悦感。旅游者最关心的是旅游服务人员的服务态度、服务行为、服务技术、服务效率和设施设备是否能使旅游者感受到身体舒适、心情愉悦等。

（5）安全卫生。旅游安全是游客出游的最基本保障，只有在安全有保障时，人们才敢旅游，才会旅游。没有旅游安全，旅游之乐只能是无本之木。这种安全感表现于人身安全、财产安全和心理安全等诸多方面，因此，创造一个让客人身心感到安全的环境是旅游企业员工的首要任务。旅游全过程中，存在许多不安全的因素：① 旅游活动本身是一项存在"安全隐患"的活动。山川、森林、草原、河流、溶洞、地质遗迹等景区大多具有地形复杂，气象多变等特点，且其基础设施相对欠缺，远离中心城市。如果是在境外旅游，突发的政治、宗教、种族、民族冲突等事件，常常会影响旅游者正常行程，危及旅游者人身、财产安全，影响旅游者顺利返程。② 旅游活动使得旅游者放松身心、愉悦自我、享受生活，同时也放松了安全意识，导致不安全事件发生的概率上升。旅游的流动性、异地性、短暂性将旅游者置于一种相对陌生的环境中，对危险的来源、频率等缺乏认识。上述因素叠加起来，无疑会增加旅游途中的风险。③ 出游方式的变化造成救助旅游者出现"法律空白地带"。人们出游如果选择自助游，旅途中出现危急情形，例如在步行街上漫步时晕倒，独行的旅游者无法、无力自我救助。此时，由谁来救助，现行立法是没有规定的。对出境旅游者的领事保护也无法可依。

（6）友好交往。人们参加的任何一种旅游活动，都要接触到新的人际环境。不论是探亲访友、寻根问祖，还是公事往来、文化技术交流，都要发生人际间的交往，结识新朋友。旅游者来到异国他乡的陌生世界，游客与游客之间、游客与员工之间、游客与目的地居民之间的交往能友好融洽，获得接纳、得到尊重，满足内心的亲切感、自豪感。

（7）公平公道。在接待服务中，客人不愿被轻视、被看不起，希望能够一视同仁地享受公平的待遇，得到员工标准化的服务。在价格上，感到不受欺骗，不受歧视，公平合理，物有所值。

（8）接纳尊重。希望被认识、被了解、被接纳，得到特别的关照。要求员工热情地接待、欢迎，尊重宾客的人格、爱好与禁忌，理解、关心每一位宾客，尤其要保护客人的自尊心，热忱、耐心、细致、周到地为宾客提供优质的服务，让客人感到亲切、温馨，富有人情味。

二、旅游活动过程中不同阶段的心理需求和行为特征

1. 旅游准备阶段：求安全、求新奇、向往与不安的交织心理

首先选择旅游目的地，然后确定旅游方式，要考虑安全放心，省时方便与价格实惠的因素。出游前的准备有物质方面的，也有精神方面的。好奇心使旅游者对旅游目的地产生向往与盼望，陌生感又使旅游者感到困惑与紧张。憧憬、向往和期待、好奇和激动、茫然与不安等心理交织在一起，容易形成一种兴奋高潮。当然，对一个旅游实践经验丰富的人来说，会显得沉着、从容些。

2. 旅游初始阶段（旅行途中阶段）：求安全、舒适、方便心理

外出旅游，首先是行。交通工具的选择：长途旅行，飞机为主；中短距离的旅游，火车、汽车成为首选。旅途中安全是第一位的，设施设备要舒适，服务要方便。到达目的地

（或中转地点）后，希望饭店的交通便利、地点适宜、手续简便、设施齐全、卫生清洁、环境优美，服务人员接待热情。进入客房，安静、清洁，设施方便。膳食可口，风味独特。关心当地的民俗民情、交通、商店、工艺品、土特产的情况。

3. 游览活动阶段：求全、懒散心理

（1）求全心理。游览活动时有好奇心理、个性展示欲望、补偿与解脱心理、多重审美心理等。在游览目的地实现梦寐以求的欲望时，心情激动、兴奋，怀着"百闻不如一见"和"一睹为快"的急迫心理，对新鲜、奇特、古老、壮观、引人入胜的自然景色、文物古迹、现代化建筑和游乐设施尽情观赏，饱享眼福，摄入镜头，甚至流连忘返。游览过程中，旅游者会关注留影纪念和购物，要把无形的旅游感受变成有形的游踪见证，带回去留作纪念，作为到过某地的标志和象征，以便日后自己回忆与向他人展示。游客往往会把旅游活动理想化，期望值较高，一旦需求没完全满足就会产生强烈反差。

（2）懒散心理。随着游览活动的开展，旅游者初到异国、异地的那种拘束、谨慎、压抑之感会很快得到解除，在精神上会出现一种解放感、个性解放、性格暴露；同时也使一些旅游者的记忆力、思考力无意中随情景而分散或转移。出现了时间观念差、群体观念弱、自行其是、自由散漫、丢三落四，团内矛盾显现等现象。有的甚至出现反常言行及放肆、傲慢的无理行为。

4. 旅游结束阶段：归家心理、回味体验

（1）归家心理。当旅游快要结束时，旅游者又会出现临来时的迫切感和不安感。他们开始思念亲友和家乡，担心行李超重、海关检查，兑换多余钱币，打长途电话等。即将去另外一个旅游目的地的游客又急于了解所去城市的基本情况和旅游活动的内容等。对游览过的美好的景点和服务周到的饭店，则会留恋神往。

（2）回味体验。旅游结束回到自己家乡后，会在一段较长的时间里回味旅行期间的美好印象和难忘情景，向亲友们馈赠礼品，向周围的人宣传，经常欣赏旅游纪念品等。一些游兴更大的游客又会开始筹划下一次的旅行。

三、现代旅游者的心理特点与发展趋势

1. 更加注重旅游环境的舒适性

旅游向自然、本色、舒适发展。他们对旅游过程中的舒适程度要求越来越高，如希望旅游环境绿色高雅，旅游设施舒适方便等。

2. 更加注重精神上的需要

人们在物质生活日益富裕的基础上，对求知、求美、求异的精神需求日益增强，希望在有限的旅游时间获得更多的精神利益。即使有足够的休闲时间，人们也希望工作和旅游兼顾，放松自己紧张的神经，获得轻松的休闲体验。

3. 更加注重个性化的需要

随着旅游经验的增多，许多游客（尤其是青年人）已不再满足于那种固定的大众化旅游，对冒险与不可预知因素的心理承受能力显著增加，追求体验性需求越发强烈。更倾向于按个人喜好和意愿去探索外部世界，从事个体式的自助旅游。

4. 更加注重"下马观花""下马栽花"式的休闲游

由于闲暇时间与旅游机会日益增多，"走马观花"式的观光游已不能满足旅游者的需要，旅游者倾向于每次旅游在一两个目的地逗留一段时间，仔细游览或者休闲度假。

5. 更加注重获得主动"参与"的情感体验

旅游者不再满足于在旅游活动中做一个旁观者，他要多感官地、全身心地参与到活动

中去，获得更多的全新的旅游情感体验。

6. 更加注重具有个人相对的"自主性"

现代旅游者具有自由、自主与自我要求，希望给自己有一定的空间与自由度，使个性得以充分发挥，散客自由游成为主流形式。

7. 更加注重时尚、潮流、好玩的新需求

"50后""60后""70后"传统游客对旅游的需求可概括为"到此一游"，旅游追求"新、奇、特"，主要停留在传统旅游景区的观光游览。而"80后""90后""00后"游客认为到景区、景点常规的观光旅游已经落伍，时尚、潮流、好玩成为旅游的新需求，他们追求"酷、爽、嗨、萌"。

第二节 旅游者群体消费需求心理与行为特征

一、境外客源国的民族心理

（一）日本

1. 个性特点

（1）寡言少语。日本游客不善言谈，喜欢沉默，以和为贵，少说为佳，相互谦让，避免冲突。

（2）注重礼节。见面时互相点头问候，即使是互不认识的人在单独碰面或人数较少时碰面，都会相互点头鞠躬，以示礼貌。

（3）很守纪律。日本人有很强的集体主义精神，时间观念很强，遵守纪律。

2. 习俗禁忌（见表5-1）

表5-1 日本人的习俗禁忌

馈赠忌	切忌选购玻璃、陶瓷之类易碎易破物品，不要将装饰着狐狸和獾图案的物品、菊花及装饰有菊花图案的物品作为礼物送人。另外，梳子在日本不受欢迎，切忌以梳子为礼品
数目忌	切忌用数字4、6、9、42或相应数量的物品，馈赠送礼物件数为6，忌3人并排合影
衣着忌	在正式场合，忌穿便服或只穿衬衣、短衫。进入主人室内后，忌讳不脱外套及不脱帽。宾主均忌讳衣着不整或赤脚、光背、袒胸、露腿，忌讳卷袖而半赤膊
用餐忌	用餐时，忌用同一双筷子让大家依次夹食物，忌讳八种用筷子的方法：舔筷、迷筷、移筷、扭筷、掏筷、插筷、跨筷、剔筷，简称"忌八筷"
言语忌	在交往谈话时，忌问："您吃饭了吗？"忌问青年女子的年龄及婚配等个人私事
颜色忌	忌绿色，认为是不祥之兆
礼让忌	到别人家做客时，切忌不经礼让而直接走进主人室内
其他忌	忌荷花，认为是妖花

（二）韩国

1. 个性特点

（1）受儒教影响深。韩国人特别尊重长者，其传统礼仪习惯是：起床后子女必须向父母问安；远行归来须向父母施跪拜礼；父母外出或回归，子女必须迎送并施礼；若遇年长客人临门时父母要率先向客人施跪拜礼，然后令其子女向客人施跪拜礼。

（2）礼貌而含蓄。韩国人交谈时如说"是"，不一定是同意你的观点，可能是表达"我听见了"；他们不希望说"不"，故有时用向后仰头并从牙缝中有声响地吸气来表示否定性的答复。对别人的赞扬不能简单地说声"谢谢"，否则被视为没有礼貌。

2. 习俗禁忌

喜欢单数，不喜欢双数；忌讳私、师、事、四的发音类同词汇；"李"字绝对不能解说为"十八子"；不喜欢"13"这个数字；在正式场合不要叉腿坐；女性笑时要掩嘴。

（三）印度、菲律宾、印度尼西亚、泰国、新加坡等东南亚国家

（1）视牛如神。在印度，牛是印度教徒爱护的动物，神圣不可侵犯，任何人均不能伤害它们，牛在大街上可以逍遥自在地行走，受到最好的保护。要进入印度教的寺庙，身上绝不可穿牛皮制品。

（2）尊敬佛事。在东南亚的佛教国家，游客如果对寺庙、佛像、和尚等做出轻率的行动，如骑在佛像上拍照等，将被视为"罪恶滔天"。对想带回去的佛像纪念品，也不可放置在地上，要对它保持敬意，如随意放置或粗手粗脚地对待它，会引起该国人的不快。

（3）保持低姿势。到斯里兰卡等佛教国家旅行，与和尚交谈绝不可坐在高过和尚的座位，设法使自己的头低于和尚的头，哪怕是贵宾。

（4）绝不摸小孩的头。印度尼西亚等地的人们不希望别人摸自己身上的任何部位，也不喜欢去摸别人。他们认为，头部是人体最高、最神圣无比的部分，尤其是孩子的头，被视为神明停留之处，在任何情况之下都不许触摸。

（5）被邀吃饭不必客气。在印度尼西亚人的观念中，吃东西时要大家一起分享，独食是小气而不礼貌的行为。印度尼西亚人邀请人共餐是诚心诚意的，当然不能回绝。

（6）摇头或头歪到一边表示"yes"。在印度表示赞同时，总是先把头往左右轻轻地斜一下，然后立刻恢复原状。

（7）用双手递交物品。在印度及东南亚诸国认为左手是肮脏的，若以左手递物，对方会认为是在蔑视他或是对他怀有恶意。提交东西时，必须使用双手或者用右手。

（8）买酒有时间限制。在泰国有个规定，凌晨2时以后不准再买酒，否则会被警察处以罚款。在新德里，星期二、星期五、公休日以及每月初一定为禁酒日。

（9）其他忌讳。新加坡忌讳数字13、7，忌讳说"恭喜发财"，认为发财有"横财"（不义之财）之意；不喜欢黄色；忌讳大年初一扫地；说话忌讳谈宗教和政治方面的问题；教徒恪守他们的宗教禁忌。泰国、印度尼西亚、菲律宾忌讳进门脚踏门槛，认为红色门槛下住着神灵，不可冒犯；忌讳红色，认为红色是不祥之色；鹤被视为"色情"鸟，龟被视为"性"的象征，忌讳这两种动物以及印有其形象的物品。印度尼西亚人还忌讳老鼠，认为它会带来肮脏、瘟疫和灾难。交谈时应避免政治、宗教问题。

（四）澳大利亚

1. 个性特点

性格散漫而悠闲，从容而平和；好热闹，很随和。

2. 习俗禁忌

受基督教影响较深，忌13、星期五；特别忌讳兔子，认为碰到兔子是厄运来临的征兆；谈话时忌讳工会、宗教、个人问题、袋鼠数量的控制等敏感话题。

（五）美国

1. 个性特点

（1）喜欢交流，无拘无束，个性直率。美国人看重别人对自己的印象，喜欢同别人无拘无束地接触并结识更多的朋友。

（2）独立进取、讲求实际。个性独立，不喜欢服从于别人，也不喜欢别人过分恭维自己。不喜欢依赖别人，也不喜欢别人依赖自己。

（3）重视自我、重视成功。格外看重本人的才华、能力和成功的价值。

（4）豪爽大方。在娱乐、购物、餐饮等方面的消费能力强，并且还有给小费的习惯。

2. 习俗禁忌

重视个人隐私，忌讳询问个人财产、收入，忌讳谈论信仰、党派，忌问女性婚否及年龄等；忌讳13、3、星期五；忌讳在他人面前挖耳朵、抠鼻子、打喷嚏、伸懒腰、咳嗽等；忌蝙蝠；忌穿睡衣迎接客人；忌送厚礼，忌向女性送香水、衣物和化妆品。

（六）加拿大

1. 个性特点

比较友善。生活习俗与英、法大致相同，有美国式的禁忌与习惯。与加拿大人交际应尽量避免提及有关魁北克问题。

2. 习俗禁忌

不喜欢把他们的国家和美国进行比较，因此谈话时忌谈政治；忌讳谈及死亡、灾难、性等方面的问题；忌13、星期五；忌百合花，认为与死亡相关；忌说"老"字；忌铲除白雪，忌打碎玻璃，忌用餐时撒落盐；女性有美容化妆的习惯，不欢迎服务员送擦脸的毛巾。

（七）英国

1. 个性特点

（1）内敛自信，悠闲又较保守。个性沉稳。

（2）注重逻辑、惯于社交应变。凡是所想到的事，他们总是想办法做出逻辑性很强的说明。懂规矩，体谅别人，经常会考虑到别人的感受。

（3）外柔内刚、自主意识较强。各人依自己的想法生活，而不随声附和他人的意思。

（4）注重礼节，珍惜社会公德。表现出绅士风度，说话常使用一些敬语。

2. 习俗禁忌

忌讳询问女性的年龄、婚否；忌问别人的收入、存款、房租等；忌过问别人去向；忌13、3、星期五，不论用火柴还是打火机给他人点烟时，忌点第三个人；忌四个人交叉式握手；忌黑猫、大象、孔雀；忌墨绿色；忌百合花；忌把食盐碰撒；忌有人打碎玻璃；忌在餐桌上使水杯任意作响或无意碰响水杯而又不去阻止它作响等。

（八）法国

1. 个性特点

（1）性格开朗、喜好高雅。天性乐观热情，个性爽朗。喜欢与人交往，且谈吐风趣，尤其爱好音乐和舞蹈。

（2）时间观念强。尤其是在出席宴会和重大活动时，准时到达，从不迟到早退。

（3）乐于助人、彬彬有礼。注重在公共场合的形象，不随便指手画脚、掏鼻孔、剔牙、掏耳朵；男子不能提裤子，女子不能隔着裙子提袜子；男女一起看节目女子坐在中间，男子则坐在两边；礼貌语言不离口，说话细声细语，禁止大声喧哗。

2. 习俗禁忌

视菊花为丧花，忌讳黄色的花；忌灰绿色、墨绿色，不喜欢紫色；忌黑桃、仙鹤图案；忌13、3、星期五等；忌讳询问别人的隐私，如对老年妇女称呼老太太将被视为一种侮辱性的语言；忌男性向女性赠送香水和化妆品。

（九）意大利

1. 个性特点

（1）无拘无束、热爱生活。喜欢足球、赛车等运动。喜欢悠闲，不喜欢节奏太快、时间太仓促的旅游行程安排。

（2）平易近人、待人直率、有话直言不讳。

2. 习俗禁忌

忌送手帕，认为手帕是亲人离别时擦眼泪用的不祥之物；忌送菊花，甚至连带有菊花图案的礼品也属禁忌之列。

（十）德国

1. 个性特点

（1）务实、真诚、勤勉、矜持。待人接物严肃拘谨，即使是对亲朋好友、熟人，见面时一般也只行握手礼，只有夫妻和情侣见面时才行拥抱、亲吻礼。素以勤劳著称，工作节奏快，生活过得忙而有序。有朝气、守纪律、好清洁、爱音乐。

（2）注重感情、热情好客。对人关怀备至，态度热情坦诚。不喜欢别人直呼其名，要称头衔。

（3）求真务实、认真严谨。崇尚踏实、诚实、求实。

2. 习俗禁忌

忌茶色、红色、深蓝色和黑色；忌蔷薇、菊花，忌随意送玫瑰花；忌吃核桃；忌四人交叉握手。

（十一）俄罗斯

1. 个性特点

（1）意志坚强、开朗豪放。能歌善舞，健谈，组织纪律性好，做事情喜欢统一行动。

（2）讲究礼貌，很有修养。见面时总是先问好，称呼对方的名字和父名（认为仅称呼姓是不礼貌的），再握手致意；朋友间行拥抱礼，并亲面颊。

2. 习俗禁忌

认为黑色是不吉利的颜色，也不喜欢黄色；忌讳兔子，不喜欢黑猫；忌讳打翻盐瓶，打破镜子；不可给俄罗斯人寄鲜果、乳制品、面包和香口胶；初次结识忌问私事；忌问女士的年龄。

二、国内旅游者的区域心理

（一）东北地区

（1）外向、豪气。"豪爽大气，火辣辣的关东人"是对东北人豪爽、大方、热情的形象描述。东北人出手大方，容易与人相处。

(2) 讲义气、重朋友。重义轻利，言行实在，只要够"哥们儿"，一切都好说。

(3) 坦诚、直爽、耿直。喜欢直来直去，不喜欢绕弯子，有啥就"唠"啥，一竿子插到底。

(4) 幽默能侃、不拘泥。能说会讲，当地方言有其特殊的魅力和表达方式，语言生动形象，入木三分，极具渗透力。

（二）以北京为代表的华北地区

(1) 待人真诚、人情味浓。崇尚真诚的人际关系，待人坦诚不欺，鄙薄奸诈不实的作风，具有一种君子风度。相互尊重，相互谦让，相互帮助，形成一种友好和睦的人际关系。

(2) 开朗幽默、能言善侃。"侃大山"是特有的休闲方式，能"侃"之人口若悬河、滔滔不绝，侃的话题极为广泛，吃喝玩乐、衣食住行、花鸟虫鱼、奇闻轶事、政经文体、东西南北，无所不包，无所不有。

(3) 文化素养较高、政治味较浓。居住在皇城脚下的人们，有一种对"家事、国事、天下事"事事关心的习惯爱好。

（三）以上海为代表的华东地区

(1) 恋家情结深。中西文化结合地的特殊位置，塑造了上海人比其他地方人更具开放型的性格。

(2) 婉约缠绵、精明细心。发达的经济造就了上海人的精明，做事谨慎小心，注意细节，讲究法治。

(3) 文化底蕴深厚。经济与教育发达，人们的文化水平普遍较高，知识较为广博，喜欢谈论文化之事。

（四）以广东为代表的华南地区

(1) 时间观念强。广东人是中国最忙碌的一群人，仿佛时间总不够用，永远是行色匆匆。

(2) 金钱观念强。关心经济。不喜欢空谈哲理、人生。

(3) 富有开拓精神，敢为天下先。广东人喜欢"头啖汤"，敢为天下先的品质是与勇于开拓、敢冒风险、善于变通、踏实肯干的个性联系在一起的。

(4) 讲面子，重派头。经商的传统使华南人性格开放，容易接受新事物，商品经济意识浓厚，排外性不强。在穿着打扮上，他们首先从外形上充分显示自己有着雄厚的经济实力，给人以气派的感觉。

(5) 喜忌心理重。相信面相、风水、命运等，形成了广东人独特的喜忌心理。

（五）西南地区

(1) 淳朴厚道。个性淳朴憨厚，热情好客，讲究礼貌。

(2) 能歌善舞。少数民族大多能歌善舞，如苗族和侗族有吹芦笙、跳芦笙舞的习俗，苗族的踩橙舞也很有特色。

(3) 勤俭节约、吃苦耐劳。特有的环境使他们养成了自强不息、勤劳朴实、脚踏实地的性格。

(4) 谨小慎微。西南人热衷于自然风景的旅游，特别是辽阔的大海风光，广袤的草原风情。

（六）西北地区

（1）交相辉映的多元民族文化。西北地区有近五十个少数民族，呈"大分散、小集中"的分布特点，既有利于保持各自的生活方式与民族特色，又有利于各族之间的接触与交流，形成了以传统游牧文化、佛教文化和伊斯兰文化为主要特色的多元民族文化的特点。

（2）粗犷豪放、热情好客。性格开朗，待人热情，尤其对远方来的客人更加热情。

（3）宗教信仰寄情思。该地区藏族、蒙古族、土族、裕固族普遍信仰藏传佛教，锡伯族、柯尔克孜族、达斡尔族也有部分人信仰此教；而回族、维吾尔族、哈萨克族、柯尔克孜族、塔吉克族、乌孜别克族、塔塔尔族、东乡族、撒拉族、保安族等十个民族则均信仰伊斯兰教。

（七）以两湖（湖北、湖南）为代表的华中地区

（1）倔强不服输。华中人没有北方人的粗犷，但他们不服输的劲儿绝不逊色。

（2）"刀子嘴，豆腐心"。遇到问题说起话来，让人感觉火气冲天，但内心却充满包容和宽厚。

（3）重友情，肯帮忙。看重朋友间的友谊，一旦有困难找他们帮忙，多半能得到有力的帮助。

（八）港、澳、台地区

（1）台湾人有浓厚的宗亲情结。台湾人思乡心切，寻根情深。近年来不断地到大陆寻根溯源，以了却思乡之情。

（2）信奉宗教和神灵。宗教信仰有佛教、道教、天主教、基督教新教、伊斯兰教等。

（3）香港人好购物。因收入较高，不计较物品价格高低，穿着讲型讲款，只求型号、款式合潮流。

（4）讲究吃的文化，喜欢新鲜食品。香港人讲究食品新鲜；喜欢吃水果，有水果的菜肴多达两百多个。台湾居民喜欢饭前喝茶、喝汤，喜欢喝粥，好清淡食品，讲究菜肴的色、香、味。

三、社会习俗中的喜忌心理

（一）色彩喜忌心理

1. 色彩的物理效应与心理感觉

（1）温度感。① 暖色调。如红、橙、黄色，给人以热烈、辉煌、兴奋、膨胀、前进和扩大之感。② 冷色调。如青、绿、蓝色，给人们清爽、娴雅、安静、收缩、后退之感。据测试，色彩的冷暖差别主观感受可差 $3℃ \sim 4℃$。

（2）距离感。暖色系和明度高的色彩具有前进、凸出和接近的效果，从而使空间变小；冷色系和明度低的色彩具有后退、凹进和远离效果，从而使空间变大。

（3）重量感。明度越高，给人的感觉越轻；反之，明度越低，给人的感觉越重。

（4）体量感。明度越高，膨胀感越强；明度越低，收缩感越强。暖色具有膨胀感，冷色具有收缩感。

色彩的物理效应与心理感觉如表 5-2 所示。

表 5-2 色彩的物理效应与心理感觉

类　　型	特　　点
视觉的心理感觉	暖色调——前进色（凸）。红、黄、橙。有温暖、兴奋、光明、扩大、前进等感受
	冷色调——后退色（凹）。青、蓝、紫。有寒冷、沉静、寂寞、收缩、后退等感受
	高明度——面积大。有扩大的效果
	低明度——面积小。有收缩的效果
触觉的心理感觉	轻色——（软）高明度色
	重色——（硬）低明度色
	干——暖色系：红、黄、橙
	湿——冷色系：青、蓝、紫
听觉的心理感觉	高音——高明度色
	低音——低明度色
味觉的心理感觉	食欲色——桃色、橙色、茶色、黄色、绿色、纯红色
	色恶不食——
精神的心理感觉	积极色（欢乐）——暖色系：红、黄、橙
	消极色（忧伤）——冷色系：青、蓝、紫
	华丽——彩度高、高明度色
	朴实——彩度低、低明度色

2. 不同色彩的心理感受

（1）红色。象征热情、激昂、愤怒、危险，有兴奋、亢扬、鼓舞的效果。心理学认为，红色可刺激和兴奋神经系统，增加血液循环。喜欢红色的人性情易冲动，富有进取心，遇事热情奔放，不易向挫折屈服。餐饮中给人以艳丽、芬芳、饱满、成熟和富有营养的印象。"中国红"表示吉祥喜庆，意味着幸运、幸福和婚姻喜事，是传统节日常用的颜色。

（2）橙色。象征温暖、活泼、欢乐、兴奋、积极、嫉妒。橙色是以成熟的水果为名，能诱发人的食欲，使人感到充足、饱满、成熟，是烹饪造型中使用较多的颜色。橙色又是霞光、鲜花和灯光的颜色，给人以明亮、华丽、健康、向上、兴奋、愉快、辉煌和动人的感觉。在佛教中，橙色给人以庄严、渴望、贵重、神秘、疑惑的印象。心理学认为，喜欢橙色的人性格外向、善良，思维敏锐、判断力强。

（3）黄色。象征光明、快活、温暖、希望、柔和、智慧、尊贵，使人兴高采烈、充满喜悦。餐饮中给人以丰硕、甜美、香酥的感觉，其中柠檬黄给人以酸甜的感觉，是能引起食欲的颜色，应用广泛。在我国封建社会，黄色被作为皇帝的专用色，常以黄色作为服饰、家具和宫殿的装饰用色。这无形中加强了黄色崇高、智慧、神秘、华贵、威严和神圣的感觉。心理学认为，黄色可刺激神经和消化系统。喜欢黄色的人性格开朗、活泼而豪爽，好奇心强、乐观、勇敢、对人忠诚坦白。

（4）绿色。象征和平、健康、宁静、生长、清新、朴实。在大自然中，绿色是生命力的象征，给人以明媚、清新、鲜嫩、自然的感觉，又象征着春天、青春、生命、希望、和平。心理学认为，绿色有镇静神经系统的作用，使人感到平静，有助于消除疲劳，有益于消化。喜欢绿色的人文静、开朗、热爱生活。

（5）蓝色。象征优雅、深沉、诚实、凉爽、柔和、广漠。给人以清洁、素雅、卫生的感觉，使人联想到蓝天、大海、远山、空间、宇宙，具有神秘之感。纯洁的蓝色常表示单纯、幻想。在中国的瓷器餐具中，以蓝、白双色构成的青花瓷盘是陪衬菜肴的最佳餐具之一。心理学认为，蓝色有降血压、使脉率减慢的作用，有助于消除紧张情绪，减轻头痛、头晕等症状。喜欢蓝色的人性格稳重、冷静、理智，但内心保守而忧虑。

（6）紫色。象征富贵、壮丽、宁静、神秘、忧郁。给人以高贵、优越、奢华、幽雅、流动和不安的感觉。明亮的紫色好似天上的霞光、原野上的鲜花、情人的眼睛，使人感到美好。紫色又属于忧郁色，常会损害味感，但运用得好，能给人以淡雅、内敛、脱俗之感。心理学认为，喜欢紫色的人具有高度的艺术创作能力，思维敏捷、观察力强，但情绪不稳定，波动较大。

（7）黑色。象征严肃、安静、深思、稳健、庄重、坚毅、沉默、寂静、肃穆、烦闷、悲哀，同时还表示阴森、烦恼、忧伤、消极和痛苦。黑色被誉为"色中之皇后"，具有很好的衬托作用，与红色组合效果最佳。心理学认为，黑色给人以压抑感及凝重感，会增加病人的痛苦和绝望心理。

（8）白色。象征明快、洁净、朴实、纯真、清淡、刻板，使人感到明亮、爽快、寒凉、轻盈，是一种具有味觉的颜色。心理学认为，白色有镇静作用。喜欢白色的人办事细心，一丝不苟，注意修饰自我形象，洁身自好。

（9）灰色。中性色，彩度低，故能减少色味的刺激，产生柔和感。象征温和、坚实、舒适、谦让、中庸、平凡。

因为色彩具有刺激、镇静的生理效果和心理效应，于是可利用这个原理对生产场地和生活环境进行科学合理的着色，使之符合人的生理、心理特点，以利于身心健康，甚至可利用色彩作为治疗某些疾病的一种疗法。人对色彩的爱好受年龄、性别、民族、生活习惯、经济地位、职业、个性、情绪、爱好等因素的制约。

3. 各国、各民族对不同色彩的喜忌心理（见表5-3）

表5-3 各国、各民族对不同色彩的喜忌心理

色　别	喜忌心理	主要适用对象
白色	纯洁、光明、坦率、美好	日本、欧美人
	不受欢迎、卑贱	印度人
	悲哀、丧礼色	华人、欧洲人
黑色	沉稳、朴实、罪恶、悲哀、死亡	欧美人、华人
灰色	晦气	华人
红色	幸福、好运、富裕、欢乐	泰国人、华人
	庄严、热烈、兴奋、革命	欧美人
	危险、警告、恐怖、专横	法国人
黄色	崇高、尊贵、辉煌、爱情、期待	欧美、亚洲人
	叛逆、妒忌、怀疑、色情、耻辱	多国人
	丧色（淡黄色）	埃塞俄比亚人
棕色	憎恶感、无耻、凶残、贬意象征	欧美人
蓝色	不朽感、宁静、纯洁	华人
	永恒、美好	蒙古人
	信仰、生命力、文明	欧美人
	积极向上、乐观进取	捷克人
	不吉利	比利时人
绿色	春天、青春、生机、平静、安全	多国人
	喜爱、受欢迎	穆斯林
	不吉利、不祥、恶兆	日本、巴西人
高雅素馨之色彩		美、英、日、加拿大、北欧人
浓郁鲜艳之色彩		非洲、中东人

（二）数字喜忌心理

各国、各民族对不同数字的喜忌心理如表5-4所示。

表 5-4 对不同数字的喜忌心理

数 字	寓 意	忌 义	主要适用对象
0	以 0 结尾的数字是积极的		印度人
1	完美、优等、起始		西方人
3	神性、尊贵、祥瑞		希腊人、埃及人
	天、地、人的尊贵		多国人
	吉利、"生"的谐音		中国香港人
4		巫法之本	贝宁人
		死兆、不详	一些西方人
		死亡、厄运	朝鲜人、日本人
	宠爱、好感、美感		泰国人
	长生不老、重视		阿拉伯人
5		不吉利、"唔"的谐音	中国香港人
6	吉利、"路"的谐音		中国香港人
		无赖、二流子、无用之人	日本人
7	吉祥、如意、福运		一些欧洲人
	志诚、坦然、尊重		阿拉伯人、犹太人
	纯洁、神奇、崇尚		多国人
		不吉利、背运	新加坡人
8	吉利、"发"的谐音		中国香港人
		不顺利	新加坡人
9	至极、祥瑞、长久		华人
	神性、神圣之至		西方人
		苦命、痛苦	西方人、中国香港人
11	自豪、吉利、崇尚		瑞士人
13		不幸、厄运、倒霉	西方人
		不吉利、不顺	新加坡人、加纳人
17		不祥、不顺	加纳人
37		不详、不吉	新加坡人
42		死、死兆	日本人
69		不吉利	新加坡人
71		不吉利	加纳人
108	神和、神秘、驱邪		华人、日本人
	祝贺、兴旺、美满		日本人
奇数	非常尊重、祥和		泰国人、北欧人
		消极	多数欧洲人
偶数	庄重、和美、尊重		华人
	积极的象征		多数欧洲人

（三）花卉喜忌心理

1. 国花与市花

（1）国花。国花是指以某种鲜花来作为国家的标志和象征。其特点是：一个国家一般只有一种国花；各国国花都是本国人民最喜爱的花；国花通常代表国家形象，人人对它必须尊重、爱护。既不宜滥用国花，也不可失敬于国花，在国际交往中，这一点尤其重要。表 5-5 所示为部分国家的国花。

表 5-5　部分国家的国花

国　　家	国　花	国　　家	国　花
美国	玫瑰	丹麦	冬青
日本	樱花	波兰	三色堇
德国	矢车菊	韩国	木槿花
法国	鸢尾花	泰国	睡莲
英国	玫瑰	新加坡	卓锦·万代兰
意大利	雏菊	印度	荷花
加拿大	枫叶	巴基斯坦	素馨花
澳大利亚	金合欢	尼泊尔	杜鹃花
瑞士	高山火绒草	菲律宾	茉莉
荷兰	郁金香	缅甸	龙船花
瑞典	铃兰	马来西亚	朱槿
西班牙	石榴花	巴西	毛蟹爪莲
希腊	橄榄		

（2）市花。用来代表城市，作为本城标志或象征的某一种鲜花。世界上许多城市也拥有自己的市花，我国一些城市也有市花。如北京的月季和菊花，上海的白玉兰，天津的月季，重庆的山茶花，香港特别行政区的紫荆花，澳门特别行政区的荷花。

2. 花语

（1）品种。国际上一般的花语含义是：玫瑰表示爱情、丁香表示初恋、柠檬表示挚爱、橄榄表示和平、桂花表示光荣、白桑表示智慧、水仙表示尊敬、百合表示纯洁、茶花表示美好、紫藤表示欢迎、豆蔻表示别离、杏花表示美好、垂柳表示悲哀、石竹表示拒绝、水仙表示尊敬、剑兰表示用心、莲花表示默恋、桔梗表示不变的爱、罂粟花表示多谢、白山茶表示真情、爱丽丝表示稳重、紫丁香表示羞怯、向日葵表示爱慕、满天星表示爱怜、牵牛花表示爱情永固、百合表示百年好合、风信子表示恒心坚固、波斯菊表示永远快乐、紫罗兰表示永恒之美、康乃馨表示亲情思念。

（2）色彩。中国民俗，凡花色为红、橙、黄、紫的暖色花和花名中含有喜庆吉祥意义的花，可用于喜庆事宜；而白、黑、蓝等寒色偏冷气氛的花，大多用于伤感事宜。因此在通常情况下，喜庆节日送花要注意选择艳丽多彩、热情奔放的；致哀悼时应选淡雅肃穆的；探视病人要注意挑选悦目恬静的。但在西方人眼里，白色鲜花象征着纯洁无瑕，将其送予新娘，将是对她的至高祝福。在很多国家，人们送花时以多色鲜花相组合，很少送清一色的红花或黄花。

（3）数量。送花的具体数量，在不同国家、地区的民俗中，是大有讲究的。在中国，喜庆活动中送花要送双数，意即"好事成双"；丧葬仪式上送花则要送单数，以免"祸不单行"。在西方国家，送人的鲜花则通常讲究是单数。例如，送1枝鲜花表示"一见钟情"，送11枝鲜花则表示"一心一意"；只有作为凶兆的13，才是例外。有些数字，由于读音或其他原因，在送花时也是忌讳出现的。例如，在欧美国家，送人的鲜花绝对不能是13枝；在日本、韩国、朝鲜，以及中国的广东、海南、香港特别行政区、澳门特别行政区、台湾地区，送4枝鲜花给人，也是招人白眼的，因为其发音与"死"相近。

（4）场合情境。不同场合、情境应赠送的鲜花如表5-6所示。

表 5-6　不同场合、情境应赠送的鲜花

情　　境	适 用 花 种
结婚	色彩鲜艳的百合、月季、郁金香、香雪兰、玫瑰、荷花（并蒂莲），象征"百年好合""永浴爱河""相亲相爱"

续表

结婚纪念日	百合花、并蒂莲和红掌，祝愿其"爱情之树常青""恩爱相印如初"
生产	色泽淡雅而富清香，选用香石竹、月季，配以文竹、满天星，以祝幸福、健康
乔迁	稳重高贵的花，如剑兰、玫瑰、仙人掌花、盆栽、盆景等，表示万事如意
生日	祝福长辈生辰寿日时可依老人的爱好选送不同类型的祝寿花。一般人可送长寿花、百合、万年青、龟背竹、报春花、吉祥草等；若举办寿辰庆典的可选送生机勃勃、寓意深情、瑰丽色艳的花，如玫瑰花篮，以示隆重、喜庆
探病	可选通用的剑兰、玫瑰、野百花、兰花，也可选择香石竹、月季花、水仙花、兰花等，配以文竹、满天星或石松，以祝愿贵体早日康复；避免送白、蓝、黄色或香味过浓的花
丧事	白玫瑰、白菊花或素花均可，象征惋惜怀念之情
公司庆典开业	大型花篮。可选用月季花、杜鹃花、大丽花、香石竹、美人蕉、山茶花，配以万年青、桂花叶、夹竹桃或松柏枝，以示祝贺发财致富、兴旺发达、四季平安
送别	芍药花，表示离别惦念之意
元旦	1月1日。可选用蛇鞭菊、玫瑰、满天星、香石竹、菊花及火鹤花等，代表新年伊始，万象更新，万事如意和好运常伴
春节	农历正月初一。带有喜庆与欢乐气氛的金橘、水仙、百合、状元红、万年青
情人节	2月14日。主花赠送红玫瑰，表达情人之间的感情。其他花卉有红郁金香、风铃草、紫丁香、红山茶、扶郎花、长春花和红掌等
妇女节	3月8日。兰花、康乃馨、满天星、百合及银莲花等，代表优雅高贵和慈祥温馨
清明节	三色堇、松柏的枝条等，表示思念及哀悼
母亲节	5月第二个星期天。主要赠送康乃馨，其层层的花瓣代表母亲对子女的爱意。其他花卉有勿忘我、茉莉和酢浆草等
儿童节	6月1日。可选送的花卉有金鱼草、火鹤花、满天星、非洲菊、飞燕草和玫瑰等，代表快乐和无忧无虑的童年
父亲节	6月第三个星期天。主要赠送石斛兰，其他花有百合、黄色玫瑰、飞燕草及紫阳花。红莲花、石斛花、黄色的玫瑰花
教师节	9月10日。赠送木兰花、月桂树、悬铃木等，代表高尚情操和才华以及功劳和荣誉
圣诞节	12月25日。可用红、粉、白色的一品红鲜花或人造花插做成各种形式的插花作品，伴以蜡烛，用来装点环境，增加节日的喜庆气氛

（四）宗教禁忌

1. 生杀禁忌

有些宗教认为动物和人不仅都有灵性和灵魂，而且还互相轮回，因而把杀生当作一种罪过而予以反对，将其列入戒律之内予以严格遵守。佛教不仅将"不杀生"列为各戒之首，而且扩展到社会生活的各个领域之中，一切有生命的动植物都在生杀禁忌范围之内。

2. 饮食禁忌

（1）佛教饮食禁忌。

① 过午不食。按照佛教教制，比丘每日仅进一餐，后来，也有进两餐的，但必须在午前用毕，过午就不能进食。

② 不吃荤腥。佛门中的荤专指葱、蒜、辣椒等气味浓烈、刺激性强的东西，吃了这些东西不利于修定；腥则指鱼、肉类食品。东南亚国家僧人多信仰小乘佛教，信仰该教的人只要本人不杀生也不禁荤。我国大乘佛教的经典中有反对食肉的条文。

③ 不喝酒。佛教徒都不饮酒，因为酒会乱性，不利于修定，故严格禁止。

（2）伊斯兰教饮食禁忌。禁酒，《古兰经》规定穆斯林不能饮酒。禁食猪肉、自死动物肉及动物血液，禁食虎、狼、豹、熊、鼠等面目可憎而凶恶的动物。非经阿訇念经宰杀的牲畜也禁食；盛过上述那些禁食的烧具、碗筷、器皿之类都在禁用之列。在斋月期间，规定教徒每天日升至日落这段时间内禁绝一切饮食。

（3）基督教饮食禁忌。基督徒在饭前往往祷告，同桌以信徒为主时，往往还有人领祷，站或坐都可；同桌以非信徒为主时，往往个人默祷。非基督徒在场时，应待基督徒祷告结束后再一同开始用餐。基督徒也有守斋和禁食的。在斋期只食素菜和鱼类，忌一切肉食和酒。基督教徒禁食动物血。

3. 财物禁忌

各宗教都把对财物的欲望看作是一种罪恶的根源，是信仰者修身养性的一大障碍，故把不迷恋财物作为一种戒律。如基督教十戒中的"不可偷盗"，佛教五戒中的"不偷盗"、十戒中的"不储蓄金银财宝"等都是专门为此而制定的。

4. 婚姻禁忌

许多宗教教派，在不同程度和范围内，都把禁欲列入禁忌和戒律。有的宗教教义规定僧尼、教士不能婚嫁，以此显示其品性高洁和出俗不凡的神圣性。对于一般的信教者则承认婚姻的正当性，但都坚决反对荒淫和奸淫。如基督教规定"不可奸淫"，佛教"不邪淫"等，而伊斯兰教则禁止近亲与血亲之间通婚，忌宗教信仰不同者通婚。

5. 伦理禁忌

伦理禁忌涉及面很广。首先，把欺骗、妄语列入禁忌，作为信徒的戒律。基督教十戒规定"不可作假见证"，佛教的"不妄语"都属于这方面的戒律。其次，把孝敬父母作为教规，这种戒律同各民族历来的社会伦理是一致的。最后，将伦理禁忌范围扩大上升为对崇拜对象的禁戒。如伊斯兰教、基督教都禁忌崇拜偶像。一般宗教也都规定只能崇拜该教自己所崇拜的神，而不准崇拜别的宗教的神。

（五）我国部分民族、地区的禁忌

（1）藏族禁忌。凡行人碰到寺庙、玛尼堆和佛塔时，必须遵守从左边绕行的规定。进入寺庙时忌讳吸烟、摸佛像、翻经书、敲钟鼓。态度要肃静，必须就座时，身子要端正，切忌坐活佛的座位。不许在寺院附近砍伐树木、大声喧哗，不准在寺院附近的水域捕鱼、钓鱼。忌用单手接、递物品；主人倒茶时，客人须用双手把茶碗向前倾出，以示敬意。不得在藏民拴牛、拴马和圈羊的地方大小便。进入藏民帐房后，男的坐左边，女的坐右边，不能坐错位置或混杂而坐。藏民家里有病人或妇女生育，门前做有标记，外人切勿进入。

（2）蒙古族禁忌。进蒙古包以前，要将马鞭子放在门外，如带入包内，则被看作是对主人的不敬。从左边进门，入包后在主人陪同下坐在右边，离包时也要走原来的路线。出蒙古包后，不要立即上马上车，要走一段路，待主人回去后，再上马上车。到别人家里做客，不要自己动手，须等候招待。锅灶不许用脚踩碰，烤火时，不要从火盆上跨过去；也不要在火盆上烤脚、烤鞋袜。见到蒙古包前挂有红布条或缚绳子等记号时，表示这家有病人或产妇，来访者就不应进去。

（3）回族禁忌。严格禁止用食物开玩笑；不能用禁食的东西做比喻，如不能说某某东西像血一样红。禁止在背后诽谤别人或议论他人的短处。外出必须戴帽，严禁露顶。平时谈话忌带"猪"字或同音字。忌用左手递送物品。回族所用的水井或水塘，若不是穆斯林，则不能动手取水，取水容器中若有剩水忌倒进水井或水塘；更忌在水井、水塘附近洗涤物件。

（4）维吾尔族禁忌。忌吃猪、狗、驴、骡之肉和自死的禽畜肉及动物血，在南疆地区还忌食马肉和鸽子肉。吃饭时不能随便拨弄盘中食物，不要剩食物在碗中。屋内就座时应跪坐，忌双腿直伸、脚底朝人，更不可当着客人和主人的面吐痰、擤鼻涕。

（5）壮族禁忌。有的地区青年妇女忌吃牛肉和狗肉；有的地区忌吃青菜，认为吃了青菜田里会长满乱草。正月初一到初三不可出村拜年，否则会将鬼神带进家中。妇女生小孩头三天（有的是头七天），外人不得入宅。

（6）朝鲜族禁忌。不喜欢吃鸭、羊、鹅、肥猪肉和河鱼。虽喜欢吃狗肉，但在婚丧及年节期间禁止杀狗、忌食狗肉。陪客用餐时，主人决不可以先把匙子放在桌上，否则被视为严重失礼。

（7）满族禁忌。忌讳杀狗，不欢迎戴狗皮帽子或使用狗皮套袖的客人。忌讳在西炕或北炕死人，人死入棺后不能从门抬出，只能走窗户。

（8）彝族禁忌。大年初一忌讳很多，如不许扫地，否则会把财气扫走；不许泼水，否则一年四季雨水多；不许串门、拜年，否则凶神恶鬼会到处乱窜，惹祸招灾。在彝族人家中忌吹口哨或大声喧闹。男人最忌他人触摸自己头上的蓄发。

（9）苗族禁忌。有的地方忌食狗肉，禁止杀狗、打狗。丧家在一个月内禁婚嫁，不得唱歌或吹芦笙。

（10）哈萨克族禁忌。忌当着主人的面数牲畜的数目；忌跨越拴牲畜的绳子；忌当面赞美他们的孩子，尤其不能说胖，认为这会给孩子带来不幸。做客时忌坐床上，坐毡子时要么盘腿，要么跪坐，不可将两腿伸出去。严禁坐在装有食物的储存器具上，绝对不可跨过餐具。忌食猪肉、狗肉、驴肉、骡肉和自死畜禽的肉及动物血。

（11）傣族禁忌。寺庙是神圣的地方，平时俗人不能进入，若必须进入，则要将鞋脱在外边。在寺庙内不许触摸佛像、法器、仪仗；不许敲寺内的芒锣和鼓；不许跟僧侣攀谈、嬉笑，更不许触摸僧侣的身躯和头部；不可摸小和尚的头顶。忌讳外人赶牛、骑马、挑担子和蓬头散发进入村寨。客人进入傣家竹楼必须将鞋脱在外边；火塘里边的位置是老人专座，客人不能坐；客人不能进入主人的卧室。忌讳坐在火塘上方及跨越火塘。晾晒衣服时，上衣要晒在高处，裤子和裙子要晒在低处。禁止在家中吹口哨、剪指甲。

（12）土家族禁忌。土家族的姑娘和产妇不能坐在堂屋的门槛上；不能扛着锄头、穿着蓑衣或担着空水桶进屋；不能脚碰火塘和三脚架；遇戒日不动土，吉日和节日期间不能说不吉利的话；客人不能与少妇同坐一条长凳。

（13）白族禁忌。忌上午访友或探望病人。在正月初一忌讳串门。斟茶只斟半杯，要喝完再续，否则会被视为不礼貌。忌讳太阳落山时扫地，也忌讳客人或家里人刚出家门时扫地。

（14）瑶族禁忌。男女对唱山歌时，双方须各在一方，忌同坐一条板凳。禁止当着女人的面讲粗话、脏话。男人不得坐在女人经常停留的碗橱前面。妇女生孩子满月前，忌外人进家。

（15）侗族禁忌。禁止在山林、水塘等被认为有"风水"的地方挖土。不得砍伐宅基四周的古树。妇女分娩三日内，忌生人来访。

（16）香港人禁忌。① 探视及馈赠禁忌。送花忌送剑兰、扶桑、茉莉、梅花，因为同"见难""服丧""没利""倒霉"谐音；去医院看病人，不要选择白色或红色的礼物，因为白色是出殡时用的颜色，红色则是流血的象征；送礼物切忌送钟。② 称呼禁忌。忌讳称丈夫或妻子为"爱人"；对中、老年人忌讳称"伯父""伯母"，而要称"伯伯""伯娘"。③ 工作禁忌。在饭店工作的人最忌说"炒菜""炒饭"，因为"炒"字具有"解雇"的意思，不吉利。饮食业还忌"书"字，因为"书"，与"输"谐音，而且业内人员不准在店内看书。④ 说话禁忌。不说"快乐"两字，因为与"快落"（失败、破产的意思）谐音，过年见面时总说"恭喜发财""新年发财""万事如意"等。⑤ 数字禁忌。喜欢吉祥号码，对"3"和"8"感兴趣，因为"3"的广东话谐音是"生"，代表有生气、生财、生龙活虎，"8"的广东谐音是"发"，代表事业发达、买卖发财；目前港人开的店铺、车牌号码以及生活中需要的数字都追求吉祥数字。

（17）澳门人禁忌。对吉祥物、吉祥数字有偏好。恭喜发财、鱼、8、6等在他们眼里都是吉祥的。忌讳13和星期五，忌讳有人打听他们的年龄、婚姻状况、家庭住址与收入情况。

（18）台湾人禁忌。① 送礼禁忌。人与人往来应酬要携带礼物，民间俗称"带伙手"，但忌用毛巾赠人（因丧家习惯于丧事完毕后送毛巾给吊丧者，有"送巾，断根"或"送巾，离根"之说，送毛巾便有断绝、永别之意）；忌以扇子赠人（民间有俗语："送扇，不相见"之意）；忌以刀剪赠人（含有"一刀两断""一剪两断"之意）；忌以甜果赠人（甜果即年糕，为民间过年时祭拜必备之物，只有失家守孝不得蒸甜果，会使受赠者联想到家里发生的丧事）；忌以粽子赠人（丧家在习惯上，既不蒸甜果，也不包粽子）；忌以鸭子赠产妇（产妇生下婴儿后的一个月内，台湾通常称为"月内人"，要吃麻油鸡、猪腰子、猪肝等"热性"食物，而鸭子"性冷"，不宜月内给妇人食用）；忌以雨伞赠人（台语"雨"与"给""伞"与"散"同音，难免会引起对方误解）。② 用膳禁忌。手肘不能横抬，不能枕桌，不能"飞象过河"（取远处的菜），不能"美人照镜"（将碟子端起倒菜），喝汤不要出声，餐毕碗中不要留食。喝酒吃菜时，不宜手不离筷。上鱼时，鱼头要对着客人方向；吃鱼时，不要翻转鱼身。

四、旅游者的社会角色心理

（一）职业心理

职业和身份影响着人们个性的形成和发展，构成人与人之间的差异。人在社会中的不同职业，如蓝领、白领、灰领、银领、金领和钻石领们，在消费心理上各有特点和不同。从职业的不同可以观察到人们经济地位、社会地位和文化素养方面的不同。不同的职业有其相对稳定的职业消费心理。

（1）产业工人。由于同大机器生产相联系，他们乐于合群，相互间有一定的依赖，有较强的群体心理。一般心直口快，喜欢发牢骚，也讲义气，爱打抱不平；他们比较关心带有普遍性的社会问题，诸如物资供应、物价、子女教育等，喜欢娱乐性游览项目。

（2）农民。在同土地打交道的过程中养成了俭朴、踏实的心理特点，他们一般不随便花费，不浪费。赶庙会是他们最喜闻乐见的旅游方式。旅游活动局限于走亲访友，在外界影响下偶尔会旅游。出游中对景点和服务没多大要求，对展示民俗风情和宗教信仰特点的旅游较感兴趣。由于对大都市生活的渴望，他们在穿着、购物等方面又会模仿城市旅游者，喜欢询问当地收入、城市生活等情况。

（3）教师。他们看问题比较理智、全面，能理解他人的言行。沉着的个性使得他们有相当的自制力，不轻易发火，希望得到他人的尊敬。一个人的兴趣和他的专业或职业有着密切联系，如高级知识分子、专家、教授，表现出文雅自重、严谨稳健，喜欢个别交谈或与同行交谈，谈话内容多与专业有关，讲话深思熟虑，用词比较考究，希望得到他人的尊重。

（4）企业一般员工。多喜欢自由自在地、不拘形式地围在一起闲谈，话题相对广泛，用词也较随便，关心带有普遍性的社会问题。

（5）政府官员。善于外交辞令，不轻易发表个人意见，与本国政府的观点总是保持一致。

据河南大学尹志刚在其《旅游态度的调查研究》中，得出学历、居住地、年龄、收入对旅游态度的影响情况。在对待旅游业发展、参与旅游活动积极性和旅游花费态度上，学历越高，其积极性越高；旅游比较频繁的人，参与旅游积极性得分高于旅游频次低者。省会居民旅游积极性显著高于县城居民。年龄越大的旅游者,在旅游花费的问题上越持积极的态度。高收入者在旅游的积极性和旅游花费的态度上显著高于低收入者。

(二)年龄心理

1. 儿童(11岁以下)、少年(11~15岁)旅游者心理

(1)不稳定性。年龄较小儿童比较重视心理需求,看重饭店的饮食、景区的游览项目等这些能满足其生理需要的服务。年龄较大的儿童则开始倾向于个性化需求。儿童旅游者的心理容易受到环境和其他人为因素的影响,表现出很大的不稳定性。

(2)独力性不强。儿童行为一般要处于长辈的监控之下,受长辈的影响较大。因此,在旅游服务过程中,儿童更需要得到服务人员的悉心照顾和格外关注。

(3)好奇心重。儿童与外界的接触比较少,在旅游活动中,他们面对陌生的环境往往会表现出极大的好奇心,为满足自己的好奇心就会采取一些特别的行动。在这种情况下,他们可能不会去考虑安全等因素。

(4)有成人感。少年旅游者购买独立的倾向性开始确立,旅游行为趋于稳定。

2. 青年旅游者(16~30岁)心理

(1)追求时尚,表现时代。青年人感觉敏锐,富于幻想,勇于创新。旅游活动中,重视旅游产品的时代性,注重服务的科学性。对新鲜、时尚、浪漫、冒险的活动有浓厚的兴趣和好奇心。

(2)追求个性,表现自我。精力旺盛,活泼好动,思维活跃,兴趣广泛。青年人自我意识较强,追求个性独立,希望形成完善的个性形象,因此,青年消费者更喜欢表现自己的特殊性。在旅游活动中,看重旅游活动是否适应自己的个性发展,希望得到一些不同的个性化服务,更愿意亲自参与某些活动来展示自己。

(3)追求档次,表现享受。消费欲望强烈,冲动性购买的行为比较多。青年人的经济独立,负担较小,消费欲望强烈,感情易冲动,行为受感性支配多,受理性支配少。

3. 中年旅游者(30~60岁)心理

(1)注重理智。中年人的生活阅历广,生活经验较丰富,理智胜过冲动,经验重于印象,情绪一般比较平稳,很少感情用事和冲动购买。看重与自己年龄和身份相称的、较舒适的旅游项目,喜欢悠闲轻松,不愿太劳累;对食宿条件比较在意,对员工的素质要求较高。

(2)注重计划。中年人经济收入比较稳定,但家庭负担比较重,生活的压力比较大,所以他们在做任何决定时有很强的计划性。

(3)注重实用。消费心理具有求实、求廉和求速的特点。对价格比较敏感,精打细算,寻求物美价廉的产品。

4. 老年旅游者(女55岁、男60岁以上)心理

(1)老龄社会。2000年中国宣布进入老龄社会。2017年,我国60岁以上老年人口达到2.41亿,占总人口17.3%,预计到2035年将增加到4.18亿。老年人旅游需求非常旺盛,已成为目前旅游市场中最具潜力的目标人群。据国家旅游局统计数据显示,2016年国内旅游人数达44.4亿人次,其中老年人旅游8.88亿人次,平均每人每年出游约4次。

(2)有钱有闲。可支配资金自主性强,每次出游花费数额也在增加。他们拥有充裕的、可自由支配的时间。超过80%的老年人表示"随时可出游"。面对节日放假期间人满为患的旅游形势,不受时间限制让老年人避开了旅游高峰期,选择不太拥挤的淡季外出,既避免旅游高峰时的拥挤不堪,又为淡季旅游注入了活力,使旅游淡季不淡。老年人群出游时间集中在3、4、5、9及10月五个月份,一般是春季和秋季为主。

(3)注重快旅慢游,多以观光和健康养生为目的。老年人注重身体健康,喜欢自然环

境优美的旅游度假胜地，偏爱垂钓、漫步、森林浴、日光浴等活动，另外老年人普遍有怀旧情结，钟情历史遗迹、民俗文化、红色纪念地等旅游地。选择旅游景点相对较少、节奏较慢的"慢游"线路，注重游玩和休息相互协调的品质线路越来越受到青睐。

（4）喜欢结伴而行，多选择报团旅游。由于健康原因，方便互相照顾，并出于安全、稳妥、方便等方面的考虑，老年人出游主要依赖旅行社。老年游客已成为旅行社重要的客源，越来越引起旅行社的重视。

（5）怀旧心理强烈。老年人有丰富的生活阅历，沉着老练，有怀旧心理，他们总是认为以前的东西好，对于新事物、新产品的接受性比较差。一般都较固执，一旦做出消费决定，就不会轻易改变。

（6）生理机能衰退，心理评价功能较强。生活经历丰富，情绪易激动、好发火、爱唠叨。在消费中注重产品和服务的经济性、实用性。自尊心理强，对服务态度极为敏感。由于体力的影响，对设施设备有一定要求；鉴于年龄的关系，对自己的身体保养十分重视。

（三）性别心理

（1）男性旅游者心理。男性在旅游活动中，一般有独立、坚定、务实、豁达、理智、爱表现的心理特点，他们善于自控，表现得冷静、果断。消费时注重实质，要求快捷服务，不愿花太多的时间去比较与挑选，也不会斤斤计较，适应性较强。对新产品较留意，喜欢知识性强、竞争性强的活动，愿意显示自己的勇敢；不喜欢别人以指导者身份对自己喋喋不休。

（2）女性旅游者心理。女性旅游者情感丰富而细腻，情绪波动性较大，消费行为有浓厚的感情色彩，易受各种因素的影响。观察事物细致，富于想象，喜欢精打细算，自尊心较强，对服务态度敏感，对消费环境较为挑剔，特别注重清洁卫生。情绪易冲动，易受环境气氛感染，易受他人影响，非常在意别人对她们的态度，喜欢结伴外出，家庭观念较强，对与家庭生活有关的事物较留心，对价格比较敏感。

五、不同类别旅游者的消费心理

1. 国际旅游者心理需求与旅游行为（见表5-7）

表5-7 国际旅游者旅游心理需求与旅游行为表现

类型	组成人员	旅游动机	旅游心理需求	旅游行为表现
观光团	中老年人居多，家庭收入中等以上	参观游览名胜古迹、自然风光	对中国的风土人情、政治、经济、文化和教育充满好奇、感兴趣	强调轻松、愉快、健康，喜欢参观有中国特色的景观，喜欢乘船游览
专业团	由同行业人士组成	观光旅行和专业考察结合	既休闲娱乐、放松身心，又对本专业有浓厚兴趣	进行一些科学技术、文化交流活动
青年学生团	由职业青年和学生组成	游览观光、增加知识	对自然山水、名胜古迹有浓厚兴趣，希望了解中国学生情况	多参观名山大川、博物馆、艺术馆、知名院校
散客	高收入、高消费的成功人士	休闲、娱乐、购物	满足自我实现的自豪感和优越感	喜欢购买高等级产品、坐头等舱、住豪华酒店
	青年学生、背包族	观光、游览、追新、猎奇	张扬个性、注重自我实现，对新鲜事物感兴趣，参与感	生活要求不高，乘坐公共交通或自行车，三五人结伴而行，实行AA制

资料来源：刘俊丽.旅游心理学[M].北京：中国地质大学出版社，2011.

2. 国内旅游者旅游心理需求与旅游行为（见表5-8）

表5-8 国内旅游者旅游心理需求与旅游行为表现

类型	组成人员	旅游动机	旅游心理需求	旅游行为表现
城市游客	城市居民	游山玩水	希望远离喧嚣的闹市，放松自己，体味不同文化	多去一些空气清新、环境优美的大自然，参加民俗娱乐活动
农村游客	农村居民	观光、娱乐、购物	希望体味城市的繁华，购买商品	参观名胜古迹、去大型超市购物
沿海游客	居住在沿海发达城市	参观、考察、娱乐、休闲、购物	欣赏古朴粗犷的内陆风光	去国外旅游购物，或投资考察
内陆游客	居住在内陆欠发达地区	观光、游览、购物	对沿海或国外的时尚物品感兴趣，希望购买到价廉物美的商品	喜欢购物、吃小吃，购买物品注重价格

资料来源：刘俊丽.旅游心理学[M].北京：中国地质大学出版社，2011.

3. 团队旅游团旅游心理需求与旅游行为（见表5-9）

团队旅游团是旅游团的一种类型，是一个单位以组团方式出游。团里的旅游者在一个单位工作，彼此关系紧密，心理上有安全感，行动比较容易一致，在旅游过程中会受到原来关系的制约，个性的显露会有所顾忌。一般都有专门工作人员来协助导游员工作，如分房间、安排汽车座位、分餐桌、查点人数等。导游员在接待这类旅游团队时应该把注意力放在照顾好整团旅游者的利益和处理好导游景点讲解上，帮助旅游者更全面、准确地了解游览目的地。这种团体出游的方式的优点是有机会结识志同道合的"驴友"，其乐融融；遇到困难可以互相帮助，能有效地排遣孤独感。缺点是游览时间要受到约束和限制，不能凭个人的兴趣有选择地游览，有时会有"走马观花"的感觉。

表5-9 团队旅游团旅游心理需求与旅游行为表现

类型	组成人员	旅游动机	旅游心理需求	旅游行为表现
学生团队	青少年学生	参观、考察、游览	希望显示其聪敏智慧，渴望了解和观察更多事物，好奇心、求知欲强	对新奇事物特别感兴趣，喜欢游乐设施，喜欢小吃
商务团队	商人、企事业单位领导	经商、考察、交流业务、参观大型交易会	对价格不敏感，对风景胜地不太注意，好面子，重服务质量	住高级套房、按自己口味点菜，经常为业务往来宴请宾客，来去匆匆
奖励旅游团队	受嘉奖的单位员工	休闲娱乐	行为放松心情，休整心态，恢复体力	对服务不很挑剔
家庭或同事团队	以家庭或同事为单位的团队	休闲、放松、寻找自然美	在家人或同事陪伴下，交流感情、放松心情、释放压力	对价格敏感，不喜欢购物

资料来源：刘俊丽.旅游心理学[M].北京：中国地质大学出版社，2011.

4. 散客旅游团旅游心理需求与旅游行为

散客旅游团是另一种类型的旅游团，游客由旅行社招徕后组团而成。旅游者之间原本没有关系，互相不认识，身份、职业、爱好、收入等可能都不一样。由于旅游者之间交往的短暂性和浅层性，容易产生矛盾和冲突。旅游团虽以团队形式出现，但实际上非常松散，旅游者在人际交往心理上易产生"少投入""少顾忌"两种倾向。导游员在带团时，要充分考虑到旅游团队中人际关系的脆弱性和不稳定性，灵活地处理各种关系。

5. 自助游游客旅游心理需求与旅游行为

自助游也称自由行，最大特点是自由、随意，受约束较小，不必像团队游那样"赶场子"，游客可以依据个人的爱好、兴趣选择目的地与交通工具，掌控出行与游览时间，安排行程，不必担心掉队，有时还可能会有意外的惊喜和收获。但旅游价格会高于团队游，在住宿、景点门票价格方面得不到优惠或优惠较少，自己联系食宿比较麻烦，缺少专业导游讲解和引领，会对景点欣赏不够全面，有时会走"冤枉路"。目前，在私家车普及基础上，越来越多的游客选择自由、个性的自驾游。调查显示，选择自驾出行的游客比例为28.07%，仅次于乘飞机出游的比例（29.33%）。

如果是首次前往某个旅游地，以选择组团游为宜；对旅游目的地情况较为了解，对旅游质量要求相对更高的旅游者，选择自由行则更为合适。团队包价旅游与散客旅游的特征比较如表 5-10 所示。

表 5-10　团队包价旅游与散客自助旅游特征比较

	团队包价旅游	散客自助旅游
行程安排	导游安排，比较紧凑，赶时间	更加自由
景点选择	合同中约定	随意选择
游客体验	走马观花	深度体验、共同参与
旅游经验	导游事先安排，	增加阅历、丰富经验
支出费用	较低	较高

资料来源：刘俊丽.旅游心理学[M]. 武汉：中国地质大学出版社，2011.

6. 团队自由行旅游者旅游心理需求与旅游行为

团队自由行是一种新的旅游方式，它是一种非传统形式的组团出游，与完全的自由行也不相同。游客可以根据自己的喜好自由挑选酒店，自由往返旅游目的地，在自由活动时间里独自游玩。同时，在整个行程中又有若干时间团体集合在一起活动。可以说，团队自由行有效地综合了团队游的价格优势与自由行的自由度和休闲度，并有效地解决了个体出游的风险和不便，是一种很有前途的旅游产品。

第三节　旅游者个性消费需求心理与行为特征

一、旅游者的个性类型

1. 从性格倾向角度来划分

（1）活跃型旅游者。属于多血质气质。活泼大方，表情丰富，爱说爱笑，显得聪明伶俐。反应迅速，理解能力强，喜欢刺激性和多变的生活，喜欢与人交往，善于随机应变，对一切事物都表现出极大兴趣，但兴趣不稳定，情绪易变化，耐不住寂寞。乐观并且富于同情心，尊重、理解服务员的辛苦劳作，不大挑剔，对服务中出现的小小失误能给予充分的谅解。

（2）拘谨型旅游者。属于抑郁质气质。性格较内向，喜怒哀乐深藏于心，行动谨慎，少言寡语，好静不好动，不愿抛头露面。与人交往显得拘谨腼腆，遇事不愿启齿求人，自我约束能力较强。内心体验深刻，情感丰富细腻，自尊心十分强，敏感、脆弱、多疑，想象力丰富，心境易受影响，易郁郁寡欢，反应速度慢，行动迟缓。在消费过程中显得安静、温和、稳重，有紧张心理，不过多地提出要求，不追求时尚，消费较保守，对别人提出的建议常抱怀疑的态度，对新品种的菜点和新增设的服务项目持观望态度，对服务态度较为敏感。

（3）傲慢型旅游者。态度傲慢，行为任性，表情冷漠，情绪暴躁。在消费过程中，自视高人一等，轻视服务工作，喜欢炫耀自己，孤芳自赏。不能体谅服务员的辛劳，不能容忍服务员有丝毫的怠慢，有时会提出一些不合理要求，对服务员颐指气使，对服务态度、服务水平、服务环境、设施等比较挑剔，处处表现出一种优越感，希望服务员重视他，以他为中心。

（4）急躁型旅游者。属于胆汁质气质。对人热情，讲话速度较快，动作迅速，行为有力。自制性较差，不善于克制自己，容易兴奋，易发火动怒，并且一旦发火就难以平静。喜欢显示自己的优点，好胜心强，自信心强，比较固执，好认死理，一般不轻易改变自己的决定。他们精力充沛，办事果断干脆，但有时又显得缺乏耐心，在进餐、结账时显得心急火燎，做事毛手毛脚，经常丢三落四，显得很粗心。

（5）稳重型旅游者。属于黏液质气质。不苟言笑，不爱与服务员攀谈，情感深沉、稳定，喜欢清静优雅的环境，有"恋旧"的情绪，不喜欢多变的、没有规律的生活。自制力强，有忍耐力，注意力稳定，兴趣持久，面部表情不明显，常给人一种摸不透、难以接近的感觉。言行谨慎，动作缓慢，对新事物不太感兴趣，喜欢旧地重游。

2. 从行为倾向角度来划分

（1）神经质旅游者。行为倾向是敏感、易变、脾气乖戾、急躁、大惊小怪、兴奋、易激动、无礼、事必挑剔，行为难以预测。这类人所占比例低，较难服务。但随着生活节奏加快，外在压力增大，导致神经质的旅游者有增加的趋势。为他们服务时要谨慎，保持适当距离，不表现出过分的主动热情。

（2）依赖性旅游者。行为倾向为羞怯、易受感动、拿不定主意。初次出门旅游者、年老和年幼以难以自理、幼稚型人格特征以及不熟悉情况的外国旅游者为多。对这类客人的服务要更多的关注与同情。

（3）使人难堪的旅游者。行为倾向是爱批评、漠不关心、沉默寡言。他们只对别人提要求，从不进行心理互换，很少理解关心别人。对这类客人要谨慎、周到、注意细节。

3. 从个性倾向角度来划分

（1）喜欢安静生活的旅游者。重视家庭、关心孩子、维护传统、爱好整洁。对身体健康异常注意。

（2）喜欢交际的旅游者。活跃、外向、自信、易接受新鲜事物，喜欢参加各种社会活动。

（3）对历史感兴趣的旅游者。认为旅游应有教育意义，能够增长见识，是了解他人、认识异地文化和习俗的良机，是丰富自己的学习机会。

二、旅游者的消费类型

1. 简单快捷型旅游者

以注重服务方式简便、服务速度快捷为主要动机的行为类型。人们有一种"好出门不如歹在家""在家千日好，出门一时难"的心理；时间观念较强，性情较急躁，缺乏足够的忍耐性；最怕排队等候，讨厌员工漫不经心、动作迟缓、不讲效率。他们希望能节省时间、减少麻烦、方便消费。

2. 经济节俭型旅游者

以注重消费价格的低廉为主要动机的行为类型。大众化消费群体属于这种类型。具有精打细算的节俭心理，大多经济收入比较低，购买能力不强；希望能以最少的支出换来最大程度的消费享受，对价格因素特别敏感，特别强调价廉物美。注重饮食出品或服务的价格；对菜肴和服务的质量不做过分要求，希望得到一视同仁的服务，对服务人员的故意怠慢十分敏感；对用餐环境并不计较，只要卫生整洁。

3. 追求享受型旅游者

以注重物质生活和精神生活享受为主要动机的消费者群体。他们具有一定的社会地位，或具有较强的经济实力，把消费活动当成显示自己地位和实力的活动，对产品的档次、规格、环境有很高的要求。在消费活动中，注重出品和服务的质量，注重服务人员的服务态度，热衷追求物质生活上的享受，不太计较服务收费标准的高低。

4. 标新立异型旅游者

以注重菜肴、服务和环境的新颖、时髦、刺激，追求与众不同的感觉为主要动机的行为类型。以青年消费者居多，好奇心强，喜欢标新立异，易受广告宣传和社会潮流的影响，具有一定的冲动性，往往走在消费浪潮的前列。如在餐饮中，他们对新开发的菜肴、用较少见的原材料制作的菜肴、制作方式独特的菜肴、新奇别致的服务方式兴趣浓烈，而对价格并不十分计较。

5. 期望完美型旅游者

注重企业的信誉、出品、服务和环境，以求获得消费全过程轻松、愉快、良好的心理感受。他们属于唯美主义者，有丰富的消费经验，对市场变化和产品、服务等都很熟悉。他们以企业的信誉作为选择的依据，注重企业的综合实力、经营业绩和社会形象，不能容忍脏、乱、差，更不能接受服务人员怠慢的服务，以及在服务中可能产生的任何不必要的纠纷和冲突。

案例讨论

【案例5-2】"80、90后"群体旅游倾向

"80、90后"有独立的经济能力，已成为中国时尚消费的中流砥柱。也有人给他们冠以"ATM世代"的称号，即缺乏积累、乐于消费、不做计划。他们个性鲜明，特立独行，追求"时尚""个性"的消费方式，成为引领旅游消费潮流的主力军。

（1）自助游。自助旅游是一种时尚的旅游方式，不仅能张扬个性、亲近自然、放松身心，最主要的是能完全自主选择和安排旅游活动的各项内容。"80、90后"群体十分反感旅游行程被人安排，如果说自己参加了哪个旅游团，那会让人觉得老土；如果说是"自驾"游了一个月，感觉就很洋气！

（2）无景点休闲游。他们的海南游是这样安排的：在海边租一间公寓，在沙滩上晒太阳、游泳、喝茶，体会一下当地人的生活方式。

（3）拼游。很多驴友在发召集令之前都会先发帖子征询资深玩家的意见，他们有丰富的游山玩水经验，并且已经从常规路线上升到普通人很少涉足的路线，享受来自旅途的更多乐趣，当然付出的代价就是路途艰辛。当然也有对于某地首次旅游的"菜鸟"，他们拼游的原则很简单，就是都对某地有着同样的渴望。拼客旅行从陌生开始，至熟悉时已快分别，特别的路加上特别的你我他，总有一些特别的时刻会触及心中柔软的角落，让每段旅行成为一段可能回味终生的经历。

（4）换游。在异地的出行者通过网络、QQ群或是朋友沟通，进行房子、车辆和

朋友的互换，以达到节省时间、金钱的目的。各"互换游"网站尽管要求换房者提供的材料已经很全面，但信息的真实性很难保障，其间如果发生纠纷或者物件损毁等，缺乏相应的条款提供赔偿依据。

（5）高端游。春秋国旅推出首个赴马来西亚雪邦体验F1赛事的旅游团，通用汽车公司就将此次旅游作为对几位海归派的奖励，因为他们长期在国外生活，对F1赛事非常喜爱。这种针对赛事设计的主题旅游，从兴趣出发，提升了旅游的品质，使高端旅游真正与大众旅游拉开了档次。

【案例5-3】分析中国游客与外国游客不同旅游行为表现[①]

外国人度假爱静，中国人旅游爱动。欧美人渴望不同的自我，公事私事分得清清楚楚，度假就是度假，跟工作完全没有关系。中国人旅游是工作的延伸，外出手机一定带着，和单位随时保持联系，有的还带着笔记本电脑，早晨起来第一件事就是上网了解国内外最新动态。在法国凡尔赛宫，中国游客从皇家园林的大门进去，打算从后门出去，走了一个多小时，脚都起了泡，实在走不动了才停下来。发现这个园林实在太大，根本不是让人走的；走了快两小时，风景没有任何变化，也没必要走下去了。而当地人都躺在人工湖的两边晒着太阳呢。反观在中国园林，大家都在里面走，躺着的恐怕不是无业游民就是乞丐。

外国人旅游找麻烦，中国人旅游图省事。许多外国人首先是被某种文化、某段历史打动，才决定亲自去感受的。就算不是这样，外出前精神上也一定会有所准备。西方游客出门都至少带一本厚厚的旅游介绍书籍。中国游客却什么也不肯带，行李箱是准备装买的东西。

西方人喜欢自己决定行程和路线，讨厌别人的操作和安排。他们把旅行中的困难看作是旅行的一部分。中国人本来就缺少冒险精神，多数人又是第一次出国，安全稳妥最重要。旅游喜欢蜻蜓点水，这就使得中国人"上车睡觉，下车拍照，定点尿尿，举旗报到"式的旅游蔚然成风。

这种差异还体现在中国人对标志性景点的痴迷上。去纽约不到自由女神像，去埃及不到金字塔，去荷兰不看大风车，对于中国人来说就等于没到过那些地方。而一位美国游客却说："埃菲尔铁塔没什么好看的，我在电视里看过无数遍。"他掏出《孤独星球》，"明天我要到一家饭店，看看《孤独星球》上说得对不对，它说那里供应一种奇特的面包，要真是这样，我就跟他们学学怎么做。"

实训项目

1. 剖析一个旅游者在旅游活动中的共性消费心理需求、个性消费心理需求以及团体差异消费心理需求。

2. 研讨不同国家、不同民族、不同宗教的喜忌习俗。

[①] 张洁海. 欧洲人与中国人的旅游观[J]. 少年文摘，2004（9）.

第六章　服务心理理论与服务心理艺术研究

学习目标

通过本章学习，应达到以下目标：
1. 知识目标：了解服务心理理论与服务心理艺术的基本知识。
2. 技能目标：把服务艺术的理论转化为为客服务的技能。
3. 能力目标：具有掌握和运用服务心理理论、服务心理艺术，为客人提供富有人情味的服务的能力。

导入案例

【案例 6-1】青岛海景花园酒店的服务让人"满意、惊喜、感动、留恋"[1]

湖北省旅游局组织全省五星级饭店的总经理慕名前往青岛海景花园大酒店考察。老总们对海景花园酒店的服务早有耳闻，只是未曾体验过。

入住第二天，笔者耳边就不断传来老总们的感动和惊喜。肖总在就餐时，服务员特意为她上了一盅木耳炖雪梨，服务员在进店时发觉她咳嗽，所以就通知了厨房；李总昨晚喝了点酒，头有些沉，服务员察觉后，马上送来一杯蜂蜜水；服务员在打扫余总的房间时发觉她身体不适，特意送来了红糖、阿胶枣和香蕉。老总们共同的感受是：这家酒店的服务体贴入微，总给客人意外的惊喜。

笔者从酒店每年收到的上千封来自世界各地的感谢信和表扬信中了解到，能享受到如此周到的服务，并不是因为我们是来考察学习的同行。一对年轻夫妻入住酒店，半夜吵架，丈夫一气之下摔门而出。他拖着行李，茫然地来到大海边，不久，他发现两位酒店员工将大衣披在了他身上："外面太冷，我们回家吧！"一句简单的话让这位客人感动不已。一位游客住在旁边的另一家酒店，因身体不适，上街找药店。走到海景花园酒店门口时，体力有些不支，酒店保安见状，立即把她扶进大堂休息。服务员了解情况后，迅速找来客人所需药物，送上温水帮她服下。这位客人热泪盈眶，不好意思地说："我不是你们酒店的客人。"但海景酒店员工说："您来到了我们酒店，就是我们的客人。"武汉某游客全家出游入住海景花园酒店，去烟台游玩途中发生车祸，全家人受伤。举目无亲之时，客人抱着试试的心理给海景酒店打了个电话，让他没有想到的是，海景花园酒店迅速派出专人专车带上衣物赶到事发地，把他全家接到青岛医院救治，没有收一分钱。

从以上信息中看出，海景花园酒店所做的已经超越了酒店服务的范畴，酒店是在为客人营造一个"家"。

---

[1] 李开寿. 青岛海景花园酒店：服务让人难忘[N]. 中国旅游报，2012-11-07.

年过花甲的总经理宋总在酒店行业干了大半辈子，酷爱和痴迷酒店。他精心研究了广州白天鹅、东京丽思卡尔顿、曼谷东方3家酒店的经验，做出了一家海景花园酒店的品牌。优秀的将军才能带出优秀的队伍。参观海景花园酒店员工的培训室、餐厅、网吧、KTV、活动室、寝室，看到了服务示范栏、表扬栏、警示栏、考评栏等阵地，企业文化渗透到每一位员工的心中。员工餐每次有6道菜可供选择，备有水果、软饮，餐厅内设有员工生日包房，酒店会免费为员工提供生日宴会。347间客房的酒店有650名员工，几乎天天有人过生日，这是一个洋溢着亲情的大家庭。酒店的理念是："只有我们把员工当家人，员工才能把客人当亲人，我们对员工的关爱有多深，员工对客人就有多亲。"海景花园酒店员工对客人的服务，靠的是员工情感的发挥和企业文化的力量。我们很佩服海景花园酒店的执行力，事事受检查，人人受考评，强大的考评和奖惩机制保证了服务品质，员工也始终保持着捕捉一切机会，制造感动和惊喜的动力。宋总说，很多酒店同行同他交流时都感叹："你想到的，我们也想到了，但是没有做到；你做的，我们也做了，但是没有坚持。"因此，是根深蒂固的服务理念、深入人心的企业文化、卓有成效的运行机制，成就了今天的青岛海景花园酒店。一个地方的风景好，可以使人愿意来；一个地方的服务好，则会使来过的人还想来，卖服务比卖风景更重要。

第一节 服务心理理论——"四双理论"

一、双关系理论

在服务中，客人与员工（客我）之间发生着双重关系。一方面是人与人之间的人际关系，另一方面是服务与被服务的社会角色关系。

（一）人际关系：人（员工）——人（客人）之间的人际关系

1. 客人是"人"，员工也是"人"

人是自然属性和社会属性、生理需要和社会需要、物质需要和精神需要、共性和个性相统一的人。客人是既有进取心理又有防卫心理、既有图又有怕、既没有得到充分的满足又生活得很累的现代人，是离开他们日常生活从"第一现实"走进"第二现实"的旅游人。员工也是人，具有人的一切共同特征。客人是人，员工也是人，客人与员工之间构成了人际关系。

2. 人际关系讲尊重

处理人际关系的最高原则讲"尊重"，也就是要尊重人、理解人、关心人。

（1）尊重人格。我们的服务对象是人，要真心实意把客人当作人来尊重，而不能当作"物"来摆布，不要把客人不当人。"把人不当人"这是最令人气愤、最不堪忍受的。"你希望别人怎样待你，你就应该怎样待人""己所不欲，勿施于人"。这一正一反两种说法，都是一个意思：你希望别人尊重自己，你就应该尊重别人；你不希望别人把你"不当人"，你也不能把别人"不当人"。

（2）关爱人情。客人好像一本书，我们要有"读你千遍不厌倦"的心情去研究客人、读懂客人。满足需要是基础，理解心态是前提。人是有血有肉有情感、充满七情六欲的。客人旅游不是为我们企业"送钱"而来消费的，而是为了满足其自身的各种需要来消费的。

如果我们无视客人的需要与情绪，不让他们得到应有的满足，而只想从他们那里挣到更多的钱，那么客人不会觉得我们是在把他当作"人"来接待，而会觉得我们只不过是把他们当成一个"钱袋"来掏钱。

（3）理解人性。金无足赤，人无完人。人性是复杂的：不仅有善的一面，而且有恶的一面；不仅有优点，而且有弱点；不仅有光明面，而且有阴暗面。当人作为客人之时，更会表现出人性的种种弱点。因此对客人不能苛求，而要抱着一种宽容、谅解的态度。有了这样的心理准备，就不至于见到客人中有一些不太好的表现就大惊小怪，甚至不可容忍。当然客人中有个别素质低劣、居心不良者，员工也要有心理准备。

（二）角色关系：服务（员工）——被服务（客人）之间的角色关系

1. 角色概述

（1）角色。角色是社会学中的概念，是对每个人所处的社会地位及所要求的社会规范的一套行为模式，简单地说就是"身份+规范"。当一个人在某个特定场合扮演着某一特定的社会角色去与人交往时，他的行为就要受到他所扮演的这种社会角色的制约，他的所作所为必须与他所扮演的角色相符，满足别人的"角色期待"。每种角色都有一定的行为标准，每个人对角色行为标准的认知决定了他的行为方式。社会角色关系问的是他们在生活中是什么关系，如父子关系、客我关系等。

（2）心理角色。一个人在他人心目中的形象与地位。心理角色有四种：强者（我行，你也行）、弱者（你行，我不行）、优越者（我行，你不行）以及离群索居者（请勿打扰）。心理角色关系问的是他们在人际关系中扮演了"什么样的"的心理角色，与他人处于什么样的心理角色关系，关系怎么样，健康的心理角色关系应该是"强者"与"强者"的关系，出发点是平等，归宿点是双胜。

2. 人与角色的关系

（1）既难分难解，又不可混为一谈。人要扮演角色，角色由人扮演，人与角色无法独立存在。现实社会中，没有抽象的人和抽象的角色，人与角色是交杂糅合在一起、无法分开的。同一个人可以扮演好多不同的角色，同一个角色可由不同的人来扮演。人与人不一样，角色与角色也不一样，只强调人或者角色都是不行的，只有从人与人、角色与角色两个方面才能理顺关系。

（2）角色行为的复杂性。现实的人是有血、有肉、有感情、有个性的；而角色是一套规范，非个性的。让一个"有个性"的人去扮演许多"非个性"的角色，一个"非个性"的角色又总是许多"有个性"的人来扮演，这就构成了角色行为及其关系的复杂性。

（3）树立角色意识。人的角色意识十分重要，一旦角色被确定下来，角色应具有的社会形象、行为标准、社会责任、交往方式也随着角色标准来进行认知。扮演角色既要"进得去"，也要"出得来"。在社会大舞台上，每一个人要扮演好多不同的角色。对于这些角色，该进去时进不去，该出来时出不来，这就是不能进入角色或退出角色，导致角色行为偏差与失误。一个在"角色扮演"方面"不知进退"，不能把自己和自己所扮演的角色区别开来的人，是很难和别人搞好关系的。

3. 客人是"客人"

（1）树立正确的顾客观。① 顾客养活了企业，因此企业要对顾客心存感激。② 顾客向企业付出了使企业满意的价钱，企业有义务和责任向顾客提供使他们满意的产品和服务。这是企业员工应具有的职业道德。③ 顾客的需求就是企业的机会，对机会的把握不仅是为了创造企业经济效益，更要创造社会效益、环保效益与文化效益。④ 顾客永远是正确的，即使个别顾客有错误，那也是在所难免的。只要企业以诚相待、真诚服务，终究可以感动顾客，使其纠正错误。⑤ 顾客是有理性、有情感、有个性的人，因此他们每一个人都应该受到尊重。⑥ 企业只能认同顾客而不能误导顾客，可以创造顾客而不能教育顾客，更不要企图改造顾客。⑦ 企业只能认同顾客的价值观，而不能要求顾客接受企业的价值观。⑧ 顾客的满意是鉴定企业一切行为的唯一标准，企业只能适应顾客而不能让顾客来适应企业。⑨ 顾客包括内部顾客和外部顾客，顾客满意包括外部顾客满意和内部顾客满意。⑩ 在外部顾客满意和内部顾客满意之间发生冲突时，以外部顾客的满意为主导。这并不是说内部顾客没有外部顾客重要，而是说内部顾客的不满意可以借助其他满意形式进行弥补；面对外部顾客，这种弥补就没有太多的机会。⑪ 顾客满意不仅是个人需求的满意，还包括社会需求的成分，也就是顾客满意是站在法律、道德、社会责任的层面来考虑的。⑫ 顾客满意的标准是不完全一致的，因此，企业提供的产品或服务应该有差异。⑬ 顾客满意是企业的无形资产，它可以随时随地向有形资产转化。多一个满意的顾客，就多一份无形资产；多一个不满意的顾客，就少一份无形资产。

美国服务学家罗瑞·迪茨伯格在《顾客心理》一书中说："顾客是营业员、商店经理和所有者的薪水来源；顾客是商店各种经营活动的血液；顾客是商店的一个组成部分，不是局外人；顾客不会无事登门，是为买而来；顾客不是有求于我们，而是我们有求于顾客；顾客会给我们带来利益，而我们不会给顾客带来利益；顾客不是冷血动物，而是拥有七情六欲的人类的普通一员；顾客不是我们与之争论或与之斗智的人，而是我们应当给予最高礼遇的人。"

（2）客人的人格特点。① 客人是具有优越性的"领导人"。客人在单位可能是办事员，在家可能是专门干家务的，可是一到饭店就自认为是"大人物"，甚至是"上帝"，喜欢居高临下、习惯使唤别人。② 客人是具有任性特点的情绪人。人性的闪光是看场合的，有些客人有当"领导人"的欲望，却无做领导者的素质，即使高素质的客人在旅游活动中也易变成低素质的游客，某些弱点暴露无遗。③ 客人是寻求享受的人。他们要求宽松、舒适、温馨、舒心的环境和产品；他们是"花钱买享受"，不是"花钱买气受"，更不是"花钱买罪受"。这种享受不仅包括物质享受，更包括精神享受。④ 客人是喜欢表现高明的人。人的本性"一爱表现，二爱表扬"。客人尤其希望表现自己、突出自己、肯定自己。⑤ 客人是希望被特别关注的人。我们要发自内心地在乎客人的需要、爱好、兴趣、感受、忧虑、疑问、沟通方式等，在乎客人所在乎的一切。⑥ 客人是斤斤计较的人。客人是异常敏感和脆弱的。现在不是我们挑选、挑剔客人，而是客人挑选、挑剔我们的企业和服务。⑦ 客人是恩怨分明的人。你不理他、他不理你；你不尊重他、他不尊重你；你欺骗他，他加倍报复你；你给他添一点麻烦，他给你添一系列麻烦；你给他创造一点价值，他回报你更多的价值。⑧ 客人是最爱面子、不肯认错的人。中国人爱面子，客人尤其爱面子。给足客人"面子"才能挣足"票子"，不给客人"面子"则赚不到"票子"。我们不要老是盯着客人的"钱袋"而忘掉客人的"脑袋"。

4. 角色关系讲"规范"

（1）客我关系是服务与被服务的角色关系。员工是提供服务者，客人是购买服务者、接受服务者，是服务对象。在服务与被服务的客我关系中，员工"必须"而且"只能"为客人提供服务，满足客人的需求做好服务工作是员工的天职。"服务即交往，交往即服务"，服务是通过人际交往来实现的。服务心理是把服务当作一种特殊的人际交往来研究的。要做好服务，就要掌握人际交往艺术；要掌握人际交往艺术，就要了解、理解服务交往中客我双方的心理与行为规律。

（2）客我关系的特殊性。① 服务—被服务关系是"商业性"的，这是客观存在，不应忽视；但不能过分强调，否则变成了纯粹的"等价交换"而失去人情味。② 服务中没有选择权。只要顾客是客人，员工就有义务去为客人服务。因此，必须学会同各色各样的客人打交道，包括那些"不讲理"的、甚至是故意"找茬儿"的客人。因此，员工行为要"受限制"。③ 客我交往是"短而浅"的交往。不要指望"路遥知马力，日久见人心"，而必须马上把你的一片好心表现出来。同时，你也不要指望客人会和你结下"牢不可破的友谊"，这就要求你有"不图回报"的奉献精神。

（三）正确处理客我双重关系

（1）合二为一看"客人"。客人是"人"，同时又是"客"，因此在分析顾客心理时，既要考虑其"人"的特点，又要考虑其"客"的特点，将两者有机结合起来。第一，正确看待客人：客人永远是最重要的；第二，正确对待客人：客人永远是正确的。但某些员工似乎常常把客人当作"物"来摆布；把客人视作"陌生人"而不理不睬；把客人作为"评头论足""说理争论"的对象来"比高低，争输赢"；把客人作为"接受教育"甚至"改造"的对象；把客人看成是"讨厌的人、麻烦的人"；更有甚者，把客人当"仇人""敌人""罪人"来敌视，进行吵骂、污蔑，甚至是人身攻击。

（2）人的"平等"和角色的"不平等"。不可否认，至今还有一些人，包括员工中的一些人对服务行业抱有偏见，认为干服务工作是"伺候人""低人一等、矮人三分"，总觉得"客人坐着我站着（甚至蹲着、半蹲着），客人吃着我看着，客人玩着我干着"，不能与客人"平起平坐"，心中往往感到不平衡，其实他们把人际关系与服务关系混淆了。从心理角度分析，平等是相互尊重。从客我人际关系分析，员工不能怠慢客人，客人不能瞧不起员工。但当人们扮演社会角色时，把平等理解为客我能够"平起平坐"那就错了。扮演角色的"人"没有高低贵贱之分，但扮演的角色却有主客之别，客我之间是不应"平起平坐"的。处理好客我之间的人与角色的双重关系，服务人员既要有角色意识，使自己的服务行为符合角色规范；又要有"超角色意识"，就是把角色与作为角色扮演者的人区别开来。作为一个人，在接受服务时并不高人一等，在为别人服务时也不矮人三分。服务人员应当为自己争取"人格"的平等，而不是争取角色上的平等。正确的服务理念应该是"我们是淑女绅士为淑女绅士提供服务"。

二、双服务理论

从顾客消费心理分析，可以从两方面来理解服务：一是把为客人解决实际问题的服务称为功能服务，二是在功能服务过程中同时提供满足客人心理需求的心理服务。从客我"服务—被服务"的社会角色关系来分析，客人希望购买的优质产品应该包括功能服务与心理服务。

（一）功能服务：解决实际问题，获得身心满足

（1）功能服务的含义。服务中具有一定客观标准的部分，它满足客人期待着的"实用性"与"享受性"的需求。① 实用性。客人购买旅游产品，首先"人"来了，有许多生理上的需求，有许多实用性的目的，因此服务工作应首先为客人解决具体的实际问题。服务不能只依靠耍嘴皮子，摆花架子，而要落实到具体实际问题中去。② 享受性。通过环境气氛、设施设备、服务项目、服务态度、服务技能等硬、软件服务，使客人身心产生方便感、舒适感与安全感，得到愉悦的享受。

（2）功能服务评价。功能服务主要靠完善、完好的设施设备和客用物品，以及一定的服务项目和服务客观标准。在心理层面上，功能服务给人的感觉一般只能维持在"有—没

有"，至多是"方便—不方便"这一评价方式的程度上。因此，功能服务缺乏个性，更无法创造个性。从理论上说，靠功能服务获取客人好评或创造出一种适合于产生好的服务评价气氛都是不可能的。每个客人所接受的实用性与享受性的服务都一样，使客人很难感到其中哪些是专门"为自己而做的"。并且，无论顾客自己利用与否，功能服务都客观存在着。就是新开发的服务项目，在刚开发时，客人尚有感谢之情，可随着时间发展，客人很快会习以为常，并认为是理所当然的；如果这种服务项目被取消或没做好，到时客人会更强烈地表达不满。

（二）心理服务：产生美好体验，获得心理满意

（1）心理服务含义。人是具有七情六欲和独具个性的复杂人。心理服务即服务的情绪性，是对服务而产生的内心感受、心理体验。服务情绪性是通过人际交往而产生的，是员工与客人之间发生的人际关系的总和，包括态度、动作、表情、言谈等交往方式，使人在心理上得到接纳、尊重、理解，从而获得亲切感、自豪感、新鲜感。

（2）心理服务评价。因人而异、因境而异的情绪差异性使人在不同时间、不同情境下的心情不一样，导致对服务的"好"与"不好"的评价得以产生，当然这种差异感局限于个人性质，在提供服务、享受服务时总要具体地落实到某一个人。情绪性创造了客人的新需求，新需求会造就回头客。心理服务创造了服务个性，创造了服务特色。心理服务依赖员工的服务意识、服务态度、服务艺术与服务技能，通过富有人情味的服务使客人产生美好的体验感、获得感与幸福感。

（三）功能服务与心理服务的关系

（1）互补共生。功能服务是以"物对人为中心"展开的，心理服务是以"人对人为中心"进行的；功能服务满足了客人对产品效用及附带利益的需求，心理服务则满足了客人购买产品时的精神需求；功能服务的评价是在"有—没有""方便—不方便"这个外表层次上进行，而对心理服务的评价是在"好—不好"心理层次上进行的。服务要"高效+微笑"。功能服务要高效圆满地解决客人各种实际问题，心理服务要热情微笑地贯穿于功能服务全过程。服务既不能没有高效，也不能没有微笑，更不能用高效替代微笑或用微笑替代高效。要获得好的服务评价，首先必须有过硬的技术背景进行功能服务；缺乏功能服务，其作为服务的评价就不能成立。总之，功能服务是心理服务的基础和凭借，心理服务是功能服务的深入和发展，两者缺一不可，互补共生；否则，这种服务只能是片面的、不完善的。

（2）两者区别。① 不同的企业、部门与岗位会对不同的客人、不同的消费项目提供不同的功能服务；而心理服务不存在这样的区别，都必须提供。② 功能服务受物质条件制约，不同的物质条件会影响功能服务的成败；而心理服务受物质条件影响很小，企业不会因为物质条件好就自然而然地显得有人情味，物质条件稍差的企业在心理服务方面完全可以赶上甚至超过那些物质条件好的企业。③ 功能服务要求员工有娴熟的专业技能与扎实的专业知识，心理服务则对员工的职业道德、工作态度与心理素质提出了更高的要求，只有充满爱心的、善解人意的、又善于表现人情味的员工，才能向客人提供富有人情味的心理服务。

三、双因素理论

衡量服务质量的好、差、高、低，要从客人满意不满意上来做评价。根据心理学家赫茨伯格"双因素理论"的观点，可把提供心理服务的因素分为两类。

（一）必要因素：避免不满意

（1）必要因素是服务的底线。必要因素是"避免客人不满意"的心理因素，是"少了它就不行"的基本因素，是"人家有，我也要有"的共性因素。服务工作首先要具备必要因素，避免客人不满意。如果服务缺乏必要因素，"别人做得到，你做不到"，客人就会说"没有见过像你这么不好的服务"，客人肯定不满意，甚至会导致投诉。

（2）平等待客，一视同仁。要牢记"来者都是客"，一视同仁对待每一位客人。人首先需要被公正平等地对待，不被亏待、被轻视、被蔑视，甚至被敌视，然后才是希望得到接纳与尊重。

（3）从服务管理来分析，要做到"三化服务"：即标准化、规范化、程序化的服务。"三化"服务有利于克服服务工作中的重复、交叉与错乱，建立最佳服务秩序；有利于生产高质量的产品，稳定与提高服务质量，满足客人的基本需求；有利于企业实现科学管理，控制成本、降低消耗，获得最佳经济效益；有利于企业进行扩张与连锁，建立品牌。在服务管理中，要尽可能地使服务设施、服务项目、服务操作在空间、时间、数量、程度等因素上进行科学分析，予以细化、量化，使服务具有可操作性、可检查性、可评估性，可追踪性。

（二）魅力因素：赢得"满意+惊喜"

（1）魅力因素是服务的境界。魅力因素是"使客人感到特别满意"的心理因素，是"有了它更好"的升华因素，是"人家没有，我有"的个性因素。一个产品缺乏魅力因素，没有光彩亮丽的具有吸引力的个性特色，必然不能畅销；而具有"别人做不到，我能做到"的魅力因素，顾客就会说"还没有见过像你这样好的服务"。

（2）特别关照。心理服务的魅力在于把"特别的爱"给每一位"特别的你"，提供"特别关照"的个性服务。客人作为一个人，具有独特的需要与个性，和谁都不一样。只有提供"针对个人"并"突出个人"的服务时，人才会感到被重视、被优待。

（3）从服务管理来分析，魅力因素要做到新的"三化服务"：即个性化、亲情化与细微化的服务。① 在不违背原则的前提下，满足客人提出的"超出常规"的服务要求。② 在客人遇到特殊情况时主动提供服务。③ 细心观察（有可能的话事先了解）客人特点，提供有针对性的服务。④ 在服务全过程中，"时刻准备着"为客人提供服务。⑤ 对客人的某些不便明说的要求"心领神会"。⑥ 讲究说话艺术，让客人觉得自己受到特别关照的服务。

（4）大众定制化服务。对每一位不同客人提供量身定制的针对性的服务。在工业时代有很大难度，一是每位客人信息的获得，二是企业服务成本的承受能力。信息时代的网络为了解掌握客人信息提供了便利和可能，让大众定制化服务在实践中得以实现。

（三）必要因素与魅力因素的关系

（1）服务评价。客人对服务工作的评价有几种情况：① 缺乏必要因素：不满意。② 具备必要因素，缺乏魅力因素：避免不满意，即不能说不满意，也不能说满意，感觉一般。③ 既有必要因素，又有魅力因素：满意、惊喜、感动、留恋。服务中，缺乏必要因素绝对不行；要在竞争中取胜，就必须提供独特的个性化的魅力因素。换句话说，你要"领先一步"，你就必须比别人"多走一步"。

（2）辩证关系。"一视同仁"的必要因素与"特别关照"的魅力因素是辩证关系。必要因素是基础，是底线。以标准化保证基本的服务质量，以个性化显示有吸引力的服务特色。标准化服务永远是第一重要的，没有标准化服务很难做到让顾客满意，但仅仅有标准化服务也使人感到美中不足，不会使客人满意甚至惊喜。魅力因素是升华，是境界。"特别关照"是建立在"一视同仁"基础上的，"特别关照"是"一视同仁"的深化与升华。对某一位客人的"特别关照"，实际上只是用一种"特别的方式"在服务中体现出对每一位客人应该有的"特别关照"。只要任何一位客人有特别的需要，我们都要给予特别的关照。

四、双满意理论

（一）客人满意

（1）顾客满意心理。客人购买产品是为了获得利益，包括物质上的功能与精神上的愉悦、生理上的满足与心理上的满意。满足与满意，形象地说就是要使客人获得一次愉快、高兴的经历。这个经历包括三层含义：一是让客人高高兴兴地来，高高兴兴地回去；二是让客人高高兴兴地再来，高高兴兴地再回去；三是让客人高高兴兴地带着亲朋好友再来，高高兴兴地带着亲朋好友再回去。这就是要使潜在顾客变成现实的客人，使现实的客人变成满意的客人，使满意的客人变成忠诚的客人，即完成"潜在客—现实客—满意客—回头客—忠诚客"的心路历程。

（2）顾客期望值理论。客人对产品质量的优劣好坏评价在于其主观感受性，由服务前的客人期望和服务后的实际结果之间的关系所决定的，有四种状况：① 结果与预期持平而且处于优良时，会使客人感到名副其实，如愿以偿，感到满意。② 结果超出预期时，客人会认为"出乎意料地好"，产生惊喜、感动。③ 结果与预期在低水平上持平时，客人感觉是"如所期望，仅此而已"，过得去。④ 结果未达预期，客人会强烈地不满。当然，顾客这种主观感受评价会受到客人的个性、情绪、认知等多种心理因素的影响。顾客期望值理论告诉我们，顾客满意不仅取决于企业提供的高质量的产品与服务，而且取决于顾客的期望值与评价。因此，现代企业经营理念不仅要求生产高质量的产品，而且要对客人进行期望值的管理，让顾客把期望值调整到一个合理的阈限。

（二）员工满意

旅游业也要同时让旅游经营者和从业者满意，满足他们日益增长的物质和精神需求。

（三）员工满意与客人满意的关系

根据"企品—人品—产品"的企业价值链理论，要让客人满意，首先要让员工满意；有了高素质的员工，才可能生产高质量的产品；"有了高高兴兴的员工，才可能有高高兴兴的客人"，如表 6-1 所示。要让客人高高兴兴地回去，变成满意客、回头客，甚至是忠诚客，不在于客人来的时候是否高高兴兴，而在于为客服务的员工是否高高兴兴地提供优质服务产品。实践与理论都证明了"有了高高兴兴的员工，才可能提供富有人情味的服务；只有购买到了优质服务，才可能有高高兴兴的客人"。因此企业管理中提出了"两个第一""两个满意""两个忠诚"的理论。管理中只有做到了员工第一，才可能使员工做到客人第一；企业让员工得到了满意，员工才会让客人获得满意；只有让员工忠诚企业，才能使客人忠诚企业。

表 6-1 客我满意的四种情况及结局

情况	客人	员工	结局
一	高高兴兴地来	高高兴兴地服务	客人更高高兴兴地回去

续表

情　况	客　人	员　工	结　局
二	不高高兴兴地来	高高兴兴地服务	客人高高兴兴地回去
三	高高兴兴地来	不高高兴兴地服务	客人不高高兴兴地回去
四	不高高兴兴地来	不高高兴兴地服务	客人更不高高兴兴地回去

第二节　服务心理艺术

一、形象悦人，印象深刻

（一）环境美

1. 企业形象美

现代企业竞争，已经从产品的价格竞争进入非价格的竞争，即产品的质量与服务、产品所蕴含的心理成分等综合因素的竞争；而现在又进入企业文化与企业品牌的竞争。企业形象是企业的宝贵资源，是企业一种有价值的无形资产。企业形象（英文缩写为 CIS）由理念识别（MI）、行为识别（BI）和视觉识别（VI）三大部分构成。理念识别是企业形象系统运作的原动力和实施的基础；行为识别与视觉识别是以理念识别为基础，是理念识别的具体化和视觉化，三个系统相互联系，彼此促进，形成一体。企业形象所产生的力量称之为形象力，可与人力、物力、财力相提并论。这种形象力是凝聚力、创造力、吸引力和竞争力的综合体现。

2. 企业视觉识别形象美

企业形象最为鲜明、最易识别的是行为识别系统与视觉识别系统。良好的动态与静态识别系统能使客人产生深刻的第一印象。客人来到旅游场所，会用感官去感知周围的事物：用眼去观察饭店造型、选材、色调和建筑风格，去观察外部环境和内部环境是否美观雅致、清洁整齐；用鼻去嗅闻空气是否清新，有无异味；用耳去听环境是否宁静，有无噪音；用皮肤去感觉温度是否宜人、物体触感是否舒适。所以企业要重视"装点门面"，给客人提供一个良好的感知形象，让客人生活在一个美好宜人的环境之中。大门和庭院可结合区域特色布设草坪、花园、喷泉、水池、雕塑，环境清新优雅使人心旷神怡。大厅布置既要有时代感，又要有地方民族特色，富于美感。内部光线要柔和，空间要宽敞，色彩要和谐，多种材料与厅内的景物点缀及服务设施摆设要协调，从而烘托出安定、亲切、整洁和舒适的气氛，使客人一进门就能产生一种宾至如归、轻松舒适的感受。大厅布局要简洁合理，各种设施要有醒目易懂的标志，使人一目了然。所有的环境与设施要始终保持高度的清洁卫生，宁静幽雅，创造一个能满足客人需要的，清洁、安静、安全、便利与舒适的高雅环境。

（二）人员美

人的长相、容貌、衣着、举止、言谈等外表因素会产生深刻的第一印象，给客人产生美感、愉悦感。

1. 仪表美

（1）外表美。要求员工五官端正、面容姣好，身材亭亭玉立、伟岸挺拔。
（2）服饰美。① 须穿制服。让客人产生美感，方便客人识别，让员工产生自豪感。

工作服要有企业特色、岗位特点。② 合身得体。注意"四长"：袖至手腕，衣至虎口，裤至脚面，裙至膝盖。注意"四围"：领围以插入一指大小为宜，上衣的胸围、腰围、臀围及裤裙的臀围以穿一件羊毛衫为宜。③ 挺括配套。内衣不外露，不挽袖卷裤，不漏扣掉扣，领带领结与领口的吻合要紧凑且不系歪；上衣平整，裤线笔挺，穿前要烫平，穿后宜挂好；款式简洁高雅，线条自然流畅；工号或标志牌端正地佩戴在左胸的正前方；鞋袜要配套。④ 整齐清洁。无污渍、油渍、异味，特别注意袖口和领子的清洁。

2. 仪容美

（1）化妆。原则：化淡妆上岗。重点："远看头、近看脚，不远不近看中腰"。头发要梳理，长度应适当，胡须要刮净，指甲要修剪；上岗不能佩戴首饰。

（2）卫生。① 做到"四个无"。一无异物：保持面容和身体的清洁，脸上无眼屎、鼻涕、耳屎，身上无残发、头皮屑等，男士不留胡须，鼻毛不能过长。二无异响：身体不要发出诸如肠动、排气声，嘴里不要哈欠连天、打饱嗝，不要打手指响。三无异味：勤洗澡、勤换衣，无汗味或其他异味。上班前不喝酒，不吃大葱、大蒜、韭菜等有刺激气味的食物。四无创破：保持面容、手部等裸露在外的身体各个部分的完好和整洁。② 关注一双手。双手清洁没有污垢；指甲长度不应超过手指的指尖；不涂红色指甲油，不能染彩甲。③ 坚持"三个三"。保持口腔卫生，每天三次刷牙，饭后三分钟内要刷牙，每次刷牙不少于三分钟。

3. 仪态美

（1）站如松。站姿优美：上身正直，头正目平，面带微笑，微收下颌，挺胸收腹，腰直肩平，两臂自然下垂，两腿相靠站直，肌肉略有收缩感，精神饱满。

（2）坐如钟。入座时，轻而缓；女士穿裙装时用手把裙子向前拢一下。坐下后，坐姿平稳、端庄、自然、面带微笑，男士两膝间距一拳，女士并拢。离座时，带走私人物品与垃圾，把椅子按原位摆好。

（3）走如风。上身正直不动，两肩相平不摇，两臂摆动自然，步位相平向前，步度适中均匀，脚印正对前方，走态自然大方。

（4）蹲姿。在低处取物、拾取落地物品、帮助别人或照顾自己时需要采取蹲姿。上身保持站立姿势，侧身下蹲，臀部向下，弯腰低头，与客人侧身相向。女员工必要时手护胸部，以防走光。

（5）手姿。为客人服务或交谈时，给客人做介绍、引路、指引方向时，可适当运用手势，动作自然优美，表达规范正确。

（6）背影风姿。为客服务时，要保持面向顾客的姿态，不可背对客人。在公共场所向客人告辞后，或在领路时、行走中，注重背影形象。

4. 仪情美

详见本节三米微笑的服务艺术。

5. 语言美

详见本节语言艺术。

6. 心灵美

把职业上升为事业来执行，把事业当作术业（学问）来研究。要有良好的服务意识，强烈的工作责任心，细致的工作作风，精湛的工匠技艺。工作要敬业、专业与精业。

二、舒适方便，符合人性

1. 设施设备的完好性

旅游设施设备是旅游企业向旅游者提供旅游服务所凭借的物质载体，是提供功能服务的物质基础，是构成整体旅游产品的必备要素。既有交通、餐饮、住宿、游览等专门设施，还有道路、通信、电力、停车场及旅游地的环境绿化、美化等基础设施。各种设施设备要齐全、完好，而且数量、比例要相互协调，保证旅游者进得来、住得下、玩得开、走得动、出得去。硬件设施的档次要与服务方式和水平相配套。随着现代旅游活动的不断发展，人们的旅游需要呈现出多元化的趋势，旅游设施设备也要具有多层次性和多样性，能满足各类不同旅游者的各种需要。

2. 设施设备的好客性

（1）人性化。旅游设施设备应能使客人身心产生安全感、舒适感与方便感。以星级饭店为例，饭店的硬件、软件要求如表6-2所示。

表6-2 饭店的硬件、软件要求

	一星	二星	三星	四星	五星
硬件要求	卫生	卫生、方便	卫生、方便、舒适	卫生、方便、舒适、豪华	卫生、方便、舒适、豪华、文化
软件要求	爱心	爱心、诚心	爱心、诚心、耐心	爱心、诚心、耐心、细心	爱心、诚心、耐心、细心、精心

（2）精细化。设施设备舒适方便，应从工程心理角度进行细化。如上海四季酒店人性化的设施：房号牌，在门侧的门铃按钮墙上（目的是遇到会议客人开着门串门，观看门号不易）。门铃，按一下是不响的，如里面有人，会出现一个人头。房门中有钢板，三面有橡皮条，门下是大理石条，既密封防火又隔音，可抗烧6小时。进门不须插房卡，给客人带来方便。房门背后有"为了您的安全，请确认您的房间已经关闭"指示牌。钩子可挂"请勿打扰"牌子。客房温度，冬天20℃~22℃，夏天南方26℃，北方24℃。房内光线为50~60勒克斯，便于看书学习；卫生间光线总量50勒克斯（浴灯10，便器10，镜前灯30）。打开电视机，首先是安全介绍。床是极品，席梦思由100多种原材料做成，人体的任何部位沉降力都能支托到，床的松软度为压重50千克以上，下陷1.2~1.5毫米；席梦思一季度翻转一次，一年移位四个角；床垫和枕头可以更换；布草是200支棉制品。床尾垫凳可以翻起，搁放大箱子。地毯弹性为下陷1厘米，脚感舒服。沙发的扶手、坐垫、靠背和下沿的拼花全部对接。保险箱放在电视机下，不须弯腰，大小可放得下手提电脑。床对面的墙上有只扫描式的电子钟。小酒吧根据国人特点放置酒品。床头有显眼的不间断电源，电插座位置方便使用。宽带线，拉开电话机下的翻板就可以使用，密码就是房号。卫生间墙面用防水、防潮、防霉的高强度的墙纸，使人温暖。干湿分开，淋浴间的门可两面开，大于30°角时就停在那个位置，小于30°角时就自动关闭。音箱藏在洗脸池下面。水龙头装在客人立于淋浴间外伸手可得的地方。卫生间的门与门框间有3块小橡皮，防止噪音，延长使用寿命。双层浴帘，一层在浴缸外面，一层在浴缸里面。水流，热水10秒内流出来，5秒最佳；流量，20~22毫升/秒，24~30个喷眼，有小、中、大、暴雨四种。水温，锅炉出来不超过60℃，到客房不超过56℃，冷水澡22℃、热水澡35℃。恭桶对面的墙上有只电子钟，便于了解时间。漱口杯用陶瓷的，美观。垃圾桶艺术化。有退房按键（保证结账速度）。指示文字不写"非赠品""不准带走"，而贴上动物卡通"请勿将我带走"。小熊卡通拉着床单"今天就不换了，感谢您的支持！"

（3）智能化。如山东大厦"21世纪客房"的智能化设施设备：全自动音乐伴音的卫生洁具，化妆镜内嵌式电视机，电视门窥镜，最新型的多媒体连接器，双层电动窗帘和智能调光玻璃，拥有数字电视、点播、酒店服务、互联网信息查询、会议通告、行程安排等功能的互动电视信息服务系统平台，让客人感到一切是那么便捷和智能。

三、平等待客，一视同仁

（一）"来者都是客"

（1）每一位客人都希望得到款待、善待与优待。花费了一定的货币与心理货币（时间、精力、体力……）的顾客，要求员工把他当作"客人"来接待，不希望被亏待，而希望被款待、善待与优待；不希望被忽视、蔑视、轻视，而希望得到重视；不希望被冷落、摆布，而希望被热情地理解与尊重。

（2）等距离原则：善待每一位客人。一位德国旅游专家做过比喻：员工与客人的关系就如圆心与圆周的关系。员工必须站在圆心的位置，偏离了中心位置，就会对客人距离有远近，而厚此薄彼、近此远彼、亲此疏彼，这是服务上的大忌。当然，人都有情感与欲望，必然会对他周围所接触的人有亲疏之别、远近之分，这是很自然的事。但作为一名员工，现在你扮演的是服务人员的职业角色，这就要求你具有服务人员的角色意识，按服务人员的角色规范去从事服务人员的角色行为。因此，员工上岗以后，要对每一位客人做好服务工作。即使员工并非对客有亲有疏，有时客人也会根据某些功能服务上的差别来指责员工"有偏向"。我们要认识到客人是人，他们是"异常敏感和脆弱的"，因此有经验的员工要尽可能地使同一团队的客人、同一情境的客人得到相同的功能服务。实在无法避免时，也要事先说明，取得谅解，事后采取措施，使那些觉得"吃了亏"的客人得到补偿。

（3）平等待客要做到"八个一样"。服务的基础在于公正，员工要牢记"来者都是客"。要做到"八个一样"："高、低"一样，对消费水平高与消费水平低的客人一样对待；"内、外"一样，对国内客人与外国客人一样对待；"华、洋"一样，对海外华人与外国客人一样对待；"东、西"一样，对东方客人与西方客人一样对待；"黑、白"一样，对白肤色客人与其他肤色客人一样对待；"新、老"一样，对陌生客人与熟悉客人一样对待；"美、丑"一样，对长相漂亮的客人与长相难看的客人一样对待；"男、女"一样，对同性客人与异性客人一样对待；"贵、贱"一样，对衣着华贵的客人与衣着一般的客人、对社会地位高的客人与对平民百姓一样对待。

（二）提供标准化、规范化、程序化的"三化"服务

1. 标准化概述

（1）标准含义。标准是对重复性的事物和概念所做的统一规定，是需要共同遵守的准则和依据。包括国家标准、行业标准、地方标准与企业标准。管理、服务首先把标准定出来，不能无标准、标准不全、标准模糊，这是科学管理、规范化服务的第一步。标准分为定性标准（结果标准化）与定量标准（过程标准化），两者是目的与手段的关系，前者是后者的基础和依据，后者是前者的保证，相辅相成，缺一不可。

（2）标准化的重要性与必要性。平等待客，要坚持标准化、规范化与程序化的服务。"三化"服务有利于克服工作中的重复、交叉与错乱，建立最佳服务秩序；有利于生产高质量的产品，稳定与提高服务质量；有利于企业控制成本、降低消耗，获得最佳经济效益；有利于企业进行扩张与连锁，建立品牌。以标准化提升服务品质，以品牌化提供顾客满意度。

2. 标准化、规范化、程序化服务的典型案例

（1）"如家"经济型酒店集团。《如家运营文件汇编》（共17册，如硬件手册、前台手册、餐饮手册、客房手册、销售手册、人力资源管理手册、礼仪手册、开业手册、工程维护手册、VI手册）是内部标准作业流程的"圣经"。内容十分细致，如十步之内目光专注，五步之内微笑打招呼。打开电视机，锁定中央一台，音量为15；案头便签必须5张。白天

整理房间不开灯、关紧水龙头、笔尖不能对着客人、接电话用左手，等等。

（2）世界著名餐饮集团"麦当劳"。成功诀窍在于制度的量化和可操作性。如严格的检查制度，对每个营业点的检查有12个重点（营业额、顾客量、顾客平均消费、食品原料价格、人员工资、周转现金、其他销售及损失、收银操作错误、作废处理、水费、电费、煤气费等）。产品标准十分细化。如面包气孔直径5毫米左右，厚度17厘米，放在嘴里味道最好。可乐温度4℃最佳。牛肉饼直径9.85厘米、厚度6.65厘米、重量45克时，边际效益达到最大值，煎1分45秒。柜台高度92厘米，顾客在掏钱付账时最方便。炸薯条超过7分钟，汉堡包超过10分钟毫不犹豫扔掉。员工怎么梳头发、穿衣服、戴帽子、剪指甲、洗手；室内温度、抹布擦几次桌子再翻面、卫生间几分钟打扫一次等，都有详细的规定。

（3）杭州国旅、青旅的标准化行程。游客报名时，可以在行程单上清楚地看到交通工具、下榻酒店的名称及其地址、住宿条件、联系电话、菜单、游览景点及每个景点的游览时间以及在哪个商店购物等具体信息，在导游服务、行程、购物、自费项目中也设定了相关指标，一旦发现实际情况有出入，将得到最高1 000元的赔偿。

3．"三化"服务的标准制定

（1）要求。最大限度地满足客人的身心需求，最大能力地显示员工的服务功能。两者是统一的，只有员工"充分服务"了，客人才能有"最大满足"。① 一切围绕客人。以满足客人需求为出发点和落脚点，让客人生理上产生安全感、舒适感、方便感，心理上产生亲切感、自豪感和新鲜感。② 增加服务瞬间。尽量增加客人与员工服务的非直接接触和直接接触的可能机会。让客人在体验中获得身心愉悦。③ 增强情感交流。创造体验情境，增加情感沟通的机会。④ 服务简单便利。以尽可能简单便利的形式向客人提供服务。⑤ 减轻员工疲劳。服务动作设计合理，尽量减少机械重复性劳动的次数，体力消耗小且均匀，减少工伤的可能，减轻员工劳动体力疲劳和心理疲劳。⑥ 发挥能动作用。在规范化的前提下，给予员工充分发挥自己服务才华的余地。⑦ 降低服务成本。程序设计要有利于服务生产率的提高，在达到服务功能的前提下，考虑最低成本。⑧ 业余时间快乐。使员工在上岗前和下岗后的非工作时间里轻松欢乐、精神愉快，无后顾之忧。

（2）步骤。① 将整个服务过程分解成若干个服务工作阶段（即流程），画出流程图。② 把每一服务流程细分为若干环节，规定每个环节的工作内容和操作要求。注意各环节之间的衔接，不要留下空白之处。③ 每项内容有动作、姿势、仪态、语言、手续、时间、原材料和设备的质量与数理、使用的器具等细致的操作要求。

（3）方法。① 文字化。上下级和横向部门之间大量的指令和信息传递应采用备忘录形式，防止信息失真和管理失误。② 数据化。服务设施、服务项目、服务操作在时间、空间、温度、湿度、频度、速度、角度、长度、高度、宽度、深度等方面定量、细化，使规范具有可操作性、可检查性、可评估性、可追踪性。③ 表格化。善用、多用表格，把做的事情写下来，进行表格化管理。④ 图形化。通过图片、照片、摄像的形象展示，既有利于客人对服务项目、内容、位置、时间的了解，也有利于企业内部服务的管理、培训和激励。方便、醒目、简洁是图形展示的三大基本要素。

四、特别关照，富有人情味

（一）个性化服务

（1）针对服务。客人评价服务质量是根据"为我提供"的服务而产生的感觉来做判断的，要获得客人好评，就要为客人提供有针对性的即"针对个人"的服务。作为一个"客人"，他和其他客人一样，希望得到一视同仁的规范服务；作为一个"人"，他和谁都不一样，有自己特殊的需要，希望得到特别关照的服务。针对个性、突出个性的服务就是把一份"特别的爱"给予"特别的你（客人）"。个性化服务就是"您想睡觉，就给您送上枕头"。有时某一项标准化的服务不一定有很强的针对性，但可选择显得有针对性的语言艺术来表达，如"为您准备……""为您挑选的……"等。

（2）领悟服务。当客人想让员工提供某种服务却又不便明说时，当客人有某种难言之隐时，需要员工"心领神会"并做出恰当的反应。如有的客人在筵席上明明没吃饱，但看到他人不吃主食了，自己也不好意思吃了。这时员工就该提供领悟服务，把盛着小点心的盘子移到他面前，巧妙地说："我们做的小点心很好吃，请您一定尝尝。"如有的客人想"省钱"，可又怕别人说他"小气""寒酸"而不敢明说，员工则应推荐低价菜肴。如有的客人不会使用某设备，又不好意思明说，这时，员工的眼睛可"看穿"，而口中决不能"说穿"，然后"心领神会"地帮助客人，客人一定会感到十分满意。

（3）"三想"服务。心中有人，眼里有活。想到客人心头，做到客人前头。想客人之所想，提供标准化服务，让客人满意；想客人之专想，提供个性化服务，让客人惊喜；想客人之未想，提供超常化服务，让客人感动。

（4）"五心"服务。爱心服务，细心服务，耐心服务，用心服务（用心观察、发现、研究、创造），诚心服务（换位思考、将心比心；善待、理解、关心）。

（5）"三首"服务。首问负责，百问不厌；首帮负责，一帮到底；首诉负责，有诉即应。从我开始，到我为止。

（二）亲情化服务

1. 人情味的表现

（1）亲切感。消除孤独感、获得亲切感是人所固有的一种高级心理需求。人需要获得情感上的交流与关爱，人际交往是获得亲切感的重要途径。人总希望并愿意与热情的人打交道，而远离冷漠的人。作为一个"客人"更是期待着由充满热情的员工提供一种富有人情味的温馨服务，而不希望得到冷冰冰、硬邦邦、干巴巴的"机器人"式的机械服务。如果单讲效率，也许只有机器人的服务是最高效的，但服务业中，人的服务永远也不可能完全被机器人的服务所代替。因为人有感情，机器人只有逻辑没有感情。产生亲切感的关键是要"和蔼可亲""声情并茂"，员工要把为客服务的"和蔼可亲"的态度通过语言、表情与动作"声情并茂"地表现出来。

（2）自豪感。自豪感是人的最基本、最重要的一种高级心理。让人获得自豪感的艺术是让他感到"您重要！"即"让客人对他自己更加满意"。人际交往中有"别人对别人""别人对自己""自己对别人""自己对自己"等四种满意与不满意的情况，而人最关切、最重要的是"自己对自己"的满意。人感到自豪还是自卑，与别人如何对他密切相关。能经常从别人处得到肯定性反应，就会感到自豪；如得到否定性反应，就会感到自卑。人际交往是相互作用的，如果你能让他对自己满意，他就一定会对你满意；如果你让他对自己不满意，他就一定会对你不满意。

2. 员工要富有并善于表现人情味

（1）员工要富有人情味。员工是感情上的富有者，而不是感情上的贫穷者。同时，员工必须懂得客人的心理需求，在与客交往过程中能够细致全面地了解客人在情绪上的微妙变化，并及时主动地做出恰当的反应，把自己的温馨感情移情于客人。

（2）员工要善于表现人情味。"路遥知马力，日久见人心"的古语，在正常的人际交往中是至理名言，但在服务中却不适应，由于客我交往是一种于"短而浅"（交往时间短、交往程度浅）的人际交往，因此应善于把"乐于为客人效劳"的"人心"，想方设法地充分表现出来，使客人"马上"体验到人情味。

（3）让人满意就要尊重他——"您重要！"尊重就是一要重视，二要尊敬。只有把顾客当"客人"来重视，提供标准化服务，客人才没有被轻视、蔑视之感；只有把顾客当"人"来尊敬，提供个性化的服务，客人才会"满意加惊喜"。尊重客人，就要尊重客人的风俗习惯、宗教信仰、个人爱好和忌讳，不能要求客人"入乡随俗"，有时服务员因为不了解客人的喜忌差异心理，就会莫名其妙地得罪客人。尊重和保护客人的隐私和自尊心，要学会"扬长避短"。"扬长"就是去努力发现与赞美客人的长处；"避短"比"扬长"更重要，决不能让客人"出丑"，决不能对客人的"短处"表现出你的"注意"与"兴趣"，更不能去讽刺嘲笑。当客人由于缺乏经验而"出洋相"时，你只能"眼中看穿"不能"口中说穿"。如能在客人陷入窘境时，帮助其渡过难关，保住他的面子，他会从内心感谢你。能让客人自己对自己满意，员工也会赢得客人的满意。

（三）细微化服务

（1）注重细节，追求卓越。古人曰："天下难事必作于易，天下大事必作于细。"我们进入了一个精细化的服务时代。细节影响成败，关键细节决定成败。海尔总裁张瑞敏说："把每一件简单的事做好就是不简单，把每一件平凡的事做好就是不平凡。"服务无小事，事事要重视。服务产品的特点是 100-1=0，100+1=满意+惊喜，这个"1"就是细节。对客人要"于细微处见尊重"。

（2）研磨服务"真实瞬间"，提升精细服务水平。"真实瞬间"就是客我服务交往过程中的每一个接触点，服务产品由许许多多的服务的"真实瞬间"构成，服务差异体现在每一个细微的"真实瞬间"之中。我们要把为客服务的每一个"接触点"变成提高服务质量的"关键点"，形成企业形象的"闪光点"。员工不仅自己要富有人情味，更要研究如何在细微之处体现人情味。"真实瞬间"可从以下方面寻找：一是环境氛围的细节，二是设施设备的细节，三是员工形象的细节，四是服务礼仪的细节，五是交际技巧的细节，六是为客服务的项目、流程的细节，七是服务效率的细节。如客人光临时，迎接人员要立即热情接待。客人的手提箱虽不沉重，员工为他提箱并没从体力上减轻客人多少负担，然而接与不接，心理效果大不一样：不接手提箱就显不出客人的"派头"，接了手提箱会使客人的自尊心得到满足。客人在商场购物，如果员工一时忙不过来，不能立即为他服务，就要先向他打个招呼。尽管对客人来说，有这句话是等待，没有这句话也是等待，然而有了这句话就表现出服务人员对客人的尊重，具有"安定人心"的作用，反之会使客人产生被轻视、冷落之感。

（四）超值化服务

（1）超常服务。在不违背原则的前提下，对每一位客人的特殊需要提供"超出常规"的服务。一种情况是客人自己提出的不同于其他客人的要求，而这种要求在服务规范中是没有的，这正是为客人提供针对性服务的大好时机；另一种情况是虽然客人本人并没有提出特殊要求，但他有这方面的需要，这就要靠员工用眼观察，用心发现，然后提供针对性的服务。对一些特殊的客人应格外关注，如老年客人年高体弱，行动不便；残疾客人起居不便；情绪不佳客人敏感多疑，反复无常……针对他们的心理做好服务工作。

（2）超前服务。员工应主动寻找为客人提供服务的机会，就是在客人暂时不用服务时，员工也要"时刻准备着"，眼观六路，耳听八方，"心中想着客人，眼里看着客人"，对客人发出的"请为我提供服务"的信号及时主动提供服务。不称职的员工往往心不在焉，对服务信号反应迟钝，甚至根本收不到；一般员工能在客人发出信号后，及时地提供服务；优秀员工在客人尚未发出信号又有需要之际就能察言观色，主动服务。

（3）超值服务。功能服务一般是需要收费的，而心理服务则可以超出客人的心理预期，这就是超值。当你准备向客人说"不"时，用心做事的机会到了；当客人有个性化需求时，让客人惊喜的机会到了；当客人有困难需要帮助时，让客人感动的机会到了。

（五）恰好化服务

1. 适度服务

优质服务是"投客所好、顺乎自然、恰到好处"。恰好就是适时、适当。客人有现实需求，就要及时提供服务；客人有潜在需求，就要提供超前服务；但客人没有这种需求，你却非要提供"服务"，这时服务就会变成不适宜的干扰。

2. "干扰服务"的表现形式

（1）流程式服务过度。客人不愿意接受或带来负面效应，让人有不适之感。如客人正在午休，员工敲门热情地送来一份报纸；正在如厕，酒店来电征询服务意见和建议。过分讲究礼节，烦琐、铺张的服务，没有个人空间，让客人感到没有隐私，如正在包间边吃饭边谈公务，员工贴身式紧逼地为客服务。又如大堂公共卫生间员工的"全方位服务"；客房服务员过分热情地帮客人洗内衣。《中国旅游报》曾刊登过"三声问好反遭投诉"的文章。一位客人有早起散步的习惯。当天，他起来散步，出门时门童问了一声"先生，您好"；散步回来进门时，门童又是"先生，您好"；上电梯时，一位服务员问了第三声"先生，您好"。这位客人面对如此礼遇，反而把他们投诉到酒店总经理那里。服务员的服务程序刻板，缺少情感，千人一面，让人心里不舒服。

（2）非流程式服务过度。如推销式服务过度，领会式服务过度，拍马式服务过度。

（3）设施设备服务过度。如过度装潢、过于豪华；房间灯具齐全，但就是无法关灭所有的灯光；"高科技"实施设备的遥控器使用不便；客房"六小件"的塑料包装难以撕开；洗浴用的包装盒做工精致，但上面的字体小到无法辨认，等等。

（六）金钥匙服务

1. 含义

金钥匙一词出自法语 CONCIERGE，原指古代酒店守门人，负责迎来送往和掌管客服钥匙，现代酒店业是指从事委托代办的提供"一条龙服务"的礼宾司成员。金钥匙服务是追求达到极致的尽善尽美的个性化服务。竭尽所能，追求无所不能；细致入微，乐于锦上添花。其职责几乎无所不包，其服务几乎无所不能，只要不违反道德观和法律，任何事情都能做到，故被客人誉为"多面手""百事通""万能博士"。

2. 理念

（1）先利人后利己，用心极致，满意加惊喜，在客人的惊喜中找到富有的人生。

（2）无所不能、无微不至。只说"Yes"不说"No"，说"Yes"不用请示，讲"No"需要报告。

（3）富有人生。① 精神富有，不断地拥有追求。② 知识技能富有，不断地丰富自己。③ 朋友富有，不断地扩大友缘。④ 物质富有，不过小康而已。

五、声情并茂，溢于言表

（一）语言艺术

1. "柔性语言"艺术

（1）柔性语言。语气亲切，语调柔和，语音甜美，措辞委婉，说理自然。说话要讲究艺术性。同样的话，即使在形式逻辑上等值，而用不同的说法来表达，就会产生不同的心理感受，说得好使人笑，说得不好使人恼，甚至使人跳。

（2）"三情"合一。① 心中有情。只要心中有客人，眼里有活儿，有人情味的话语自然就会流畅。② 表达动情。善于运用富有感染力的语言，让客人感受到温情。③ 与客共情。建立和客人共同、共有、共享和"共振"的情感，保持情感和谐与默契。

（3）表达艺术。① 音量。"轻声细语"，音量不可过大。② 音高。中音最饱满、厚实、好听，高音高亢、响亮，低音深沉。用中音讲话，声音跌宕起伏，令人余音绕梁，同时也有上下浮动的空间。③ 音速。过快给人紧张、仓促、不自信感；太慢使人觉得怠慢、拖沓。因人而异、恰到好处地快慢张弛适中，娓娓道来，会给客人留下自信、稳健的印象。④ 语态。体现出语言的"敬、诚、雅、暖、谦"的风格。

2. 语言交际艺术

（1）准确与规范。词语规范准确，声音优美动听，表达灵活恰当。为客服务要有"六声"：欢迎声、问候声、招呼声、感谢声、致歉声、告别声；禁用"六语"：命令语、烦躁语、蔑视语、否定语、斗气语、粗言秽语。"十字礼貌用语"：请、您好、谢谢、再见、对不起。员工应掌握多种外语或方言，不仅方便工作，也使客人倍感亲切，异乡遇乡音，增加对客人的吸引力。

（2）恭敬与谦让。"言为心声"，语言表达了人的内心态度。趾高气扬、颐指气使、盛气凌人的"家长命令式"态度会使客人不满；低三下四、卑躬屈膝的"奴才式"态度有损于国格、人格，也不可取；落落大方，不卑不亢的平等式态度才是谦恭有礼的。要使用敬语、雅语、谦语等文明礼貌的服务语。

（3）迎合与委婉。在人际交往中，要善于选择话题与说话方式，熟人见面可开门见山、直截了当（当然也要艺术地说）；与人初次见面，除一般性、业务性的话题外，可就事论事，一语道破，其余则要谨慎说话。人们喜欢听顺耳的话，不爱听逆耳的话。因此，讲话要"探其所好、投其所好""顺着客人说"，要选择对方感兴趣的话题，避免使对方难堪或引起误解的话题，决不能涉及个人隐私或进行人身攻击。

（4）道歉与致谢。服务中，凡有可能使客人感到不方便、麻烦时，要先向客人表示歉意："对不起，麻烦您了""不好意思，打搅一下"；当客人按照我们的要求做了，就要向客人表示感谢。在员工为客服务后，客人向员工表示感谢时，员工应谦虚地回答："谢谢您的夸奖""这是我应该做的"，而不要置之不理。

（5）赞扬与祝愿。爱听赞美话是人之常情，要使客人高兴，就要讲赞扬的话、祝愿的话。讲话就像"山谷回音"，你送出去什么声音，它就回报你什么声音；你讲赞美的话，客人就会回报我们所期望的行为。当然，赞美要具体、真实，有分寸，不能让客人觉得你在作秀。

（6）理解与安慰。对客人的难处、困境要重视并提供帮助，不能漠不关心，不理不睬，人在紧张、失望、无助之时，十分需要心理安慰与心理支持。这时要设身处地说些安慰、理解的话，解除客人的心理紧张。

3. 服务语言效应

（1）姓氏效应。人名的取名，一有识别功能，二有期望功能。人只有在熟悉的情况下，才会被他人用姓名称呼；而且，人际关系越亲密，称呼姓名的字数越是少，会用姓氏前加上"小"或"老"来称呼；当直呼其名，连姓也不叫了，说明关系十分亲密。学会用客人的姓名来称呼客人，会让客人觉得有人情味，这是个性化服务的技巧之一。初次见面，姓氏称呼，让客人感到他不是芸芸众生中的等闲之辈，而是一个"举足轻重"的人。再次来访，姓氏称呼，让客人感到自己是一个被人"挂在心上"的人。当不知道对方姓名时，尊称小姐、先生，这是标准化服务，客人感觉一般；知道对方职位时，用他的职务职称来称呼，客人会产生好感；知道对方姓名时，职务前加上姓氏称呼，则会有人情味。在服务中，对VIP客人，要事先了解其姓名职务，在客人来了以后，所有为他服务的员工都应用姓氏加职务的称呼来尊称；对一般的客人，则需要员工敏锐观察、仔细了解所服务的客人的姓氏，然后用姓氏来称呼，以增加客人的好感。

（2）"是的效应"。① 首先肯定。同样的话有不同的说法，用肯定的语气说话总是比用否定的语气说话更容易让人接受。最好是说"请您"，而不要说"请不要"。客人提出要求，如果你办不到，那么，最好是向他说明你能够为他做什么，而不要只是说你不能为他做什么。如果你不能同意客人的某个建议，那么最好是提出你的建议，而不要只是简单地否定客人的建议。如果某件事情没办妥，最好对客人说很快能办好，或者是什么时候能办好，而不要只是说一句还没有办妥。② 委婉解释。任何时候都不用简单的否定语和回绝客人的语音语调说话，千万不能把"不行""不能""办不到"等否定词语放在第一句话的第一个词来说。如果一定要表达否定性的内容，要善于"拐个弯"说，绝不要生硬地把对方顶回去。如客人嫌商品贵，员工千万不能说"不贵"，而要顺着客人说"可能贵一些，不过您看，质量特别好"。③ 替代满足。由于不是因为主观原因做不到，而是客观条件不具备，不能满足客人要求时，在委婉解释后，要用替代的方法来满足客人的要求，让客人心理得到补偿。

（二）身体语言艺术

身体语言是无声语言，也称身势语或体态语。身体语言是内心情感的体现，也是人性的镜子。美国心理学家指出，交际双方的沟通信息，动作表情占55%，言语表情占38%，语言内容仅占7%，可见身体语言的重要性。

1. 目光专注

（1）眼神。眼睛是心灵的窗户。眼神可表达各种感情，如对所喜爱的人总是眼神深切，甚至"含情脉脉"；讨厌他人则会直愣愣地盯着对方，或上下左右审视打量对方；也可表示彼此距离，如"不屑一顾"；也可显示自己的优越感，也可表示屈从退让；等等。为客服务的眼神应该是：尊重、亲切、友善、互动，不应冷漠、疲惫和鄙视。目光不要躲躲闪闪、羞羞答答，应自然大方地进行交流。

（2）视线。① 对人尊重的视线是平视。人际交往时有四种视线，即仰视、俯视、斜视与平视。随时保持与客人平视，以示亲切、尊重、诚恳。当客人体位比自己低矮时，应弯腰欠身或半蹲身子，与客人保持平视视线。在楼梯上遇到下面的顾客问询时，应主动下到平处，站在跟顾客相同的高度说话，显得恭敬又亲切。与儿童说话时，必须蹲下使视线高度一致，更显可亲可信。与人交谈时，切忌眼睛眯眼、斜眼、窥视、睥视、蔑视、盯视、居高临下地俯视或闭眼、白眼，或目光涣散、左顾右盼、东张西望，游离不定，这是傲慢、怯懦、漫不经心的表现，是"目中无人""目空一切"。客人多时，应扫视、环视所有客人，以避免不在自己视线中的客人产生冷落感和孤独感。② 随时保持与客人视线接触的积极状态。与顾客视线相交时，员工应主动做出反应，以消除顾客羞于开口或犹豫不决的心理，礼貌地打个招呼，赢得客人的好感。任何时候都不允许员工身体挡住客人的视线。当你正与一位顾客应答，而另一位顾客走近时，可在不中断应答的同时用目光向另一位致意，虽短暂，却是你热情的流露。

（3）视位。与人沟通时，眼睛要看着对方，不能东张西望、心不在焉，不看手表和钟点时间。目光注视对方的位置与人际关系及活动有关：① 公务注视区。额头至双眼之间，表示双方谈话都处于非常严肃的状态。② 社交注视区。双眼到嘴部之间的黄金三角区,注视这里有利于传递礼貌友好的信息。③ 亲密注视区。以对方的眼睛、嘴部和胸部所连接的大三角区。注意一般交往中,不要看着他人的胸部、腹部等隐私区域。

(4)时间。注视客人时,要看不要盯。人们视线相互接触的时间长短与情感有关。① 视线接触的总时间。人们视线接触的时间占交往总时间的 30%~60% 表示关系一般,超过 60% 表明有好感,低于 30% 暗示没兴趣。谈话顺利时目光交流频繁,谈话不顺时则很少对视,而争吵时会相互长时间地瞪眼;但谈论十分亲密话题时,目光交流反而减少,以免过分亲热。一般交往以 50% 的时间注视对方,另外 50% 的时间注视对方脸部以外的 5~10 厘米处。② 每次视线接触的时间。注视客人时应神情专注、自然大方,每次目光专注对方的时间约为 1~2 秒钟;但不可久盯不放,时间过长会令人尴尬。当别人难堪时、交谈休息时或停止谈话时,不要正视对方。

2. 三米微笑

(1)微笑的心理效应。微笑是最美的脸部表情,是热情好客的表现,是自信有力量的表达,最富有感染力,最有益于身心健康。微笑是文明礼貌服务之标,是主动热情待客之表,是密切主客关系之方,是提高经济效益之宝。合格的服务是看员工有没有微笑,不会笑的员工在服务中缺乏灵魂;优质的服务是看客人有没有微笑,要把我们的微笑带到客人的脸上。

(2)微笑要发自内心。① 真诚微笑。微笑要发自内心,做到"笑到、口到、眼到(眼睛也应含有笑意)、心到、意到、神到、情到",诚于中而形于外,真诚、亲切、甜美和动人。② 职业微笑。当内心因各种原因无法做到真诚微笑时,至少要做到职业微笑,即脸部表情的动作要符合微笑动作的规范。

(3)微笑应合乎规范。① 员工在一人独处时,或者离客人较远无法进行目光交流时,应"微微笑",嘴角两端略提起,嘴唇略呈弧形,眉毛自然舒展,含笑不露齿。② 在与客人距离 3 米左右时,应脸带微笑主动招呼。按照美国沃尔玛的经验,微笑时要露出八颗牙齿,而不能哈哈大笑。③ 场合适宜。特别严肃的场合、当别人做错事、说错话、遭受重大打击心情悲痛时则不宜笑。④ 禁止动作。微笑不能勉强敷衍,不能机械呆板,不可故作笑颜、假意奉承,不能为笑而笑、无笑装笑。

3. 主动招呼

(1)见面打招呼。人与人持续的关系源于经常友好的互动。根据不同客人主动招呼:对新来客人要主动问好、欢迎;对回归客人要道安;对离去客人要道别。打招呼要早、午、晚有别。嘘寒问暖、体贴入微,主动询问是否需要帮助,但千万不要出现"饭吃过吗?""您到哪里去?"等涉及隐私的问候。打招呼的方式有点头、摆手、脱帽、鞠躬。根据时间、对象和场合灵活正确运用。动作要规范。在自我介绍时,应目视对方,手位摆放得体,介绍实事求是。介绍他人时,手势规范,先后有别。

(2)称呼要正确。根据客人的姓名、性别、身份、年龄、职业等具体情况运用不同的、恰如其分的称呼。尽可能了解、记住并称呼客人的姓氏与职务。

(3)分别问平安。对老人、妇女、孩子、重要客人分别后,估计他到家时间后,主动打个电话问候其是否平安到达。

(4)交往有回应。凡采用如微信、短信、电子邮件、信件等单向沟通方式时,接收到信息后一定要有个回音,让对方放心。

(5)平时常问候。不要"有事有人,无事无人"。在各种节日、生日等时机,通过打电话、发短信、微信、电子邮件、寄生日卡等各种方式问候,增进人际感情。

4. 巧用手势

(1)手势语的特点。手势语是最原始、最基本、最常见、最富表现力的一种身体语言，受潜意识控制。手势语的内容十分丰富，如伸出大拇指表示赞叹、夸奖，低垂小指意为贬低、否定，而"OK"动作、"胜利"动作是西方特有的手指动作。挥手、摇手、摆手、双手摊开、鼓掌、击掌、拍手、合掌都表达一定的意义。双手撑腰表示亢奋、激动，双手抱胸表示平和，双手低垂表示恭顺，双手倒背表示沉思。手与脸、与身体的配合意义就更多了。

（2）使用掌语。为客服务应使用掌语，右手或左手抬高至腰前部，五指并拢，拇指内扣，掌心斜向上方，手掌与地面形成45°夹角。掌心向上，表示真诚、坦荡和服从；掌心向下，则有命令、指示、压制之意。禁止使用拳头，禁止使用小指、中指指点客人或物品。应用大拇指点赞。若使用食指，要虚指，而不应指着客人，这是不礼貌的攻击性动作。手势的动作宜软不宜硬、宜少不宜多、宜小不宜大，不要手舞足蹈。做手势时，腕关节伸直，手与前臂形成直线，以其肘部为轴，弯曲140°为宜，朝一定方向伸出手臂指向目标。

（3）禁止手势。① 易误解的手势。如个人习惯性地抚摸头、鼻子、嘴、眼镜等手势，不同文化含义的手势。② 不卫生的手势。如搔头皮、掏耳朵、擦眼屎、抠鼻孔、剔牙齿、抓痒痒、搓脚等。③ 欠稳重的手势。在大庭广众前双手乱动、乱摸、乱举、乱扶、乱放，或咬指尖、折衣角、抬胳膊、抱大腿、拢头发，或端起双臂、双手抱头、摆弄手指、手插口袋、十指交叉、随意摆手、指指点点、搔首弄姿。④ 失敬于人的手势。如手掌向下挥动手臂，勾动食指或除拇指外的其他四指招呼他人；用手指指点他人；用努嘴、用眼神指示方向。

（4）递送物品。① 礼貌微笑。面向客人，脸带微笑，点头示意。② 双手为宜。恭敬奉上，不用单手接物，禁止左手递物。不方便时，尽量用右手。③ 递到手中。物品必须直接递交到对方手中，决不允许扔给客人。④ 主动上前。若距离过远，主动走进对方。若自己坐着时，应起立递物。⑤ 方便接拿。应为对方留出便于接取物品的空间。⑥ 正面朝向。将物品的"看面""正面"朝向客人，让对方方便使用。⑦ 尖、刃向内。递送有尖、刃的刀、笔等物时，要尖、刃朝向自己，而不要对着客人。

（5）手势语的文化差异。了解各国、各民族手势动作的含义，尊重客人的风俗习惯，不用或少用可能引起客人误解或反感的手势。同样一种手势，在不同国家、不同地区可能有不同含义，应注意手势语的文化差异。如食指向下弯曲，在中国表示数字 9；在日本表示"偷窃"；在美国表示"死亡"；在墨西哥表示"钱"，或询问价格。

5. 行走礼让

（1）引领陪同客人。① 客人询问时，如目的地较近，应带领客人前往，不可简单用手一指了事；如目的地较远，应清晰明确地指示方向。在客人对行进方向不了解或是道路较为坎坷时，须主动上前带路或开路。② 在较宽路面处引领时，让客人靠右走，在客人左侧前方 1.5 米处引领，不时注意用余光回顾客人是否跟上。若是引领熟悉的客人时，可与客人保持大致平行以表亲切。③ 在较窄走廊处引领时，在客人右侧前方 1.5 米左右距离处引领，让客人走在中间，避免背部挡住客人视线。④ 行进时男性迁就女性脚步走，员工迁就客人脚步走，不要走得太快，以便随时向客人解说和照顾客人。带团体客人行进时，要照顾大部分客人，不要只顾引领少数走得快的客人。⑤ 走到走廊转弯处、十字路处时，要放慢步伐或停顿一下等候客人，回头打出手势说"请这边走"，向客人示意指示方向。走到阶梯或门槛处，停顿一下，提醒客人注意："请脚下留神"。

（2）与人同向而行。① 行走时，与前面的人保持一定距离，不要在 2 米距离内紧紧尾随其后；也不要横向相距过近，避免发生身体碰撞。拐弯时，左拐弯要绕大弯，以免冲撞客人。② 感到后面有人行速快时，应右侧跨半步让道，礼貌示意客人先行，不争道抢行。

③ 在通过两位或多位面面相对而谈的客人时，应缓步或稍停步，说"对不起"，等客人让路后再行走；不要在客人面对中穿行，应从客人背后绕走。④ 走廊里，一般不要随便超越前行客人；需超越时，应先礼貌致歉，再轻轻超过，待客人让道后说"谢谢！"。与员工同行时不可并肩同行，不可嬉笑打闹，不可闲聊。

（3）与人反向而行。在行进中遇见客人必须点头微笑，招呼问候。对迎面而来的客人快接近时放慢速度。狭窄走廊则应退靠墙壁，主动侧身相让，让路并点头问好。与客人交会时暂停行进，请对方先行；若对方先礼让，应向其道谢。

（4）行走禁忌。不能横冲直撞，奔来跑去，抢道先行，阻挡道路。不能制造噪音、哼歌曲、吹口哨或跺脚。不能边走边吃食物。不能窥视、围观或指点客人。员工不能走客人通道、乘客人电梯，应走员工通道、乘员工电梯。

6. 接触规范

（1）握手。表示礼貌、友谊。握手时谁先伸出手，握手时间的长短，握手的深浅程度与力度大小，反映出两人之间的关系与各人的个性特点。主动伸手表示友好诚意，一握了之是例行公事；握力适度是善意平和，随意一握有应付之意，紧握、深握表示友谊深厚。按"尊者先伸手"的原则握手，保持站姿，头略低，上身稍前倾，脸带微笑，目视对方，距离一步左右。各自伸出右手，四指并拢，拇指张开，手掌垂直地面，双方掌心平行相握，四个手指和拇指要扣住对方的手掌。手的高度与对方腰部上方持平。用双手握住对方的手，表示更加亲切和尊重对方。握手时，应伴以问候等礼貌语言。

（2）轻拍。用来打招呼、贺喜、安慰、表爱意、友善，说明人际关系密切。成人之间轻拍应限于手、臂、肩、背部，其他部位易引起反感。异性之间不能随便轻拍，否则会给人过于轻佻的感觉。

（3）挽臂、牵手、拥肩。这是关系密切的符号，表示亲密友爱。少年儿童中会经常出现此类行为，成人间则较少；成年男性间较少，而成年女性间较多出现；如成年男女异性间出现，则展示情感关系进入亲密阶段。

（4）拥抱。是亲密友爱的一种行为。很多国家已将拥抱视为分别与重逢时的一种礼节，中国人则视为亲人或老朋友之间表达情感的亲密方式。

7. 界域合适

（1）人际空间。每个人都有一种看不见、摸不着，但却能感受到的个人空间上的界限，其规律是：胸前空间大，背部空间小；成人空间大，儿童空间小；男性空间大，女性空间小。男性的个人空间呈长圆形即前后走向，女性呈扁圆形即左右走向；因此男性讨厌别人从对面侵入个人空间，而女性不喜欢从两侧侵入。当个人空间被侵犯时，双方都会感到紧张窘迫，会做出撤离、后退或是不愉快的动作表示反感、抗议，或是冻结、减少各种动态活动。个人空间大小因民族、因情景、因个人而异。

（2）人际距离。人际交往时双方之间的空间距离与心理距离，两者关系是"近则亲，远则疏"。① 亲密距离。一臂之内，0.6米之内。表达恋爱、爱抚、安慰、保护，家庭成员、爱人之间、密友之间所特有。双方如没到亲密关系程度时，对方贸然闯入此带，会引起戒备、冲突。在拥挤的电梯、公交车内等特殊情境迫使人处于此状态时，人们会自动调节个人对空间的态度，允许一些平常不能容忍的接触，但会把他人作为"非人体"来看待。② 私人距离。一臂至两臂之间，0.6~1.5米。双方没有身体接触，既表示友好又保持分寸，朋友之间聊天时常采用。③ 社交距离。两臂之外，1.5~4米。有目光交流，但保持适当距离，是一种公开的、公事公办的交往距离，熟人、同事和生人之间最常采用的距离。④ 公众距离。4米以上。用于开会、演讲等正式交往或级别界限明显，需要有距离控制等情境。

（3）服务距离。为客服务的人际距离如表6-3所示。

表6-3 服务距离

空间距离	距离	使用服务场所
服务距离	0.5~1.5米	直接为客人服务
引导距离	侧前方1.5米左右	为客人带路、领位时
展示距离	1~3米	为客展示商品时
待命距离	3米左右	客人未传唤服务时，与对方保持的距离
信任距离	3米以外	暂时不须服务时；但不躲在一边，不一去不返
禁止距离	不能小于0.5米	员工直接为客服务时的距离

（4）影响人际距离的因素。① 情境因素。正式交际场合距离较大，谈话内容隐秘、话题重要时距离较近。② 朝向因素。胸前、面目部分距离大，肩部、背部距离小。③ 地位因素。双方社会地位差别大，空间距离大，反之距离小。④ 性别因素。同性之间空间距离小，异性之间空间距离较大。⑤ 年龄因素。少年儿童之间空间距离小。

8. 位置恰当

（1）位置形态。人们会通过一定的位置形态来表明人际距离，维护个人空间，表达个人情感。人们在交谈时，合作伙伴喜欢选择相邻座位并排座表示友好，竞争双方会采用"面对面"就座，一般关系会采用成直角的"边对边"就座。在公共场合，为了保护个人空间，大多选择尽量不面对或远离他人的座位就座。在空旷的大餐厅、图书馆，会选择靠墙边、靠窗口、离房门、走道近的座位。会议室开会，主持人则选择会议桌的中央或两端的一边的座位，便于看到全部就座位置，能控制会场。大教室上课、大礼堂开会，如自由就座的话，坐在前排、中间的人是态度积极主动的，坐在后边、旁边的则可能是不感兴趣或想"开小差"方便。座位形态是动态的，但人们长期选择某一位置就会成为一种习惯，这个位置成为某人的"个人领地"，由动态变成了固态。

（2）身体朝向。人脸的朝向、面部表情都可由本人意志加以控制，而且控制也较为容易。然而，膝盖和脚尖的朝向由下意识控制，能比较真实地反映一个人的内心。脚尖方向与感情深浅有着密切的关联。当与自己喜欢的人在一起时，人会自然地把身体朝向对方，不仅仅是脸，就连膝盖和脚尖都会不自觉地朝向对方。这是防止其他人挤进两个人中间的防御性姿势。

9. 位序正确

（1）排序原则。如表6-4所示。

表6-4 排序原则

原则	内容
以中为尊	横向排列时，中心第一，中央高于两侧。突出主位、主桌和主宾区
以右为尊	横向排列时，国际礼仪右高左低，主人边的右席位高于左席位（中国礼仪以左为尊）
以前为尊	纵向排列时，前高后低，前排位高于后排位
以上为尊	纵向排列时，上高下低，上位高于下位
以近为尊	与主位（主桌）就座时，近高远低。靠近主位（主桌）近的席位身份高
以坐为尊	有站有坐时，就座位高于站立位
以里为尊	房门，里高外低。越在房间里面、离门越远的位置为尊
以佳为尊	面门为上、观景为佳、靠墙为好。面对正门、面对景观、背靠主体背景墙为上座
以女为尊	男与女，以女为尊
以礼为尊	常规礼俗。主与客，以客为尊；长与幼，以长为尊；领导与员工，以领导为尊

（2）行进。"尊者在前"。引领走在前，送客走在后；客过要让路，同走不抢道。上楼梯时走在后，下楼梯时走在前；乘无人服务的电梯应先入后出，有人服务的电梯应后入先

出；进门时，开门后请客人先进门；拐弯时，等候客人用手势指领。马路上，把安全一边让给尊者。行走时，男士迁就女士步速、员工迁就客人步速。

（3）握手。"尊者先伸手，卑者后伸手"。男女握手，公务活动时以职务高为尊，一般社交场合以女士为尊。主客握手，欢迎时主人先伸手，欢送时客人先伸手。

（4）介绍。"尊者居后"。① 介绍他人时：将身份低的、年轻的、男性、未婚者、主人介绍给身份高的、年长的、女性、已婚者、客人。② 介绍自己一方时：先高后低、先长后晚、先上后下。③ 为两人介绍时：次要者先介绍，重要者后介绍。

（5）接打电话。3响之内接听，需要书写记录时用左手接听。首先礼貌问好、自报家门，结束通话让"尊者先挂机"。

10．目送三米

他人离开时，要热情相送。在目送他人走出三米外后才离开。关系越好，送得越远。

六、诱导理智，互补交往

（一）人际交往中的心理状态和行为模式

1．三种"自我"心态

（1）"儿童自我（感情自我）"。它是"不动脑筋、只动感情"的"情绪自我"。它不会根据社会的、他人的利益和自己的长远利益来考虑"合理不合理""应该不应该"的问题，它只考虑自己"喜欢不喜欢"和"高兴不高兴"的问题。

（2）"家长自我（权威自我）"。它是"既不动脑筋、又不动感情"的专门教导约束他人的"权威自我"，是一个"照章办事"的行为决策者。它只讲"应该不应该"的规矩，不考虑"高兴不高兴"的情感。

（3）"成人自我（理智自我）"。它是面对现实冷静理智地动脑筋的"理智自我"。人的行为因为"喜欢"而出现，这是受"感情"支配；因为服从他人"要求"而做，则是受"权威"支配；独立思考后认为自己"应该"做，则是受"理智"支配。

2．七种行为模式

与人交往时，善于从自己可能采取的各种行为中选择最恰当的行为。一个人在与人交往时，扮演着三个"自我"、七种不同的心理角色，会采取七种不同的行为方式。

（1）自发行为。"天真儿童"的自发型儿童行为。如天真烂漫行为。

（2）顺从行为。"驯服儿童"的顺从型儿童行为。按照某种规范，或按他人提出的要求来行动的，是一种"听话的""乖孩子"的拘谨行为。

（3）任性行为。"任性儿童"的反叛儿童行为。不受约束，任性的、反抗的行为。

（4）求告行为。"无助儿童"的求告型儿童行为。如哀求、无可奈何行为。

（5）训导行为。"严父"的训导型家长行为。"家长命令式"，又称"严父式"。这是给别人下命令、教训别人、指责别人的行为，是威严的行为。

（6）关爱行为。"慈母"的关切型家长行为。"家长抚慰式"，这是一种关心人、爱护人的行为，以宽容、怜悯、谅解的态度待人，给人以安慰。

（7）成人行为。通情达理、平等待人的成人行为。"成人理智式"。这是一种成人对成人的行为，以平等的态度待人，通过协商民主来解决问题。

人的三种心理状态、七种行为模式并无绝对的好坏之分，一定要考虑时间、地点、场合和彼此所扮演的角色恰当地去运用，用得恰当就是好，用得不恰当就是不好。

3．人际交往时的姿态

（1）高姿态。用"家长行为"与"儿童行为"交往。高姿态与低姿态都有刚柔之分。

① 刚性的高姿态：训导行为—儿童行为。② 柔性的高姿态：关爱行为—儿童行为。

（2）低姿态。用"儿童行为"与"家长行为"交往。① 刚性的低姿态：任性行为—家长行为。② 柔性的低姿态：顺从行为、求告行为—家长行为。

（3）平姿态。用相同行为方式交往。① 成人—成人的平姿态：说理。② 儿童—儿童的平姿态：天真。③ 幽默的平姿态：各种行为的灵活运用和综合运用。其宗旨是"让别人过得去，也让自己过得去"。

4. 平行互补的人际交往方式

平行互补的交往是心态互补的交往，其特点是双方在交往过程中符合对方的心理需求，交往双方心态平衡，情绪愉快，关系融洽，行为互补，交往容易继续下去。在众多的行为方式中，平行互补的人际交往方式有：成人理智式—成人理智式；家长命令式—儿童服从式；儿童任性式—家长抚慰式。适当地进行"家长—儿童""儿童—家长""儿童—儿童"的交往，可以增加生活情趣；但在遇到较重要的问题时，还是采用"成人—成人"式比较好。而不要采用"压—屈服""顶—迁就"的方式，要找到"不压、不顶、不屈服、不迁就"而又能解决问题的好办法。

（二）诱导对方成人理智行为

1. 判断心态

人际交往时，通过观察对方行为来正确判断对方心态与行为方式，是属于哪一种自我心态和哪一种交往方式。判断不能失误，否则交往全盘皆错。

2. 互补反应

（1）交往模式：互补与互阻。人际交往是人与人之间相互作用的过程，心理学用"刺激—反应"来描述这种相互作用。交往中，当一个人采取某种行为刺激对方时，期待着对方做出合理的反应。如对方做出迎合、满足的反应，就是互补反应，否则就是互阻反应。双方采取平行互补交往方式，心态平衡，情绪愉快，关系融洽，交往容易继续下去；双方采取交叉性的互阻交往方式，不符合或违背对方的心理要求，交往难以进行，甚至会出现冲突。

（2）根据对方行为方式做出互补反应。人都需要得到他人的认同、肯定、鼓励与赞赏。每个人都既是讲理的又是不讲理的，因为每个人都有一个讲理的"成人自我"，又两个常常不讲理的"家长（命令）自我"与"儿童（任性）自我"。当一个人表现出威严的"家长自我"时，他只希望别人尊重他、服从他，而不希望别人同他讲理；当他表现出任性的"儿童自我"时，他只希望别人能迁就他，同样不希望与他讲理。只有表现出"成人自我"时，人们才通情达理。因此，要与一个人讲理，只能同他的"成人自我"去讲理，而不能同他的"家长自我""儿童自我"去讲理。遇到对方不讲理时，一定要沉住气，通过尊重对方的"家长自我"或理解对方的"儿童自我"，让他们得到一些满足，从而退出交往舞台；同时再诱导、请出对方的"成人自我"来讲理。相反，如顶撞"家长自我"，他恼羞成怒，就会派出"儿童自我"前来胡搅蛮缠；责怪"儿童自我"，他招架不住，又会搬出"家长自我"来施加压力，这都不利于请出"成人自我"。

3. 诱导理智

（1）诱导期望行为。在服务交往中，我们既不能选择服务对象，也无法改变客人的个性。无法改变"他这个人"并不等于无法改变"他的行为"，因为他人的行为不仅与他本人的个性有关，而且也与如何对待他有关。一个人的行为，一方面是为了满足自己的需要而进行的"操作"，另一方面也是针对别人的行为而做出的"反应"。诱导，就是在与他人交往时，善于从他人可能采取的各种行为中引导出自己所期望的行为。诱导的关键不是强迫，而是促成人们的自发选择，使之成为"被选择的因素之一"，使之生辉增色、产生魅力。

（2）首先从我做起。欲改变别人的行为方式，最好是首先改变自己的行为方式，"用恰当的行为去诱导恰当的行为"。一个善于交往的人，即使不能满足他人期待，也不会同他人闹得不欢而散，而会调节自己的心态与行为来满足他人；而不善交往的人，好心也会得罪人。在服务的客我交往中，员工应以慈爱的家长行为去关心客人，以顺应的儿童行为去满足客人，通过成人的理智行为来商量解决问题。让儿童自我"动心"，让家长自我"放心"，让成人自我"省心"。

（3）诱导艺术："先接受下来，再说"的两步反应艺术。

① "先接受下来"。当错在对方时，先接受下来并不是真的完全彻底的要你接受，而是比较含糊的、有所保留的、有条件的接受。这是对对方的尊重，起到了缓冲的作用，避免一开口就把对方顶回去；同时，也为自己赢得了思考的时间，想一想接下来该怎么说。当对方的话语不太文明时，以适当的方式复述他的意思，既起到了示范作用，又为再说赢得了机会。

② "再说"。a. 平行的陈述。不与对方交锋，理智冷静地说出自己的意见、主张和感受，再做商讨。特别注意用好"你""我"两个字。b. "请教式"提问。以请教的方式提出问题，促使对方用成人自我进行思考。

（4）诱导方法。

① "好人"引导法。"好人才能做好事"。鼓励一个人做好事，首先让他知道你认为他是一个好人。对"表现不好"的人，要表示你相信他一定会表现出你所期待的、好的行为，同时把你期待的行为当作他已经表现出来的行为加以赞扬。

② "乖孩子"顺从法。遇到对方"不讲理"时要沉住气。a. 当对方是"严父家长"时，先尊重他的"家长自我"，接受他的感受，而不要顶撞。b. 再用成人理智方法沟通。

③ "好妈妈"理解法。a. 当对方"儿童任性"时，先理解他的"儿童自我"，接受他的感受，而不要计较、责怪。b. 再用成人理智方法沟通。

④ "平行"陈述法。用不与对方争论、更不去攻击他的方式，向他陈述自己的意见和主张。

⑤ "请教"提问法。用向对方"请教"而不是质问、辩解、批驳的方式去诱导对方的"成人自我"，让对方从"动感情"变为"动脑筋"，从只是"训斥"和"教训"，或是"胡搅蛮缠"变为愿意理智"对话"。

⑥ "哈佛谈判"法。谈判是双方共同寻求解决问题的最佳方案的过程。a. 把人与事分开。b. 把重点放在双方的利益上，而不是双方的立场上。c. 在做出决定以前，先构思多种可供选择的方案。d. 坚持按照某些客观标准来达成协议。

⑦ "公认准则"法。在协商沟通时，不应强调各自的方案，而要先找到或讨论出一个双方公认的准则，看哪一种方案符合公认准则。

⑧ "创造环境氛围"法。如尊重自主性；创造兴趣、引发趣味性；有参加的愿望；能建立新的交往；与时间和空间条件协调；产生愉悦感等等。

七、准确敏捷，高效快速

（一）服务质量的时间标准

（1）衡量服务时间标准。① 工时定额。完成一项服务项目所需要的用工时间。② 工作时限。完成一项服务项目的时间限度。③ 时间感觉。没有明确的时限规定，凭客人感觉来衡量的服务效率，如客人的委托代办服务时间等，员工应提供快速高效的服务。

（2）提供"八时"服务。① 准时服务。如准时出发、准点到达，不能迟到，不能滞留。② 守时服务。要遵守兑现事先承诺约定的服务时间要求。③ 及时服务。按照客人要求立即提供服务，不能拖拉、拖延。④ 适时服务。不要在不恰当的时候去"服务"客人。⑤ 限时服务。对服务项目进行限时，加快服务速度，提高服务效率。⑥ 延时服务。由于客人多，任务重，提前或延长服务时间，完成任务再下班。⑦ 省时服务。研究服务流程，合理安排时间，节约服务时间。⑧ 足时服务。凡有工时要求的服务一定要足时，如按摩、健身娱乐活动等，不能缩短时间。

（3）"五分钟关键时刻"。根据心理学的第一印象与最后印象的心理效应，做好关键时刻5分钟的服务工作：① 来时3分钟。如热情迎客，目光专注，等候不要超过60秒，加快登记入住速度。② 走时2分钟。如及时准确结账，友好"打包"，热情欢送。

（4）服务时间的细节。① 总台。10秒钟内对来店客人问候；2分钟内完成入住手续，3分钟内完成离店手续；电话铃响3下之内接起；24小时电话服务。② 客房。客人要求服务时，2分钟内到达房间；10分钟内将所需物品送入客房；清洁房间时间25~30分钟，每天打扫15间房，夜床服务5分钟。③ 餐厅。领位员每小时引导20~50位客人，餐厅服务员为40~50位客人服务，厨师为40~60位客人烹制菜点。宴会摆台5分钟；客人落座后2分钟内服务；点菜后，第一道菜15分钟（早上10分钟）内上菜；客人离餐后，清桌摆台4分钟；客房点菜，早餐25分钟、午餐30分钟、晚餐35分钟内送达。④ 酒吧。客人落座后30秒内服务，3分钟内送上酒水，结束后2分钟清台。⑤ 工程。接电话后5分钟内到房，公共场所15分钟到达。

（二）等候心理与服务对策

在服务过程中，常会出现顾客等候现象。等候心理与服务策略如表6-5所示。

表6-5 顾客的时间等候心理与服务策略

	时间等候心理	服务策略
1	等待时比不等待时，感觉时间更长	必须等待的服务项目，可事先备有快速产品；加快服务速度，主动及时、反应迅速；进行限时服务
2	无事可干时的等待比有事可做时的等待，感觉时间更长	在等待时让客人有事可做，如浏览书报、杂志、菜谱，提供饮料茶水、娱乐活动等
3	过程前的等待比过程中的等待，感觉时间更长	尽快把服务纳入程序，如商场销售服务的"接一顾二联系三"
4	心情焦急时的等待比情绪稳定时的等待，感觉时间更长	做好客人的情绪稳定工作，减少客人的焦虑心理；主动把握时机做好服务
5	不确定时间的等待比已确定时间的等待，感觉时间更长	明确各项服务的时间限定；及时告知让客人等待时间长短的信息
6	没有说明理由的等待比说明理由的等待，感觉时间更长	让客人迅速了解正在发生的和他们紧密联系的情况，以利于双向沟通
7	不公平的等待比公平的等待，感觉时间更长	对客人要一视同仁，维护公正和稳定的服务秩序。如有特殊情况须要特殊照顾，做必要的说明与解释
8	单个人等待比许多人一起等待，感觉时间更长	创造一群人进行交谈的气氛，使其心情轻松。对一个人则要以微笑等表情来打动人
9	产品价值越高，人们愿意等待的时间就越长	提供名副其实的高质量产品
10	单项服务超过5分钟，会感到时间长	钟表表盘设计以5分钟为一大格，力争使客人等待的平均时间不要超过5分钟，让等待的客人感觉时间不太长

八、客我满意，双胜无败

（一）"双胜无败"是人际交往的最高境界

（1）人际交往的目标：双胜无败。人际关系理论认为：人际交往的起点是认识他人，基础是换位思考，原则是彼此尊重，结果是双胜无败。认识他人、换位思考是要了解需求、理解心态。彼此尊重，交往双方都是独立的具有个性的人，人格平等，相互尊重。无败，就是双方都不是失败者，双方的"胜利"不能以"打败"对方为前提；不打败别人，也不被别人打败。双胜，就是让你得到你最想得到和应该得到的东西，我也得到我最想得到和应该得到的东西。"最想得到"和"应该得到"的东西就是尊重。我们要坚持以自己对别人的尊重来赢得别人对自己的尊重。

（2）客我交往的两种结局。如表 6-6 所示。人际交往并不存在"一胜一败"的结局，结果要么是双胜要么是双败。当出现一胜一败情形时，要按照客我满意、双胜无败的原则进行艺术处理。这里的正确与不正确、胜与败，不是指当前的行为正确与否，而是指客人的最终消费行为和员工的最终服务行为的正确与不正确。

表 6-6 客我交往的四种情形与两种结果

情 形	客 人	员 工	处理与结果
一	正确（胜）	正确（胜）	双胜，最佳结局、最高境界
二	不正确（败）	不正确（败）	双败，最大悲剧
三	正确	不正确	艺术处理客人投诉
四	不正确	正确	艺术处理或运用法律武器保护自己

① 最佳结局：双胜无败。客人正确（胜）—员工正确（胜）。双胜无败的客我关系是服务的圆满结局，人际交往的最高境界。客人的最终消费行为与员工的最终服务行为都正确，使客人与员工都得到了最想得到和应该得到的利益，大家的需求都获得了满足，大家都赢得了胜利。客人成为满意客、回头客、忠诚客；员工也能满足心理需求，企业宾客盈门，获得良好的经济效益与社会效益。

② 最惨悲剧：双败无胜。客人不正确（败）—员工不正确（败）。双败无胜的客我关系是最差、最坏、最惨的悲剧。客人的最终消费行为与员工的最终服务行为都不正确，客人没满足需求，没获得应有的利益，从此不但不再光临企业，而且造成很差的口碑效应。员工的不正确服务行为将导致企业门庭冷落，最终被激烈的市场竞争无情地淘汰，员工与企业也将最终丧失自己应该获得的利益。

（二）艺术处理客人投诉

1. 客人投诉原因分析

（1）员工原因。① 服务态度。对客冷漠、消沉或者急躁、粗暴。② 工作作风。懒散马虎，敷衍塞责，标准太低，得过且过，忽视细节等。③ 服务沟通。使用不文明、不高雅、不得体、不恰当、过于随便的语言与体态语言。④ 服务技能。技能生疏、技术笨拙、毛手毛脚。⑤ 服务效率。动作缓慢、反应迟钝、等待时间长。⑥ 风俗习惯。忽视文化差异、冒犯客人忌讳。

（2）企业原因。① 环境不良。如噪声太大、客气不清新、卫生条件不好。② 设施不好。为客服务的设施设备不完善、不完好，不能发挥正常的服务功能。③ 沟通不畅。岗位之间沟通不够、衔接不好。④ 服务不全。服务项目太少，不能满足客人的需求。⑤ 价格不值。产品价格过高,没有性价比。

(3)顾客原因。① 消费观念不理性。缺乏旅游道德意识。② 消费行为不成熟。违反约定,又不肯承担责任,缺乏团队精神,缺乏旅行常识。③ 消费心理不理智。期望值过高、一味追求低价格,维权不当或维权过当。

2. 客人投诉心理与投诉行为分析

(1)投诉心理。服务有了缺陷,客人肯定不满意。从功能上说,没解决实际问题,没把事情办好;从经济上说,没有物有所值,有"吃亏"的感觉;从心理上说,没得到尊重。客人投诉心理是一求发泄、二求尊重、三求补偿、四求安慰。

(2)投诉行为。① "逃避反应"行为。客人不直接采取投诉行为,而采取"暗中报复"手段,他们不仅本人从此不再光临,而且还会在亲朋好友中宣传自己不愉快的经历,使企业形象与声誉受损。表面来看,客人不投诉,企业似乎很幸运,逃过了投诉与索赔,实际上掩盖了管理与服务上的问题,失去了一次发现问题、改进产品质量的良机。② "攻击反应"行为。客人采取公开投诉行为,如填写意见书,当面找大堂经理口头投诉,或向大众传媒投诉,甚至在互联网上投诉。因为影响较大,企业比较重视。

(3)影响投诉行为的因素。① 个性心态。客人情绪较佳时,不会特别计较;反之情绪不悦,可能投诉。② 文化背景。国内客人以和为贵,强调"忍"字;西方客人自我保护意识强,注重消费者合法权益。③ 期望程度。产品对客人越重要、期望值越高,投诉行为越强烈。④ 失望程度。失望程度强烈,行为反应激烈。⑤ 其他因素。如投诉是否费时费精力,是否有利于自身健康,客人对企业有否特殊感情等。

3. 处理客人投诉程序

做好心理准备、态度正确;热情待客、设法消气;认真倾听、记录要点;同情理解、不做解释;采取措施、征求意见;立即解决、关注结果;询问意见、表示歉意。

4. 处理客人投诉艺术

(1)心怀感激之心。投诉是坏事,也是好事。把坏事转化为好事的关键是要树立正确的理念。不要害怕客人投诉,要欢迎投诉。投诉的客人是没有编制的质检部经理、是不花钱的"啄木鸟"与"暗访"。投诉是沟通客我的桥梁、自我改革的挑战、发现问题的信号。坚持问题导向,改善客我关系、提升服务质量、完善企业形象。

(2)掌握息怒技巧。① 不要让客人在大庭广众之下公开投诉,而要让客人到隐秘场所交谈,避免产生"他人在场效应"。② 采用请坐、喝茶等热情行为来引导客人的身体语言,控制手部动作,稳定激动情绪。③ 就座时员工目光注视客人、身体朝向客人、脸带微笑,诚恳而又耐心地倾听他们的诉说;要少说多听。④ 运用柔性语言与客人交谈,适时表达同情、安慰与理解。⑤ 运用记录等手段来尊重、稳定客人情绪。

(3)委婉表达歉意。如果是我们错,不要做任何解释,立即向客人表示歉意,争取获得客人谅解。

(4)理解谅解客人。对客人在投诉过程中由于气愤而使用的过激言辞,虽然夸大事实,甚至把自己的猜疑也说成是事实,员工一定要少说多听,让投诉客人说清事情原委,决不能心不在焉或急于申辩。客人平静以后,才可作必要的说明。最重要的是要与客人协商一个切实可行的解决办法,并尽可能付诸实施。

(5)引导往好处想。① 遇到自己不愿意接受而又不得不接受的事情时,找一个借口来予以安慰,使无法接受的事情"合理化"来达到心理平衡。当客人不顺心时,尽可能引导客人看到事情也有好的一面,最好是经过努力把坏事变成好事。② 由于受条件限制,或有些事情实在是无法完全按照客人的要求去做,要善于取得客人谅解。在客人心中,员工"不愿意效劳"与"愿意效劳,但由于条件有限,实在做不到"是两回事,让客人知道确实是客观条件限制，而不是员工不愿意为他效劳。

（6）提供补救服务。① 尽最大努力去满足客人的合理要求。即使不能完全按照客人所提要求去做时，也要在征得客人同意之下用变通的方法解决问题，使客人得到替代性满足。② 对那些觉得吃了亏的客人，不仅要让他们在物质上、经济上得到补偿，同时让他们在心理上得到补偿。在功能服务不能做得更好的时候，在心理服务上一定要做得更好。最理想的补偿是稍许超出客人的期望值。③ 补救性服务有时比正常服务难度更大。在正常服务时，客人往往处于"无意识"状态之中，对服务过程一般不太关注；一旦失望投诉之后，他们变成"有意识"了，会专注补救性服务。人的思维定势是很顽固的，当客人失望不满后，欲扭转他们的这种心理定势，使不满变成满意，要比一开始就培养客人的满意感困难得多。因此服务中应尽量少放"马后炮"，当然亡羊补牢也很重要。

（7）"出了气再走人"。客人有气时：① 消气。对那些怨气很大的客人，应先让他们"消气"，再同他们"说事"。② 出气。我们想了种种办法，客人还是不满意，不谅解，我们在"什么办法也没有"的情况下，就采用让客人"出了气再走"，而不是把他们"推出门了事"，把怨气带回家，向亲朋好友宣泄，这样对企业更为不利。注意尽可能让客人"分别出气""单独出气"，不要让许多客人聚在一起"出气"。

5. 树立"第一次就做对"的理念

提升服务质量最有效的措施是让所有员工真正接受并不断践行"第一次就做对"的理念。如果没在第一次把事情做对，势必需要进行服务补救，而任何服务补救都必然导致企业的"额外浪费"。况且补救性服务有时比正常服务难度更大，如二次服务失败则比初次服务失败对客人的心理伤害更大。员工要改变"错误不可避免"的怠慢意识，秉持严谨、认真、负责的工作态度，在工作中第一次就把事情做好、做对。

（三）把"正确"让给客人

1. 境界："客人总是对的"

（1）为客服务法则。法则之一：客人总是对的；法则之二：如果客人不对，请重读法则之一。这个法则可演绎为六句话："顾客绝对不会有错；如果发现顾客有错，一定是我看错；如果我没有看错，一定是我的错才使顾客有错；如果顾客有错，只要他承认错，那就是我的错；如果顾客承认错，我还坚持他有错，那就是我的错；总之，顾客不会有错"。

（2）"客人总是对的"。这是一种服务理念与服务要求，既不是对事实的判断，也并不意味着员工总是错的，而是针对客人需求与最终消费结果来说的。客人要求"花钱买享受"，购买到优质服务的愿望与结果是对的，而不是最终购买到的产品是有质量瑕疵的。客人希望自己"总是对的"，不希望自己"有时对有时错"。所以服务应该满足他们的心愿，让他们"对的时候是对的，不对的时候还是对的"。我们为客服务的目的是要让客人高高兴兴地来、快快乐乐地走，而不是打败、战胜客人。

（3）不要说客人不对。"客人总是对的"并不是事事处处客人总是正确的，客人也会有错的时候。当客人不正确时，要根据不正确的性质、影响，采取"让"的策略，或者"让他去吧"，或者"把对让给客人"，把客人的不正确变成正确，这样客我双方都胜利了。作为员工，不去说客人"不对"是对的，说客人"不对"则是不对的。

（4）不要同客人争输赢。"客人总是对的"并不是不分是非。在客我交往中，当然要分清是非，但重要的是在"事实上"分清，而不是在责任上分清。分清是非是指客人的最后消费行为、员工的最后服务行为是正确的，而不是错误的。我们不要去同客人分清谁是谁非、争论谁对谁错，不要把"分清是非"变成"争个输赢"，在争论中，如果员工直截了当揭露、改正客人的不正确行为，或者让客人认错、赔礼道歉，更是不对的。表面上你

"赢"了，实际上损伤了客人自尊心，客人不满意，也是打败了我们自己，这是一种"两败俱伤"的结局。

2. 艺术："让他去吧""得理让人"

（1）诚让。对那些无关紧要、没有不利后果的不对行为就"让他去吧"。如客人"出洋相"、不懂装懂，员工的眼睛可以看穿，但不能说穿，不要出于"好心"去"说穿"，帮助他"纠正"，更不能有意无意地背后讥笑或当面嘲笑一番。

（2）谦让。在不能肯定究竟是谁错了的时候，先假定是自己的错，这既是为自己留有余地，也是对客人的一种谦让。客人没买单，可以说"客人忘了"，也可以说员工"自己没及时地送账单"，说什么都可以，就是不能说"逃账"。自己错了，当然应该向对方道歉；客人错了，却不应当要求客人向自己道歉；客人主动向自己道歉的时候，也不能心安理得地表示接受，相反地，还应说一些宽慰客人的话。

（3）退让。对那些会造成不利后果的不对行为："把对让给客人"。如客人的逃账、顺手牵羊等行为，不要直截了当挑明。事情可以做出好的或坏的解释时，先按好的可能性做出解释，这是一种退让。先假定客人并非有意居心不良，可能是无意造成的，这样不至于"冤枉好人"。对果真居心不良的客人也给了一个暗示与台阶，让他就此机会体面地"借坡下驴"，在保护自尊心的前提下悄悄改正其不正确行为。

（4）礼让。在接待低素质客人时，面带三分笑，语言要热情，举止要温馨，处事要冷静，不使矛盾扩大。特别是接受无理投诉时要冷热交融，他们"热"时，我们要"冷"，他们"冷"时，我们要"热"，尽量使忽"冷"忽"热"转化为"温"。对素质较低的客人要采取预防性服务，把他们集中到一个相对集中、损失相对较小的场所，挑选素质高、技能好、应变能力强的员工担纲服务。

（5）忍让。不管碰到怎样的客人，发生怎样的情况，坚持"得理让人"。按照服务标准、规范操作做到始终如一、不卑不亢、不怨不怒、以柔克刚、以静止动。对低素质的言行要避免正面接触，避开锋芒，从侧面进行解释、服务；即使一时解释不通，也要忍耐。只要客人不做出有违人格、有违国法的事，要"怒气埋在心里，眼泪流在肚里，哭泣躲在角落里"，经得起委屈；要树立"以忍让为高，以忍让为荣"的服务精神。

3. 讲理：多一点柔性，少一点刚性

（1）协商的态度。人际交往时有五种态度：威严、抚慰、协商、顺从和任性的态度，只有协商的态度是讲理的。学会在必要的时候同客人讲理。无理肯定不能服人，但有理也不一定能服人。要讲理首先要创造一个能讲理的气氛，相信不讲理的客人是一时糊涂，等他明白过来是会讲理的。如果客人有气，那就应当"先消气，后讲理"。讲理并不意味着一定要"我讲你听"，最高明的做法是启发别人去思考，让他自己做出明智的选择。

（2）合理的方式。尽可能采用"顺流而下"法，不用"逆流而上"法。这里的"流"指的是客人的心理需求与心理趋势。当情境必须要采用"逆流而上"法时，也要尽可能"先顺后逆"；在必须先用"逆流而上"法时，也要"一手逆、一手顺"。

4. 底线：立于不败之地

（1）全力以赴争取双胜无败。员工决不能战胜、压倒客人，但也不能被那些无理又无礼的顾客战胜和压倒；我们不能打败客人，也不能被客人打败。

（2）用礼貌待客作为自卫"武器"。苏联的杜别尔什丁在《商业心理学与售货员的职业道德》一书中写道：礼貌是一种特殊的工具，可利用这个工具争取顾客之心；同时，也是一种和粗野顾客"决斗"的防身武器。只有员工不把任何攻击和侮辱看成是对自己发的，仍然能"无动于衷"，表示和蔼友善，那么就等于完全征服了肆无忌惮的顾客。

（3）把"对"让给客人是有条件、有底线的。当客人是客人时，他总是对的；如果"客人"的行为已经严重越轨,如偷盗、贩毒、嫖娼之类触及社会刑法的犯罪问题时,就不是"对"与"错"的范围,因为已超出了酒店经营管理范畴。

(4)用法律保护自己。服务过程中要密切注意动向,一旦发现某些客人的不良行为,应理直气壮、巧妙地向他们指出,以维护企业的利益不受侵害。面对少数有挑衅性的、故意找茬儿的客人,要区分是不文明行为还是违法行为,碰到有可能发生违法行为时,要增强自我保护意识,善于保护自己。要主动、快速回避,并立即向有关部门报告,要求得到支持,以制止违法行为的发生,保障人身、财产不受侵害。

案例讨论

【案例 6-2】酒店让客人等得"舒服"的策略[①]

酒店减少客人等待时间的策略有:① 完善流程。对服务流程不合理造成的等待,进行流程再造。对有特殊情况的进入特殊处理程序。如对诚信好的客人退房免查房。② 提高技能。加大培训力度,提高业务能力。③ 掌握规律。根据客人消费习惯、市场特点、重要节假日等方面发现规律,对服务做相应的调整。如掌握入住与退房高峰规律,做好人员与班次调整;寒暑假家庭旅游较多,可把加床分布到楼层工作间;对常住客,可根据客史,将所需物品提前配入房间。④ 事前说明。如服务确需较长时间,忌讳回答"马上",明确告知等待时间,让客人有心理准备或重新做出选择。⑤ 捕捉情绪。根据客人的情绪表现,适时为客人添茶水、饮料、问候等服务,转移客人的注意力。⑥ 适时搭讪。主动与客人交流,或推荐酒店产品,或征求客人意见,或介绍当地风土人情、购物场所,让客人暂且忽略时间。⑦ 配备报纸。在等待场所配备报纸或酒店文宣品,让客人阅读信息来打发时间。⑧ 区别对待。有的客人因赶时间无法等待,可视客人的熟悉程度、信用情况和消费金额进行灵活处理。

实训项目

1. 结合工作与人际交往的实际,研讨"让"人的艺术。

2. 提炼、总结提供富有人情味的服务的内涵与艺术。

3. 组织学生讨论、汇总"家长自我""成人自我"与"儿童自我"的言语、语调和非语言的具体表现。

4. 论述为客服务时,如何正确处理客人"面子"与"票子"、"脑袋"与"钱袋"的辩证关系。

5. 研讨服务心理"四双理论"的内在逻辑结构。

[①] 李鹏辉. 酒店让客人等待得"舒服"的策略[N]. 中国旅游报,2013-02-20.

第七章　服务心理在旅游业中的运用

学习目标

通过本章学习，应达到以下目标：
1. 知识目标：了解客人在旅游的行、食、宿、游、购和娱等活动中的心理需求。
2. 技能目标：能运用心理学基本原理预测客人的共性，掌握客人的个性。
3. 能力目标：具有掌握和运用服务心理原理、服务心理艺术，结合旅游业实践提供富有人情味的服务。

导入案例

【案例 7-1】《不眠之夜》成为上海"文艺旅游"新蓝本①

来上海旅游，白天可以逛景点、购物，晚上能做什么？看一场由上海文广演艺集团携手英国 Punchdrunk 剧团打造的浸没式戏剧《不眠之夜》上海版成为很多文艺青年来沪文旅的必选项目。《不眠之夜》上海版至今已在上海演出超过 17 个月，票房收入已突破 8 000 万元，逾 13 万人次进"麦金侬酒店"剧场感受了该剧的独特魅力。

当地时间 2018 年 4 月 7 日，在洛杉矶举行的第 24 届全球主题娱乐 Thea 颁奖礼上，美国主题娱乐行业协会宣布《不眠之夜》上海版与全球其他 17 个演出和项目获得该年度杰出成就奖。评委会在评语中写到："我们一致认为，《不眠之夜》上海版为中国观众所做的改编尤为值得称赞，为当下的演出树立了一个成功的制作榜样，在场地的择选和运营上为观众打造了独特的体验。"《不眠之夜》上海版以长期驻演为目标而打造，将北京西路的一个旧厂房改造成了专属剧场，并在"纽约版"的基础上进行了本土化的改编。从场景到故事的各种细节上细腻地融入了老上海的元素，使之看起来、听起来、闻起来、触碰起来都有 20 世纪 30 年代的味道。上海，成为继纽约之后全球第二个有《不眠之夜》驻演的城市，而"上海版"中那些独一无二的中国元素，也成为《不眠之夜》的新看点。有观众会"打飞的"前来上海观剧，以观剧为核心计划一个周末的短途游，甚至出现专程来沪连看几场的海外观众。

精品文艺演出，是很多海内外城市主打的重要旅游产品，被视为城市经济不可忽视的增长点。有资料显示，2016 年百老汇票房收入约合人民币 110 亿元，同时每年造访纽约的游客中有近一半会专程前往百老汇观剧，其中《狮子王》《悲惨世界》等金牌制作更是具有非常强劲的市场号召力和海外影响力，成为城市文化的重要名片。上海戏剧学院厉震林教授认为，"文艺旅游"是国际性演艺之都的重要组成部分，其中推出现象级的标志性舞台剧

---

① 童薇菁.《不眠之夜》成为上海"文艺旅游"新蓝本[N]. 文汇报，2018-04-10.

是关键。作为自然景观资源并不算特别丰富的大都市，上海为来自全国乃至外国游客人群能否提供不一样的旅游"景观"，孵化更多可以长期演出的优质精品戏剧，是关键的一环。《不眠之夜》从创意制作到市场运营的全方位探索升级，为上海文化内容品牌建设提供了有效的、可实践的蓝本。

第一节　旅行社服务心理

一、旅行社服务概述

1. 旅行社作用

旅游活动的核心与关键环节是"游"，承担旅游活动的设计与组织、为游客提供导游服务任务的是旅行社。旅行社是旅游业的三大支柱之一，从某种意义上说，旅游业是以旅行社为代表的行业。

2. 旅行社服务内容

设计、安排旅游者的行、住、食、游、购、娱等活动；可组合安排，也可提供部分服务；负责旅游活动全程中的各种问题处理，协调各种关系；委托代办服务，包括当地委托、单项委托、联程委托、国际委托等；提供导游与讲解服务。

3. 旅游者对旅行社服务的心理需求

（1）求省心。旅游的目的是休闲放松，希望旅行社为游客在旅游全过程中提供各项便利省心的服务，不用操心烦琐之事。

（2）求信用。旅行产品与销售的不同步性，决定了旅游风险较大，旅游者的顾虑较多，必然希望旅行社守信用、讲诚信，严格履行合同。

（3）求安全。对交通安全、人身安全、财产安全、住宿安全、游玩安全格外重视。

4. 导游（这里作名词用，专指导游员）

（1）导游作用。导游（也称陪同或翻译）是旅行社的支柱，导游服务是旅游活动中的重要一环，而且始终处于主导地位。① 标志作用。是衡量旅游服务质量高低的最重要的标志。② 纽带作用。承上启下、连接内外、协调左右，把相关单位、各项服务联系起来，使之相互配合，共同完成旅游接待任务。③ 文化作用。宣传祖国、传播文化。④ 经济作用。通过语言翻译、讲解、生活服务及各种代办服务收取服务费和手续费直接创收。⑤ 推销作用。通过优质服务让客人产生深刻印象，提高企业知名度、扩大客源；因势利导促销旅游商品，为游客当好购物参谋，向有关部门反映游客的购物需求和特点。⑥ 政治作用。导游员被美誉为"国家代表""民间大使""城市形象""友谊桥梁"，为促进中外文化交流牵线搭桥、广交四方朋友、促进民间外交。

（2）导游类型。根据业务范围，导游员可分为海外领队、全程陪同（全陪）、地方陪同（地陪）与景区景点陪同导游员（讲解员）。

（3）导游服务特点。① 独立性强。带团外出要独当一面，要独立宣传、执行国家政策；独立执行旅游计划、组织旅游活动；独立处理各种关系和矛盾；同时根据游客特点进行有针对性的讲解。② 复杂多样。游客构成复杂、需求多样，接触人员多、人际关系复杂，客观环境复杂，面对各种物质诱惑和精神污染。③ 脑体高度结合。旅游活动的短暂性与异地性、服务对象的复杂性、工作环境的多样性，决定导游工作是一项脑力劳动和体力劳动高度结合的服务性工作，要求导游员有良好的心理素质、广博的知识和健康的体魄。④ 关联度高。导游服务涉及方方面面，需要各相关单位与部门的配合和支持，任何一个环节出现偏差都会对旅游活动产生重大影响，让游客不满。因此，导游员要有全局观念、协调能力，处理好各种关系，保证旅游活动有序进行。

二、游览活动设计心理

（一）设计形式多样、富有情趣的旅游活动

（1）趣味性与知识性。旅游是为了愉悦身心、消除疲劳、增长见识，因此游览项目在内容和形式上都要具有趣味性。趣味是旅游活动的基本特性之一，有趣味的活动才能引起旅游者的兴趣，留下深刻的印象，而富有知识的旅游活动对人的影响将更为长久。现代旅游越来越注重丰富精神生活和增长知识，单纯的趣味性或单纯的知识性都不能满足旅游者日益发展的旅游需要。最理想的是两者能有机结合，寓知识于趣味之中，在趣味活动中学到知识。

（2）新奇性与熟悉性。好奇、探索是人类的普遍心理，人们对新异、奇特的事物具有一种希望了解、一睹为快的愿望。突出奇异性是旅游活动的一个重要原则，没有奇异独特的旅游资源和活动项目便不能赢得客源。但并不是越新奇越好，人对过于陌生的环境、事物也会产生不安全感。当处于完全陌生的旅游对象面前，大脑里缺乏已有知识和经验作参照，旅游者会感到索然无味。只有那些与他们熟悉的事物有所不同但又有一定联系的事物才能真正吸引人；只有那些在我们熟悉的传统中，经过大胆创新的艺术形式才会引起人们极大的兴趣和敏锐的知觉。

（3）稳定性与变化性。人对新事物的认识、评估、接纳要有一个过程，大多数人对新事物的认知也会产生知觉风险。新的旅游活动在经过少数人的尝试得到良好体验后，才能通过社会传播而逐渐扩大影响，形成良好的社会形象。具有鲜明特色的与众不同的旅游活动项目还要相对稳定，这样才能在人们心目中逐渐形成稳定的形象，提高知名度与美誉度。一个地区、一个景点如果没有传统特色的稳定性，势必造成客源下降。当然，保持传统特色的稳定性，并不意味着一成不变，否则也会使客人产生厌倦感。应该在保持传统特色的基础上，不断挖掘新内容以满足客人的新鲜感。

（4）观赏性与参与性。旅游活动的核心内容是游览，游览活动的主要特点是体验。旅游是一种"花钱买经历"的体验产品。这种经历不仅是"享用与观赏性的经历"，更是"操作与表现性的经历"。如观看放风筝表演是观览性活动，亲自放风筝则是参与性活动。这种动态的具有直接体肤接触的旅游活动会使旅游者融于活动之中，所激起的高涨情绪可以使旅游者达到忘我境界，获得更大的心理满足。我们要设计与开发更多让客人参与的动态旅游活动项目，就是静态的单纯的观览性旅游活动，也要想方设法增添参与性的色彩和因素。

（5）实用性与象征性。旅游具有实用性功能，能满足人的物质的、生理的多种要求，例如消除疲惫、增进健康等。尤其是一些专项性的旅游活动和项目具有较大实用功能，故吸引了不少旅游者。旅游动机中还有高级的精神性、心理性的动机，希望通过旅游而拥有特殊的经历，能引人注目，受到接纳与尊重，取得某种良好的社会评价，表明自己的超群能力和坚强意志等。旅游具有象征意义，是一种"花钱买象征"的活动。目前我国旅游者象征性的动机不如实用性动机多，但随着社会物质生活条件的改善、文化素养的提高、社会竞争的加剧，这类动机将会得到较大发展。

（二）掌握旅游活动的节奏规律

游览要有节奏。要在游览活动的速度、强度上做到有张有弛、张弛结合，过于紧张、

劳累和过于放松、单调都会使旅游者难以忍受。

（1）全程活动有急有缓。旅游初始阶段，旅游者心理紧张成分较大，一切对他们来说都是陌生的、不熟悉的，要创造一个轻松、愉快的环境，使旅游者尽快解除紧张、放松心情。在中期阶段，旅游者心情放松，"解放感"增多，导游可适当多安排一些活动，并且和领队密切配合，组织好团队，避免由于团员的松散导致活动无法正常进行。后期阶段，旅游者急于处理返回之前的一些事务，如给亲友购物、打电话等。应放慢活动节奏，给客人一定的自由活动时间，同时还要做好善后工作，给客人留下良好的最后印象。

（2）活动内容适当搭配。游览活动项目要富于新奇感和独特性，活动内容要避免重复雷同。要合理安排好全程活动中的每一天的日程安排，合理安排好一天的上午、下午、晚上三档时间的活动，力求丰富多彩，防止"白天看庙、晚上睡觉""昨天游山、今天爬山""上车睡觉、下车拉尿"等单调枯燥现象。

（3）游览讲解要有节奏。如上山多讲解、下山少讲解；冬天在阳光下多讲解、阴暗面少讲解；夏天在凉快时多讲解、在太阳下少讲解；客人感兴趣时多讲解、客人在观赏时少讲解等。

三、带队讲解服务心理

（一）带队游览心理

1. 心理预测

心理预测是对游客的旅游需求、旅游动机、客人与团队的心理与行为特点进行推测分析，为制订接待计划做好准备。心理预测可通过接团通知、以往的客史档案两条途径来进行。心理预测应全面、细致、具体。

2. 制定方案

安排活动日程与内容要本着"客人第一"的原则和认真负责的精神来制订方案，主随客便，切忌主观片面地将个人喜好强加于客人。对来自不同国家与地区、对不同年龄与职业、具有不同旅游动机的旅行团要有不同的安排。

3. 做好准备

（1）信息准备。① 旅游目的地的知识；② 客源国的自然、社会、历史等方面的知识，为接待和讲解活动做好准备；③ 客人的信息，尤其是手机号码，便于联系。

（2）物品准备。周到、齐全的物品准备是游览活动得以顺利进行的重要保证。① 游览全过程中的工作必备物品；② 导游员个人的生活必需用品。

（3）身心准备。① 生理准备，锻炼身体、劳逸结合，保证始终以充沛的精力投入工作；② 心理准备，以美好的形象、优良的品质、良好的性格、较强的独立工作能力展现在客人面前，给客人以信赖感和亲切感。

4. 热情欢迎

（1）热情迎接。导游员要树立热情负责的服务态度，注重仪容仪表的良好形象，热情友好地迎接客人，使客人产生良好的第一印象。

（2）清点人数。与领队接洽，了解团队的实际人数、名单和电话。清点人数切忌用手指——点数。

（3）引导上车。客人上车时，应站在汽车车门旁向客人表示欢迎，以示对客人的欢迎与尊重，也可顺便帮助一些年老体弱和行李较多的客人上车，同时清点人数。

5. 致欢迎辞

致欢迎辞的地方要视具体情况而定，致辞态度要真诚，说话要符合身份。内容要因客人的国籍、旅游团性质、旅游时间和地点、成员身份不同而有所区别，切忌死板沉闷，如能风趣活泼，能尽快缩短与客人的心理距离。欢迎辞内容：① 问候客人。向客人表示热烈欢迎之意。② 介绍自己。介绍自己和其他参加接待人员的姓名、职务，自己的手机号码，在旅游车上应介绍司机的姓名与他所驾车的牌号。③ 预告节目。介绍一下游览节目和当地的概况。④ 表示态度。表示自己的工作态度，愿努力工作，解决大家的各种困难。⑤ 祝愿愉快。预祝游客旅行愉快、圆满，并希望得到大家的合作与谅解。

6. 首次讲解

（1）位置与举止。站在车内前半部司机旁的专用导游讲解位置，手持麦克风，微笑面对客人。这样能看清客人的表情与反应，可达到感情双向交流的目的，同时又便于同司机联系以处理突发事件。

（2）讲解内容。针对客人兴奋、好奇、急于了解的心理活动，导游员应抓住时机介绍客人最感兴趣、最想了解的事情。介绍一些具体、实用的知识和应该注意的事项。诸如当天当地的气象、时差，饭店的位置和服务项目，风土人情、风俗习惯、土特产，当地的自然、历史、社会等情况。说话音量适中，讲解数字时要放慢速度并加以重复，使客人能听准确、听清楚。

（3）索取证件与票据。要看清楚签证日期、出境地点、有无夹带其他证件。应查清票面航次、车次、日期、到达站、座位等。证件与票据用毕应及时归还客人，不要放在导游员的包内。

7. 入住饭店

（1）帮助客人入店。做好登记，按客人需求安排房间。记下全团人员的房间号，特别是领队的房间号，以便有事商量；告知游客自己住的房间号与手机号。

（2）照顾客人进房。陪同客人清点行李，主动向楼层员工介绍客人情况与要求，争取配合做好接待。

（3）吃好第一餐。约定就餐时间和地点，带领客人进入餐厅，帮助找好座位，介绍综合服务、供应标准和免费提供的项目，将团内成员饮食要求转告餐厅负责人，最好能把团长介绍给餐厅有关人员，以便在接待中联系。

8. 商洽日程

（1）程序。商洽日程和安排活动细节，不仅表明导游对客人的尊重，还可了解客人兴趣，使预定的计划安排更符合客人的要求。商谈日程的时间越早越好，最好能在客人到达的当天进行；商谈日程的地点可在到住宿地的路上，也可在团长的房间，一些重要团、专业团可在会议室进行；商谈日程的对象一般是该团团长、领队或秘书长。

（2）要求。① 尽量满足绝大多数客人的要求；② 尽量满足重要人物的个别要求和普通客人的特殊要求；③ 要全力满足如记者团、旅行社代理团等重要团队的要求；④ 尽量使我方已制定的日程内容不做较大变动；⑤ 对全团有异议的活动应少数服从多数；⑥ 变动日程确有困难、正当要求又不能满足时，要耐心解释，以便得到大多数人的谅解。

9. 协调关系

（1）处理好与领队的合作关系。导游员对领队要多依靠、多商量、多尊重，靠领队做好全团的导游工作。① 职业领队。受过专业训练，有丰富的工作经验，对目的地情况较熟悉，他们重视维护旅游者的利益，对工作较挑剔；② 业余领队。带团业务不熟悉，对导游员依赖性较大，态度较好，对事情不十分认真，旅游兴趣浓，导游和他们合作要多操心、多提醒；③ 兼职领队。临时委派指定，一般没有报酬，至多有些优惠，属义务性质，导游员应与他们多商量，多出主意。

（2）协调好游客间的人际关系。旅游团是个松散的临时团体，旅游者为了共同的目的而暂时组合在一起，内部人际关系不复杂；但因为旅游者的国籍、民族、性别、动机、性格、习惯等往往不相同，有可能产生矛盾。所以，导游员要带好一个旅游团，就需要增强旅游团内的凝聚力。一般来说，客人不愿意与他人发生冲突，但小的争执时有发生，导游员要注意不使小的争执发展为对立状况。遇到冲突，导游员要具体分析，要首先检查自己的工作是否有误。

10. 日常导游

日常导游是导游员工作中最关键的一环，也是导游员最忙碌的时刻。

（1）提前到达出发地点。准时是对客人尊重的表现，而且可使自己有充裕的时间做好准备工作。导游员应切忌迟到，否则会给客人留下极坏的印象。

（2）清点人数准时出发。每次出发前，导游员应站在车门的一侧，恭候客人上车，热情问候欢迎，默记上车人数；临出发前应在车上再清点一下人数。如发现有人未来，一定要查明原因；如有人生病，应安排专人照顾，等游览归来再去探望。

（3）宣布当日活动安排。客车启动，导游员在向客人寒暄后即应宣布当日活动内容、所需时间、注意事项等。在允许客人自由活动时，要强调集合地点和开车的时间，要求大家按时返回、集合并相互照应。

（4）报告当日气象新闻。在活动的第一天晚上，导游员要预告第二天的天气，并提醒客人增减衣服、带否雨具。导游员要天天看电视、听广播，了解国内外大事，把重大消息、新闻，特别是客人所在国的消息及时通告。

11. 游览讲解

（1）车上讲解。导游员应及时介绍沿途所见的建筑物、商店及重要单位，介绍时要注意车速快慢，使车外景物与车内介绍相一致；在长途旅行中，可讲些较长的话题或表演些小节目，让客人参与娱乐，使途中气氛愉快，减少对时间的"长估"现象。

（2）地面讲解。到达景点，导游应要求客人集体活动，如分散活动，应宣布集合时间与地点。游览中要留给客人照相、摄像和自由活动的时间。除讲解基本情况外，更需讲些传说典故，以增加趣味性。

（3）参观考察。在参观单位时，要让领队与参观单位领导相互认识；介绍时导游员的任务是为主客双方服务，当好翻译，不要喧宾夺主。

12. 致欢送辞

欢送辞的内容：① 表示惜别。对分别表示惋惜之情、留恋之意。表情应深沉，不可嬉皮笑脸，给客人留下"人走茶更热"之感；② 感谢合作。感谢游客对工作的支持、合作、帮助与谅解；③ 小结旅游。与游客一起回忆游览活动，做归纳总结，提供旅游效果；④ 征求意见。虚心倾听意见，经大家帮助以后接待得更好；⑤ 期待相逢。希望成为回头客。如中国古话"两山不能相遇，两人总能相逢"。要情深意切，让客人终生难忘。

13. 真情送别

（1）友谊联欢。送别前夕可开自娱自乐的联欢会，增进友谊，消除旅行中的不愉快因素。征求客人对接待工作的意见。

（2）认真细致。送别前要结清账目，核实证件与字据，向下一站联系做好交接工作。通知楼层员工提前结账，搬运行李。离饭店前要提醒客人有无遗忘物品，上车前要认真清点人数，待全团到齐、得到领队确认后方可开车。在分离地，行李员和领队交接行李，清点件数，拿好行李牌。

（3）三米目送。待一切事情办妥后，导游员可带客人到入口处主动与客人握手告别，说几句祝福的话。送别之时，应有惜别之情，不可嘻嘻哈哈、随随便便，衣着应比平时庄重些。告别后不能立即离开，一定要等飞机起飞、火车离站、轮船出港后方可离去。

14. 善后工作

（1）做好总结。工作总结内容包括旅行团名称、人数、抵达时间、全程路线，成员基本情况、背景、旅游期间的表现及特点，团内重点人物的反映，对接待工作的意见要求，发生过的重大问题及处理情况，尚需办理的事情；各地合作情况，自己的工作体会及今后的建议等。总结要真实详尽，客人的意见要尽量引用原文，不能报喜不报忧。体会要写得深一些、细一些。

（2）财物处理。做好账目，归还借用物品。

（二）导游语言讲解艺术[①]

"江山之美，全靠导游之嘴""景区美不美，全靠导游一张嘴"。讲解不是对政治、历史、军事、考古、地理、科研、文化、生态、自然的研讨，而是通过对这些方面的感性认识，让游客在休闲中心情愉悦，在谈笑风生中品味人生，在津津乐道中消费金钱与时间，同时也为景区换来一个好口碑。

1.导游语言艺术

（1）言之友好。在语言的用词、声调、表情上都应表现出友好的感情。友好的语言起着温暖人心的作用。

（2）言之礼貌。友好感情的表现形式是礼貌，就是"自谦而尊人"。

（3）言之悦人。"赏心悦目"的语言能产生美的心理感受。如不说否定副词，不说客人避讳的事，等等。

（4）言之畅达。用词得当，语言准确，语调传情。

（5）言之文雅。用敬语、雅语、高尚语。

（6）言之有物。内容丰富科学，语言准确严谨，具有严密的逻辑性。内容要实事求是，有根有据，经得起推敲。

（7）言之情理。晓之以理，动之以情，讲道理、摆事实，以理服人。

（8）言之通俗。恰当使用谚语、俗语、俚语、格言、典故，采用多种修辞手法给客人以真实感、亲切感。

（9）言之生动。有料有趣有故事。

（10）言之幽默。幽默是生活中的智慧之光，是人际关系的调味料与润滑剂，含蓄诙谐、引人发笑、意味深长的幽默语言使人惬意愉悦。

2.导游讲解艺术[②]

（1）多样化。导游词要有针对性，针对所接待团队不同的旅游目的、不同的职业背景来创作导游词。专项研究学者团、学生团、政府接待或是散客旅游，讲解语言和讲解深度是不一样的，导游词也应该是不同的。针对不同场合、不同游客用不同的内容，而非千篇一律的导游词，应采用不同的版本。

（2）专业化。导游应具备渊博的知识：包括语言文化知识、历史地理知识、政策法规知识、心理学和美学知识、经济和社会知识、旅行知识、国际知识等。导游还应具备激发游客沟通的能力：包括满足求知欲话题、满足优越感话题、刺激好奇心话题、决定行动话题、娱乐性话题等。

（3）特色化。优秀的景区是具备特色的景区，而导游首先是特色的体现者和引导者。导游是游客在景区感受到的第一道"风景线"，让游客在景区因人爱景是导游价值水平的体

[①] 刘纯. 旅游心理学[M]. 天津：南开大学出版社，2000.
[②] 原群. 导游词创新原则[N]. 中国旅游报，2012-09-03.

现。特色互动的导游词、特色温馨的服务是特色化不可或缺的。

（4）娱乐化。游客对知识、消费、健身等有不同的需求，但对愉悦的需求是相同的。因此不论哪个导游词版本都应该不乏娱乐性，导游词娱乐化对整个行程的娱乐至关重要。导游必须具备察言观色、能说会道、能歌善舞的素质。

（5）虚实结合。导游中，可实可虚时以实为主，导游词要务实，尽量避免"据说""可能是"等词语。

（6）以新代旧。导游中，修旧如旧时以旧为主，导游词要尽量避免"原址不详""近几年刚刚全部新建""赝品""复制品"等令游客扫兴的词汇。

（7）以高代低。对景区曾经有过的设施或发生过的事件，若无法考证时，尽量避免"已遭破坏""已丢失"等词汇。

（8）以长避短。多讲游客感兴趣的话题，多讲文化厚重的话题。如国内有皇帝文化、三国文化、西游文化等雷同的景区，在导游词中只讲比其他景区强的方面，回避不如人家的方面。尽量回避不健康、不吉利的词汇，如"断魂崖""短命石""亏本""无财源"等。在景点设置和导游词编纂中，不诋毁别的景区，不诋毁宗教派别，构建和谐的外部经营环境。

3. 导游讲解技巧

（1）叙述式。这是最常规的讲解。

（2）对比式。选取与所讲景点有相似之处的其他景点进行对比，如中国古代三大宫殿式建筑——岱庙天祝殿与故宫太和殿、孔庙大成殿的创建年代比较、建筑风格的异与同等。

（3）延伸式。把与所介绍内容中某些相关的内容一起讲解，如泰山被评为世界双遗产，中国还有哪些名胜入选双遗产名录等。

第二节　旅游交通服务心理

一、旅游交通是旅游的先决条件

1. 旅游交通作用

"行"是旅游六要素中的第一要素，旅游交通是发展旅游业的先决条件，是旅游地社会经济发展的重要推动力，是旅游业稳定而重要的收入来源，也是旅游活动组成内容之一。旅游交通是由客源地到旅游目的地的往返，以及在旅游目的地内的空间转移过程。旅游交通使客源地与目的地的空间相互作用的产生成为可能，使每位旅游者都能"进得来、散得开、出得去"。旅游交通与整个交通体系联系在一起，是在客运交通基础上根据旅游需求发展起来的一种组织形式。旅游交通硬件由两部分组成，即旅游交通设施（如公路、高速公路、铁路、道路、水道以及各种设施）和旅游交通工具。

2. 旅游交通特点

（1）对象：游览性。旅游交通的服务对象是旅游者而不是一般乘客。旅游交通服务，不仅要解决旅行的空间位移，也要提供行途中休闲娱乐服务，提供旅游信息宣传，增加导游服务讲解；以及加密线路增加车次，增加各种交通工具的联运等。

（2）空间：异地性。旅游是一种暂时离家出游到具有吸引力的旅游目的地的一种空间位置移动的活动。而空间位移主要靠旅游交通来解决，旅游交通成了旅游的先决条件。

（3）时间：季节性。由于受气候、地理位置、节假日等条件的制约，旅游者的旅游活动在一年中的分布极不均衡，因而对旅游交通的需求具有明显的季节性和区域性。会在很短的时间内明显地呈现高峰和低谷态势，也会在不同的区域内出现集中或分散的现象，成为阻碍旅游交通发展的一个瓶颈。

（4）产品：无形性。旅游交通所生产的只是运力和服务，使旅游者能平安、顺利、愉快地到达预定的目的地，它随着生产和消费过程的完结而终止。给安全质量和服务质量的管理增加了一定难度。

3. 旅游交通知觉

（1）对航空旅游交通的知觉。飞机是适用于远程旅游和讲究时效的商务旅游的交通工具，其优点是快速、方便，缺点是价格昂贵。乘坐飞机：① 安全是首要因素。② 价格。对绝大多数尚未决定是否出游的人来说，大幅折扣机票使他们极为动心。③ 时间。包括起降时间、是否按时抵达目的地、中途着陆次数。④ 空中服务质量。对飞行时间超过 2 小时以上的航班时，则会关心飞机的机型，人们喜欢大型喷气式客机的宽敞和舒适。

（2）对铁路旅游交通的知觉。火车是国内中、近距离旅游的主要交通工具。高铁为区域旅游发展按下了"快进键"，让游客出行获得感不断提升。高铁产生了明显的"时空压缩效应"，让游客出行的空间距离逐渐增大，使得旅游资源吸引力范围显著增加。特点：① 运载力大，安全性高，运行时间准时正点，可沿途观赏风景，不会交通堵塞，环境污染较小。2017 年高铁营业里程达到 2.5 万千米，占世界高铁总量的 66.3%，发送旅客人数达 70 亿人次，占客运量 52.3%。② 运行速度快，高铁速度每小时可达 350 千米左右，目前快速客运网已超过 4 万公里以上，即将建成的"四纵四横"高铁网基本成型，大大提升了人们出行的快捷性，让游客走得更远。③ 1 小时交通圈形成，"同城化"效应不断扩大，很多列车"朝发夕至"，增加了"点对点"的直达旅客列车。④ 按照"零距离换乘"理念，打造现代化客运枢纽和旅客中转换乘中心，高铁车站与城市公交系统甚至机场融为一体，满足了旅客换乘便捷、候车舒适的需求。⑤ 在旅游旺季和旅游热点地区开设旅游专线、红色旅游专列、新疆旅游专列、内蒙古草原旅游专列，极大地满足了旅客的出游意愿。⑥ 舒适程度高，火车车型新、设备好，外观和内饰高雅漂亮、干净清洁。⑦ 基于互联网信息技术的新一代铁路客票系统的研发使用，自助验证取票、智能验票进站、机器人问询、App 资讯查询、服务预约、站车 Wi-Fi、互联网订餐、高铁接续换乘、动车组选座等一批创新服务产品的推出，极大改善了游客出行体验。⑧ 高铁旅游新产品将会引领旅游发展趋势，"高铁+租车""高铁+酒店"等新型旅游方式将逐步增多。当然，要注意"游客"变"过客"的问题。由于高铁的便利，游客很可能由原来至少住一晚，变成现在的当日往返。

（3）对公路旅游交通的知觉。汽车旅游的最大优点是方便、自由、灵活，可随时随地停留，任意选择旅游地点，实现"门到门"的运送，把旅游活动扩大到面；有的可捎带简易炊具、卧具，解决食宿问题。缺点是运载舒适度较差，路况拥挤。汽车是近距离旅游和旅游景区内的交通工具，包括私人小汽车、公共客运汽车和长途公共汽车。现代高速公路网的建立健全，汽车旅游更显得安全、快捷与便利。随着社会经济的发展，私家车的数量猛增，带动了自驾旅游的发展。乘坐汽车：① 车况，如车窗的宽敞程度、座椅是舒适程度、车身减震功能、有否空调与视听设备、是否拥挤。② 路况，有否高速公路、路面是否平整、是否塞车。③ 服务，按时出发、准时抵达及导游工作等。

（4）对水运旅游交通的知觉。水运交通是既古老又现代的运输方式，目前，轮船作为交通工具逐渐失去其重要性，但在有些地区，水运是比较经济和快捷的交通方式。有些旅游项目甚至必须利用水运交通，如游船的环渤海旅游、长江三峡游览。当人均 GDP 达 5 000 美元时,国际邮轮旅游开始起步,达1万~4万美元时,国际邮轮旅游进入快速发展期。豪华远洋邮轮是"浮动的休养地""浮动的大饭店""浮动的娱乐场所",它为国际旅游提供了一种新型旅游模式。邮轮、游船舒适度好,船内旅游项目多,服务有特色,使旅途过程本身就是游览休闲,但受气候影响较大。选择邮轮与游船能够到达的港口城市或旅游景点的多少、航程的远近、停靠地观光娱乐项目的多少,客舱、餐厅、游艺厅的设施是否豪华舒适、娱乐活动是否丰富有趣、游伴是否令人愉快、购物是否方便有密切关系。

(5)对特殊旅游交通工具的知觉。在旅游目的地或规模较大的旅游景区内,为适应特殊的自然条件或文化氛围以及特殊的旅游需求而提供的交通服务,如索道、缆车、人力轿子、滑竿、竹筏、橡皮船、骆驼、雪橇等。景区内的电动游览车、羊车、马车,融交通和娱乐于一体;乘坐缆车既能避免上山、下山过度消耗体力,又能以另一种视角欣赏风景;还有一些民族地区的溜索,架在深山峡谷有惊无险,这些交通工具都由于其独特性容易引起游客的兴趣。

4. 不同旅游者对旅游方式与旅游交通工具的选择心理

(1)社会阶层与旅游交通需要(见表7-1)。

表7-1 社会阶层与旅游交通需要

社会阶层	经济条件	旅游交通需要	交通工具选择	旅游目的地类型
高层旅游者	收入水平高	旅游需求高、注重服务质量	追求高档、舒适,乘坐豪华交通工具	游览世界名胜,新兴的旅游胜地
中层旅游者	收入水平较高	旅游需求一般。对服务质量要求较高	追求中档,要求方便,价格适中	选择旅游热线和成熟的景区
低层旅游者	收入水平较低	旅游需要偏低	价格低廉的交通工具,能忍受某些不到位的服务	选择附近、周边景区的短程、短时游览

资料来源:刘俊丽.旅游心理学[M].武汉:中国地质大学出版社,2011.

(2)旅游目的与旅游交通需要(见表7-2)。

表7-2 旅游目的与旅游交通需要

旅游目的	旅游方式	旅游交通需要	交通工具选择	主要旅游类型
身心放松	闲庭信步悠然自在	比较大众化	旅游巴士、旅游列车等常规交通	观光旅游、度假游、健康游、休闲
探亲访友	自由自在、走马观花	合适价格和周到服务	倾向自己安排交通工具	怀旧旅游、寻根游、故居游
追求猎奇	探险、冒险、竞技等有刺激性	与众不同	选择特殊、特别、高科技、非大众化的交通工具	探险游、冒险游、秘境游、海底游、沙漠游等
宗教朝圣	将旅行过程与旅游目的地视为同等重要	一般不高,比较能吃苦	倾向与步行、自己安排合适的交通工具	参观寺庙教堂、建筑、圣地与遗址,参加宗教仪式、宗教活动、宗教节日

资料来源:刘俊丽.旅游心理学[M].武汉:中国地质大学出版社,2011.

(3)年龄与旅游交通需要(见表7-3)。

表7-3 不同年龄段与旅游交通需求

类型	年龄及心理特征	旅游方式	交通服务要求	交通工具选择
青年旅游者	善于幻想,勇于猎奇,敢于挑战,富于创造,追求个性,表现自我	走马观花,旅游目的尽可能多	关注展现自我,表现个性,脱颖而出,突出特性	选择与众不同、别具一格、类型多样、独特的交通工具

续表

类型	年龄及心理特征	旅游方式	交通服务要求	交通工具选择
中年旅游者	具有求信、求廉、求实等需要	偏向考察式旅游	注重服务功能多样性、服务价格合理性、旅游价值实用性	选择实用、适合的交通工具
老年旅游者	具有失落感、怀旧感及久安长寿心态	悠闲自得	强调人性关怀、细心周到的情感服务	与身体状况相适应、价格适中的交通工具

资料来源：刘俊丽.旅游心理学[M].武汉：中国地质大学出版社，2011.

二、旅游交通服务中的心理因素

（一）旅游交通服务中的安全心理

1. 安全需要是旅游者最基本、最关切的需要

安全是旅游活动的前提，在旅行途中旅游者安全需要尤为突出。人们会选择自己认为最安全的交通工具；乘坐车船小心谨慎，随时注意防止发生意外；贵重物品随身携带；不会轻易与陌生人接近；对异常现象很敏感，警惕性很高。旅游交通服务只有在确保旅游者安全的前提下，才能被认为是有效的服务。

2. 影响旅游交通安全心理的因素

（1）绝大多数的旅游者对于旅游交通的考虑主要是方便与舒适因素，如是否能顺利购票、简化旅行手续、行李托运方便等。因为对于旅游交通安全问题他们是抱着信赖的态度，这是由于旅游交通的"安全服务"已经有效地在人们心理上打下了烙印。

（2）不同个性特征的人对于安全需要有不同的反映。年轻人血气方刚，喜欢冒险，愿意尝试新事物，在选择交通方式和行程路线上不会对安全系数要求很高。性情温和胆怯的人，安全感就比较强烈。具有丰富旅行经验的人，遇事沉着，考虑周全。

（3）耳闻过旅行中不安全情况的旅游者，他们在活动中要反复考虑是否能避免交通事故。如听到"空难"，就想尽可能不乘飞机而通过陆地交通到达目的地；听到某地不安全，就会取消去某地旅游的打算。

（4）有过交通事故经历的幸免者、目击者，负面影响很难磨灭，总是心有余悸。他们外出旅行，首先考虑的是安全因素，旅途中会时常流露出不安的神情，稍有动静就会惊恐失措。

（5）年老体弱或患心血管病的旅游者，会选择较稳妥的交通工具，方便进出，充分考虑和担心旅途中的安全因素，他们不一定要求快速，但要绝对保证安全。

（二）旅游交通服务中的享受心理

旅游交通部门的任何设施和服务措施的核心是，必须全力以赴适应旅客时间知觉的特征，使旅客能节省时间和充分利用时间。

1. 交通设施现代化

（1）道路条件。科学规划区域内的道路网络，包括道路网络密度、交通线路的选择、路面等级状况等。选择交通线路时，要考虑到旅游者的安全因素，尽量避免险峻的地方；尽量缩短里程，减少旅游途中的时间；选择路面等级高、舒适度好、路况好的线路。

（2）基础设施条件。机场、车站、码头等设施要科学地规划合理布局，各种设施既要与各种交通工具相匹配，又要考虑到旅游者的方便因素。如在机场增设银行、商店、餐厅、出租车站、画廊等，使旅游者既得到了休息，又得到了美的享受。

（3）交通工具。现代化的交通工具带来了现代旅游业的迅速发展，不仅大大缩短了时

空的距离，而且给旅游者的安全、方便、快捷、舒适提供了条件。交通工具应满足旅游者在旅途中的各种需求，提供优质服务。如减音装置和空调设备降低噪声、空气污染，增加舒适度；电视音像设备丰富行程，增添情趣，减少旅途的枯燥感。

2. 交通工具高速化

快捷是旅游交通最普通、最常见的心理需求之一。旅游者希望以最快的速度到达目的地，缩短时空距离，把有限的闲暇时间用于游览活动，不愿意把时间浪费在旅途中。因为旅途这段时间被人们认为是无意义的，感觉枯燥、乏味，而且容易引起机体疲劳。尤其是对急于到达目的地的人、性情比较急躁、多血质或胆汁质的人，快速旅行的愿望更为强烈。交通服务现代化的主要标志应是最大限度缩短时空距离。随着现代科学技术的发展，安全、高速与舒适的大型客机、高速列车、高速性能的汽车和高速公路以及豪华的游轮，满足了旅游者生理和心理的需要，深受他们的欢迎。

3. 交通运行准点化

旅游者外出旅游都是按照既定计划进行的，何时何地启程，换乘何种交通工具，何时到达目的地，何时返回等，都有事先的安排或预定。准时，能保证旅途生活的正常节奏。旅游者怕误点漏乘，一般会提前等候。如果运行时刻被误点、改点或取消，旅游者非常反感，感到一切被"打乱"了，以致产生烦躁感甚至是强烈不满。准点运行对旅游者的心理平衡有着重要影响，交通服务部门要严格执行交通时刻表，保证正常运行秩序。

4. 交通服务人性化

旅游是一种高层次、全方位的审美活动，旅游消费是享受性的消费。因此，旅游者希望设备齐全、环境优雅的候机（车、船）场所，交通工具外形美观、宽敞明亮、舒适安稳、便于休息和游览。旅途中，千方百计为旅游者提供方便、舒适和亲切的服务，使他们体验旅行带来的乐趣。如播放音乐、录像；组织一些轻松的活动、小游戏；为旅游者提供晕车药，特别关照老弱妇孺等。加强各部门之间的协调配合，健全和完善全程联网运营质量管理，实行"一条龙"的服务体系，使单一化的服务向多层次、多功能、全方位发展；由中间环节服务向两端延伸服务发展。

第三节 饭店服务心理

一、饭店氛围服务心理

（一）饭店地理位置与游客选择心理

1. 地理位置是饭店生存和发展的至关重要的因素

西方著名饭店企业家曾说过："如果饭店成功有三个因素的话，那么第一是位置，第二是位置，第三还是位置。"饭店是旅游者的家外之家，这就决定了饭店在空间位置上必须与客人活动的范围、方向、路线一致。因此，在筹建一座饭店之前，不仅要考虑筹措资金、确定客源市场、工程技术条件等，而且要研究客流规律，选择合适的地理位置建造新饭店。在无法选择地理位置或者已经建造完毕处于营业条件下的饭店，那要根据饭店的现有条件来进行游客市场分析，方能保证客源充足。

2. 不同旅游动机的旅游者对饭店位置的心理反应

（1）观光客。旅游景观是吸引客人产生旅游动机并做出旅游决策的首要因素，景观就是客源,"景美客多"。饭店要吸引客人,就必须依赖周围的景观,"借景引客"。以游览观光为目的的旅游者,尤其是年老的旅游者喜欢选择离游览景点较近的或与几个游览点距离适中的饭店住宿,以节省路途往返时间,避免由于过多地乘车赶路而产生的时间上的紧迫感与生理上的疲倦感,从而有更多的时间观赏游览。

（2）会务客。以开会、学习为目的的旅游者则倾心于在清静、离闹市区稍远或离风景区较近的饭店住宿,希望有个良好的环境来保证开会、学习任务的顺利完成,并就近欣赏旅游景观。

（3）商务客。以外出经商、办公、会展、贸易为目的的旅游者,会选择处于市中心、交通便利、离办事地点较近的饭店,以便掌握信息、沟通交往,尽快完成公务活动。

（4）休闲客。选择离休闲目的地近的酒店,设施设备应适合休闲旅游。

（5）过路客。以离境或中转为目的的暂时逗留某地的旅游者,喜欢选择距机场、车站、码头较近的饭店,以便途中转机（车、船）方便。

（二）饭店建筑外观与游客选择心理

造型优美、选材讲究、色调和谐、风格独特的饭店建筑外观,会对游客产生强烈感官刺激,形成深刻的第一印象。

（1）引起注意。越是奇特的、与众不同的事物,越能引起人的注意。饭店因其独特的造型、挺拔的高度、鲜明的色彩而引人注目。

（2）诱发联想。饭店建筑是想象力的结晶,其建筑造型、结构、色调的巧妙组合,给人们塑造了一个直观而富有含义的艺术形象。高层建筑的辉煌、粗犷,庭园楼榭的精巧、纤细,无一不使人产生丰富联想。

（3）赋予美感。遵从美学原理,运用整齐划一、平衡对称、变化和谐等建筑美学手段,把饭店建成一件供人欣赏的艺术品,会使人得到美好的艺术享受。

（三）饭店环境气氛与游客住宿心理

（1）外部环境气氛。饭店的建筑外观应与当地的景观及其他建筑物融为一体,使饭店建筑物起到"锦上添花"的作用,进一步渲染、烘托周围风景的气氛与特征,才能创造出一种彼此融洽、相互衬托的环境气氛,有助于激发客人的游兴,坚定客人投宿的决心。豪华别致的摩天大楼、青砖黑瓦的四合庭院、黄土高原的窑洞、内蒙古草原的毡房、江南水乡的园林宾馆、古色古香的农庄小院、水上渔家的船楼舟舍、林区猎户的简易茅棚……对怀有好奇心理的客人都颇具吸引力。

（2）内部环境气氛。创造一个舒适、优雅、整洁、方便的内部居住环境,适应游客期求尽快调节旅途紧张的心绪、渴望由奔波劳累向歇息休整过渡的心理需要,使游客产生一种宾至如归、清新舒适的感觉。

（四）饭店设施设备与游客享受心理

完善、完好而先进的饭店设施设备是游客住宿的必要物质手段,是饭店为游客提供高效率、高质量的服务项目所必需的物质基础。

（1）公共服务设施。满足游客省时、省事、方便的心理需要。饭店要合理安排设施的空间位置、营业时间,用现代化的手段装备,提高服务质量与办事效率,使客人事事处处感到方便。

（2）娱乐健身设施。活跃店内气氛,增强客人的游乐健身兴致,通过丰富多彩的旅途生活,创造一个愉悦的精神世界。

（3）客房设施。满足客人休息、生活需求以及商务客人的商务需求。

（五）共享经济与饭店模式

1978年美国社会学教授琼·斯潘思首次提出共享经济模式，受益于互联网平台带来的实时信息交换便利，将资源的所有权与使用权分离对待，使得闲置资源能在不同的主体间进行共享，从而提高了存量资产使用效率，实现为消费者和所有者双向创造价值。中国酒店业的自身属性与共享经济天然设配，探索一种更加智能的租赁模式和服务内容，如酒店为社区提供餐饮定制服务、共享停车位、共享娱乐设施、"酒店+"办公、卖场、旅行社、健身房、亲子俱乐部等在延伸资源上做了更多的跨界整合，甚至把客人关注、休闲等各方面的需求都做了对接，打造出了多维度、全方位、立体化的价值生态圈。所有这些探索都处于方兴未艾的阶段，随着科技发展和消费者需求的不断升级，酒店业的产品形态也更加丰富多元。

二、饭店前厅服务心理

1. 前厅的地位与作用

前厅是饭店的门面与窗口，是客人与饭店最初接触和最后告别的部门，是客人产生第一印象和最后印象的重要环节，又是过路行人对饭店形象评价的主要依据。前厅是饭店服务的中心，前厅服务贯穿于客人在饭店内活动的全过程，是饭店服务的源头和终点。

2. 前厅服务心理要点

（1）做好预定。游客外出一般都会要求预订好饭店与房间，以便安排旅游计划与行程，否则会有一种不安全感。客人通过电话、网络或旅行社代办等方式提前订房。前厅服务人员要真实而礼貌地介绍饭店的等级、房价、服务设施和项目、环境条件等情况，方便客人预订，使客人未来之前就对饭店有个大体了解，产生亲切地向往之感。

（2）美化环境。饭店要重视"装点门面"，给客人提供一个良好的感知形象，觉得生活在一个美好宜人的环境之中。饭店大门和庭院可以结合区域特色布设草坪、花园、喷泉、水池、雕塑，使客人觉得环境清新优美、心旷神怡。大厅布置既要有时代感，又要有地方民族特色，要富于美感。光线柔和，空间宽敞，色彩和谐，多种材料与厅内的景物点缀及服务设施摆设要协调，各种设施要有醒目易懂的标志，使客人能一目了然。从而烘托出安宁、整洁、亲切、舒适和高雅的气氛，使客人有一种宾至如归、轻松舒适的感受。

（3）形象悦人。员工的形象美与前厅的环境美互为影响、相得益彰。

（4）语言优美。语气亲切，语调柔和，语音甜美，措辞得当。

（5）服务周到。前厅服务人员接触面广、业务复杂，前厅服务项目众多，只有周到细致、快速高效并运用现代化的科技手段为客人服务，才能使客人真正满意。

三、饭店客房服务心理

（一）客房的心理效应[①]

（1）家庭效应。酒店是家外之家，其实，真正的"家"是在客房。在属于自己的房间里，客人才可能放松自己，消除疲劳，得到休息，产生安定、舒适的温暖感。

（2）主体效应。客房在酒店中的重要地位：客房建筑面积一般要占酒店的70%，客房

---

① 刘俊丽.旅游心理学[M].武汉：中国地质大学出版社，2011.

员工要占40%，营收要占60%。国际酒店把客房数的多少当作简单规模大小的标志。

（3）经济效应。客房是酒店出售的最大产品，建造时虽投资大，但耐用性强，可反复销售。再生产成本低、创利高，而且拉动性强，会带动酒店其他部门的经营收入。

（4）标志效应。客人60%的时间在客房，他们对酒店的服务有着深刻的体验，是衡量酒店服务质量的重要标志。

（二）创造一个安全、清洁、安静、方便、舒适、雅致的休息环境

1. 安全

酒店作为一个人群相对集中的公共场所，公共安全至关重要。酒店要扎实有效地做好预防和处理突发事件的相关预案。酒店安全突发事件包括：火灾事故、食物中毒事件、卖淫嫖娼和吸毒事件、酒后群体斗殴事件、停电及相关事件、被盗事件、突发疾病事件、自杀事件、杀人案件、地震及其他自然灾害。

（1）防火。防火"责任重于泰山"。饭店建筑要使用阻燃材料，完善消防报警器材和灭火器材，房门与过道要有安全通道示意图，要备有紧急出口。员工要懂得消防器材的使用和失火时疏散的消防常识。

（2）防盗。饭店要保障客人的财物安全。通道处、人员集散处要有摄像头，一天24小时进行监视；房门锁要牢固可靠，有防止钥匙遗失措施；要有贵重物品保管制度。员工要有防范意识，做到外松内紧。

（3）防病。所有服务项目、设施设备要有利于保障客人的人身安全。员工要密切注意客人，尤其是年老体弱、多病客人的动向，一旦发现客人有异常状况要立即报告领导采取应急措施。

（4）防露。希望房间使用权、个人隐私不受到干扰和侵犯。

2. 清洁

（1）视觉标准。保持客房尤其是盥洗室的清洁卫生。要做到"凡是客人看得见的地方都要一尘不染"，任何客用品没有使用过的痕迹。

（2）生化标准。直接与客人身体接触的如布草件、卫生洁具、"六小件"等客用品应符合卫生检疫部门的要求。客房清洁工作是"人背后的工作"，即在客人不在房内的情况下进行的。员工进房前先要观看门把上有无特殊标志，进房要敲门，进房后按操作程序细致认真地做清洁工作。对客人的钱财和物品在清扫时尽量不要随意移动。在客人提出"请速打扫"要求时，员工可当着客人面打扫卫生，但要特别留意不能影响和干扰客人的正常活动，操作时对客人要彬彬有礼，掌握好操作的节奏。

3. 安静

（1）背景音乐。人都喜欢音乐，厌烦噪音。音乐对人有着刺激、调节、镇静等作用。音乐使人动情，人们劳动、体育竞赛时有背景音乐可提高工作效率和成绩。公共场所宜播放背景音乐，背景音乐声音要轻，内容要适合环境的主题。

（2）杜绝噪声。噪音是危害人类的大敌，人长时间地生活在噪声环境里，轻则会分散注意力、思维迟钝、情绪烦躁不安、易感疲劳，重则会发怒、多疑，出现攻击性、侵犯性行为；高噪声甚至会影响人的听力，导致耳聋。饭店选址时应避免周围噪声干扰过大，建筑材料的隔声性能要良好，要防止楼层之间、客房之间互相"串声"。大型设备如锅炉、中央空调等要尽可能降低噪声，娱乐场所要远离住宿区域。员工服务要做到"四轻"：走路轻、说话轻、操作轻、关门轻。"轻服务"不仅能减少噪声，而且能使客人产生文雅感、亲切感，同时还可暗示和影响那些爱大声说笑的客人自我克制。

4. 方便、舒适

客房内墙面、窗帘、床上用品、家具的色彩要和谐、明亮，不仅使人感到美观，而且能使人情绪稳定，安于休息；客房卧室宜采用柔和灯光，使人安逸、恬静，起居室则宜采用较淡灯光，使人精神振奋，情绪活跃。各种服务设施要完善、完好，配备客用品应越细致越好，有常用的生活、文化及商务用品。设施设备使用方便，不要产生麻烦感。委托代办，如洗衣、缝补、送餐、托儿、有病时请医送药。女性希望衣柜大、衣架多，卫生间便于梳妆打扮等。按照工程心理学的原理，各种服务设施使客人在生理上产生快感，心理上产生舒适感。

（三）亲切热情的服务态度和细致周到的服务方式

（1）情感服务。根据客人的情绪变化提供针对性的服务，能收到良好的效果。客人情绪较好或兴致勃勃，员工应加强内部推销，使客人玩得痛快；对心情不好的客人，员工要亲切问候、主动关心；对远离家乡有孤独感的客人，要热情关照。

（2）主动服务。细心、及时了解并尽量满足客人的不同需要和特殊生活习惯，例如不吃某种食物、不喜欢某种气味的香水、忌用某种图案、不愿住某号码的房间等。

（3）个性服务。对于性格开朗好动的客人，服务人员可多加问候、殷勤周到；对性格内向、不苟言笑的客人，要细心观察，不加打扰，但要随叫随到，防止服务疏漏。某家饭店提出："对派头很足的客人要不卑不亢；对出言不逊的客人要有理有节；对住在大饭店里感到拘谨的客人要更加尊重；对想得到祖国温暖的华侨客人要像久别的亲人一样热情接待。"

（4）无干扰服务。客房服务是"人背后的服务"，要讲究服务时机与方式，不合时宜的"服务"不但不受欢迎，反而会使客人难堪、厌烦，甚至反感。客人在房内的主要活动是休息，其生理、心理均处于放松的自然状态，不希望员工频繁进出，机械地执行每天要几次进入房间打扫卫生，送开水、送报纸。

四、饭店会展服务心理

1. 会展服务的意义

近年来，会展业作为国民经济的"新亮点"日益受到全球广泛地关注。会展在西方已有200年的历史，瑞士日内瓦，德国汉诺威、慕尼黑，美国纽约、芝加哥，法国巴黎，意大利米兰，英国伦敦，新加坡，中国香港等已成为世界著名的"展览城"。会展业是一种经济关联度很强的经济形式，通过举办大型会议、展览活动，能带来源源不断的商流、物流、人流、资金流、信息流，直接带动展览、饭店、旅游、交通、通信等服务行业的发展，带来巨额的利润和经济的空前繁荣。

2. 会议服务的内容

会议一般包括八个要素：名称、时间、地点、方式、承办者、与会者、议项和结果。会务客在会务市场中的需求呈多样性与多层次性的变化趋势。宾客在饭店举行会议或参加会议希望得到便利的服务，如翻译、打印、收发传真、电子商务、用餐、纪念品的购买、贵重物品的代管、票务代理和代售、提供残疾人车、医务、代办旅游、介绍导游服务、邮寄和速递等服务。要求会议接待场所的内部装潢豪华，空气质量、通风条件达到良好的标准，设施设备运行和使用完好，家具陈设科学合理，卫生洁具消毒清洁，食品饮料有品质保证，安全措施完善而周密，人身与财产得到绝对的保障，会议期间的公务活动、会议内容、个人隐私、个人的活动均能保密，尤其是政治技术性的会议，其政治内容或专利技术的保密更为重要。

第四节 餐饮服务心理

一、顾客饮食需求分析

（一）人类饮食心理历程

（1）三次饮食革命。人类有史以来发生了三次产业革命，同时也引发了三次餐饮革命。① 农业革命，带来了以中国为中心的"烹饪文明"时代。② 工业革命，带来了以美国为中心的"快餐文明"时代。③ 信息革命，将引发全球餐饮革命。随着网络时代的到来，餐饮将进入数字化智能时代，特征是个性化、生态化、多样化、养生化。

（2）四段心路历程。笔者认为人类饮食心理历程经历了四个发展阶段，用形象的语言概括为：① 用"肚子"吃。饮食的目的是填饱肚子；饮食的方式是茹毛饮血、生吞活剥。② 用"嘴巴"吃。发现了火与调味品，饮食的目的是品味，满足口福。③ 用"眼睛"吃。通过多种感官全面享受美食，饮食进入审美心理。④ 用"脑子"吃。膳食平衡、营养合理，达到身心健康长寿之目的。

（二）共性饮食需求

（1）卫生安全。任何人都逃脱不了"病从口入"的厄运，再美味的佳肴，若不卫生也会成为致病的病因。① 环境卫生。餐厅整洁雅净，空气清新，地面洁净，墙壁无尘、无污染，窗明门净，餐桌、餐椅整齐干净，台布、口布洁净无瑕，厅内无蚊无蝇。② 食品卫生。严格执行《食品安全法》，严把食品卫生关，防止食物中毒事件的发生。保证原料新鲜安全，严禁使用腐败变质的物品；冷菜洗净消毒，热菜烧透烹熟；食品饮料确保在保质期内，过期食品应坚决禁止供应。③ 餐具卫生。严格执行餐器具洗涤流程，配备专门的消毒设备，要有数量足够的可供周转的餐具，以保证餐具件件消毒。④ 员工卫生。员工必须精神饱满、体格健康、衣着整洁、操作规范，给顾客以健康安全的心理感受。如果员工体弱有病，精神萎靡不振，头发散乱，指甲长且脏，服饰不整，满身油渍，操作时不注意卫生，如发丝飘在菜盘上，指甲触到菜汤里，乱用抹布，都会影响客人的就餐心情，令客人大倒胃口。⑤ 人身与财产的安全。在经营过程中，汤汁滴洒在客人的衣物上，破损的餐具划伤客人的手、口，地面打滑引起摔跤，甚至吊灯或餐厅悬挂物掉落击伤客人之类的事故偶尔也会发生。一旦发生事故，后果非常严重，不但会给经营者带来经济损失，更会造成企业名誉甚至形象上的损失。

（2）简捷方便。求便利、讲速度是现代人的一大特点。酒店可设计简捷方便的服务项目，如提供准确、充分的餐饮信息，供客人购买决策；有进出方便的交通和停车场，可代客泊车，交通不便的有摆渡车接送，减少步行距离。客人希望就座容易、点菜、上菜速度快，服务效率高，快捷准确，减少等待时间。客人进店，员工要主动快速接待，有职业点菜师帮助"导吃"；有不同分量的菜品、拼盘，可增减特殊调味品，有送餐服务。操作动作要迅速、干脆。在来不及上菜时，为了不使客人觉得无聊，可以先上饮料，减少客人久等的烦恼。就餐中，员工应集中精力、细心观察，及时发现，及时提供服务。客人就餐后，应及时结账；及时帮助打包，处理和回复投诉意见。

（3）品尝风味。"民以食为天，食以味为先""宁吃鲜桃一口，不吃烂梨一筐"。客人光临餐厅最重要的动机是美食动机：吃不同的东西、吃好吃的东西、吃没吃过的东西，合口味，饱口福。风味是指客人就餐时对菜肴产品的色、香、味、形等诸方面产生的总体感觉印象，它是刺激消费者选择菜肴的重要因素。客人对风味的需求因人而异，各不相同。

（4）舒适享受。客人在品尝美味佳肴的同时，希望心情轻松愉快，希望餐厅提供的服务设施、服务项目等给自己以身心上的满足和享受。要求餐饮场所的建筑、内部装潢等实物都能豪华美观，使客人身临其境得到快感、愉悦感，使宾客在这种环境气氛中得到舒适的享受。

（5）营养健康。人们对饮食的认知已从果腹型发展到健康长寿型，从温饱型转向了保健型；从只求吃饱吃好，还要吃得科学和健康。因此，饮食与养生的结合是当今餐饮市场的最大需求。现代顾客的营养意识越来越强，越来越重视营养的均衡和合理搭配，合理的营养来自每一天每一餐的饮食质量。客人希望菜点营养平衡，科学合理，甚至希望将每道菜的营养成分及其含量在菜单上标注出来，方便其自主选择。

（6）物有所值。客人不仅考虑所付出的货币与所得到的物质享受要等值，更包括付出的时间、精力与所得到的精神享受要等值。客人都希望自己所购买的产品价廉物美，质、价、量相称，希望以最小的付出获得最大限度的满足。只有当顾客在接受服务和用餐价格等方面认为是公平合理的，才会在心理上感到平衡，感到人格受到尊重而获得心理上的满足。

（7）亲切尊重。客人光顾餐厅希望受到应有的礼遇。当客人进入餐厅时，员工应主动上前问好，并热情引导客人坐到合适的位置。如果用餐客人多，一时找不到座位，不要说"没有座位了"，也切忌带着客人满餐厅转着寻找座位。客人进入餐厅并已找好座位等待服务，而员工此时正忙着接待其他客人，那么在经过他们桌旁时应送上一句"请稍等，我马上就来"，或报以歉意的微笑，意在言明我已经注意到了，即刻就来，不让客人觉得被冷落和怠慢。开餐服务过程中，员工礼貌、规范的服务，管理人员及时的问候以及送客时恰到好处的送别语等，都会令客人感受到热情、亲切与尊重。

（8）求知求美。求知求美是饮食中的高级需求。可借古代文化典籍和人物开发新菜，如红楼菜、儒林菜、随园食单等，吃出文化品位来。上海、北京等大城市兴起一种"明炉明档""透明餐厅"，每间餐厅配有一个厨房，厨房与餐桌仅用一堵玻璃墙隔开，客人可观看厨师烧菜，厨师当着客人的面将鲜活的山珍海味烹饪出来。这样，顾客可放心地吃饭，再也不怕将不新鲜、不卫生的食物吃进肚子里。同时，在候餐的同时，也可一饱眼福，欣赏厨师的烹饪技艺，或许还能学上几招。

二、塑造餐厅形象、突出餐饮特色

（一）餐厅形象

1. 餐厅的心理效应[①]

（1）物质效应。包括用餐环境和设施设备的要求，餐饮品种形式和内容的要求。餐厅形象包括门面、出入口、空间、光线、色调、音响、温度、设施标准、客人与员工的流动线路设计等。

（2）经济效应。餐饮收入是一个伸缩性较大的一个变量，其产品的市场价格有较大的波动空间，其收入一般可占酒店营收的30%~40%。在酒店客房淡季时，餐饮的经济效益更为重要。

[①] 刘俊丽.旅游心理学[M].武汉：中国地质大学出版社，2011.

（3）精神效应。服务员的服务态度、服务方式、服务技能、服务效率及服务形象对客人能产生极大的心理影响。

（4）文化效应。餐厅的环境布置、员工的服饰仪表、菜式品种特色都体现了浓厚的饮食文化，从中受到艺术感染。

2. 美观的视觉形象

（1）餐厅形式要独特。除常规餐厅外，可根据条件与需要，设计旋转餐厅、水上餐厅、火车厢餐厅、地下餐厅、高塔餐厅等，以吸引好奇心强的客人。

（2）餐厅门面要醒目。独特、醒目的餐厅标志，使人一望即能感知；门厅布置要别具一格，有高雅的气氛。

（3）餐厅装潢要高雅。厅内装饰与陈设布局要整齐和谐、井然有序、清洁明亮，餐厅的艺术陈列品如壁画、地毯、挂毯等要与经营特色协调一致。不同的餐厅布置要各有特色。中餐厅挂上几幅中国山水画，配以宫灯、红烛，给人以东方美感；西餐厅则应根据不同国家特点布置。若有多个餐厅，则要有不同风采，以供客人选择。如大餐厅豪华高雅、富丽堂皇；小餐厅小巧玲珑、清静淡雅。

（4）餐厅色调用暖色。暖色调能使人兴奋，有利于增强人的食欲。因此，餐厅的墙壁、地坪、平顶、台布的色彩选择橙黄色与橘红色，不仅与客人进餐时的兴奋心情相协调，而且有助于增进食欲。

（5）餐厅光线要适宜。餐厅光线要与餐厅主题相协调：宴会厅光线应明亮、柔和，呈金黄色；酒吧光线要幽静、闪烁，显示迷人情调；正餐厅呈橙色、水红；快餐厅呈乳白色、黄色。

（6）空间布置要合理。既要使人感到宽敞舒适，又经济实用。大餐厅应实行半开型的布局方式，桌椅位次的排列从入口处开始，先节约型、次普通型，逐步向后发展到豪华型。大餐厅在客人少时可用帘子、屏风与活动墙来分割，造成较小的局部就餐环境。餐座、餐椅之间要充分考虑员工服务与客人就餐时的流动空间。

（7）餐厅卫生要整洁。餐厅不一定都是豪华高贵的，但必须是清洁卫生的。要做到"三光"（玻璃窗、玻璃台面、器具光亮）、"四洁"（桌子、椅子、四壁、陈设清洁）。餐厅要有严格的卫生制度，台布要及时换洗，碗碟杯盘要严格消毒，员工衣着要整洁。

3. 愉快的听觉形象

（1）增加乐音。在餐厅播放优美、优雅的背景音乐，不仅能使客人心情愉快，增强食欲，而且还可掩盖厨房的噪声。应根据不同餐厅主题、不同营业时间来选播不同的背景音乐。心理学研究表明：在餐厅里播放节奏明快的音乐，客人停留时间短些；而节奏缓慢些的音乐，会延长客人逗留时间。据此，在快餐厅播放节奏快的音乐，可加快客人就餐速度，增加客人数；在咖啡厅、正规餐厅播放缓慢音乐，可延长客人就餐时间，其花费自然就更高。当然，音乐要和餐厅主题吻合，中餐厅可播放中国音乐，西餐厅可播放西方音乐。餐厅也可由乐队演奏或歌手献艺，还可由客人自娱自乐。

（2）杜绝噪音。餐厅附近不能有声响过大的机器（如洗碗机、离心脱水机、锅炉等），厨房与餐厅之间的过道要长，且要有消音装置。

4. 舒适的触觉、嗅觉形象

餐厅空气要清新，温度要宜人。香味能使人愉悦，餐厅里有轻微的香味能增强人的食欲；油腻味、汗酸气味等会降低人的食欲。餐厅要保持清新的空气，采取香氛措施，喷洒空气清洁剂、种植花卉植物。餐厅温度要宜人，一般保持在22℃～26℃，气温过高或过低都会抑制人的食欲。

（二）人员形象

（1）仪表风度（详见第六章的人员美的内容）。

（2）热情、耐心、细致、周到。客人在餐厅就餐时的主要动机是享用美食，往往需要殷勤、热情的服务。员工要有热情耐心的服务态度和细致周到的工作作风，要善于判断客人的需要，并想方设法满足客人的合理需要。

（3）技能娴熟。餐饮服务操作是技术性很强的一项工作，可用 16 个字来概括："托"与"端"（盘、端菜），"送"与"放"（送菜单、账单，放餐具），"倒"与"斟"（倒饮料、斟酒），"分"与"派"（分派菜肴），"推"与"拉"（推门、推车、拉座位），"接"与"送"（接送客人、引位领位），"指"与"示"（指路、示意），"写"与"记"（写席卡、记菜单）。这些工作每个环节都要求员工有适当的方式和熟练的技能。熟练的服务技能将有助于提高服务效率和服务质量。

（4）推销产品。员工不仅是服务员，更是推销员，树立"全员营销"的观念。员工对客人的服务是直接面对面的服务，宣传自己的产品、介绍各种菜肴既是热情服务的措施，也是内部推销的一个重要方面。当然，推销过程中应避免两种倾向：一是推销不力，不主动介绍餐厅的特色菜肴，放弃推销的职责与机会；二是推销过头，超过了一定限度，使客人处于尴尬境地，误认为餐厅故意宰客，很可能会失去良好的声誉。

（三）产品形象

1. 菜单有特色

菜单反映了餐厅的经营方针，标志着餐厅产品的特色和水准，是沟通餐厅与客人的纽带。菜单既是宣传品，又是艺术品。一份独特的菜单，必须符合客人的心理需要，使人一目了然，容易了解菜点的名称、数量、价格、色泽、营养、吃法。菜单要方便客人阅读、选择，能增强客人食欲，引导客人的饮食行为。讲究菜单的形式美，色彩、字体、版面都要从艺术角度来设计。菜单要起到广告作用，把本店简况、地址、电话、服务内容等包括在内，加深客人印象。根据记忆的位置效应，菜单要突出重点菜肴、特色菜肴，把名特佳肴安排在首位或末位，或用特殊符号标出。菜单文字要有中英文对照，版面设计要活泼美观，文字与空白处要各占 50%的空间。菜肴要按类别排列，不要按价格高低来排。菜单能图文并茂，最好可搞些菜肴样品或模型，使人有直观感，激发购买欲望。

2. 菜肴有特色

菜肴质量包括菜肴的色泽、味道、外观形状、营养和凉热等因素，菜肴的特色表现在六个方面，即"菜肴特色六字诀"：色、香、味、型、器、声。

（1）色。色彩与人的食欲密切相关。红、橙、金黄、琥珀等暖色能增进人的食欲；紫、青等偏冷色彩会减弱食欲。在菜肴的制作过程中，要根据不同菜肴的原料特点，配以不同的颜色。好的菜肴色泽能使人产生名贵感、高雅感、卫生感和美感，能刺激人的食欲。如绿色食物给人以清新感，金黄色的食物给人以名贵、豪华感，乳白色食物给人以高雅、卫生感，红色食物具有喜庆、热烈、引人注目的作用。

（2）香。气味也是刺激人的食欲的重要因素。"闻香下马，知味停车"。菜肴还未端上餐桌香气就扑鼻而来，能勾起人的食欲；相反，菜肴缺乏应有的香味，甚至有异味，就会使人倒胃口，严重地影响人的食欲。决定菜肴特色的主要是味，可是在客人未尝味之前，其眼睛、鼻子就已感受其色彩的鲜艳、气味的香溢，就会产生联觉，促进味觉。菜肴特色六字诀中将色、香安排于"味"之前，就是这个道理。

（3）味。"民以食为天，食以味为先"。味道是菜肴的本质特征与主要特色。品味是客人就餐的主要动机。要使菜肴有味道，就须在品种、烹调、时令等方面下功夫。大多数人都有自己的饮食习惯，但每一天的每一餐食用同一种菜肴，久而久之，其新鲜感就会淡漠，以至于产生枯燥、单调、乏味感。菜肴品种应力求丰富多彩，花样翻新。

（4）型。菜肴应是艺术佳作。经过艺术加工，菜肴形成优美的造型。逼真的形象和适度的色彩，能使客人产生强烈的感官刺激，增强食欲，从而一尝为快。食品造型，可利用雕刻、拼盘技巧来创造，引人无限遐想、趣味横生的几何图案，都可以给客人美的享受，同时也可满足客人的自尊及求美心理。

（5）器。餐具的高雅名贵、卫生洁净、造型优美、图案生动、与食物的匹配等，会对客人的就餐心理产生积极的影响。特色餐厅要用特色餐具，千姿百态的碗、盘、碟、壶、杯、盂、罐、刀、叉、筷等餐具，在客人心目中就是一件件艺术珍品，产生美的感受。餐具与菜式须匹配。首先是餐具颜色与食物色泽要符合色彩搭配的规律；其次是食物与餐具的形状要相宜，应根据不同菜式的形状，分别使用各种形状的餐具，使之对称、协调；最后是餐具的容积和食物的体积要匹配，既不能"胖官骑瘦马"，也不能"小马拉大车"，给客人造成视觉差异。

（6）声。听觉在饮食中也发挥着重要作用，要充分利用人的各种感官、感觉的相互作用，刺激顾客消费。声包括两层含义：一是指菜肴的名称和其中蕴含的知识、故事。菜名要好听易记、朗朗上口，上菜时要报菜名；介绍名特佳肴的营养、烹饪知识和民间传说，满足客人的求知欲望。二是指有些菜肴本身能发出声响，例如铁板牛肉、油氽锅巴等，这些自然声响会引发人的食欲。

3. 服务有特色

（1）迎宾服务。① 迎接。客人走近餐厅，员工应"三米微笑"、热情欢迎，以问候、恭迎的语气招呼客人，给客人以亲切感。同时，员工通过"一看、二听、三询问"的方法判断客人的身份与餐饮动机。看，就是从客人的神态、服饰来辨别其身份和目的，例如客人的国籍和民族，是急于就餐办事还是不太计较时间，是邀朋请友还是独自用餐等。听，就是听客人的口音判断其籍贯与口味，听客人讲话了解他们同行人之间的关系。问，就是征询客人的饮食要求，并根据客人的经济条件、年龄、性别、民族、国别等特征有针对性地介绍和推荐适当的菜肴。② 领位。客人对座位有不同的要求，领位员在引领时应把衣着华丽的客人引到餐厅中央座位以引人注目，既增加了餐厅的热烈和豪华气氛，又满足了客人的自尊心；把老年、残疾客人引到出入方便的座位；把年轻恋人引到僻静的座位，便于他们谈情说爱；不要把单身女性客人引到四周都是男性客人的座位上，以免拘束。员工领位时要面带微笑、态度热忱、举止文雅、语言得体。在就餐高峰时，餐厅座无虚席，员工对后来客人要热情相待，分别轻重缓急灵活安排；对暂时安排不了座位的也要委婉地告诉客人等候片刻，用得体的方法留住、稳住客人。

（2）点菜服务。客人入座，员工应马上送上香巾给其净手，送上茶水以示接风，从而创造一种热情待客的气氛。客人点菜时，员工要发挥参谋和引导作用，要注意不同的客人有不同的需要，有针对性地推荐菜肴；介绍菜肴时要全面、细致、客观、实际、以诚待客；推荐一般要从中低档价格向中高档价格推荐，以满足客人的自尊心；推荐时要讲究语言艺术，注意语言修饰，介绍时不要笼统抽象，要具体明了。

（3）餐间服务。① 上菜。速度要快，等菜是客人最不耐烦的。对出勺慢的菜，员工要事先向客人打个招呼，使客人有个心理准备。上菜时，员工的双手、服饰要保持高度清洁，端盘时大拇指应翘起，千万不能把大拇指插入菜中或汤中；送酒时要拿底部，千万不能碰到酒杯口；上菜前要揩干净菜盘边上溢出的汤汁；器皿要完整，不能破损。② 服务。客人就餐时，员工要眼观六路、耳听八方，及时发现客人的需要，提供超前服务，千万不要在客人多次招呼后还未发现。对有特殊要求的客人，员工要关心备至：对带小孩就餐的客人，应为其准备高椅子，不引人注目地把调味瓶等物品移到小孩够不着的地方；对残疾人要理解尊重，细心给予照顾，但要掌握分寸，以免伤害他们的自尊心；对喝醉酒的客人要安排到不干扰他人的座位或单间餐厅，并想方设法让他们早些醒酒或回房间；客人突然发病，要采取急救措施，赶快送医院治疗，同时把客人的钱物保管好；就餐时间即将结束，不能用语言或用动作直接或间接地催促客人离座。

（4）结账服务。员工应细心观察，认清宴会主人，掌握结账时机。结账时要悄悄地把账单放于托盘内，盖上口布送于主人；不要唱收唱付，不要让主人的亲朋看到账单，这就是行话说的"埋单"。结账、找零的速度要快，找零的钱币要干净整洁。

（5）送客服务。为多余菜点打包服务。细心观察客人有无遗漏物品，用热情的言语送别客人，"三米目送"客人，给客人留下良好的最后印象。

（6）服务五忌。① 忌旁听。在客人交谈时不旁听、不窥视、不插嘴。② 忌盯瞅。忌讳久视客人，评头论足。③ 忌窃笑。不在客人面前交头接耳、窃窃私语。④ 忌用口语。语言要文雅、温雅，决不能说"要饭吗？""您是王老吉还是酸奶？"⑤ 忌厌烦。服务要主动热情，不能冷漠、厌烦。

第五节　旅游商品销售服务心理

一、旅游者购物心理

1. 旅游商品是旅游经历与体验的有形证据

旅游购物业是指提供旅游者在旅游活动中购买当地旅游购物品的产业。旅游纪念品、工艺品、土特产品、日用品等旅游购物品是旅游者在旅游活动中所购买的以物质形态存在的实物。这些商品大部分在旅游结束后留作纪念、欣赏或使用，或作为馈赠亲朋好友的礼品。购买旅游商品在某种意义上可以说是旅游活动的扩展和延伸，把无形的旅游经历有形化，变成可回忆、可纪念、可观赏的经历物。购物可以丰富旅游活动内容；能引起美好回忆，有利于激发旅游动机；宣传旅游地形象，吸引潜在需要。

2. 旅游购物动机

（1）求新。追求商品的新颖、奇特与应时。旅游者大多喜欢新奇、新异、新颖的商品，追求新的花色、新的款式、新的质量、新的质地、新的情趣，以满足求新的心理。

（2）求美。爱美、追求美是人的天性，旅游商品要满足旅游者的审美心理需求。这就要求旅游商品的设计、生产要在造型、色彩、图案、包装等方面下功夫。

（3）求名。旅游者购物，一为纪念旅游活动；二为向亲朋好友显示自己的经历，从而获得他们的尊敬与羡慕；三为显示自己的能力、名誉与地位。

（4）求实。讲究商品的实用价值，实惠、耐用。产品外部，讲究美观并注重与环境适应；产品内部，注重实用、实惠与健身。

（5）求廉。希望商品价廉物美。当然，旅游活动是一种高消费的享受活动，旅游者通常不会过分追求廉价。

（6）求趣。旅游者有不同的专业知识与专长，有各自的生活经历与生活情趣，形成了某种特殊的爱好，重视购买与自己爱好有关的特殊商品。

二、旅游商品中的心理因素

（一）设计心理

（1）树立大旅游商品的观念。要突破旅游商品就是旅游纪念品、旅游工艺品、旅游土特产或特色文化旅游商品的狭隘观念。中国旅游协会将旅游商品类别从纪念品、工艺品等几类扩大到包括日用纺织品、日用陶瓷、日用竹木、电子电器、化妆品、玩具、特色食品、茶、酒、饮料等20大类，形成覆盖面广、品类众多、品种丰富、货真价实、让游客的生活更安全、更方便、更舒适又有特色的品牌旅游商品。

（2）三性——纪念性、艺术性与实用性。旅游是一种异地、异时、异常的情感体验与精神享受活动，会受到时空的制约，旅游者为了使自己在异地、异时的美妙感受能长久地保持下去，为了使这种愉快经历、愉悦体验能在以后不断重温回忆，就需要有一种象征物来替代，拍照、摄像、购买旅游纪念品就是一种极好的方法。因此，旅游纪念商品的设计，纪念性比经济性重要，艺术性比实用性重要。

（3）三风格——本国风格、民族风格与地方风格。心理学的特色原理指出："最"的东西最能吸引人，这就是"最"字效应。具有特色的旅游商品才会有象征意义，才会有吸引力。三个风格中，具有地方乡土特色的风格最为重要，由于其新颖独特，必然能满足人们的好奇心，产生强大的生命力。从某种意义上说：越是民族的东西越是世界的，越是地方乡土的东西越是世界的，这就是辩证法。特色旅游商品包括地方制造、地方文化（民族、宗教、历史等，以形状、图案、标识等来体现）、地方品牌的商品。

（4）三化——系列化、多样化、配套化。具有不同国籍、民族、职业、社会地位、经济收入的旅游者，必然具有不同的个性、兴趣和爱好，其购物动机也各不相同。要设计和生产花色品种繁多、规格齐全的旅游商品，以满足旅游者的不同需求。丰富多彩、品种齐全、规格多样的商品，本身就是一种美，不仅能满足旅游者的实用需要，而且能满足旅游者的审美需要。

（5）三就地——就地选题、就地取材、就地生产。设计者要运用当地的自然风光、历史传说或典型建筑来设计旅游商品的造型与图案，并用当地特产的原材料和独特的生产工艺来制作，以突出民族特色与地方风格，体现当地的文化传统、当地的游览主题，才会吸引旅游者。同时三个"就地"原则能降低生产成本，增加利润。

（二）包装心理

1. 旅游商品包装的心理功能

（1）易识性。只有独特的、容易识别的包装才能让来去匆匆的旅游者在短暂的时间里识别、记忆。因此，商品的包装要有特殊性，其包装的图案、形状、式样、色彩、材料、说明文字等均应有别于其他商品。

（2）方便性。旅游商品要适应旅游生活，体积要小巧、紧凑、轻便、实用，食品必须密封包装，便于旅途中携带和使用，便于开启，用时容易；玻璃、陶瓷品的包装要结实，防震性能好，便于途中携带。包装上还应印有使用、保管说明。

（3）可靠性。采用各种新型包装材料和包装方法，可使人觉得该产品是精心设计、质量可靠可信。当然，包装成本价格应与商品价值和特点相符。

（4）象征性。包装要讲文化品位，能体现当地传统文化、自然风光、建筑的特色，高级商品的包装应精美，以满足旅游者"花钱买象征"的需要。

（5）审美性。旅游是一种寻求美、欣赏美的活动。旅游商品的包装本身就应是艺术品，增强视觉效果，吸引人的眼球，得到文化熏陶，满足审美情趣。

（6）环保性。随着绿色经济、循环经济的理念深入人心，人们越来越重视景区的污染问题。好的商品包装应在保证质量的前提下，注重环保，经济适用，切忌过度包装。

2. 旅游商品包装的心理要求

男性游客喜欢刚劲、粗犷、庄重、大方的风格，喜欢实用性和科学性的形象；女性游客则喜欢线条柔和、色彩别致、造型精巧的风格，喜欢艺术性和流行性的形象；老年游客要求朴实、庄重、便于携带，喜欢实用性的形象；青年游客对新事物反应敏锐，心境变化快，喜欢标新立异的印刷材料、印刷方式和外观造型；少儿游客喜欢图案生动、色彩鲜艳，文字叙述要求趣味性和知识性。

（三）陈列心理

1. 商品陈列心理

商品陈列就是以商品为主体，通过布景道具的装饰，配以灯光、色彩、文字说明，运用美学的基本原理，运用多种艺术手段对商品进行宣传，使旅游者的感官对陈列商品易于感知、记忆和引起兴趣，产生购买欲望和消费行为。根据知觉对比理论，橱窗布置色彩要鲜明、光线要柔和，商品与背景的对比差异要大，才易于人们感知商品。陈列要讲美感，要通盘计划，和谐统一。商品排列要根据人的视觉规律从上到下、从左到右排列，主要商品排列的位置要与客人的视线持平。重点商品要放在最佳位置，以吸引人的视线。要选精品，并按主次类别合理摆布陈列。商品要保持整洁，一尘不染。

2. 商品陈列要求

（1）合理排列货架，提高商品能见度。客人步入商场，一般都会下意识地环顾店内四周情况，对商场的摆设、货架的排列、商品的安排会形成一个初步的印象，然后才会趋近自己所关心的商品柜台或货架。应根据客人的行为规律，把货架作"马蹄型"排列，使客人对所有货架能在环顾之中一览无遗。

（2）适应购买习惯，方便客人选购。顺应客人逛商店时的行走习惯，据研究，国外客人多沿顺时针方向走动，国内客人会下意识地靠右行走，沿逆时针方向流动，因此商品摆放区域构成的主道与支道要按不同客人行走习惯来设计。要把那些购买次数多、销量大以及男性用品摆在通道入口处，吸引客人购买；要把那些挑选性强的或妇女用品、儿童用品，放在离通道入口处较远的地方；把促销商品摆在货架外部显眼之处，把非促销商品摆在货架后部不显眼之处。

（3）根据时空变化，突出实用价值。应根据季节变化和传统节日的来临，把那些适应时节、能满足人们生活需要的商品摆在显眼之处；摆放时要设法展示其实用价值。

3. 商品陈列方式

商品陈列方式有橱窗陈列、柜台陈列、悬挂陈列、就地陈列、货架陈列等，现代百货商场或自选超市则让顾客能在有规律地放满商品的货架之中自由选购，创造了一个宽松和谐的购物环境。

三、旅游商品销售服务心理

（一）善于观察客人

（1）"一看眼睛二看脚"。通过观察了解客人特定的言语、神态、表情、动作、打扮、年龄、性别等外部现象了解客人的消费心理。观察人，一般应该是"一看眼睛二看手"，而观察商场的顾客应该是"一看眼睛二看脚"。客人眼睛东张西望，目光游移四处，不专注于某个商品，脚步不久停于某个柜台或商品，表明客人以游览为目的，无明显购物动机。这时营业员不必主动招呼客人，否则会使客人尴尬、窘迫，但可微笑地点头示意，表示热情欢迎。如客人目光专注，脚步停驻，注意力集中于某一商品，则是有意购买的表现，营业员可亲切招呼，热情接待。观察时，注意力要高度集中，不仅要用"五官"来观察，而且要用"脑子"来思索。

（2）"接一顾二联系三"。接待多方来客时，应有先有后、依次接待。注意力要合理分配，注意范围要广，员工在接待第一位客人时要兼顾、联系周围其他的客人，千万不要冷落了他们。

（二）善于接触客人

（1）主动招呼。营业员要对顾客微笑相迎，主动招呼。上岗时要精神饱满，站立服务，绝不能身靠在墙边柱旁，不要漫不经心、左顾右盼，或与同事闲聊，更不能干私事。在客人走进商店尚未接近柜台与商品时，要用眼睛的余光注视着周围客人的举动，等待时机去接触客人，努力给客人一个良好的第一印象。

（2）掌握时机。接触客人的时间太早、太晚都不好。客人处于"环视观察"商品时，员工过早地搭话，会引起客人的戒备心理，产生不安情绪而快快离去。客人想"比较研究"商品，急需营业员给予帮助时，员工还不理不睬，客人就会感到被冷落、被轻视，产生不快心理。最好在购物心理过程中的"兴趣联想"阶段接触为宜。当客人长时间地凝视某一商品时，当客人用手触摸商品时，当客人到处张望似是寻找什么商品时，当客人与营业员视线相碰时，这是接触客人最好的时机。遇到这种时机，营业员要面露微笑，一边礼貌地说"我能为您做些什么"，一边走近客人为其服务。

（三）善于展示商品

（1）态度。介绍商品要诚信，既不夸大其词、隐瞒缺点，也不以次充好、以劣抵优。不准言而无信、欺骗顾客，不对顾客进行诱购、误导，强买强卖。

（2）要求。① 做成使用状态给客人看，通过客人的直观感知促进客人联想。② 尽量让客人用手来触摸商品，用手触摸能产生强烈的刺激。③ 充分揭示商品特性。展示中，要突出商品的重要部位、优点与特点，将商品的正面或贴商标的一面朝向客人，既能让客人看清商品的概貌与特点，同时也是对客人的尊重。展示商品时要用双手送到客人手中或面前，而不能抛或扔。④ 多种类展开，任其挑选。客人要求多拿几种或同样商品多拿几个任其挑选时，要予以满足，要做到百拿不厌、百问不烦。⑤ 根据客人的购买能力推荐商品。推荐时要从低中档向高档推荐，这样能满足客人的自尊心；相反，从高档向中低档推荐，需要低档商品的客人则要多次重复"还有更便宜的吗？"这句难以启齿的话，会损伤客人的自尊心。

（3）语言艺术。"引得顾客多开口，何愁货物不出手"。营业员热情积极、生动详细的介绍，可以激发客人的购买欲望。介绍商品时，语态热情、语音悦耳、语速适宜。少用第一人称语气说话，而要用第三人称身份介绍，这样客人更容易接受，例如"不少客人都喜欢这种商品""特别受年轻姑娘的青睐"等。介绍商品时除应讲清商品的一般特点之外，还要根据客人的年龄、性别、职业、个性、经济、文化等条件和购买需求，采取不同的说话方式和相应的敬语来介绍。服务语言要详略得当，对认真挑选的客人，可详细介绍；对随便看看的客人，可简明扼要作说明；对初次购买的外行，可介绍其功能、用法、价格等一般特点；对行家里手，可着重强调商品的与众不同。客人买好商品后要告诉他旅途中该如何妥善保管，那样会提升客人的满意度。

（四）熟练的服务技能

娴熟的服务技能，能减少客人的等候时间，提高工作效率；能使客人增加信任感与安全感；同时也是对商店声誉的一种无声宣传，使客人对商店产生良好的评价。员工的操作技能包括掌握商品的知识、展示商品的技巧、商品包装的技能、语言交谈的技巧等。做到"一懂"：懂得商品流通各个环节的业务工作；"三会"：对自己所经营的商品要会使用、会调试、会组装；"八知道"：知道商品的产地、价格、质量、性能、特点、用途、使用方法和保管措施。员工要掌握"一看准、一抓住、一说准"等过硬本领，而这些过硬的服务技能要靠不断培训、悉心学习与反复练习才能形成。

（五）周到的售后服务

为顾客做好预约登记，按照约定时间、地点进行专人送货或者上门维修等服务，在接待顾客投诉时，要做到耐心诚恳，及时做好记录，迅速调查核实。在接待顾客退货时，要态度热情不推诿，更不能讽刺、挖苦顾客。

第六节　景区景点服务心理

景区景点是旅游产业体系中最重要的组成部分，是导致游客产生旅游动机并做出购买决策的吸引因素，是旅游产品的核心构成。景区景点是游客在旅游活动全过程中相对集中的场所，具有专用性、长久性和可控性的特点。

一、宣传品服务心理[①]

（一）宣传品的心理功能

1. 宣传品的内容与形式

旅游景区景点宣传品有不同文字的交通图、导游图、旅游指南、景点介绍、画册、景区景点门票、景区内指示说明牌；形式有图片、文字、音像资料等，主要用于旅游纪念、旅游宣传、旅游商品包装和景区内的游览。游客在外旅行，有关旅游目的地的大量信息的获得和保存乃至最后留下印象，主要是通过旅游宣传品的收集来完成的。据研究，60%的游客在做出旅游决定时，是受宣传品的吸引而决定的。

2. 宣传品的物理功能与心理功能

（1）验证功能。这是景区门票最基本的功能，是游客入门的"通行证"。

（2）指示功能。宣传品上色彩精美的图案、照片以及说明（如旅游线路的名称、组团旅行社名称、地接社服务项目和活动内容、可供选择的交通工具、价格等），能使游客在短时间内完成判断旅游产品的功能、用途和接受信息的过程。

（3）便利功能。宣传品将景点、线路、活动项目特点、价格比较呈现在客人面前，为客人带来方便。景区门票上的精美图案、旅游线路介绍、旅游表演活动的时间及场次等内容，能使游客在较短的旅游时间内充分游览景区的风光，观赏景区内的表演活动，参与组织的各种节目。

[①] 李祝舜. 旅游心理学[M]. 北京：机械工业出版社，2007.

（4）信任功能。宣传品使游客很容易获得有关的知识，消除疑虑，加深、帮助游客对景点的理解；同时，对人文、历史、掌故、风情等起到传播作用。

（5）联想功能。精美的宣传品不仅能给游客造成视觉冲击，有利于比较各个景点的性质和特点，而且还能潜在反映出设计者的审美水平和其希望与游客产生共鸣的诉求点，吸引游客的游览兴趣，唤起游客对景区优美风光的联想，激发起他们的旅游热情。

（6）纪念功能。景区门票设计要有特色，要成为一件值得珍藏的旅游纪念品。精美的图案使游客能够长久回味、反复咀嚼那段多彩的旅游生活，并成为生活中最难忘的记忆。

（二）宣传品设计心理策略

（1）与时俱进，符合游客的求新心理。在游客的购买活动中，求新求变的心理最具时代性。好的宣传品设计，不论是材料的选用、工艺制作、款式造型，还是图案设计、色彩调配等方面都应尽可能充分利用现代科学技术，反映时代风貌，体现现代艺术，给游客以新颖独特、简洁明快、技术先进、印制优美的印象。

（2）突出形象，符合游客的个性特征。

（3）便于使用，满足游客求便利心理。宣传品的目的首先是使游客能够长时间、方便地使用。因此要充分考虑游客多方面的需求，能否便于携带、存放和多用途使用。印刷和装帧的式样越来越多样化：有密封式，如著名风景名胜、重大节庆的首日封；便携式，如旅游地图、自助旅游手册（口袋书）；折叠式，如大型地图（张贴式）等。

（4）突出艺术性，满足游客求美心理。宣传品美观、大方、艺术、漂亮，是吸引游客的重要因素。主要有两种风格：一种是民族风格，如龙凤呈祥、敦煌飞天灯、彩俑古鼎、山水寺庙、福禄寿喜；另一种是现代手法或流派，如抽象画图案、不规则线条、近似油画的色彩、自然主义的倾向。

（5）实事求是，满足游客的求信心理。印刷品既是宣传品又是纪念品，设计者在景区游览手册内容的编写上应注明消除游客的不信任心理，实事求是地介绍景点、线路、购物点的数量、地点、距离的远近等。

二、景区景点服务心理

1. 售票方便快捷，服务热情细心

票务服务作为景区的窗口，是在旅游者心目中形成美好感知印象的关键环节。服务内容有售票、检票、退票、查询、结算、分析等。售票处位置要合理，有遮阳避雨措施，告知牌清晰美观、内容齐全。游览项目可分别设置单一门票或套票，由游客自主选择购买。售票人员要耐心回答游客的各种疑问，在最短时间内提供最合理的购票方式。服务时应考虑贵宾接待、团队游客和散客的不同要求，同时要考虑景区的生态容量与接待能力，当不同接待之间发生矛盾时应有所变通，以保证景区的服务质量和游客的满意度。

2. 公共设施布局合理，指示标志规范醒目

游客接待中心位置应合理，规模适度，设施齐全，功能完善。游客公共休息设施要布局合理，数量充足，舒适安全，有艺术感。公众信息资料要品种齐全，文字规范，内容丰富，制作精美，适时更新，能满足游客自愿选择的需要。厕所有专人管理，洁具洁净、无污垢、无堵塞，做到安全卫生。垃圾箱要布局合理，标志明显，造型美观，与环境相协调，垃圾箱应尽量分类设置。垃圾清扫及时，日产日清，无堆积，无污染。景区出入口、主要通道、危险地段、警示标志等应有照明设施。为特定群体配备相应的设施及用品，提供特殊服务。景区入口处、主要景点、交叉路口和服务场所等应合理设置指示标志和导游标志。旅游景区景点标识牌，一般由景区介绍牌（全景指示牌）、景区名牌及介绍牌、景观介绍牌

（解说牌）、配套设施指示牌（功能提示牌）、景区游览路线引导牌（导视牌）、友情提示牌、安全管理标识牌（警示牌）、景点游览图（位置示意图）等构成。① 旅游标识牌的建设要布局合理。在位置选择（空间、高度）、密度考量、类型接连以及延续性、可视性、规律性等方面，既要方便游客，又要注意美学效果。② 旅游标识牌的内容必须简洁、准确、科学、完整、醒目。一般来讲，景区标识牌的体量都比较小，游客在其面前停留的时间也非常有限，要想达到良好的信息沟通效果，使游客在极短的时间内获取到必要的信息，轻松、顺畅地完成游览活动，在标识牌的内容设计上必须做到上述几点。③ 旅游标识牌在材质选用、式样图案、色彩搭配、字体风格等方面要突出个性，展示区域文化特色与风格。河北曲阳虎山风景区的"石雕指路老人"展示了当地历史悠久的石雕文化；黑龙江茅兰沟风景区利用倒塌的大树做路标使其森林文化凸显；甘肃嘉峪关"滚滚车轮"上承载的与其说是标识牌，不如说是厚重的历史碑林；江西三清山、深圳景秀中华、广东丹霞山等地的"古建"风格标识牌，无不诉说着历史、演绎着文化。这些独具鲜明个性和文化魅力的旅游标识牌在给游客带来各种便利的同时，又成为游客拍照留念的"不倦的模特"，更成为游客津津乐道的话题、博客或播客或拍客的重要表现题材、专家教授课堂上的经典案例，从而为招徕更多游客埋下了"革命的种子"。④ 旅游标识牌的文字要突出准确性（尤其是外文）、可读性、亲切性、个性和美感；图标的样式、大小、风格等必须严格遵守国家的相关标准规定，没有标准、规定的，则应按照国际惯例或自行设计；图片的选择、使用要突出视觉效果和宣传、展示、引导作用。

3. 完善服务项目，提供优质服务

景区应公开服务项目和服务价格，依法经营、诚实守信，按书面合同或者约定的服务项目与标准提供服务。咨询服务人员要配备齐全，业务熟练，服务热情，应能根据游客旅游的不同需求提供相应的游览方案，供游客选择。景区的旅行社应严格管理，为游客提供良好的服务。餐饮服务要诚实、守信，应向游客公开就餐标准，明码标价，不应降低餐饮标准或欺生宰客。景区的旅游餐饮在尽量满足广大游客不同用餐要求的同时，要着重提供特色食品和当地的风味小吃。景区旅游饭店不应提供违反国家有关规定的野生动植物，饭店不应使用对环境造成污染的一次性餐具。

4. 科学设计游览线路，构建丰富多样的旅游体验系统

设计游览线路，选择最佳景观位置和角度，使旅游者能用最小的成本获取最大的信息量，就是付出的精力和体力最小，花费的时间最少，而观赏到的景观最多、最好。所有项目与产品的设计、开发应立足于以旅游者的获取难忘而美好的体验为中心。景观设施应重视高科新技术的应用，为客人创造出身临其境的逼真动感和视听效果。

5. 切实做好安全管理，践行卫生管理规范

景区管理部门应制订景区的卫生与医疗管理规范，做好卫生与医疗工作。景区对制作、销售和提供食品的单位制定食品采购、食品储存、运输、检验等管理制度，实行统一采购，统一管理，预防食品中毒和食品污染，以确保食品卫生安全。景区应配备一定数量的医疗室和有相应资质的医护人员，配备必要的药品、医疗器械设施，建立医疗服务制度。景区配备救护车，并与地方医院建立长效联系机制，有规范的医疗急救措施和制度，能够进行医疗和急救。景区的安全管理应贯彻"安全第一、预防为主"的方针，切实保障游客的人身、财物安全。

三、景区游客管理[①]

景区游客管理的重点是对景区容量、排队、游客行为和游程时间的管理。错时出行、

---

① 杨振之，刘思翔. 黄山景区游客管理研究[N]. 中国旅游报，2013-01-28.

人性化服务、门票预约、潜意识教育等都应成为景区游客管理的重要发展趋势,为游客提供安全、舒适的游览空间和满意的游览体验。

1. 游客容量管理

在旅游旺季,对热门的景区可通过管理监测和实时监控采取分区管理、网上门票预售的方式,对游客人数进行总量控制、分流管理。加强景区景点最大承载量的警示,重点时段游客量控制和应急管理工作,如对核心景点采取轮休制度,以便进行生态环境的保育;通过开发新景观来增大景区游客空间容量;通过地轨缆车的建设和索道的改建来增大景区的交通运输量;采取预约制和多渠道的提前告知方式以控制每天的进出人数,形成游客游览时间的合理分布,降低景区游客容量的压力。

2. 游客行为管理

(1)告知标识。设置对游客环境行为和安全行为的告知标识,告知标识分为温馨提示类和警示类,包括爱护花草、不乱扔垃圾、禁止吐痰吸烟、防火、不安全行为提示等内容。

(2)"意识"引导。在游览前进行环境教育和安全教育来实现对游客意识的明确引导。具体的措施有:随门票附赠游客行为指南小册子;在游客中心、博物馆组织游客观看景区环境教育影片;要求导游人员提前讲解游客行为规范,并在游览过程中随时提醒游客;为游客免费发放可降解材质的环保垃圾袋,鼓励游客自带垃圾下山,以减少垃圾的转运量和随意丢弃垃圾,等等。

3. 排队时间管理

假期人流高峰时的等候、天气状况等因素都容易让游客的满意度大大降低。景区可采取耐心解释,播放舒缓音乐,放映景区风光片的方式缓解游客等待的焦躁情绪,还可设置人性化设施和便利措施,如增加遮阳棚、座椅、夏天温度较高时进行喷雾降温、设立老年人绿色通道等;借鉴银行叫号管理模式,在游客购买的索道票面上打印排队号码,显示游客需等待时间;在等待期间安排一些游览休息活动。

4. 游程时间管理

分时门票政策,按时间段销售团队和散客门票,从而限定团队、散客的进入时间,形成错行分流进入,缓解排队压力。在购买门票时提前告知不同客人餐饮的定时定点安排,以此来调控游客的游程时间。景区的数字化系统如 GPS 定位、视频监控、车辆指挥调度、门禁实时数字监控、雷电预警等为智慧决策提供了便利。

第七节 休闲康乐服务心理

一、休闲康乐内容

旅游康乐业是向旅游者提供健康娱乐产品的行业。随着经济的发展和人们生活观念的改变,康乐业将成为旅游业中发展最迅速的部门之一。

(一)室内休闲康乐活动

1. 康体运动

凭借特定的健身设施和场所,通过适度的运动量来达到强身健体目的的运动项目。健身房环境设计如同在大自然中运动健身,内设各种具有模拟运动功能的器械,配有健身教练,并为每个会员做出科学详细的健身计划。运动健身项目包括心肺功能训练,如跑步类运动、骑车类运动;力量训练项目,如举重、健美等运动。

2. 戏水运动

在不同环境、不同设施、不同形式的游泳池内进行游泳、潜水、嬉戏等运动。戏水是一项很有锻炼价值和实用价值的运动,经常戏水,可以增强内脏各器官功能,特别是增强呼吸器官的功能。根据戏水环境的不同可以分为室内戏水和室外游泳两项。

3. 球类运动

利用各种环境设施,使用相应的体育器材和球体,运用专门技术进行运动游戏以达到健身和陶冶情操的目的的运动。主要项目有乒乓球、网球、台球等。

4. 休闲康体

人们以趣味性强的轻松愉快的方式,在一定的设施环境中进行各种类型既有利于身体健康,又放松精神、陶冶情操的活动项目。有主动式和被动式两类消闲康体项目。

(1)保龄球。在拥有符合严格规范要求的木板保龄球跑道、输道及各种辅助设施、设备的,具有宁静欢快气氛的保龄球房内,运用适当的智力和技术,用球滚击木瓶的高雅的消闲康体活动。具有娱乐性、趣味性、抗争性和技巧性的特点,给人以身体和意志的锻炼。易学易打,成为男女老少皆宜的特殊运动。

(2)高尔夫球。它也叫乡村高尔夫球运动,是一项古典的贵族运动。高尔夫是 GOLF 的音译,由绿色、氧气、阳光和步履的第一个字母缩写而成,它是有益于健康、陶冶情操的高雅运动。在有一定要求的高尔夫球场,使用不同的球杆,按一定规则将球击入固定的洞中。微型高尔夫球又叫迷你高尔夫球,其球场面积较小,每个球道上设置有各种有趣的障碍,一般有 9 洞、12 洞或 18 个洞。室内模拟高尔夫球是在拥有高尔夫球模拟设施的室内进行。

(3)桑拿浴。在气温高达 45℃~100℃的空房间里的蒸汽沐浴行为。桑拿浴分两种,一种是干桑拿浴又称芬兰浴,整个沐浴过程是坐着的,室内高温使人有一种身临赤道骄阳之下的被干晒着、被吸收着身体水分的感觉。另一种是湿桑拿浴,又称土耳其浴,它的整个沐浴过程需不断往散热器上加水,以使整个房间里湿度浓厚。沐浴者仿佛置身于热带雨林之中,在这个又湿又热的浴室里,沐浴者必会大汗淋漓。

(4)按摩。通过专业按摩人员的手法或特定器械设备,作用于人体体表的特定部位,以调节肌体的生理状况,从而起到消除疲劳、恢复体力、振奋精神、甚至达到一定的治疗效果的参与式消闲康体项目。有人工按摩和设备按摩两种。

5. 娱乐

(1)歌舞类。客人在具有音响、舞台等条件的音乐气氛中,借助一定的效果唱歌或跳舞,从而放松精神,寻求快乐的娱乐项目。有跳舞、卡拉 OK、KTV、RTV(餐厅卡拉 OK)等形式。

(2)游戏类。借助一定的环境、专门的游戏设备和用具,运用智力和技巧进行比赛或游戏而得到精神享受的娱乐项目。分为电子游戏和棋牌游戏(中国象棋、国际象棋、围棋、桥牌等几种)两大类。

(3)文艺类。客人通过画画和文字或参与其中得到精神享受和获取知识的娱乐项目,有影厅剧场、文艺晚会等。目前受客人欢迎的文艺节目常被安排到舞厅、歌厅、酒吧、咖啡厅、歌舞厅、茶座等处演出。

6. 美容

现代国际新观念认为美容也是一种健身行为,美容美发室提供美发、护发,美容、护肤、化妆、修甲等服务。

（二）户外休闲康乐活动

（1）极限运动。极限运动是指人类在与自然的融合过程中，借助于现代高科技手段，最大限度地发挥自我身心潜能，向自身挑战的娱乐体育运动。极限运动有其"融入自然（自然、环境、生态、健康）、挑战自我（积极、勇敢、愉悦、刺激）"的"天人合一"的特性，使得极限运动在欧美各国的风靡程度简直可以用疯狂来形容。强调参与和勇敢精神，追求在跨越心理障碍时所获得的愉悦感和成就感，体现人类返璞归真、回归自然、保护环境的美好愿望，被世界各国誉为"未来体育运动"。运动领域涉及"海、陆、空"多维空间：难度攀岩、速度攀岩、空中滑板、高山滑翔、滑水、激流皮划艇、摩托艇、冲浪、水上摩托、蹦极跳、滑板（轮滑、小轮车）、"U"台跳跃赛和街区障碍赛项目。

（2）野外拓展培训。在自然地域的山川湖海，通过模拟探险活动进行的情景式心理训练，使之达到"磨炼意志、陶冶情操、完善自我、融炼团队"的培训目标。拓展训练主要由水上训练、场地训练和野外训练三部分组成。水上训练包括游泳、跳水、扎筏等；场地训练即在专门的训练场地上，利用各种训练设施进行攀岩、跟踪、下降等活动；野外训练主要包括远足露营、登山攀岩、野外定向等，主要培养学员的户外生存技能。

（3）蹦极。利用一根弹性绳索飞身从高空跳下的运动，有桥梁蹦极（在桥梁上伸出一跳台，或在悬崖绝壁上伸出一个跳台）、塔式蹦极（在广场上建造一个斜塔，后在塔上伸出一个跳台）与火箭蹦极（将人像火箭一样向上弹起，然后上下跃）三种。最近出现了一种全新的飞天蹦极（俗称蹦极球，它的外形像热气球，下挂完全裸露在外的座椅）。蹦极不但可以感受自由落体的快感，更可享受反弹失重的乐趣。除了增加本身的勇气外，还可以使参与者具备挑战自我的能力，克服恐惧，征服地心引力。

（4）匹特搏运动。比赛时，成员分别承担班长、狙击手、侦察员、通讯员等不同职责，形式有夺旗战、歼灭战、决斗等。战术上可采用组织、布阵、抑制和掩护、包抄、攻击、埋伏等。通过比赛，增强团队精神和组织能力和随机应变的心理素质。

（5）攀岩。在悬崖峭壁上，攀岩者依靠双手双脚登抓岩面上突起的支点或裂缝，向上移动、攀登。攀岩充分表达了人们要求回归自然、挑战自我的愿望。

（6）潜水运动。潜水运动1975年正式传入我国，后来逐渐走近寻常百姓，甚至成为人们休闲生活的一部分。

（7）野外生存。在丛林探险、野外宿营、山地穿越、溯溪探源中进行夜间行军、野外宿营、野餐、攀爬陡坡、篝火晚会等野外生存活动，挑战体能极限，显示生命本真，远离都市喧嚣，寻求心灵宁静。

（8）定向运动。定向越野是一种以地图和指南针为向导，指引参加者在陌生地域或山林地中自己选择行进方向、路线，最后到达预定目标的体育、旅游项目。

（9）滑翔运动。滑翔运动因为新奇、刺激，没有太大的体力限制，风靡全世界。这项活动结合了冒险、挑战与休闲的空中运动，使人体会到像鸟儿一样在空中飞翔的自由感觉。

（10）卡丁车运动。体验超时速的卡丁车（小型赛车）运动是世界流行的赛车运动中最经济的一种，具备所有赛车运动的基本内容，加上结构简单、操作灵活、费用低廉、安全性好，自然而然地成了适合大众化消费的赛车运动。

（11）滑草运动。滑草者穿着履带式的滑草鞋或坐在单人或双人滑草车上从草坡高处滑下，时疾时缓起伏跌宕，有滑雪的乐趣而无滑雪的艰难。既符合新时代环保的理念，又具备新奇的特点，是一项老少皆宜的深受人们喜爱的运动。

二、休闲康乐心理功能

（1）满足旅游者康乐需求，丰富旅游活动。旅游观赏是旅游活动产生的重要原因，观赏、欣赏作为旅游活动的组成部分，是旅游活动的基本内容。但这种传统旅游的静态观赏，属于旅游需求层次中的基本需求。随着社会的发展，人们的旅游需求日益多样化。旅游康乐项目的开发，极大地影响了旅游者的兴趣，满足了旅游者更多的旅游需求，使得整个旅游活动更加丰富，形式更加多样。随着旅游业的发展，旅游产品正由静态的景物观赏向动态参与的方向发展。随着人们工作方式的变化，人际关系的复杂，生活节奏的紧张和繁忙，不顺心不如意的事越来越多，使得心绪烦躁不安，越感身心疲惫。康乐活动就是一种消除疲惫，寻找快乐，重新恢复身体平衡的良好途径。"花钱买健康"已成为时尚的消费观念和价值观念，参加这种既有利于身心健康，又可培养意志的康乐活动，已经逐渐变成了人们的自觉行动。

（2）丰富当地居民的文化娱乐生活。休闲康乐项目对于当地的居民也有很大的吸引力，尤其是当旅游淡季时，吸引当地居民参与到旅游娱乐活动中来，使旅游康乐成为当地居民生活的一部分，提高旅游地居民的素质和生活水平，丰富当地居民的文化和娱乐生活。旅游康乐活动也是社区文化的组成部分。

（3）促进旅游地旅游形象，增强旅游产品吸引力。休闲康乐项目作为旅游活动的一部分，是对旅游欣赏层次的补充和提高。改善、丰富旅游产品结构的，大大增强了旅游资源的吸引力，提高了旅游产品和整个旅游地的竞争力。休闲康乐在对提高旅游业的经济效益，减轻季节性给旅游业造成的冲击等方面都具有重要的意义。

三、旅游者休闲康乐心理

现代人在社会交际、商谈业务、健身娱乐与休闲度假时，往往都会选择康乐消费。

1. 安全卫生需求

希望康乐场所有良好的防火防盗措施，娱乐、健身设施安全可靠，环境清洁卫生。

2. 健身健美需求

通过康体活动达到健身、保持活力之目的。健美表现为形体健美、脸型健美与发型健美。形体健美可通过健身运动得到实现，脸型与发型健美可在按摩中实现。

3. 时尚新潮需求

康体活动的项目能与社会时尚、潮流、风气保持一致。

4. 娱乐新奇需求

旅游，在某种意义上就是"好玩"与"玩好"，为达此目的就有追求康乐项目的娱乐新奇性。

5. 实惠需求

消费要物有所值，希望活动项目与服务的性价比较高。

> **案例讨论**
>
> **【案例7-2】从"馆舍天地"走向大千世界**[①]
>
> 价格亲民、经济实用的文创产品越来越受到消费者欢迎。无论是集艺术性与实用性于一身的国家博物馆文创产品，还是脑洞大开的故宫博物院文创产品，都已经完成

[①] 姜天娇. 从"馆舍天地"走向大千世界[N]. 经济日报，2017-11-13.

了从"数量增长"走向"质量提升",从"馆舍天地"走向"大千世界"的华丽转身。

然而文创产品开发的想象力远远无法满足消费者的需求。中国拥有超过4 500家博物馆(包括民营博物馆在内),海量的馆藏文物艺术品和非物质文化遗产,也意味着可供发掘的传统文化资源极为丰富。但是目前除了国家博物馆、故宫博物院两个国家级大馆之外,我国大部分地方博物馆的文创产品研发仍停留在对少量"镇馆之宝"经典形象的浅层开发阶段,尚未找到一条适合自身的文创产品开发途径。

随着时代发展,一般性旅游纪念品已经很难满足博物馆观众不断增长的消费需求。特别是当年轻群体成为消费主体的时候,如果文创产品还只是注重历史性、知识性、艺术性,而缺少了趣味性、实用性、互动性,那么它的吸引力也将大打折扣。

这两年,曾经宫门高筑的故宫博物院逐渐以时尚的面貌融入普通人的生活。充满故宫元素的"宫廷娃娃"家族系列产品和以紫禁城内生活的流浪猫为创意的"故宫猫"系列产品,一经推出就受到观众青睐。仔细揣摩这些文创产品走红的原因不难发现,它们无一不是强调创意性与功能性相统一,让优秀文化资源真正融入人们的生活,使人们在使用中真实感受和正确理解文物所传递的文化信息。

让馆藏文物"活"起来,需要改变传统的传播方式。文创产品不能再做束之高阁的艺术品,也不能再走简单复制的老路,而应该积极拥抱生活,从生活中寻找更多灵感。眼下,产业转型方向不明、文创人才严重匮乏是各家博物馆共同面临的两大瓶颈。这一方面归因于一些博物馆对自己馆藏文物的价值挖掘不够深入;另一方面,长期在体制内生存、运营主要依靠政府补贴的地方博物馆,没有与社会商业机构或艺术家、设计师工作室等合作的经验,发展理念相对滞后。

博物馆需要学会运用更多方式来传播我们的优秀传统文化,将文化遗存与当代人的生活、审美、需求对接起来。把人类在漫长历史中凝练的智慧运用到现代生活之中,文明古国应该拥有更多话语权。

实训项目

1. 论述设计旅游商品时纪念性比经济性重要、艺术性比实用性重要。

2. 用心理学原理论述,"菜肴特色六字诀"中为什么将"色""香"安排于"味"之前以及如何体现"色""香"的特色。

3. 以某景区景点为例,研讨如何运用服务心理对游客进行管理。

第八章 旅游企业员工心理研究

学习目标

通过本章学习，应达到以下目标：

1. 知识目标：了解心理视角下的管理内涵，了解个性的能力、性格与气质理论与运用，了解激励理论、激励艺术的内容，了解身心健康的基本知识，了解心理问题与心理障碍的基本知识。
2. 技能目标：掌握了解员工的工作需求与心理压力的途径与方法，掌握心理防卫机制和挫折后的情绪与行为反应的理论，掌握减轻工作疲劳的原理与方法。
3. 能力目标：根据人的个性特点，具有知人善任的能力；能激励与强化员工期望行为、预防与矫正员工问题行为的能力；能运用各种方法对自我心理进行调节。

导入案例

【案例 8-1】关爱最可爱的人——员工[①]

北京新世纪青年饮食有限公司是从 20 世纪 90 年代初的"十来个人、七八条枪"的饮食小店发展到如今在北京、上海、天津、河北等 5 个省市管理近 20 多家酒店的全国性大型餐饮集团，能有此成就，是因为有个好的带头人——董事长兼总经理易宏进。在 2012 年年终会上易宏进满怀激情地说："员工是企业的财富，员工是最可爱的人，员工是企业得以进步、发展的原动力。为员工办事，尊重他们，倾听他们的心声，是我们管理者的责任。"2013 年春节期间，易董深入各个酒店向坚守岗位、默默奉献的员工进行慰问、关爱，感谢他们努力工作，祝愿他们在新的一年里身心健康，使各项工作能够更上一层楼。每到一处，易董与员工亲切交谈，详细询问工作、生活及学习情况，认真听取员工的意见和建议。公司为了使员工更快、更好地成长，建立了"青年学院"，定期举办各类管理专题培训班、员工技能培训班等。为提升员工职业素养，集团开展《把信送给加西亚》《我们需要变革》读书活动，管理层学习《定位》《聚焦》等管理书籍，让每位员工释放的正能量传播于集团每一个角落。

关爱员工是易董一贯的管理理念。当年"非典"突如其来，使整个餐饮业一蹶不振，青年餐厅也不例外，偌大的餐厅顾客寥寥无几。许多员工担心老板裁员，如果被裁员，在这特殊时期就等于失业。易董知晓后并没表态，这让大家心里更没底了，导致众多员工终日惶恐不安。一天下班回到员工宿舍，大家惊奇地发现在每个人的床上放着一封信，所有

[①] 北京新世纪青年饮食有限公司品牌营销中心总监左煜。

人好奇地将信封打开。"我的兄弟姐妹们，愿我们携手共渡难关""你们是我的财富，而谁会丢弃属于自己的财富呢""我们是相亲相爱的一家人"……员工们你一句我一句地读着，发现这么多卡片内容没有一张是重复的。刹那间，那些用手写的充满情意的字字句句深深地扎进了所有员工的心。第二天，当易董走进店里时，员工们自发地站成两排，致以最真挚最朴实的掌声，老板和员工展开了新一天的坚守。那是一段令人恐惧却又温暖无比的日子，易董每天与团队一起并肩战斗，发挥着精神力量，直到现在，这种精神还在，并将一直发扬下去。

第一节　员工个性管理

一、心理视角析管理[①]

1. 管理就是管事、理人、安心

管理是"让他人做事，把事情做好"。管理就是"做正确的事情，正确地做事情，把事情做正确"。靠制度来管事，而且要严格地高标准地管。事在人为，但人的本性不喜欢被管，也不喜欢没人管。什么都管，大家都怨；什么都不管，大家都拧。不要管人，却要好好理人。理，就是看得起他、尊重他。安心，遵循人的心理规律理顺人，把心安在工作岗位上，正确努力地去做事，最后把事情做好，实现管理目标。

2. 管理的四个领域

美国管理学家德鲁克认为：管理是一种"工作"，有其技能、工具与技术；是一种"学术"，有其系统化的知识；是一种"文化"，有其社会功能；是一种"任务"，主要不在求知，而在于力行。

（1）管理经验。务实性、经验性。管理需要经验，经验是管理者资历、阅历的结晶，是进行有效管理的能力底气。管理经验具有个性，依靠管理者的长期实践积累，熟能生巧，游刃有余。但过分依赖经验，可能会产生经验主义，因循守旧。

（2）管理科学。知识性、世界性。科学知识没有国界，全世界都通用。科学管理知识系统分明，条理清晰，强调"调查研究，根据发现的事实做决定"，应用分析与科学方法寻找最佳方案来解决问题。物质层面是看得见、摸得着的有形具象，大体相同，所以管理物的办法，可以完全学习西方的科学管理；但精神层面有看不见、摸不着的无形特征，互有差异，所以管理人的办法，要靠哲学、文化和艺术，中国的管理哲学更有效。

（3）管理哲学。智慧性、民族性。哲学为科学之母。哲学是道，具有民族差异。道德哲学运用于管理中形成管理哲学。事要人为，人皆有心、有文化，因此，管理要讲国情，要从实际出发。

（4）管理艺术。灵巧性、个性化。管理艺术是管理哲学的纯真表现，缺乏哲学基础的艺术，难免虚伪造作，不能扣人心弦。管理是科学的艺术、艺术的科学，是科学与艺术的和谐统一。管理要顶天立地，科学是地，艺术是天。科学需要"千篇一律、同相抉择"；艺术则是"千姿百态、琳琅满目"。艺术具有随机性、特质性、专属性、针对性。艺术就是不到火候不揭锅，锅盖揭早了，会吃上夹生饭；锅盖揭晚了，会吃焦米饭。

[①] 资料来源：曾仕强. 管理大道[M]. 北京：北京大学出版社，2006。

二、气质与管理

（一）气质概述

（1）气质的含义。气质是个人典型地表现于心理过程中的强度（如情绪的强度，意志力的强弱）、速度（如知觉的速度、思维的速度）和稳定性（如思维的灵活程度、注意力集中时间的长短）、指向性（心理活动是倾向于外部事物，还是倾向于内部事物）等动力特征的总和。通俗的说法气质就是"性情""脾气""秉性"。气质具有天赋性和稳定性。

（2）气质类型。气质类型是由神经过程的基本特性按照一定的方式结合而成的气质结构。有许多学说，如日本学者古川竹二的"血液说"，德国学者克瑞奇米尔的"体型说"，还有"激素说""活动说"以及中国古代的"阴阳五行说"等。心理学界最为流行的气质分类理论是古希腊学者希波克拉底的"体液说"，最为科学的是俄罗斯学者巴甫洛夫的"高级神经说"，如表8-1所示。

表8-1 气质表现及其类型对照表

神经活动特征			神经活动类型	气质类型	气质特征	认知表现	情绪表现	行为表现	社交表现
强度	平衡性	灵活性							
强	不平衡		兴奋性（不可遏制型）	胆汁质	直率、热情、精力充沛、情绪易冲动、外倾	反应迅速，缺乏灵活性	开朗、热情、情绪活动急剧、好冲动、易于发怒、脾气暴躁	工作初期热情很高，喜欢强度大而有挑战性的工作，求胜心切	态度直率、主动性强，善于交际，易适应新的环境
强	平衡	灵活	活泼型（灵活型）	多血质	活泼好动、敏感、反应迅速、注意力容易转移、兴趣易转移、外倾	反应迅速，转变灵活	易于改变，喜形于外、积极乐观	工作热情活跃、易于适应频繁变换的工作，但很粗心	态度活泼，善于交际，容易适应变化的生活环境
强	平衡	不灵活	安静型（不灵活型）	黏液质	安静、稳定、反应迟缓、情绪不外露、注意力难转移、内倾	反应速度较慢，注意稳定，转变不灵活	情绪反应缓慢、深藏于内、能够克制冲动	沉着坚定、能坚持较长时间工作、优柔寡断、踏实细心	谨慎、稳重、交际适度、难以适应新环境
弱	不平衡		弱型（抑制型）	抑郁质	孤僻、行动迟缓、情绪体验深刻、善于觉察他人细节、内倾	刻板性强，注意转变不灵活	情绪体验深刻、为微不足道的事动感情	善于从事高度灵敏、细心细致的工作、患得患失、小心眼	比较孤僻、交往较少、富有同情心、责任心强

（3）气质的作用。气质无所谓好坏，不会影响人的智力高低，也不会影响人的社会价值的大小与成就的高低。但气质会影响人的行为方式与活动效率，影响人的兴趣、爱好等。任何一种气质都有其积极面和消极面。

（二）气质管理

（1）根据气质类型，安排适当工作。在人员选择安排上，应考虑员工气质类型与工作相适合。如《三国演义》中的张飞脾气暴躁为人耿直，是典型的胆汁质类型的人；《红楼梦》中的林黛玉多愁善感柔弱孤僻，是典型的抑郁质类型的人。让张飞去卖肉是轻而易举的事情，而让林黛玉去干则是强人所难；反之，让张飞绣花也是同样的道理。饭店前厅服务员要求有迅速灵活的反应能力，多血质和胆汁质的人来担任较为适应；财务、记账等工作，要求认真、持久耐心，黏液质和抑郁质的人来做就较为合适。

（2）气质互补搭配，形成和谐团队。在团队成员配备上，应注意各种气质类型人员的适当搭配，形成互补，这样可以发挥各种气质的长处，弥补消极的成分，使人际关系更融洽，工作效率更高。

（3）因人而异，因类而管。① 胆汁质的人，易冲动，脾气暴躁且难自制。同他们谈话，应该冷静理智，努力使他心平气和，剑拔弩张势必很难收场。② 多血质的人，反应敏捷，活泼多变，但有时较为轻浮，似乎什么也无所谓。对他们不妨敲一下警钟，如果随口一说，他可能根本没往心里去。③ 黏液质的人，外柔内刚，情绪含而不露，有话爱闷在肚子里。有时不妨稍微刺激一下，使他们倾吐心头之隐。④ 抑郁质的人，羞怯内向，不善言谈，敏感多疑，自尊心极强。表现出对他们的理解、同情和尊重时，就会把你当成知己。

三、性格与管理

（一）性格概述

1. 性格的含义[①]

性格是人对客观现实的稳定态度以及与之相适应的习惯化了的行为方式。人的性格受一定思想、意识、信仰和世界观的影响和制约，是人在生理素质基础上，在社会实践活动中逐渐形成、发展和变化的。"环境决定性格，性格决定人生""播下一种行动，将收获一种习惯；播下一种习惯，将收获一种性格；播下一种性格，将收获一种命运"。性格与气质既相互渗透、影响，又相互区别，如表8-2所示。

表8-2　气质与性格比较

气　质	先天的	无好坏之分	表现范围窄	可塑性很小
性　格	主要后天的	有好坏之分	表现范围广	可塑性大

2. 性格的特征

（1）态度特征。人在处理各种社会关系时的特征。① 对社会、对集体、对他人的态度。是善于交际，还是行为孤僻；是正直、诚实，还是狡诈、虚伪；是富于同情心，还是冷酷无情；是热爱集体，还是损公肥私等。② 对学习、工作、劳动的态度。是勤奋，还是懒惰；是认真细心，还是马虎粗心；是富于首创精神，还是墨守成规等。③ 对自己的态度。是自信，还是自卑；是谦虚谨慎，还是骄傲自大等。④ 对物的态度。是爱惜的，还是浪费的，是绿色、环保、可持续发展的，还是污染、不可持续发展的。

（2）意志特性。人在意志行为中是否具有明确的行为目标并使行为受社会规范约束的特征。如人对行为自觉控制的主动性和自制力等；在紧急或困难条件下表现出来的镇定、果断、勇敢、顽强等；人对待长期的和经常的工作中表现出来的恒心、坚韧性等。

（3）情绪特征。表现为人受情绪的感染和支配的程度以及情绪受意志控制的程度。如情绪的起伏和波动的程度；情绪对人的身体和生活活动所停留的持久程度；不同的主导心境在一个人身上表现的稳定程度。

---

① 刘俊丽. 旅游心理学[M]. 武汉：中国地质大学出版社，2011.

（4）理智特征。① 感知。是主动观察型还是被动感知型；是概括型还是详细罗列型；是快速型还是精确型；是描述型还是解释型等。② 想象。是具有现实感的还是脱离实际的；是片面地选择想象的客体还是想象范围很广阔等。③ 思维。是独立思考、解决问题，还是人云亦云、随波逐流；是善于分析，还是长于综合等。

3. 性格的类型

（1）根据心理活动倾向分。① 内向型：重视主观世界。② 外向型：重视客观世界。

（2）根据心理机能分。① 理智型：以理智来衡量一切，并支配行动。② 情绪型：情绪体验深刻，行为主要受情绪影响。③ 意志型：有明确的目标，意志坚强，行为主动。

（3）根据个体独立性分。① 独立型：独立思考，不易受暗示，临阵不慌。② 顺从型：缺乏主见，易受暗示，紧急情况下显得手足无措。③ 反抗型。

（4）根据人的行为方式分。A型。争强好胜，醉心于事业，整天忙碌，有紧迫感。性情急躁，容易激动、发怒，自信，社会适应性较差。B型。情绪特征和社会适应性都较为平均，温和、乐观、开朗，有良好的适应能力。缺乏主导性，平衡有余、活力不足。C型。勤于思考，感情内向，情绪特征稳定，社会适应性强，注重人际和谐、忍让自律。但反应慢，好生闷气，较孤僻、爱幻想，常处于被动状态。D型。外向，积极乐观，开朗活泼，善于交际。E型。感情丰富，勤于思考，较少攻击性。情绪消极，常逃避现实。自我评价悲观，缺乏自信。

（5）根据价值观分。斯普兰格认为有：理论型、经济型、权力型、社会型、审美型和宗教型六类。

（6）根据价值观及行为习惯分。海伦·帕玛的九型性格理论。如表8-3所示。

表8-3 海伦帕玛的九型性格理论

性格类型	性格特征
1号完美型	谨慎、理智、苛求、刻板
2号助人型	有同情心、感情外露，可能具有侵略性，爱发号施令
3号成就型	竞争性强、能力强、有进取心、心情急躁，为自己的形象所困惑
4号艺术型	有创造性、气质忧郁，热衷于不现实的事情
5号理智型	情绪冷淡、超然于众人之外，不动声色，行动秘密，聪明
6号疑惑型	怀疑成性，忠诚，胆怯，总是注意危险信号
7号活跃型	热衷享受、乐天、孩子气，不愿承担义务
8号领袖型	独裁好斗，有保护欲，爱负责任，喜欢战胜别人
9号和平型	有耐心，沉稳，会安慰人，可能会对现实不闻不问

这些分类只有相对意义，现实中纯属某一性格的人不多，大多数人处于中间状态或混合状态，只是侧重于某一类型而已。

（二）性格管理

做好人力资源开发与管理工作，了解员工的性格，合理分配人力资源，创造适宜的工作环境，避免由于性格搭配不和谐而引起摩擦、产生"阻抗"。建立互补的团队，重要之一的是性格互补。最好是按照外向—内向、泼辣—宁静、健谈—寡言、急躁—温和、大刀阔斧—慢条斯理、风度翩翩—不修边幅等的不同性格搭配。加强学习训练，养成良好的性格。不同性格特征的管理方法如表8-4所示。

表 8-4 不同性格特征的管理方法[①]

性格特征	具体表现	管理方法
开朗直率	心胸坦白，兴趣广泛；但爱发表议论，不拘小节，易在言语，行为易被人误解	表扬为主 防微杜渐
倔强刚毅	能吃苦，不怕困难，但缺乏灵活性；对领导布置的工作，不理解时易发生对抗	经常鼓励 多教方法
自尊心强	有上进心，对自己要求严格，怕别人说不是，"脸皮薄"，挫伤自尊心后好生闷气	一点就透 正面引导
温和顺从	心地善良，有同情心，听从命令，服从领导；但有时感情脆弱，遇事缺乏主见	开展批评 多给任务
心胸狭小	好动脑筋，但心眼小，遇到不顺心和涉及个人利益的事情时，爱斤斤计较	典型引路 开拓胸怀
毛毛楞楞	工作有热情，干活快，但性急，粗枝大叶，工作缺乏计划性	经常提醒 警钟长鸣
粗暴急躁	求胜心强，但容易感情冲动，"点火就着"，心中容不下事，好"放炮"，事后有常常后悔	避开锋芒 坚持疏导
沉默寡言	少言寡语，但技术较好，工作任劳任怨，但在有些事情上分不清是非	不宜指责 多讲道理
疲疲沓沓	大错不犯，小错不断，经常迟到早退，工作拈轻怕重	启发觉悟 注重治本
傲慢自负	反应较快，过分相信自己，爱表现自己，好发表议论，虚荣心强	看准问题 严肃批评

四、能力与管理

（一）能力概述

1. 能力的含义

能够直接影响人们在实践中的活动效率并能促使活动顺利完成的个性心理特征，通常是指个体从事一定的社会实践活动的本领。性格与能力在相互制约中发展。"勤能补拙"良好的性格特征能提升能力，而性格与能力的结合是获得事业成功的必要条件。

2. 能力的类型

（1）按一般与特殊分。① 一般能力。在从事所有活动中所表现出来的共同的能力，如观察力、记忆力、想象力、思维力、注意力和语言表达能力等。② 特殊能力。完成某些专业性的活动所必须具备的能力。

（2）按能块分（最新研究结果）。① 思块。组合能力、组合速度、思维行为沟通能力、思维语言沟通能力、语言行为沟通能力、理解力、判断力、分析能力、综合能力、记忆力、观察力、想象力等。② 行块。模仿能力、灵敏度、力度、耐力、速度、听力、注意力等。③ 语块。语言速度、语言运用、字词组合、场合运用和概括等。三块关联，相辅相成，思块起主导作用。

3. 能力差异

（1）水平差异。能力有大小之分，高低之别。有的人能力非凡、才华出众，有的人能力低下，而大多数人则处于一般水平。能力的大小高低可用智商来衡量。智商的公式是：

[①] 花菊香. 旅游心理学[M]. 北京：冶金工业出版社，2008.

IQ=MA/CA×100。IQ 是智商，MA 是智力年龄，CA 是实际年龄。智商呈正态型分布。

（2）类型差异。在能力的组合和表现上有不同类型。如有人想象丰富、观察入微、善于模仿，属于艺术型；有人善于逻辑推理、分析概括，属于思维型。

（3）时间差异。各种能力的产生都有时间阈限。每个人的能力发展也有早晚之分，有人智力早熟，成为天才神童；有人却大器晚成。

（二）能力管理

1. 知人善任，职能相称

（1）根据岗位要求选择人才。适合服务行业特征，适合企业经营特色，适合岗位工作特质，适合团队氛围特点，适合员工个人特性，这"五个适合"是择人、用人的标准。关键是明确岗位要求，以岗位要求择人，找到适合之人和人的可用之处。量才任职，人适其职，职得其人，人尽其才。根据人的能力大小、不同能力特点与类型，安排不同的工作。口才好，做公关；笔杆子行，当秘书；善于出点子，参加智囊团。不要大材小用，也不要小才大用；不要此才彼用，也不要彼才此用。

（2）掌握能力阈限，做到职能匹配。能力阈限是指完成一项工作必须具备的能力水平。每一种工作都有一个能力阈限，既不能低于这个阈限，也不要超过这个阈限。能力水平高于能力阈限，这是大材小用，浪费人才。智商过高的人，从事一项比较容易的工作会对工作感到乏味，影响工作效率。能力水平低于能力阈限，这叫小材大用，让他从事比较复杂或比较精细的任务会感到力不从心，产生焦虑心理、紧张心理；严重的还会出现人格异常，甚至出现事故。用人时使人的显能略低于能力阈限，有利于激励人的积极性和开发潜能，但不能差距太大。

（3）建立合理的人才结构队伍。一个组织内的众多工作对能力要求各不相同；同时，不同能力水平和类型的人所组成的工作团体，形成高、中、低能力结合的金字塔形的人才结构，有利于发挥每个人的能力，形成合力。当然，塔的坡度不能太陡，否则相互难以理解意图，甚至容易产生误会、曲解等现象，影响管理和沟通工作。

2. 开发潜能，挖掘人才

（1）加强培训，挖掘潜能。据心理学家研究，人的智力仅开发了百分之几，而且已经开发的智力仅仅是左大脑的能力，右大脑远远没有开发，宛如一片肥沃的处女地。每个人的大脑都有巨大的潜能，管理者不仅要识别、发现和使用员工的显能，更要努力挖掘、开发和使用员工的潜能。

（2）因材施教，因人而训。要根据人的不同智力水平和类型特点，实施不同的培训教育方法和学习进度，不要"一刀切"，不加区别地使用一种教育模式与时间进度。

第二节　员工行为管理

一、激励与强化期望行为

（一）激励作用

1. 工作绩效分析

（1）韦纳的归因理论。美国心理学家韦纳的归因理论对事情成功与失败的原因以及不同归因对行为的影响进行了分析。如表8-5所示。

表8-5 韦纳归因理论的归因因素

	主 观 因 素	客 观 因 素
稳 定 因 素	能力	难度
不稳定因素	努力	机遇

① 归因因素分析。a. 能力。胜任活动的必备条件,是比较稳定的个人可以控制的因素。智商越高、能力越强,工作越容易成功。管理者要识别和使用员工的显能,挖掘、开发员工的潜能。b. 努力。在工作中表现出来的积极性,是不稳定的个人可以控制的因素。能力的发挥需要激励,即靠努力去激发,人越努力工作越容易成功。管理者要激发员工努力工作。c. 难度。工作难度是外部的客观因素,是相对稳定的因素。难度大小影响成功与否。d. 机遇。工作的环境因素,包括宏观环境、微观环境、政治环境、经济环境、人文环境、社会心理环境等。天时、地利、人和的良好环境是工作成功的必要条件。管理者要为员工成功创造平台,让员工在这个舞台上努力表演,最终实现自我价值。

② 不同归因对积极性的影响。归因原因与情绪反应之间的对应关系如表8-6所示。a. 成功归因。成功后,若归于内因(有能力又努力),会使人感到满意和自豪、自尊、自信;若归为外因(任务容易或机遇好),会使人产生羞愧、惊奇和感激心情。b. 失败归因。失败后,若归于内因(没能力),会使人产生内疚和无助感;若归于外因(任务难或机遇差),会产生气愤和敌意。c. 自我归因。容易把成功归因于主观因素,把失败归因于客观因素。d. 他人归因。容易把成功归因于客观因素,把失败归因于主观因素。

表8-6 归因原因与情绪反应之间的对应关系

原因特性	归因原因	情绪反应
定 位	主观个人的(能力、努力)	成功归因时:自豪;失败归因时:内疚
	客观环境的(机遇、难度)	成功归因时:感激;失败归因时:愤怒
稳 定 性	稳定的(能力、难度)	希望
	不稳定的(努力、机遇)	无望
控 制 性	主观可控制的(能力、努力)	自我归因成功时;他人归因失败时
	客观不可控制的(机遇、难度)	自我归因失败时;他人归因成功时

2. 激励目的

激励就是将外部的刺激(目标、诱因、反馈)转化为内部心理动力,激发鼓励人产生期望行为并朝向行为目标的心理过程。事业成功要靠人,人要靠激励。事在人为,人做事要有能力。据研究,一个人如果没有合适的激励,其能力发挥不到20%;如果施以激励,其能力可高度发挥,一个人顶好几个人用。让人做事最好方法就是让他心里想做,自己要做,激发起他内心的渴望,这样焕发的力量才最大、最深沉、最持久。

3. 工作积极性分析

(1) 工作业绩公式:绩效=(能力×激励)的函数。能力的获得靠学习,能力的发挥靠激励,激励就是调动人的积极性,把能力发挥出来做好工作。

(2) 积极性体现。① 热情、肯干。肯干,就要想干、真干、大干、苦干、巧干,而不是不干、假干、小干。热爱是最好的老师和动力,肯干的前提是对所从事的工作要热爱、感兴趣。② 责任心。干的目的是把工作干好、干成功。在坚持工作目标的大前提下,具有强烈的敬业精神与负责精神。③ 主动性。积极主动地而不是"拨一拨、动一动"地把工作干好。④ 创造性。努力开拓、积极创新,想办法出点子,创造性地把工作干好。

（二）激励理论

1. 马斯洛的"需要层次理论"

马斯洛的需要层次理论在第三章已有详细介绍。管理者应了解员工的需要，首先"雪中送炭"，然后"锦上添花"，开发并创造条件满足高层需要；此外，还要了解不同员工不同时期的优势需要，以便有针对性地调动员工的积极性。

2. 阿德弗的"ERG 理论"

美国心理学家阿德弗认为人有三类核心需要，即 Existence（生存）、Relatedness（相互关系）和 Growth（成长）的需要，称为 ERG 理论。① 生存需要。关系到有机体的存在或生存，包括衣、食、住等维持生存的物质条件，相当于马斯洛理论中的生理需要和安全需要。② 关系需要。这种需要通过与其他人的接触和交往才能得到满足，相当于马斯洛理论中的情感需要和一部分尊重需要。③ 成长需要。这是个人自我发展和自我完善的需要，通过发展个人的潜力和才能，才能得到满足，相当于马斯洛理论中的自我实现的需要和尊重的需要。

3. 赫茨伯格的"双因素理论"

美国心理学家赫茨伯格认为：员工"对工作满意或不满意。这两种感觉并不是相反的两面。工作满意的反面并不是工作不满意，而是没有得到满意；工作不满意的反面并不是工作满意，而是没有感到工作不满意"。他把产生这些感觉的因素分为两类。

（1）保健因素。它是避免引起员工对工作不满意的因素，也称维持因素。大都是属于外在的工作环境或工作关系方面的：如合理的待遇奖金、合适的工作环境、正常的工作时间、相关的福利设施、安全的职位保障、意外的保障制度、良好的人际关系、合适的教育训练、和谐的组织认同、基本的互相尊重。这些因素只能防止不满情绪。当这些因素低于员工可接受的水平时，就会引起员工对工作的不满意；这些因素获得改善时，员工的不满意就会消除，但不会导致生产力增长。

（2）激励因素。它是使员工对工作感到满意的因素。内在的工作本身或工作内容才是真正有效的激励，激励因素主要是内滋因素：地位受到肯定、获得相应名分、能够发挥特长、工作具挑战性、安心自动参与、前途充满希望、气氛积极愉快等。

按照赫茨伯格的理论，管理者不仅要通过改善各种保健因素来防止员工消极怠工，而且要运用各种激励因素去推动、激发员工积极工作，更要在管理中智慧地把保健因素提升到激励因素来运用，如参与管理、目标管理、扩大工作范围、丰富工作内容、使工作更适应于人以及灵活的上班制度等措施。

4. 麦克利兰的"成就需要理论"

美国心理学家麦克利兰认为成就欲强的人主要有三种需要：成就需要（对成功有强烈的欲望）、权力需要（希望控制他人，担任领导）和合群需要（有强烈的归属感）。这三种需要可以并存，可同时发挥激励作用。具有高成就需要的人，不仅可以自我激励，而且对组织发挥重要作用。一个组织的成败，与他们拥有高成就需要的人数有关。

上述四种理论都属于内容型激励理论，对激励的内在因素进行具体内容的研究。

5. 弗鲁姆的"期望理论"

美国心理学家维克多·弗鲁姆认为：一个人产生某一行为的动力，取决于他对行为结果的预期价值与该行为将会达到目标的概率的乘积。用公式表示就是：激励力量=效价×概率。效价是对某一行动结果的评价，是一个由+1 到-1 的值。当人对达到某一目标漠不关心时，效价为零；很不愿意实现这一目标时，效价为负数；结果越重要，效价值越接近+1。概率是根据个人经验对某一行动导致一个预期结果的可能性的判断，是一个由 0 到+1 的概率值，目标实现的可能性越大，积极性就越高；概率为零，就不会行动。弗鲁姆认为：个体选择某种行为，取决于该行为可能给个体带来的结果以及这种结果对个体需要的满足。因此，要处理好三种关系：努力—绩效的关系。行为结果有无绩效、绩效大小都会影响努力程度。绩效—奖励的关系。有无奖励、奖励大小也会影响努力程度。奖励—目标的关系。奖励的内容及多少能否满足个人的需求更会影响努力程度。

6. 亚当斯的"公平理论"

（1）公平模型。美国学者亚当斯认为，人在工作时心态公平，才可能有工作积极性。这种公平感来源于对劳动的付出和得到的回报之间平衡关系比较的认识，它不是取决于获得报酬的绝对值，而是取决于报酬的相对值，报酬的相对值是靠社会比较而获得的。这种社会比较可以是横向的，即自己与他人的比较；也可是纵向的，即自己现在与自己过去的比较。其公式是：$Op/Ip=Or/Ir$。O 代表产出，所获结果。是当事者主观认为值得计算的任何事物，包括物质的与社会感情性的结果。I 代表投入，所做付出。是当事者主观认为的付出因素，包括现在的劳力、智力、精力与时间，过去积累的功劳、经验、资历与学历，以及工作环境的条件艰苦、风险大小与责任轻重等因素的付出。p 代表当事者。r 代表比较时的参照对象。

（2）公平感。社会比较以后，当公式两侧相等时，人们感到公平；当公式两侧不等时，会产生不平感。若左侧比值小于右侧比值时，人们觉得吃亏了；反之，人们占了便宜，按说也会产生另一种不平感，即歉疚感，但由于公平感的不对称性，多数人此时会心安理得；而且各变量的大小的估量是很主观而极易调整的，所以即使微感内疚，也极易消除。

（3）公平感的恢复。当人们在依据自己的能力、努力、经验、教育背景来衡量自身现状，如薪水、职位、晋升速度等时，若感到不公平，就会产生不平衡的心理紧张感。根据人的心理与行为的趋谐原理，为了降低紧张程度和减少不公平的感觉，人们就会自觉或不自觉地采取各种行为来缓解，以恢复公平感，达到心理的平衡。常用的方法有：① 增加自己投入。努力工作，以其获得更大的产出。这是心理学上积极的升华。② 减少自己投入。偷懒、怠工、"磨洋工"，这种消极的方法不可取。③ 减少他人所获。通过采用损人不利己的方法不让他人增加所获，这是不可取的。④ 改变参照对象。换个比较对象，以"比上不足，比下有余"来自我安慰。⑤ 调整心理认知。改变对自己的条件和取得报酬的评价，如"阿Q主义"的精神胜利法，狐狸吃不到葡萄时的"酸葡萄效应"来自我安慰。⑥ 退出比较系统。如辞职、另谋高就等。

期望理论与公平理论属于过程型激励理论，强调内外因素在过程上的统一。

7. 斯金纳的"强化理论"

强化是指伴随于行为之后以有助于该行为重复出现而进行的奖惩过程。美国新行为主义心理学家斯金纳认为，人的行为不仅取决于原因，而且还取决于行为结果。当行为结果得到肯定时，这种行为就会重复出现；当行为结果得到否定或惩罚时，这种行为就会减弱或消失，这就是强化理论，用公式表示"R—S"。具体形式如表8-7所示。

表8-7 操作条件反射作用

名 称	行为后的操作	效 果	运 用
正强化	表现正面结果	增强行为发生可能性	及时给予奖励，如奖金、表扬、晋升等
负强化	消除负面结果	增强行为发生可能性	本应给予惩罚而不惩罚，免除惩罚
惩罚	表现负面结果	降低行为发生可能性	给予惩罚对人的行为起到压制作用
弱化	发生中性结果	降低行为发生可能性	消除、忽视，不给予人所期待的奖励

据研究，偶然强化（即事先没有想到的强化，可随时随地进行），增量强化（即激励的数量只能加，不能减。新员工与老员工激励不一样），及时强化（即及时进行强化，奖励拖得越久，效果越差）效果更好。强化理论与归因理论属于调整型激励理论，研究如何改造和转化人的行为。

8. 哈克曼的"工作特性理论"

（1）工作特性。① 工作技能多样性。所需技能种类越少、越简单，工作越乏味，得不到学习与提高，因而越不想干。② 工作整体性。分工越细、工作被分割得越支离破碎，干劲越小。③ 任务重要性。所从事的工作越重要，越有意义，干起来劲头越足。但必须使工作者亲身体会和认识到工作确实重要，受到人们的尊重，才能真正把他激励起来。④ 工作自主性。对工作的决策、执行能自主支配时，具有激励力。⑤ 工作反馈性。能及时准确地让员工了解自己工作进展和完成情况时，具有激励力。前三项特性使员工了解工作的意义，自主性赋予员工责任感，反馈使员工了解工作的成果。员工在这五方面的感受越深，工作本身对他提供的内在激励就越大，其士气、绩效、满足感就越大。

（2）公式。激励的强度=（技能多样性+工作整体性+任务重要性）/3×自主性×反馈性。

（三）激励起点

人人都在为自己干，那么，员工为什么要跟着你？为什么会听话干活？原因何在？《孟子》曰："得其心有道：所欲与之聚之，所恶勿施，尔也。"有欲才有求，有求才有为；无欲虽无求，但也无为了。人的本性是趋利避害，一方面要了解员工所渴望、祈求的是什么？另一方面要了解员工所恐惧、害怕的是什么？管理要从员工最希望的事做起，从员工最不满意的事改起，才能调动员工的积极性。

1. 工作需求分析

（1）外在性需求。能满足这类需求的资源，控制在组织、领导与同事手中，工作活动本身不能使其得到满足。① 物质性需要。如工资、奖金、福利等。② 社会感情性需要。如尊重、信任、关怀、友谊、表扬、认可、赏识、自主权等。有些资源兼具两重性质，如晋升职位和职称、培训、出国、考察、进修等。

（2）内在性需求。通过工作活动中的体验或工作结果才能满足的需求，满足此种需求的资源存在于工作过程之中。① 过程导向的内在性需求。可在工作活动过程中得到满足，如活动有趣而得到的快感，工作具有挑战性而感受到有机会发挥自己的聪明才智和潜能，工作使自己得到锻炼与提高所产生的兴奋与愉快等。只关心工作过程，而不关心结果，"只问耕耘，不问收获"。如工作单调乏味，过分简单，便会沮丧和不满。② 结果导向的内在性需求。工作本身很艰苦，但取得积极成果后，从而体验到某种成就感、贡献感与自豪感。

2. 员工需求分析

管理要从认识人、理解人、尊重人开始的。要调动员工的工作积极性首先要了解人性，尊重需求。员工需求的内容如表 8-8 所示。

表 8-8 员工需求的内容

工作方面的需求	职业体面	有份好工作，专业对口，职业稳定，能发挥自己聪明才智
	薪酬丰厚	有较高的工资奖金，优越的福利保障，收入持续增长
	前景广阔	职业生涯、专业前景有发展空间，职务升迁，事业有成
	良好氛围	领导重视，同事认同；领导作风民主，人际关系和谐
物质方面的需求		随着现代物质生活水平的提高，要求提高个人与家庭的生活水平和品位，具体体现在衣、食、住、行等方面
文化方面的需求	学习培训	终身教育将是社会发展的必然趋势，需要不断提高自身的素质和水平，学习有关文化科学知识和专业技术
	文化娱乐	员工需要丰富的业余文化生活，积极健康的文化娱乐活动既丰富生活又陶冶身心，对于提高员工队伍的素质，增强凝聚力有很大作用
	休闲旅游	旅游不仅是调节身心的过程，也是扩大见闻、丰富文化知识的过程，从某种意义上讲也是一种专业性的学习活动

社会方面的需要	获得尊重	旅游企业员工，尤其是服务一线的员工最需要得到社会对他们劳动的尊重，希望得到鼓励和赞扬
	关系融洽	员工们都希望生活在和睦相处、真诚相待的社会环境中，获得心理上的安全、平衡与舒畅
	恋爱婚姻	恋爱婚姻的顺利美满，家庭生活的幸福美满，会给员工增添生活乐趣和工作动力；反之会使员工感到沮丧和痛苦

3. 影响员工工作积极性的因素（5个方面40个因素）

（1）政治方面：入党入团、提升晋级、评选先进、表扬批评、奖励惩罚、受到冲击、领导信任、培训机会、受人尊重。

（2）工作方面：患者条件、工作环境、工作分配、任务安排、管理措施、人际关系、奖金分配。

（3）生活方面：工资待遇、婚姻恋爱、文化生活、工伤疾病、劳保福利、住房分配、计划生育。

（4）家庭方面：经济收支、对待长辈、子女教育、夫妻关系、亲属矛盾、邻里纠纷、天灾人祸。

（5）社会方面：形势变化、政策改变、市场物价、社会治安、不正之风、环境交通、子女就业、岗位竞争、中外交往、退休离职。

4. 员工满意度调查

了解客人才能服务好，读懂员工才能管理好。员工好像是一本书，我们要以"读你千遍不厌倦"的态度来研究员工心理。员工需求具有多样性、层次性、可变性等特征，可用多种方法了解，调查问卷是一种切实可行的方法。员工需求调查问卷关键在于设计问卷内容，内容有5大类18种，如表8-9所示。

表8-9 员工满意度调查问卷内容类目

工作回报	物质回报	工资、奖金、福利、社会保险、假期、奖励旅游
	精神回报	工作乐趣、成就感、认同与尊重、关怀、个人能力及特长的发挥、职位与权力、威信与影响力、表扬与鼓励
	成长发展	培训、晋升、社会地位、能力提升、发展的空间
	奖惩管理	物质或金钱奖励、优秀评比、罚款、行政处理
工作保障	后勤保障	劳动合同、员工餐厅、宿舍、上下班交通、幼托所、休息场所
	作息制度	上下班时间、休息时间、加班制度、请假制度
	工作配备	资源充裕性与适宜性、设备维护与保养、新设备配置、新技术运用
	工作环境	5S现场管理、舒适程度、污染与环保、安全、便利、美观
团队	团队氛围	礼仪礼貌、沟通交流、协作配合、士气、舆论控制、关爱、团队精神
	工作方法	质量、效率、成本、计划、责任感与主动性、灵活性与技巧
	员工素质	品格修养、理念观念、知识经验、健康、能力表现与表达
管理	管理机制	创新与改进、管理连续与稳定性、组织架构、用人机制、监察机制
	管理风格	管理才能、领导艺术、情感管理、有效性、民主作风
	制度建设	各类制度完善、制度的认可度与实施效果
	企业文化	核心价值观、企业精神、管理哲学、企业形象、认同与归属感、文体活动、旅游休闲、内部刊物、合理化建议
经营	服务质量	标准体系、投诉处理、客人满意度、质量目标
	社会形象	社会责任感、经济贡献度、与政府关系、社区活动、解决就业、参与公益事业活动
	发展远景	远景规划、各项经济指标

（四）激励艺术

1. 先激后励，激励互动（"给他鲜花给他梦"）

（1）激。管理过程就是激励过程。在行为之前，激发人的行为的动机、热情和创造性。形象地说"给他梦想与愿景"，让人想干、愿干、喜欢干、有信心地去干。

（2）励。根据强化理论，在行为之后及时给予肯定和奖赏，如物质上的奖金、精神上的表扬。形象地说"给他鲜花与掌声"，这是一种反馈、评价，一种正向的行为强化。

2. 既有力又给力，心智激励

（1）心激励。点燃激情：激励动机、情绪、信念、热情、自信、兴趣。这是激励的前提，解决工作动力问题，调动积极性努力工作。

（2）智激励。开发潜能：激励智力、智慧、本领和创造力。这是激励的目的，解决工作能力问题。潜能受到激励成显能，进一步变成效能；潜能不激励会变成无能。心智互动。心激励智，智激励心。

3. 先保健后魅力，双因素激励

（1）保健因素。是"没有它不行"，避免员工不满意的因素。保健因素取决于常量，是企业管理的基础。

（2）激励因素。是"有了它更好"，让员工满意、感动甚至惊喜的因素。在保健基础上发挥魅力作用。激励取决于增量，是企业管理的升华提高。

4. 先物质后精神，综合激励

只有物质激励、缺少精神激励，那是"害民政策"；只有精神激励、缺少物质激励，那是"愚民政策"。既不愚民，又不害民，而要利民、益民，激励内容就要双管齐下，既有物质激励，又有精神激励；既满足生理需求，又满足心理需求；让员工既有"本我"发动机，又有"超我"发动机。

5. 先我后他，相互激励

（1）发动自我、激励自我。一个连自己都激励不起来的人是不可能激励他人的，没有自我激励就没有领导者的影响力和领导力。在自我激励基础上再去激励他人。

（2）激励他人、激励众人。激励有本领的人，不激励无能力的人；激励会干事的人，不激励会评论的人；激励高效率工作的人，不激励高数量工作的人；激励创新改革的人，不激励因循守旧的人；激励独立思考的人，不激励人云亦云的人；激励有团队精神的人，不激励单打独斗的人。

6. 激励凝聚，形成团队

激励员工是前提，凝聚团队是目的。只是激励个人，缺少团队凝聚，那么，团队就不是一个"战斗的堡垒"，而可能成了"堡垒里的战斗"。激励形成分力，是向外张扬的过程；凝聚形成合力，是向内收敛的过程。在激励基础上凝聚，在凝聚基础上激励。团队成功在于相互支撑、支持、理解、合作和辅助。

（五）激励方式

1. 目标激励

（1）目标激励。通过设定一定的目标，促使员工按照目标的要求采取适当的行动。任何企业都有自己的经营目标，每个人又在企业整体目标的指引下设定个人的行动目标，通过完成个人目标而实现企业的目标。这一方面满足了个人目标实现而带来的自我价值实现，另一方面通过企业目标与个人目标的结合，使个人的价值充分体现出来，产生巨大的激励作用。

（2）目标设置要求：① 目标定量化。使目标具有可操作性、可检验性与可评估性。② 目标整合化。员工个人承诺、认同企业目标，把企业利益与员工个人利益整合起来。③ 目标适度化。目标制定得不能太低或太高，最好是"跳一跳，摘得到"的目标，既切实可行，又具有一定的挑战性。④ 评估公正化。目标完成情况的检查和评价要公开、公平与公正。

2. 支持激励

工作对人具有多重意义，既是谋生手段，又是致富途径，更是实现自我价值的平台。

（1）知人善任。善于正确地识别人、用人。把合适的人安排在合适的岗位上，发挥最大的能力，实现工作目标。① 用人之长。管理的重点是用人，用人的重点是用"长"，即用每个人的"可用"之点。"骏马能历险，犁田不如牛；坚车能载重，渡河不如舟；舍长以就短，智者难为谋；生材贵适用，慎勿多苛求"。② 展人之长。用当其时：珍惜人才最佳时期。用当其位：把人才放在最佳位置。用当其长：发挥人才最佳才能。用当其愿：愿干、肯干、爱干，使人才产生最佳心理。③ 聚人之长。八仙过海，各显神通，形成互补团队。成长中的中小企业，老板选和自己一样的人来增强执行力；企业发展了，则要选和自己互补的人来配合。企业弱小时，选张飞式的猛将打天下，以谋求强盛之道；企业已具规模后就要吸引各种优秀人才。

（2）给予支持。用人要授权，授权要信任，信任要放心。给基层管理人员和普通员工更多的对客服务的处置权：如更换权、打折权、部分免单权、限额自主应急采购权、要求对客服务配合权。

（3）参与管理。让员工参与管理可以培养其归属感、认同感、责任感、信任感和成就感，激发其主人翁精神，贡献其聪明才智。常见的形式有：工作生活质量小组、员工参与工作设计、征求意见会、干部扩大会、员工代表大会、员工合理化建议制度。

（4）搭建平台。给员工更多表现与发展的机会，如总经理信箱、店刊、店报、主题演讲会、自由谈、知识竞赛、员工艺术团、"诸葛亮"会、建议有奖活动，帮助员工进行职业生涯设计，让员工有发展的空间。

（5）"推功揽过"。员工工作有成绩应及时表扬；员工工作有过失要具体分析，如偶尔的、经验方法性的、影响小的过失，应予谅解，主动承担领导责任；员工工作有困难、有矛盾，甚至有挫折时，要给予鼓励、支持与帮助；员工受到讽刺打击时，敢于力排众议，扬善惩恶。

（6）终身教育。通过培训学习，使员工变得更成熟、更能动。

（7）流程再造。避免长期从事某一工作而产生的单调、枯燥、厌烦感，让员工对工作充满新鲜感和激情。

3. 榜样激励

（1）树立典型。先进典型能形成一种良好的、积极的、健康的企业文化氛围，通过先进典型来影响人、感染人、带动人。树立宣传模范人物要实事求是，切忌搞成"高、大、全"，也不要"犹抱琵琶半遮面"，不敢充分展现，以至于失去号召力、感染力。

（2）领导表率。"火车跑得快，全靠车头带"。管理者的行动就是最有效的命令。管理者是执行制度的带头人，而不是制度的例外者。"喊破嗓子，不如做出样子"。领导者如果能够以身作则，身先士卒，率先垂范，就能鼓舞员工士气。

4. 强化激励

强化激励是通过奖励或惩罚等手段来强化人们的期望行为或抑制问题行为，从而达到激励的效果。人，一爱表现、二爱表扬。肯定与欣赏是一种正强化手段，能强化、弘扬员工的期望行为；相反，惩罚能压抑或消退问题行为。但是惩罚力量是有限的，强化激励要以表扬为主，批评为辅。领导要有一双发现员工身上"闪光点"的眼睛，及时给予肯定、欣赏和表扬。表扬艺术有：表扬要从下而上，多表扬基层员工；表扬要真诚，怀着感谢之心去表扬；表扬要及时，要下"及时雨"，不放"马后炮"；表扬要实际具体，不要泛泛而谈；表扬方法与形式要不断创新；让家属分享荣誉，有助于支持员工努力工作。

5. 关爱激励

详见第十章领导艺术关爱人的内容。

6. 薪酬激励

薪酬激励是最常用、最重要的一种物质激励手段。薪酬不仅是为了员工谋生，更能体现员工的工作价值。薪酬影响着一个人的情绪、能力和积极性的发挥，影响着人的工作行为和工作绩效。企业要为员工提供具有竞争力的薪酬，薪酬要与工作业绩挂钩，薪酬要公正。建立科学公正的薪酬体系，如宽带交叉薪酬制度，使员工带来更高的满意度，珍惜这份工作，在工作中竭尽全力。

二、预防与矫正问题行为

（一）强调正面性

（1）惩罚的局限性。惩罚具有威慑力量，但它只告诉人不能做什么，而没有告诉人应该做什么。为了有效地预防问题，就不能只是"堵"，而必须给人"指明一条路"。仅仅惩罚不足以矫正问题行为，因为惩罚只是压抑某种行为，而不能消退这种行为。惩罚在人的心理上往往只是引起一种"趋避冲突"。可见，惩罚无论是作为预防手段，还是矫正的手段，都是有局限性的，都不是单独使用就能奏效的。此外还要考虑到，受惩罚也是一种挫折。如果不能正确对待，就会由此引起新的问题行为。

（2）做人的工作要强调正面性，是指把工作的重点放在激励与强化员工的期望行为上面，而不要老是"盯住员工的问题行为"，才能有效地预防和矫正问题行为。期望行为是正面的行为，问题行为是反面的、负面的行为。一个人之所以要采取各种各样的行动，无非是满足需要和解除压力。如果一个人能用合理的方式来满足需要和解除压力，他就没有必要用不合理的方式来满足需要和解除压力；如果他找不到一种合理的方式来满足需要和解除压力，那就难免要采用不合理的方式。由此可见，预防和矫正问题行为的根本办法是激励和强化期望行为，用期望行为取代问题行为。做人的工作应该强调正面性，从正面去做工作。

（二）问题行为分析

1. 问题行为类型

（1）从性质角度来分。一般问题行为、严重问题行为（失足行为）、犯法犯罪行为。

（2）从心理角度来分。① 攻击行为。外向的，有明显破坏性的问题行为。② 退缩行为。内向的、闷在心里的、无明显破坏性的问题行为。主要表现是消极、冷漠和疏远。

2. 导致问题行为的心理因素

（1）问题行为是用不合理、不正当的方式满足需要的结果。

（2）习惯性的问题行为是（广义的）学习的结果。行为所得到的结果不外乎获得广义的奖励（即得到预期的或出乎意料的满足）、没有得到任何奖励和受到惩罚。这些结果分别对行为起强化、消退和压抑的作用。人们不仅能通过自己的尝试来学习，而且能通过别人的尝试来学习。人们常常模仿别人的那些得到强化的行为，即替代的强化。

（3）许多问题行为与挫折有关。人遇到挫折最容易情绪波动，使人由于不理智而出现问题行为。为了发泄由于遭受挫折而产生的愤怒、怨恨和不满，这是引起攻击行为的一个最常见的原因。如果是"敢怒不敢言"，就会引起退缩行为。不过应当指出，挫折虽然很容易引起问题行为，但并不是必然的。挫折可能使人"倒退"，也可能使人"升华"。为了避免某些员工因遭受挫折而产生有害的攻击行为，管理人员一方面要求员工提高挫折容忍力，正确对待挫折，使自己变得更加成熟，更加坚强；另一方面要承认人对内心压力的忍受是有限度的，要为他们提供一个宣泄的机会和场所，做好员工的"出气筒"。

3. 矫正问题行为的心理措施

（1）不强化问题行为，或者消退问题行为。如不让"闹"的人得到好处。
（2）压抑问题行为。如对闹的人给予批评或惩罚。
（3）强化那些可以取代问题行为的期望行为。不是"谁闹得凶就给谁解决问题"，而是"谁表现好谁就有优先权"。

（三）惩罚艺术

1. 惩罚机制

惩罚是一种负激励，没有约束的管理不可能是一种成功的管理，但是成功的管理不仅仅是约束的管理。约束具有改变员工的不良行为、提高工作的自觉性、统一员工的规范行为，使其行为组织化的积极作用；但也会引起伤心、痛苦、后悔等不良的情绪反应，可能引起消极怠工、破坏公物、制造事故等破坏性行为，可能提高缺勤率等消极作用。

2. 惩罚种类

惩罚的种类如表 8-10 所示。

表 8-10 惩罚类型与惩罚措施

惩罚类型	惩罚内容
物质性惩罚	主要有过失单、扣发奖金、扣发工资、取消该发的物资等
福利性惩罚	如取消其定期的疗养资格等
社交性惩罚	如在某种场合给予批评等
地位性惩罚	降低员工在企业中的地位，使权力变小、责任变小等，严重的予以降职、辞退、开除
任务性惩罚	分配工作时没有满足个体的需要，他需要工作任务多的时候反而少给他，他需要任务少的时候反而多给他
自我性惩罚	这是员工自发产生的对自己进行的惩罚，管理者很难给予这类惩罚

3. 不同惩罚措施的激励效果

不同惩罚措施的激励效果如表 8-11 所示。

表 8-11 不同惩罚措施的激励效果

惩罚方式	变好（单位：%）	未变（单位：%）	变差（单位：%）
个别指责	66	23	11
公开指责	35	27	38
个别嘲笑	35	33	32
公开嘲笑	17	36	47
个别体罚	28	28	44
公开体罚	23	65	12

4. 惩罚原则

（1）尊重原则。变惩罚为激励，变惩罚为鼓舞，让员工在接受惩罚时怀着感激之情，进而达到激励的目的。惩罚要对事不对人，惩罚的是错误，对人格却要尊重。

（2）实事求是原则。惩罚要有依据，惩罚前一定要对该员工的不良行为和后果做认真的核查，这样才能使员工心服口服，起到积极的效果。惩罚不能扩大化，要就事论事，不要举一反三，不要上挂下联，不要以罚代管或以其他手段替代惩罚，不要全盘否定，不要掺杂个人恩怨，不可打击面过大。

（3）公平原则。惩罚要有标准，这就是制度。制度的制定要细化、量化、具体化。惩罚要公正，要一视同仁，制度面前人人平等，不论是谁违规都要受到惩罚。

（4）及时原则。尽早实施惩罚对抑制问题行为的效果比较明显，不要月初犯的错误，到月底再给予惩罚，实行"秋后算账"。

（5）艺术处理原则。不要在人火气很大的情境下进行处罚，这样行为容易失控。批评时不要拿他和别人比较。要允许、鼓励被批评的人说话，允许对方在气头上说几句冒犯自己的话。控制自己批评的表达方法。语重心长并不一定要疾言厉色。"良药苦口利于病"不如"良药甜口利于病"。

（6）适可而止原则。批评要讲效果，一旦发现对方已经在考虑批评意见了，就要适可而止，不要没完没了。给人留下思考的时间。批评有效用递减现象，老生常谈地反复批评某一事件，人就会习以为常，内心震撼力会下降。

（7）足量原则。惩罚要到位，要足量，避免惩罚不足，但同时要适度。惩罚太轻不足以改变不良行为，甚至有可能成为负强化而使问题行为得到巩固。

（8）严禁惩罚后奖励原则。惩罚以后，要严格禁止给一个奖励作为强化，否则会巩固错误行为。这样，他不但不会改正错误行为，反而认为自己没错，是管理人员乱用了权力。

（9）非公开化原则。公开表扬，私下批评，"表扬用简报，批评用电话"，这样效果比较好。尽可能通过个别谈话提出批评，绝不要轻易在大庭广众之下来批评人。要把"不讲情面"和"不留面子"区别开来。

（10）领导承担责任原则。惩罚要从上到下，发现问题首先追究各级领导的责任。

第三节　员工健康管理

一、心理健康与管理

（一）心理健康

1. 健康的含义

世界卫生组织（WHO）指出了 21 世纪健康的新概念：健康不仅是没有疾病，而且包括身体健康、心理健康、社会适应性良好和道德健康。实现"体健、心健、德健"三位一体的健康之福。与此相应，世界的医学模式也从传统单一的生理医学模式演变为生理—心理医学模式，再发展到现代的生理—心理—社会医学模式。

（1）身体健康。人体结构完整，体格健壮，各组织、器官功能正常，没有不适感。

（2）心理健康。一个人基本心理活动协调一致（即认知、情感、意志、行为和人格完整协调），心理活动和生活适应良好的一种状态。

（3）社会适应良好。能与自然环境、社会环境保持良好接触，并具有良好的适应能力，有一定的人际交往能力，能有效地应对日常生活、工作中的压力。

（4）道德健康。不以损害他人利益来满足自己需要，具有辨别真与伪、善与恶、美与丑、荣与辱的是非观和能力,能够按照社会道德行为的文明规范准则约束自己,支配自己的思想行为。

2. 心理健康

(1)心理健康作用。① 有利生理健康。心理和生理因素相互影响。健康的身体使人精力充沛,充满活力,朝气蓬勃,奋发向上,行动迅速,思维敏捷,思路清晰,观察敏锐,心胸宽广,兴趣广泛,情绪良好;身体有病时,会情绪低落,烦躁不安,容易发怒。反之,情绪也影响健康,紧张焦虑则会食而无味,胃口大减,失眠,易疲劳;强烈或持久的负性情绪,如烦恼、忧愁、焦虑、怀疑、恐惧、失望等导致人体免疫功能下降,最终导致疾病。增进心理健康,将会减少患病率,提高身体素质,促进生长发育。② 有利成才立业。教育学家指出:现代社会成才因素中,智力因素仅占20%,其余80%取决于非智力因素,非智力因素中最主要的就是心理因素。③ 有利个性发展。健康的心理本身就是个性的一个组成部分,从而正确指导身体锻炼,自觉地调节睡眠、休息与活动的时间比例,使身体各系统处于良好的运行状态。④ 有利改善关系。在集体中受欢迎的人缘儿的个性品质,恰恰与心理健康的标准相一致,而受人排斥的嫌弃儿的个性品质,是与心理健康的标准相悖的。

(2)自我评判心理健康标准。① 智力状况正常。在学习、工作、生活各方面的能力,达到同年龄人的中等和中等以上水平,并能表现出积极的创造性。② 情绪愉快稳定。情绪稳定,不偏激,积极的情绪和社会性情绪占主导。对现实乐观、积极;对学习、工作进取向上;对人真诚、公正、谦虚、宽容;对己自尊、自爱、自勉、自强。③ 个性完整和谐。各种心理特征完整、和谐而统一,思维活跃,遇事决断,凡事持之以恒,施展自己的才华,体现自我价值和社会价值。④ 行为习惯规范。养成适应社会的生活方式与行为习惯。⑤ 人际关系良好。心态开放,心理相融,善于沟通,关爱他人。对自己所生活的社会环境能保持良好的、紧密的联系,及时协调自己的行为,以便更好地适应环境。⑥ 自我评价恰当。对自己各方面的情况都有恰当的判断,目标符合实际。

3. 健康始于修德

道德健康是我们心理健康、生理健康的基础和保证。只有道德健康的人,才能促进心理健康和生理健康。一个人心理健康了,才能保持心理平衡,思维正常,是非分明,感情丰富,才能创造良好的人际关系和融洽的生活环境,使人心情舒畅,笑口常开。一个注重道德修养和道德健康的人,更容易保持身心健康。因此,健康不仅要体健、心健,而且要德健。孔子早就提出"德润身""仁者寿""大德必得其寿",强调养生必先养性,养性必先修身。修身养性,身心俱泰。中国历来有"良心""亏心"之说。我们常把善举德行做好事,称为"有良心"。"良心"一词从道德科学的意义上讲,是指内心对是非善恶的正确判断和认识,是指人们的道德意识和内在德性。从字面上理解,则是指有益于心,促进心理健康。一个人把内在的良心和德性,变成外施于人的德行,行善举,做好事,必然心胸开阔,心安理得,从而促进身心健康。品行善良,心态淡泊,为人正直,心地善良,心胸坦荡,则会心理平衡,有助于身心健康。我们常把有违社会道德准则,胡作非为,做坏事,做了有损别人的事,称为做了"亏心事","亏心"从道德科学上讲就是违背了良心,违背了道德,从字面上讲,则是有损于心。一个人做了违背道德良心做了损害别人的事,势必受到良心的谴责,从而引起生理上的不良反应,有害身心健康。

(二)心理异常

1. 心理问题

(1)含义。指那些持续时间较短,内容比较局限,心理活动反应不甚强烈,且未影响思维逻辑的暂时性的心理紊乱。心理问题具有普遍性,绝大多数人都有能力通过自我调适解决日常生活中碰到的心理问题。现实生活中，绝对的、完美的心理状态是不存在的，正常人也会出现短暂的异常心理现象。

（2）表现。以下十种"异常"心理现象如果持续的时间短，且程度较轻，均属正常。① 疲劳感。通常有相应的原因，持续时间较短。不伴有明显的睡眠和情绪改变。经过良好的休息和适当娱乐即可消失。② 焦虑反应。人们为适应某种特定环境而做出的一种反应方式。例如登台演讲、重要考试等活动前，会有心跳加快、坐立不安的紧张焦虑感，等活动过后，相应感觉立即消失，这是正常的焦虑反应。③ 类似歇斯底里现象。多见于妇女和儿童。有些女性和丈夫吵架时尽情发泄、大喊大叫、撕衣毁物、痛打小孩，甚至威胁自杀。④ 强迫现象。出门后，担心煤气阀、水龙头、灯没关，转身又回去检查一遍。一般脑力劳动者，尤其是做事认真的人易出现这种强迫现象。如果持续时间不长，且对生活、工作无碍，可以不必过分在意。⑤ 恐高症。当站在很高但很安全的地方时仍会出现恐惧感，有时也想到会不会往下跳，甚至想到跳下去是什么情景。如能很快得到纠正且不再继续，可视为正常。⑥ 疑病。将轻微的身体不适看成严重疾病，反复多次检查。特别是当亲友因某病英年早逝或意外死亡后易出现。经检查排除相关疾病后，能接受医生的劝告，可视为正常。⑦ 偏执和自我牵挂。任何人都有自我牵挂倾向，如走进办公室时人们停止谈话，这时往往会怀疑人们在议论自己。⑧ 错觉。正常人在光线暗淡、恐惧、紧张及期待等心理状态下可出现错觉，但经反复验证后可迅速纠正。⑨ 幻觉。正常人在迫切期待的情况下，可听到"叩门声""呼唤声"。经过确认后，意识到是幻觉现象。正常人在睡前和醒前偶有幻觉体验，不能视为病态。⑩ 自笑自言自语。独处时，专注于某一件事，沉浸在某一情境中，常会自言自语，有时会边说边露出笑容，但能选择场合，自我控制，不影响工作、生活。

2. 心理障碍

（1）含义。指一些初始反应就很强烈，且持续时间比较长，自身难以克服的精神负担。多由人生重大事件引起，如家庭变故、婚姻危机、工作受挫、人际关系冲突等事件造成的暂时情绪波动、失调引起不良心境、行为异常、性格偏离等。大多数人可以通过自我调整及亲朋好友、心理医生帮助等途径，恢复正常的社会功能状态。如果心理障碍长期持续得不到合理的调适和治疗，可导致心理疾病。

（2）表现。有六类：① 适应性障碍。由于环境原因造成心理和行为失调。表现为不能正常地适应工作、生活和学习，不能正常地发挥自己的能力，不能正常地进行人际交往。② 焦虑性障碍。表现为紧张不安，心烦意乱，忧心忡忡；碰上一点小事，就会坐立不安；遇到一点紧张的心理压力，便会不知所措，难以完成工作任务，并伴有身体不适感，如出汗、心悸、失眠等。③ 阴郁性障碍。情绪持续低落，郁郁寡欢，悲观厌世，心理功能下降，自我评价降低，不愿与人交往，表情呆板，总以"灰色"的心情看待一切，对什么都不感兴趣，自罪自责，内心体验多为不幸、苦闷、无助、无望，甚至厌世。④ 恐惧性障碍。所害怕的对象在一般人看来并没有什么可怕的，但仍出现紧张、焦虑和强制性的回避意愿等心理反应，如恐高症、利器恐惧、动物恐惧、社交恐惧等。其中社交恐惧较为常见，主要表现在众人面前脸红，惊恐失措，不敢正视对方，害怕别人看透自己的心思而难堪，心理产生紧张不安、心慌、胸闷等症状。⑤ 强迫性障碍。做事反复思考、犹豫不决，自知不必想的事，仍反复去想，不该做的事、仍反复去做，因而感到紧张、痛苦。常见的有强迫观念（如强迫回忆、强迫怀疑等）、强迫意向或强迫冲动、强迫动作（如反复检查门锁、反复洗手等）。⑥ 疑病性障碍。表现为对自己的健康状况过分关注，深信自己患了某种疾病，经常诉说不适，顽固地怀疑、担心自己有病，经检查和医生的多次解释后仍不能接受，反复就医，甚至影响其社会功能。

（3）自我判断。心理障碍的准确诊断不是易事，可从四个方面进行：① 持续时间。这是一个非常重要的评判标准。每种心理障碍在临床诊断上都有一定的持续时间的限定。

如抑郁症为2周，广泛性焦虑症为6个月，慢性抑郁心情则要持续2年才会达到诊断上的时间标准。当异常状况持续了一段时间，应予以充分重视。② 功能紊乱与失调。认知、情绪和行为功能上的失常，如当听到朋友的亲人过世了，却表现得无动于衷甚至窃喜。如果最近茶饭无味、夜不能寐、记忆力减退、易怒、感觉肌肉整天处于紧张状态等，说明心理、机体功能已经失常。③ 悲痛和忧伤感。心理障碍会引起自身或者他人明显的不适感及痛苦感。比如，强迫症患者经常在难以压制的自我矛盾中感到内心强烈的痛楚。偏执型人格障碍虽然自身感受不到强烈的痛苦，却让周围的人感到很不舒服。④ 文化不适宜性。指一个人的行为不符合他所在国家、种族、生活环境的常态文化。如在大街上看到一位穿着裙子的男士，第一反应可能就是这个人不正常，但是在苏格兰则是很正常的行为，因为那是他们的民俗。

3. 心理疾病

（1）神经衰弱。症状表现：① 衰弱症状。精神易兴奋，无法控制自己；精神又易疲劳，注意力难以持久集中，思维条理性差，记忆减弱，做事丢三落四。② 情绪症状。容易急躁、发怒、烦恼，不顺心；常感到紧张和压力。③ 心理生理症状。入睡困难，睡眠不深且容易惊醒，生活节律为之紊乱，如白天困倦，夜里难眠，终日昏昏沉沉。

（2）抑郁性神经症。这是导致自杀的四大原因之一。症状表现为"六个丧失"：① 失去兴趣。对生活、学习、工作，乃至娱乐都缺乏兴趣，体验不到快乐。② 失去希望。觉得前途暗淡，一切悲观无望。③ 失去办法。身处其境虽痛苦不堪，但本人无力改变，旁人也爱莫能助。④ 失去精力。感到精神疲惫、精力已竭，对生活毫无热情和追求。⑤ 失去意义。觉得活着没有意义，不如一死了之，经常出现死的念头。⑥ 失去价值。自我评价极低，自卑、自责极甚，否定自我价值。

（3）焦虑性神经症。简称焦虑症。症状表现：① 情绪症状。常感不安和害怕，似乎有一种威胁或危险即将来临。② 心理生理症状。如口干、出汗、心悸、头晕、颤抖、尿急尿频、突然排大便等。③ 外部运动症状。坐立不安，来回走动、搓手顿足等。有睡眠障碍。急性发作焦虑症会伴有明显的惊恐状态，心跳剧烈，呼吸困难，全身发软，历时一二十分钟。

（三）导致心理障碍的内在心理机制

1. 心理冲突

详见第一章人的行为动力模式的内容。

2. 心理挫折

（1）含义。挫折是个体在行动过程中未能达到预期目标而产生的一种主观体验，它是由个体需要与目标之间的矛盾所引起的。

（2）对挫折的不合理认识的表现。① 绝对化。对事物的要求，不是从客观现实出发，而是从主观愿望出发，凡事总认为"应该"怎样、"必须"怎样……缺乏现实精神，易导致不满和悲观的心理压力。② 过分概括化。对事物的认识，有以点概面、以偏概全的片面化倾向。以一时一事的结果来评价自己或他人，易导致自卑、抑郁或敌意、愤怒的心理压力。③ 夸大化。对事物的后果想得过分严重、可怕、糟糕，甚至会想出一连串不良后果的连锁反应，易导致恐惧和悲观的心理压力。

（3）挫折后的情绪反应与行为表现。① 攻击。个体遭受挫折后会变得情绪激动，对引起挫折感的人或物进行攻击，当没有能力进行直接攻击时，就会转向攻击，将责任转嫁给自己或者是第三人，找"替罪羊"是最常见的一种"转向攻击"的方式。② 不安。如果个体多次受到打击、遭受挫折，就会失去信心，对未来的前途感到茫然，从而情绪变得不稳定，在生理上会伴有冒冷汗、心悸、脸色苍白。③ 冷漠。遭受挫折后，如既不能直接攻击又找不到发泄对象时，就会选择将自己不快的情绪暂时压抑下去，表现出冷漠的行为，对周围事情无动于衷。④退化。一般情况下，人的行为是和年龄相一致的，但是当个体遭受挫折后，有时会产生与其年龄、身份不相称的行为。⑤固执。个体在遭受挫折后"明知不可为而为之"，并且一再地重复同样的行为。这种刻板的反应方式是一再遇到同样挫折后丧失信心的表现。

（4）挫折后的心理防卫机制。个体受到挫折后，为了减少心理和生理的不安，保持情绪的平衡，会采取一些适应挫折情境的行为方式。因这些适应方式的性质是防卫自我不受愤怒、焦虑、压抑等的侵害，并非真正解决挫折问题，故精神分析心理学家将此称为防卫机制。常见的有：

① 压抑—宣泄。会将一些与挫折有关的需要、动机、记忆和经历压抑到潜意识深处，使自己的意识觉察不到。简单地说，压抑就是容忍和克制，就是不说、不做、不笑、不哭，甚至不想，不让自己的感情表达出来。其实这些欲望没有真正地消失。压抑具有两重性，它既能使人避免某种痛苦，又会增加内心压力。压抑而不表达，会使人感到"憋得慌"。压抑要通过宣泄来解除。人对压抑的承受是有限度的，超过了一定的限度，会使人在生理、心理和行为上出现种种问题，严重的会导致身心疾病。

② 转移。让别的对象来取代它在意识中的位置。转移对象不仅有助于宣泄，而且有助于压抑。兴趣爱好比较广泛的人容易实现注意的转移，而缺乏兴趣爱好的人则难以摆脱忧愁烦恼的纠缠。当个体对某一对象所抱有动机和态度不能实现的时候，就会转向其他对象，通过发展其他方面取得成功来弥补。如眼睛近视、体质弱而无法在运动场上驰骋的学生，常常会在学习上加倍努力，使成绩名列前茅。

③ 补偿。"有所失"使人痛苦，但如果在有所失的同时又"有所得"，那就得到了补偿，就会减轻痛苦，甚至使人感到很满意，把痛苦忘得一干二净。"梦想"与"自居"是两种常用的手段。"梦想"使人感到有奔头、有盼头、有希望。"自居"会把那些自己追求的成功者的品质加到自己身上，或者说自己和某一些成功人士有关系，来寻求一种成功的满足感。

④ 反向。为压抑自己的感情，有时会表现出与内心真实想法相反的行为，往往具有"矫枉过正"的特点，显得"过火"或"矫揉造作"。这种相反行为并不是"装出来给别人看"，掩盖自己内心的真实想法主要是为了减轻内心的压力。

⑤ 逃避。不敢面对挫折而选择逃避，"眼不看，嘴不馋，耳不听，心不烦"。或逃向另一现实，或逃向幻想世界，或逃向生理疾病，来求得减轻内心压力。

⑥ 合理化，也叫文饰。给自己的行为做出各种"合理"的解释，虽然这种解释很多情况下是与事实不相符合的，是为缓和感情与理智的矛盾和冲突做出的妥协反应（理智向感情妥协）。a."酸葡萄作用"。狐狸吃不到葡萄，说葡萄是酸的。故意认为没有达到的目标并不是自己真正理想的目标，以此减轻懊恼、悔恨、失望的心理。b."甜柠檬作用"。自己的柠檬明明是酸的，却故意认为是甜的，以此来安慰自己。

⑦ 升华或倒退。升华是变压力为动力，去从事更有意义的、更高尚的活动，既释放了心理能量又不用担心受到责罚。有人认为，由压抑导致升华是许多伟大的文学艺术作品产生的直接心理原因。倒退正好相反，降低对自己的要求，特别是正义感、责任感、荣誉感等方面降低对自己的要求，以获得心理安慰。升华或倒退，一进一退，都是为了解除内心压力，其结果却大不相同。升华会发奋图强、努力上进；倒退会嫉妒、贬低、打击别人。

⑧ 投射。把自己认为不好的事物、观点强加到别人身上。如个体有某些不好的想法，就会说别人有这种想法，其实都是自己内心的想法。

3. 心理压力

引起心理障碍的不是挫折本身，而是对挫折的不合理的认识。挫折只是引起心理障碍的间接原因，而对挫折的不合理的认识才是引起心理障碍的直接原因。出现挫折与认识之间的矛盾，就会产生心理压力。据国外心理学家研究，工作、生活各种事件都会对人的心理产生压力，如人在一年内累积分数超过200分，就有50%的概率发生心理障碍；超过300分，这种概率几乎达100%。生活改变与压力感量如表8-12所示。

表8-12 生活改变与压力感量

序号	生活改变事项	压力感	序号	生活改变事项	压力感
1	配偶亡故	100	23	子女成年离家	29
2	离婚	73	24	涉及诉讼	29
3	夫妻分居	65	25	个人有杰出成就	28
4	牢狱之灾	63	26	妻子新就业或离职	26
5	家族亲人亡故	63	27	初入学或毕业	26
6	个人患病	53	28	改变生活条件	25
7	新婚	50	29	个人改变习惯	24
8	失业	45	30	与上司不和睦	23
9	分居夫妻恢复同居	45	31	改变上班时间	20
10	退休	45	32	搬家	20
11	家庭中有人生病	44	33	转学	20
12	怀孕	40	34	改变休闲方式	19
13	性关系适应困难	39	35	改变宗教活动	19
14	家庭添丁进口	39	36	改变社会活动	18
15	事业重新整顿	39	37	借债少于万元	17
16	财务状况改变	38	38	改变睡眠习惯	16
17	亲友亡故	37	39	家庭成员团聚	15
18	改行	36	40	改变饮食习惯	15
19	夫妻争吵加剧	35	41	度假	13
20	借债超过万元（美）	31	42	过圣诞节	12
21	负债未还，抵押被没收	30	43	些微涉讼事件	11
22	改变工作职位	29			

4. 心理对抗

（1）含义。对挫折的不合理认识所产生的心理压力，与人的自身的心理承受力形成矛盾，产生心理对抗。心理承受力或挫折阈是抵御各种压力而获得心理平衡的能力。当挫折引起的压力小于承受力的下限时，一般不会产生心理障碍；当压力大于承受力的下限时，便会产生心理障碍；对抗强度继续升高，当压力大于承受力的上限时，则会产生严重心理障碍，甚至是精神崩溃，转化为心理疾病。

（2）影响因素。① 生理方面。神经系统属强型的（活泼型、安静型、兴奋型）、体质好的人，比神经系统属弱型的、体质差的人，具有更强的心理承受力。② 社会方面。生活经验丰富、有过挫折经历的人，比缺乏生活经验、经历顺当的人，具有更强的心理承受力。③ 心理方面。性格属理智型、外倾型、自制力强、自我认识良好的人，比性格属情感型、内倾型、自制力弱、自我认识较差的人，具有更强的心理承受力。

（四）防止心理障碍，增强心理健康

1. 树立远大目标，追求高层次需求

人生观是指一个人对人生的根本看法。当一个人沉溺于低层次的生物性、物质性需要时，会变得目光短浅，心胸狭窄，纠缠于利害得失的圈子里，平添种种烦恼。追求高层次的社会性、精神性需要时，就易超脱世俗的偏见和庸俗的利益关系，既不易为人生道路上的坎坷艰辛所折腰,也不易为人世间的琐事瓜葛所缠绕,能不断获得精神上的享受和乐趣。以明智的态度处事,以宽宏的态度待人,以奉献和进取的态度励己,使自己的心理始终处于乐观、开朗、积极的状态。

2. 坚持情商修炼,保持最佳情绪

(1) 提高情商。"人生不如意事常八九"。我们处于"泛压时代",面临家庭、学业、就业、失业、升职、调薪、关系、生存与生活等问题,处于社会环境、生活节奏、家庭负担、工作内在、组织要求、职业生涯、人际关系等各种压力中,有着许多心理焦虑、心理失衡、心理恐惧、心理麻木、心理阴暗、心理狂妄、心理困惑等心理问题。因此不断调节自己的情绪,提高自己的情商就极为重要。情商教育就是对员工进行自信心、情绪管理、挫折抵抗、人际沟通、压力应对、竞争力等方面的指导和训练。

(2) 情绪愉快。人的情绪可概括为七种:兴奋、快乐、愉快、安静、焦虑、忧郁与沮丧。为客服务时,应该保持的最佳工作情绪是以愉快为基调,向上浮动到快乐,向下浮动到安静。推而广之,我们人生的最佳情绪也应如此,以愉快为基调,向上浮动到快乐,向下浮动到安静。保持一个好心情,就是好心加好情。好心是爱心、善心、真心,爱心使人健康,善心使人美丽,真心使人快乐;好情是友情、亲情、爱情,友情使人宽容,亲情使人温馨,爱情使人幸福。

3. 善于自我调节,达到身心和谐

(1) 辩证思维法。"塞翁失马,焉知非福"。任何事情都有两面性,思想不要太绝对、太片面,要学会全面、辩证地对待挫折产生的原因及其后果,保持良好的心态。学会知足,懂得常乐;学会控制,懂得宽容;学会排解,懂得忘记;学会选择,懂得放弃。

(2) 目标调整法。期望越高失望越大,目标越高引起的挫折也越大。目标不要太高,要切合自己的实际,要留有余地。

(3) 积极升华法。将对抗压力的精力引向崇高的、对社会具有创造性和建设性作用的对象上去,用高一层次的需要满足来补偿低层次的需要剥夺。

(4) 延缓反应法。即将做出冲动反应时,强迫自己做出延缓反应,能赢得思考的时间,达到自控目的。面临冲突,一时难以抉择,可暂缓抉择,让时间来进行"筛选"。

(5) 适当合理化法。鲁迅笔下的"阿Q精神胜利法"是一种自我安慰、自欺欺人的方法,恰当使用能降低心理压力。

(6) 合理宣泄法。宣泄是让那些被压抑的感情表达出来。宣泄的方式主要是攻击(激烈的、带有破坏性,如斥责、讥讽以至漫骂和动手打人、损坏物品等)和倾诉(比较温和的方式)。心理有压力不能过分压抑,要把心理对抗的能量引向无害的方向进行合理的发泄:如向亲人、朋友倾诉,给他人写信(但信可不寄);大喊大叫、甚至痛哭一场,做减压消气操等。越是平常感情不外露的人越需要用相对强烈的方式释放自己的感情。当然,宣泄法要合理运用,切不可超越法制、违反道德规范、损害他人利益。

(7) 自我暗示法。运用潜意识的力量,实行积极的自我暗示,把正能量灌输给自己,让它在潜意识里扎根。绝不要做消极的负面的自我暗示。

(8) 情境转移法。俗话说"眼不见心不烦"。离开不良情境,全神贯注地去从事自己感兴趣的活动。多与亲人、爱人、友人交流;与小说、历史、励志等书籍交流;与阳光、空气、山水等自然交流,来排遣消极情绪。旅游休闲是一种极好的调节方法。

(9) 文体活动法。通过听音乐、跳舞、看戏剧、游公园和参加体育等文体活动来调节心身压力。其中音乐的作用尤为突出,有学者研究了不同的音乐对不同情绪的影响及各种乐曲的心理治疗作用,如表8-13所示。

(10) 放松训练法。通过放松肌肉、放松呼吸的"调身调息"来克服疲劳,恢复活力,保持精力。科学的放松方法如表8-14所示。

表 8-13 不同的音乐对不同情绪的影响

心 情	作 曲 者	曲 名
疲乏	维瓦尔蒂	大提琴协奏曲《四季》中的《春》
	德彪西	管弦乐组曲《大海》
	亨德尔	组曲《水上音乐》
不安	巴赫	《幻想曲和赋曲（G 小调）》
	圣桑	交响诗《死亡舞蹈》
	斯特拉夫斯基	舞蹈组曲《火鸟》
厌世	亨德尔	清唱剧《弥赛亚》
	贝多芬	《第五交响曲（"命运"）（C 小调）》
	柴可夫斯基	《第六交响曲（"悲怆"）（D 小调）》第一乐章
急躁渴望	亨德尔	组曲《焰火音乐》
	罗西尼	歌剧《威廉·退尔》序曲中的《风暴》
	鲍罗廷	《鞑靼人的舞蹈》
忧郁	莫扎特	《第 40 交响曲（b 小调）》
	西贝柳斯	《忧郁圆舞曲》
	格什温	《蓝色狂想曲》第二部分
催眠	莫扎特	《摇篮曲》
	门德尔松	《仲夏夜之梦》
	德彪西	钢琴奏鸣曲《梦》
希望明朗轻快畅快	巴赫	《意大利协奏曲（F 大调）》
		《勃兰登堡协奏曲第三首（G 大调）》
	约翰·施特劳斯	圆舞曲《蓝色的多瑙河》
	比才	歌剧《卡门》
	格里格	诗剧《培尔·金特》中的《潮》
	门德尔松	第三交响乐《苏格兰（C 小调）》
增强自信	贝多芬	《第五钢琴协奏曲（皇帝）降 E 大调》
	瓦格纳	歌剧《汤豪舍》序曲
	奥涅格	管弦乐《太平洋 231》
增进食欲	泰勒曼	《餐桌音乐》
	穆索尔斯基	《图画展览会》（拉威尔编曲）
	莫扎特	《嬉游曲》

表 8-14 科学的放松方法

松弛方法	松弛目的	松弛效果
肌肉松弛疗法	放松肌肉和内部器官	睡眠良好，精力得以恢复，内部器官功能运转正常，缓解紧张
深呼吸练习操	肌肉放松，降低血压、增强四肢热量，增强血液循环	加快血液循环，缓解肌肉紧张，降血压，睡眠好，精力得以恢复，呼吸深沉
沉思想象	肌肉放松，感觉平静，自控情绪	精力得以恢复，增强体质，缓解易怒情绪，睡眠深沉

二、工作疲劳与恢复

工作疲劳是由于生理、心理、环境等因素造成人在连续工作以后，会导致人体功能衰退和周身出现不适感觉，从而使工作效率下降的一种状态。疲劳也是人的机体为了免遭损坏而产生的一种自然保护反应。可分为生理疲劳与心理疲劳，急性疲劳、慢性疲劳以及过度疲劳，局部疲劳与全身疲劳。

（一）生理疲劳

1. 生理疲劳表现

（1）体力疲劳。由于肌肉关节持续重复地收缩活动，造成能量消耗和废物积存，导致腰酸腿软、四肢无力，动作迟缓，准确性下降，反应时间延长。

（2）脑力疲劳。用脑过度，大脑神经活动处于抑制状态，造成精力不集中、萎靡不振、思路混乱、反应迟钝和准确性变差。

（3）暂时疲劳。体力或脑力在短时间内发生的疲劳现象，通过适当休息和睡眠可以消除疲劳、恢复机体正常机能。暂时疲劳是正常现象，消除也比较容易。

（4）慢性疲劳。出现暂时疲劳后不能及时得到休息恢复，体力和脑力持续处在紧张状态，就会发生累积现象，并转化为慢性疲劳。如果慢性疲劳长期得不到消除，会产生严重的疾病，甚至出现突然死亡，如"过劳死"现象。症状表现：① 睡眠不好。入睡困难，睡眠质量不高。② 精神不佳。无精打采，对什么事都提不起精神，缺乏社交愿望。③ 效率下降。丢三落四、思路不清。④ 体虚无力。体重下降、身体倦怠、四肢无力。⑤ 消化不良。食欲不振、饭量减少，常伴有胃肠不适。

2. 减轻、消除生理疲劳

（1）实行休息制度。① 积极休息。合理安排休息时间和合理安排休息时段。改变活动的方式和内容，或使身体的各个部分活动相互交替的办法，来减轻、消除生理疲劳，获得机体活动后产生的快感，有利于恢复良好心境，促进身心健康。如做工间操、工作之余看书读报、参加体育文艺等活动。② 消极休息。单纯停止活动的休息方式最为常见，对恢复全面性体力疲劳最有效。睡眠是机体维持生命的必须休整，是任何活动不可替代的。睡觉时，大脑处于暂时放松、静息状态，情绪也得到彻底松弛，体力得到必要的恢复。工作中，尤其是中午可以从15～30分钟的小睡中获得裨益。

（2）改善劳动条件。如创造良好的工作物理环境，工作内容丰富化，人文关怀等。

（二）心理疲劳[①]

1. 心理疲劳的表现

心理疲劳表现为注意力不集中、精神紧张、思维迟缓、行动吃力，情绪低落、浮躁、厌倦、忧虑等。什么也不愿意干，即使干了也干不好。心理疲劳本质上也是一种紧张，会导致抵御疾病及精神紧张的能力下降，增加疾病的发病率。

2. 预防和消除心理疲劳

（1）休息调节。列宁说"谁不会休息，谁就不会工作"。① 合理作息时间。可采取8—4—4生活工作模式：8小时睡眠，4小时生活（2小时与家人准备和共进晚餐、1小时运动、1小时阅读或休闲），4小时其他（上下班路程，自行安排）。② 合理用脑。大脑活动最佳工作时间是：早晨6～7时、上午8～11时、下午2～4时、晚上7～10时。把最重要、最复杂的用脑活动放在最佳时间，而把轻松一些的活动放在其他时间，就能提高用脑效率，达到事半功倍的效果。

（2）工作调节。研究发现，面对单调的工作环境，容易使员工产生单调、乏味和厌倦感，易产生心理疲劳。可以通过工作扩大化、工作丰富化来增加工作本身的趣味性和挑战性，提高员工工作积极性。工作结果有吸引力也有助于减少或降低心理疲劳。

（3）心理调节。详见上述的心理自我调节的内容。

---

① 卢家楣. 现代青年心理探索[M]. 上海：同济大学出版社，1989.

案例讨论

【案例 8-2】新凤霞自我心理调节的故事

著名演员新凤霞在回忆录里讲了一个自我调节的故事。她有一把跟随她多年的心爱之物——小茶壶，不小心被她摔坏了。新凤霞没写她是怎样伤心怎样懊恼，只写不能这样算了，"我得赔我自个儿一把！"后来她上街自个儿赔自个儿去了。摔了茶壶是败兴的事，自个儿要赔自个儿茶壶却把这败兴转了一个方向：一个人的伤心两个人分担了——新凤霞要赔新凤霞。这么一来，新凤霞就给自个儿创造了一个热爱生活的小热闹。

实训项目

1. 以某企业为例，调查员工在工作中有哪些需求，该如何进行激励。
2. 以某企业为例，调查员工在工作中有哪些心理压力，该如何进行调节。
3. 论述保持良好心态、自我调节心境的科学方法。
4. 论述"把合适的人安排到合适的岗位"的原理与方法。

第九章 旅游企业团队心理研究

学习目标

通过本章学习,应达到以下目标:
1. 知识目标:了解团体的基本知识,团体组织建设的内容,非正式团体知识;了解人际关系的基本原理;了解团体对个体的各种心理效应。
2. 技能目标:掌握正确处理人际关系的方法,掌握信息沟通的技巧。
3. 能力目标:灵活运用团体心理建设的原理进行团队建设。

导入案例

【案例 9-1】 青岛海景花园大酒店企业文化精要(见表 9-1)

表 9-1 青岛海景花园大酒店企业文化精要

服务品牌	情满海景
价值观念	真情回报社会,创造民族品牌
酒店宗旨	创造和留住每一位顾客,把每一位员工塑造成有用之才
经营理念	客为尊、人为本、诚为先、和为贵、效为尺、敛为衡
海景精神	以情服务,用心做事
海景作风	反应快,行动快
质量观念	注重细节,追求完美
道德准则	宁可酒店吃亏,不让客人吃亏;宁可个人吃亏,不让酒店吃亏
生存意识	居安思危,自强不息;只有牺牲眼前利益,才会有长远利益
管理定位	管理零缺陷,服务零距离
管理程式	表格量化管理、走动式管理 三环节——班前准备、班中督导、班后检评 三关键——关键时刻、关键部位、关键问题
管理风格	严中有情、严情结合
企业成功要诀	追寻顾客的需求、追求顾客的赞誉
管理成功要诀	细节细节再细节、检查检查再检查
优质服务要诀	热情对待你的顾客、想在你的顾客之前、设法满足顾客需求、让顾客有一个惊喜
做事成功要诀	完整的管理工作链必须有布置、有检查、有反馈;凡事以目标结果为导向,事事追求一个好的结果;无须别人催促,主动去做应做的事而不半途而废
团队意识	用信仰塑造、锤炼建设一个和谐的团队
四个服务	上级为下级服务,二线为一线服务,上工序为下工序服务,全员为客人服务
五个相互	相互尊重、相互理解、相互关心、相互协作、相互监督

续表

服务品牌	情满海景
六项准则	上级为下级服务，下级对上级负责；上级关心下级，下级服从上级；下级出现错误，上级承担责任；上级可越级检查，下级不允许越级请示；下级可越级投诉，上级不允许越级指挥；上级考评下级，下级评议上级
七项行为准则	对顾客要真诚，对企业要热爱，对员工要负责，对工作要执着，对上级要忠诚，对下级要培养，对同事要帮助

第一节 团体理论

一、团体概述

（一）团体的含义功能、类型、规范和团体压力

1. 团体的含义

团体是二人或二人以上，为了达到共同目标，彼此相互依赖和相互作用的一个集合体。在管理心理学中，团体是个体与组织之间发生联系的媒介。对一个企业来说，团体是组织实现其职能的执行单位。

2. 团体的功能

（1）完成组织任务。通过充分发挥团体作用，明确职责，分工协作，大家齐心协力，有条不紊地进行生产和工作，有效地完成企业任务，实现组织目标。

（2）满足心理需求。能使团体成员获得安全感，满足社交与归属需要，增强力量感，增加自信，满足情感需要、自尊需要和实现目标的多种需要。

（3）融洽人际关系。团体通过发挥协调功能，协调和处理好人际关系，帮助成员及时化解矛盾，尽量减少分歧，做到互相谅解、求同存异，增强其凝聚力。

（4）有效沟通信息。利用各种渠道交换情报，互通信息，沟通与各方面的联系，使信息能广泛迅速地传播，实现管理目标。

（5）促进相互激励。团体能增强个人自信，完善自我认知，促进相互了解，形成相互激励、相互竞争的有利环境。

（6）影响个人行为。团体观念、团体规范、团体氛围会深刻地影响着个人的观念和行为，使个体接受团体规范和压力，自觉不自觉地与团体保持一致。

3. 团体的类型

（1）按组织结构分。① 正式团体。基于工作关系组织起来，正规化程度高，成员间有明确的权利、义务及彼此间的关系，有明确的职责与分工的团体，对成员的心理影响较大。② 非正式团体。自发形成的、无正式组织结构、建立在情感基础上的团体，能满足个人工作之外的一些心理需要。

（2）按规模人数分。① 小型团体。团体成员个人之间能直接面对面接触和联系的团体，人数以 2~7 人为最佳。在小团体中，心理作用较大。② 大型团体。成员个人之间只能以间接方式，或通过团体的目标，或通过各层机构联结在一起的团体。其社会因素比心理因素有更大的作用。③ 超大型团体。规模特别大、人数特别多的大型团体。

（3）按团体是否实际存在分。① 假设团体。实际上并不存在，只是为了研究或统计的需要而划分出来的团体。可按不同的特征如国籍、民族、年龄、职业、性别等来划分团

体。② 实际团体。客观存在的团体，成员之间有着实际的、直接或间接的联系。

（4）按个体归属分。① 实属团体。是个体实际归属的团体，个体在其中要承担相应的角色和义务，享受相应的权利和照顾，与他人发生互动关系，受到团体规范因素的制约。② 参照团体。也称标准团体或榜样团体。它可以是现实存在的，也可以是想象中的（即个人实际上没有参加的）团体。这种团体的观点、准则、目标和规范，会成为一个榜样，成为人们行动的指南、力图努力达到的目标和标准。

（5）按凝聚力分。可分为团伙、团体、团队。

4. 团体的规范

（1）团体的规范类型。规范是指团体成员共同接受、共同遵守、约定俗成的行为准则。法律、制度、纪律、道德标准、风俗习惯等都可成为团体规范。① 正式规范。正式团体形成的规章制度以及团体规定的标志，如店旗、店歌、店规、员工守则等。② 非正式规范。在团体成员彼此相互作用的条件下，由于相互模仿、暗示、顺从而逐渐使认识接近、趋同，并在此基础上形成的约定俗成的不成文的规范。③ 社会认可的规范。由社会的一定部门规定或在社会生活中形成，并经社会多数成员所接受的规范，反映了社会多数人的意愿与公共利益。④ 反社会规范。指那些有害于社会公共利益、存在于某些非正式团体中的特殊规范，如流氓团伙中的行为准则等。

（2）团体规范作用。① 维持巩固作用。团体规范是一切社会团体赖以维持其存在、巩固和发展的重要条件。一个团体的规范越是标准化、特征化，其成员之间的关系也就越紧密，认同感也就越高，而认同感又会加强团体的团结；反之，团体成员之间的关系就越松散。② 团体动力作用。团体舆论是团体内大多数成员对某一行为的共同意见，它以团体规范为前提，是团体规范力量的显示。其积极作用能纠正错误思想和行为，增强团体的团结；其消极作用可产生错误的传闻，伤害正当的思想和行为，损害成员间的关系。③ 评价标准作用。团体规范作为团体成员行为的样本，直接制约着人们在交往过程中对事物的知觉判断、态度和行为，给团体成员提供了共同的心理参考原则，成为人们衡量一切言论、态度、行为或事物的标准。④ 行为导向作用。团体规范指示了人们满足自己需要的方式和范畴，从而给人们的行为指出了达到目标的方向。团体规范明确了令行禁止的内容，会产生出一种约束力，对成员的行为起着影响和制约作用。

5. 团体压力

（1）团体压力的含义。团体规范对其成员所具有的无形约束力。这种约束力使其个体成员在心理上很难违抗，从而产生一种不安、紧张、孤独、恐惧的心理状态。

（2）团体压力类型。① 理智压力。即摆事实讲道理，"晓之以理"，以理服人。② 感情压力。"动之以情"。③ 舆论压力。"群言难违"。正面的舆论能促其成员坚持正确行为，而惩戒性舆论使成员不敢坚持错误行为。④ 心理隔离。群体使用断绝其成员心理上的沟通和行为上的接触，使之形影孤单，陷入完全被动的状态。⑤ "暴力"压力。采用强制手段，如惩罚、扣罚奖金、解雇、开除等。

（二）团队是整合有序形成合力的组织

1. 团队力量在于个体有序的组合

团体不等于团队，人多不一定力量大。人的集合体按凝聚力划分为以下三类。

（1）团伙。是个体间的无序"混合""凑合"，缺乏统一的价值观念，没有严格的规章制度，凝聚力很差。是一群乌合之众，犹如鸡兔同笼、鸡鸭对话；是一盘散沙，四分五裂。团伙不仅毫无力量，甚至会产生负和效应，导致混乱和"窝里斗"。"无序"的个体越有战斗力，那么混战就越厉害，你争我斗，尔虞我诈，其产生的恶果越严重。

（2）团体。个体为各自利益自愿黏合、共生共栖，处于"组合"状态，会形成一定的力量。凝聚力处于中等状况。

（3）团队。团，就是抱在一起；队，是有序整合、协同一致；伍，三人成众、五人成伍。队伍，为什么不叫队仨？因为一只手有五个手指头，紧握拳头全面掌握就是队伍。因此，只有具备协同一致的组织力量的团体才能称为团队。团队力量在于所有个体的有序整合。所有个体若能"整合""融合"成一个有序的整体状态，凝聚力很强。就如花蝶互慕、水乳交融、风雨同舟，鱼水之情，是一个"人心齐，泰山移"的战斗集体，能产生"团结起来力量大"的聚合效应。团队比个人重要，接力比给力重要。"以一当十"并不难，难的是"以十当一"。以一当十只要最大限度发挥一个人的能力与潜力就行了；以十当一，则需要最大限度发挥十个人的能力与潜力，而且要朝着一个方向使劲，这就难度很大。众多个体要做到有序的融合，一靠精神，二靠纪律。一个坚强的组织最根本的要素是信念和纪律。

2. 团队特征

（1）团队目标。各成员的心理与行为以实现某种共同目标和利益为宗旨。团体目标一旦建立起来，团体成员就与团体外的人有了明显的区别感，对团体有了相应的期望和归属意识。

（2）团队意识。属于同一团体的各成员间在心理上意识到对方的存在，具有同属于一群人的心理感受，具有较强的凝聚力。相互依赖并具有互补性。

（3）团队规范。有一定的组织结构和分工协作，有中枢人物的存在。团体规范有些是明文规定的，有些则是约定俗成的，是团体成员互动和开展活动所遵循的准则。

（4）团队特质。一有自主性，组织成员不论领导在与不在都能自动、自发、自觉、高效地完成本职工作。二有思考性，能独立思考，有创新能力。三有合作性，分工明确，各安其职、各司其职；良好沟通、相互协作。

二、团体心理效应

（一）团体力量效应

（1）团体力量的"斯芬克斯之谜"。1+1+1 等于多少？在数学上等于3，可是在组织行为中它是个问号"？"。个体组成团体，它的力量不是个体相加之和，而可能是加、减、乘、除法都可以。请看下面几个公式：

1+1+1=3　　一分耕耘，一分收获。
1+1+1>3　　共存共荣，事半功倍。
1+1+1<3　　单打独斗，事倍功半。
1+1+1=0　　乌合之众，零和能量。
1+1+1<负数　　尔虞我诈，窝里争斗。

（2）团体增力作用。个体组成团队，团队的力量会产生巨变。"人多势众""众人拾柴火焰高""三个臭皮匠，胜过诸葛亮""团结就是力量"说的就是这个道理。管理就是"同人心""人心齐泰山移""千人同心，则得千人力；万人异心，则无一人之用"。人心齐，即组织上上下下的每个成员都持有同样的目标、同样的价值观念。作为一个企业管理者，应该认识到群众是真正的英雄，看到团队的伟大力量。管理者要搞团队英雄主义，不要搞个人英雄主义。

（3）团体减力作用。人多不一定势众，俗话说"一个和尚挑水吃，两个和尚抬水吃，三个和尚没水吃""龙多旱，人多乱，媳妇多了婆做饭"。个体无序地混合，则成乌合之众，零和能量。个体之间如果尔虞我诈窝里斗，则产生负能量。管理就是要用最少的人，办最多的事，产生最大的效益。

（二）他人在场效应

1. 他人在场效应作用

（1）社会促进作用。个体在单独的情境下作业与有他人在场的情境下作业，工作效率有很大差异。能起到积极作用的是社会促进作用，又称社会助长作用。个人在与其他人一起工作时，即使他们之间互不沟通，但无形中会消除单调感；加之人都有爱在他人面前表现自己的强烈欲望，由此激发了工作动机，使工作效率得到提高。

（2）社会干扰作用。当作业者从事性质复杂的活动（如脑力劳动）、在场他人对作业者具有攸关重要性与作业者缺乏工作经验时，他人在场反而起到消极影响作用。但是，团体成员之间展开讨论，相互启发，便可开阔思路，有助于新观念、新方法的产生。

2. 他人在场效应形式

（1）观众效应。他人观看着作业者的活动，形成观众效应。

（2）结伴效应。他人与作业者共同活动，产生结伴效应。

（3）异性效应。如果在场他人是异性的话，则会产生异性效应，所起的他人在场效应作用更大。

（三）社会标准化倾向

社会标准化倾向又称为去个性化倾向。个体在团体环境中，易趋于统一标准。个体单独存在时，个体的思想和行为往往带有很强的主观性，个体之间表现出明显的差异性。然而在群体当中，成员之间通过模仿、暗示、服从等相互作用，使个体之间的差异化明显变小，行为倾向趋于同一标准。一般说来，个体人独立性强，团体人则依附性强；个体人独创性强，团体人则偏重一般知识；个体人好冒险，团体人则喜安定；个体人适应性弱，团体人则适应性强；等等。因此，要想改变个体的行为，仅从个体入手效果往往不佳，而从改变团体的规范入手，建设好企业的标准化管理程序来得更有效。

（四）社会顾虑倾向

个体在大众面前，由于受团体规范和压力的影响，其言行一般都有些顾虑，比较拘谨，这种倾向叫社会顾虑倾向。当然，这种倾向的程度因人而异，性格外向、富有人际经验的人，社会顾虑倾向轻一点，适应得快一点；相反，性格内向、缺乏交往经验的人，社会顾虑倾向重一点，适应得慢一点。团体成员有"顾虑"是正常的；但是，对那些胆小怕事、谨小慎微者，团体应教育他们不必顾虑，大胆和其他成员共同工作和生活。

（五）社会从众倾向

（1）从众作用。从众是一种在群体压力之下，个体为适应群体要求往往会在意见、判断和行动上表现出与群体相一致的倾向。团体会对个体产生压力，同时也会产生吸引力，让个体产生归属感和安全感；个体对团体也会有向心力，这样就会产生社会从众心理。从众的结果是个体因在行为上与群体保持一致而获得一种心理上的安全感。影响从众行为的情境因素很多，主要是情境因素、团体性质及个性特点。如果情境比较复杂，团体内不团结现象严重，个性较强，则从众性弱；反之，从众程度会高些。

（2）从众形式。① 口服心服，表面服从内心也服从，这是真从众。② 口服心不服，迫于外部压力，导致表面服从内心不服从，这是假从众，被动应付。③ 心服口不服，心中明知道错了，可是要面子，口头不肯认输。④ 心口都不服，这是不从众、反从众。

第二节 团队建设

一、团队组织建设：法治

（一）确立企业愿景——目标设计

1. 目标的重要性

托尔斯泰说："人要有生活目标，一辈子的目标，一段时期的目标，一个阶段的目标，一年的目标，一个月的目标，一个星期的目标，一个小时的目标，一分钟的目标，还得为大目标牺牲小目标。"人要有理想，企业要有愿景。管理就是三句话：做正确的事，正确地做事，把事做正确。做任何事情都要"谋定而后动"。决策是计划的核心，目标是管理与计划的终点。目标管理是一种有效的管理方法，管理的核心就是建立共同的愿景与目标。一个人在没有目标的情况下拼命奔跑是没有任何意义的。但是有目标跑得慢也没有任何优势，因为速度决定着成败。一个组织必须有共同目标，没有共同目标不可能诱导出协作的意愿。管理者必须反复灌输组织的共同目标。

2. 目标管理要求

（1）目标整合化。目标设置一定要兼顾企业利益与员工个人利益，把两者整合起来。整合程度越高，员工对企业目标的承诺、认同感越强，员工工作积极性也越高。因此，目标制定过程是上下结合、左右协调的沟通过程，也是再循环的过程。

（2）目标定量化。目标一定要是清晰的和可检的。清晰的能避免盲目性，才会产生有效性。可检的就是有可操作性、可检查性与可评估性，要使目标要量化、细化，不要笼而统之、大而化之。定量目标可用"多少"作为量度标准；定性目标可用"多好"作为量度标准。

（3）目标适度化。目标不能太低或太高，最好是"跳一跳，摘得到"，使企业目标既切实可行，又具有一定的挑战性。

（4）评估公正化。目标完成情况的反馈、检查和评价要公开、公平与公正，目标实现要兑现承诺。

（二）组建管理机构——组织设计

1. 组织设计作用

组织通过分工协作，提高劳动生产率；组织把力量组合起来，提高组织成员的士气；组织使不同系统实现统一指挥，避免各自为政、彼此削弱。组织设计是组织工作最重要、最核心的一个环节，它着眼于建立一种有效的组织结构，对组织成员的分工合作关系做出正式的安排和规范。为了达到企业预定目标而有效地工作必须按任务或职位制订好一套合适的职位结构，这种职位结构的设置就是"组织"。组织的管理功能就是要设计和维持一套良好的职位系统，以便能很好地分工合作，最大限度地发挥各种资源的作用。

2. 组织设计原则

（1）按需设岗，精干高效。组织结构是为生产活动服务的，影响着企业经营与管理的效率和间接成本。员工人数多少直接与工资、奖金、福利及培训费挂钩，人员的素质又直接影响设备的运行和工作质量与效率。组织结构应做到精简与效率相统一，职责分工明确，信息沟通顺畅，工作效率提高，经营成本降低。要根据企业档次规模、经营目标、人员素质、设施设备、布局等实际情况合理设置组织机构和岗位，应尽可能缩短指挥链，减少管理层，用最少的人力去完成最多的任务，不应有任何不必要或可有可无的职位，每人有满负荷的工作量，既不能人浮于事，又不能有事无人做。

（2）统一指挥，责权相应。企业组织层次的结构、平均管理幅度、授权的范围与程度都影响管理任务的完成。管理层次与管理权责要一致。责任是权力的基础，权力是责任的保证。权力大小能够保证任务的顺利完成，责任分配有利于各级管理人员和各岗位之间的协调与配合。目前，由于高科技的运用，一般趋向于减少管理层次，增加管理幅度，使企业实现高效运转。组织结构设置要做到逐级授权、分级负责，责权分明，以保证各项业务活动有条不紊地进行。组织必须统一指挥，形成一个有序的指挥链，保证信息畅通，步调一致，不得越级指挥与多头指挥，克服和减少摩擦与混乱，使各种指令得以顺利贯彻实施。要职责清晰，分工协作，使每一位员工了解各岗位的地位、责权及相互关系；了解本岗位的职能、工作目标及发展方向，以保证各项业务活动有条不紊地进行。各级管理者必须放手让下属履行职权，而不应事事干涉，样样插手，但要加强督导，最终对下属的行为负责。

3. 组织设计内容

（1）纵向结构设计。纵向到底，分层级。即组织的层级化设计，确定合理的层级数目和有效的管理幅度。根据组织集权化的程度，规定各层级之间的权责关系，最终形成一个能够对内外环境要求做出动态反应的有效组织结构。一个企业设计多少管理层次，应从实际出发；但现代化的管理应提倡扁平化，充分发挥员工的工作积极性。管理各层次的权责明确，分工清晰。基本原则是适当集权与适当分权相结合。层级有管理层和操作层（生产人员和其他服务人员等）。管理层有：① 高管层。由总经理及其他高管人员组成，抓企业的大事、要事、未来发展的事情。高管要有决策力与指挥力。② 中坚层。中层管理人员是指挥链条的中间环节，处于组织中上下级沟通的承上启下的关键岗位，他们制定企业的短期目标，为日常经营进行具体的管理。中层管理者要有转化力与协调力。③ 督导层。直接面对一线员工进行现场督导管理，是企业经营管理工作的奠基性工作，他们被喻为"缝合针"，既代表上级管理员工，同时又向上级反映员工的愿望和关注的问题。基层管理人员落实执行计划，更多地使用技术技能，进行现场的督导与管理，因此他们要有执行力。

（2）横向结构设计。横向到边，分部门。即组织的部门化，根据工作需要划分部门，并根据组织分权化的程度规定各部门的权责以及相互之间的合作关系，以形成一个既有分工又有合作的有机整体。一个管理层次里面分多少部门、班组与岗位，基本原则是分工与合作相结合。传统管理强调专业化与分工，但分工过细弊端很多，如管理程序复杂，信息传递慢，协调工作增加，成本支出增加。现代管理强调综合化、简化分工、减少部门、职能综合。紧紧围绕管理目标，简化管理程序和手续，提高管理效率。

（3）整合手段设计。层级化、部门化后需要整合与协调，其主要手段有：通过组织等级链的直接监督；通过程序规划的工作过程标准化；通过计划安排的工作成果标准化；通过教育培训的工作技能标准化；通过直接接触的相互调整等。

4. 组织设计步骤

（1）确立组织目标和实现目标所必需的活动。这是计划工作的内容，但组织工作必须从计划开始。有什么样的目标就有什么样的组织机构为之服务。

（2）根据组织资源和环境条件对实现目标必须进行的活动进行分类，就是考虑哪些活动应该合在一起，哪些活动应该分开。按照"贡献相似原则"组合，即把贡献相似的活动组合在一起，由一个部门或班组来承担。

（3）根据"人职相称原则"为各职位配备合适的人员，并通过决策任务的分析确定每个职务所拥有的职责与权限。避免"因人设岗""有职无权"等做法。决策权应该尽量下放到接近于活动现场，以适应复杂多变的环境。

(三) 制定岗位职责——岗位设计

1. 职务设计

将若干个工作任务组织起来构成一项完整的职务。遵循"因事设岗"的原则，按照优化后的业务流程设置各个岗位，并根据岗位数量和专业化分工确定管理岗位和部门机构，形成企业组织结构图。在对每个岗位工作分析的基础上，规定每个岗位的工作标准、职责、内容和作业程序，并以"岗位（工作）说明书"形式把这些内容固定下来。按岗位工作的需要确定人员编制，明确岗位所需人员的素质要求，因岗择人。

（1）职务专业化。将各职务工作设计得简单、细小、易做，这使得工作具有重复性，有利提高人员的熟练程度和工作效率；但容易使人员感到单调乏味。

（2）职务扩大化。使工作横向扩展，使每人单独承担其中某一部分工作，或者实行职务轮换，使工作变得多样化。

（3）职务丰富化。使工作纵向充实，丰富工作内容，增加员工对工作自主性和责任心，体验到工作的内在意义、挑战性和成就感。

2. 工作分析

工作分析的内容如表 9-2 所示。

表 9-2 工作分析的内容（6W1H）

项 目	具 体 内 容
工作目的（WHY）	为何做 （1）做这项工作的目的是什么 （2）这项工作与组织中的其他工作有什么联系对其他工作有什么影响
工作主体（WHO）	谁来做。对从事某项工作的任职者的要求 （1）应具备什么样的身体素质 （2）必须具备哪些知识和技能 （3）至少应接受过哪些教育和培训 （4）至少应具备什么样的经验 （5）在个性特征上应具备哪些特点 （6）在其他方面应具备什么样的条件
工作内容（WHAT）	做什么。任职者所从事的工作活动的内容 （1）岗位要完成的工作内容、工作职责是什么 工作任务的复杂程度 （2）这些活动会产生什么样的结果或产品 （3）工作结果要达到什么样的标准 （4）工作活动对其他工作、财物、资金的影响程度
工作时间（WHEN）	何时做。任职者所从事的工作活动的时间要求 （1）工作活动的开始与完成的时间？是否要加班、倒班 （2）哪些工作活动是有固定时间的？在什么时候做 （3）哪些工作活动是每天必做或是每周必做或是每月必做的
工作地点（WHERE）	何地做。表示从事工作活动的条件与环境 （1）自然环境。包括地点（室内与户外）、空间、温度、光线、噪声、安全条件、设施设备条件等 （2）社会环境。包括工作所处的文化环境（比如跨文化的环境）、小团体环境、人际交往氛围、环境的稳定性等
工作关系（FOR WHOM）	与谁做。在工作中与哪些人发生关系，发生什么样的关系 （1）工作要向谁请示和汇报？接受何人的指挥和监控 （2）可以指挥和监控何人 （3）与什么人交往沟通？向谁提供信息和工作结果

续表

项 目	具 体 内 容
工作方式 （HOW）	如何做。任职者完成工作的方法与程序，以获得预期的结果 （1）从事工作活动的程序和操作流程 （2）工作中要使用哪些工具？操纵什么机器设备 （3）工作中要涉及哪些文件或记录 （4）工作中应重点控制的环节是哪些

3. 撰写规范

工作（岗位）说明书内容如表 9-3 所示。

表 9-3 工作（岗位）说明书内容

类 目		要 求
基本资料	岗位名称	从事什么工作。好的工作名称应贴近工作内容，又能与其他工作做区分。确定工作名称时要重视其心理作用和职务等级。一个企业同一岗位名称要统一，并且与组织机构图中的名称相一致
	岗位编号	进行分类，每一种工种都编一个代码，便于查找
	所属部门	该职务所属部门
	岗位等级	该职务在企业组织层次中的纵向位置、地位与其他岗位的关系。便于实行岗位工资制，一岗一薪，易岗易薪
	直接上司	本岗位的直接管理者。明确服从谁的工作指令，向谁汇报工作
	管理对象	针对管理岗位而设。按照管理跨度原则明确管理的范围与下属，避免越级指挥或横向指挥等交叉、混乱现象的发生
	工资等级	根据企业的薪酬制度确定其工资等级
	制定日期	该职务描述的编写时间
工作内容	工作综述	概写工作的总体性质、主要功能与活动
	工作权限	界定工作承担者的权限范围，如决策权限、督导权限、奖惩权限、资源支配权限、经费预算权限等
	工作关系	明确请示报告的对象、督导管理的对象与合作协调的对象
	工作职责	要逐项详细地列出
	工作流程	工作程序步骤、各活动内容所占工作时间的百分比
	工作绩效	执行工作应产生的结果，尽可能定量
	工作设备	使用设施设备的名称与方法，使用信息资料的形式
工作环境	工作场所	室内、室外或特殊场所
	舒适程度	物理条件如温度、湿度、采光、照明、通风等，是否恶劣环境，有否愉悦感
	危险因素	危险性的原因，存在概率大小，可能伤害的程度，具体部位，已发生的记录
	职业疾病	可能患上的职业病性质说明，轻重程度
	社会环境	工作团队情况，同事的特征及相互关系，各部门之间的关系，团队氛围等
任职条件		（1）态度要求。工作态度与个人职业品德要求 （2）资历要求。文化程度、专业知识、技能证书、操作经验、工作经历、生活阅历等 （3）技能要求。从事该岗位工作所必须具备的基本知识与职业技能等 （4）生理要求。年龄性别、体貌长相、体能要求、健康状况、感觉器官的灵敏性等 （5）心理要求。语言表达能力、团队合作能力、人际交往能力、合作能力、进取心、性格、气质、兴趣等

4. 岗位管理

（1）定编。根据企业战略规划要求，对各种职能部门和业务机构的合理布局和设置。确定各岗位的人员编制数。

（2）定岗。是科学界定各个工作岗位的分工与协作关系，规定各个岗位的职责范围、人员的素质要求、工作程序和任务总量。

（3）定员。为保证生产经营活动的正常进行，本着精简机构、节约用人、提高工作效率的原则，规定各类人员必须配备的数量。人员配备要坚持精干高效的原则，用最少的人办最多的事，产生最大的效益，这是社会化大生产的基本要求。岗位设置和人员配备要保证各项工作的顺利开展，不能"有事无人干，有人无事干"，避免分工过细、人员过多，防止"一线紧、二线松、三线肿"的效率低下现象。

（4）定额。劳动定额是员工在一定营业时间内应提供的服务或应生产制作的产品数量。劳动定额应根据公司确定的服务或产品质量标准及工作难度等内容来制订。在合理的劳动组织和合理地使用材料、机械的条件下，预先规定完成单位合格产品的消耗资源数量的标准，它反映一定时期的社会生产力水平的高低。

（四）建立管理规范——制度设计

1. 企业制度类型

（1）按制度性质分。① 企业产权制度。它是基础，要解决责任制与社会化的问题。② 企业组织制度。如经理负责制、职工民主管理制。它是保证，要解决分工与协作，竞争与合作的问题。③ 企业管理制度。它是运转，要具有可操作性、可检查性。

（2）按制度区域分。① 红灯区：坚决禁止的，如劳动纪律，安全检查制度，员工行为规范等。② 绿灯区：坚决执行的，如各项规章制度，岗位职责，操作规范。③ 黄灯区：可做可不做的，要高度重视，是大有作为的区域。

2. 企业制度内容

一家旅游企业，体现在管理模式的企业制度具体有：

（1）《员工手册》是企业的根本大法。《员工手册》的内容有：开篇语，一般为总经理致辞；企业概况简介，包括位置、规模、产品、经营理念以及价值观等企业文化介绍；企业组织机构；劳动条例；员工行为规范；劳动纪律；奖惩规定；工资、福利与保险，节假日、带薪假期等；治安及安全；劳动保护；员工签字等项目。

（2）企业与各部门的组织机构图，每个岗位的岗位说明书。

（3）关于人、财、物等方面的各类管理制度及检查制度。

（4）每项工作的操作流程和规范标准。这类标准一定要细化、量化，具有可操作性、可检查性、可追踪性。

（5）各类记录表单。把做的每一项工作详细地记录下来，便于检查、考核与奖惩。

二、团队心理建设：德治

（一）强化精神动力，建立共同愿景

（1）理想信念。为什么世界上有无数拥有伟大构想、伟大战略的公司，但只有少数能够成功？为什么世界上有那么多的人都怀揣伟大理想，只有少数人能成功？据统计，世界级企业家的出身1/3是虔诚的信徒，1/3是军队，1/3是发明家，分别代表着信念、纪律和创新，这也是构成团队的基本要素。美国管理学家华特生在《企业与信念》中谈到：任何一个组织要想生存、成功，首先必须拥有一套完整的信念，作为一切政策和行动的最高准则；其次，遵守这些信念。理想是人生奋斗的目标，是人们在实践中形成的具有实现可能性的对未来的向往和追求。信念是坚持某种观念的正确性，并支配自己行为的个性倾向性。信念决定着一个人的行动和原则性、坚韧性。具有坚定信念的人，能够为完成所承担的责任，不畏牺牲。处在千变万化的世界里，要迎接挑战，就必须准备自我求变，而唯一不能变的就是信念。理想信念作为人的精神支柱，是世界观、人生观、价值观的集中表现。

理想信念的重要性远远超过技术、经济资源、组织结构、创新和时效。信念改变思维，思维改变心态，心态改变行动，行动改变习惯，习惯改变性格，性格改变命运。别人不明白的时候你明白了，别人明白的时候你行动了，别人行动的时候你成功了，别人成功的时候你富有了，这就是思路决定出路，观念决定方向。落后是观念落后，贫穷是脑袋贫穷。许多人不是没有好机会，而是没有好观念，表面上缺的是金钱，本质上缺的是观念，骨子里缺的是勇气，肚子里缺的是知识，事业上缺的是毅力，行动上缺的是改变。所以，拥有远见比拥有资产重要，拥有能力比拥有知识重要，拥有人才比拥有机器重要，拥有健康比拥有金钱重要。

（2）共同愿景。心理学家马斯洛认为：杰出团队的显著特征，便是具有共同的目标。彼得·圣吉提出"第五项修炼"之一就是"建立共同愿景"。企业共同愿景是在长期的管理实践中提炼凝聚而成的，如麦当劳餐饮集团发展的七项观念：品质、服务、卫生+价值；细心、爱心、开心；顾客永远第一；冲动、年轻、刺激；立刻动手，做事没有借口；保持专业态度；一切由你。四季酒店集团的"六个两"：两个第一："对内员工第一，对外顾客第一"。两个之家："饭店是宾客之家和员工之家"。两个理解："管理者理解员工，员工理解顾客"。两个微笑："管理者对员工露出真诚微笑，员工对顾客露出真诚微笑"。两个服务："管理者服务于员工，员工服务于顾客"。两个满意："对内员工满意，对外顾客满意"。广州花园酒店的"两心两高"经营管理理念：赢得员工心，锻造高素质团队，得竞争力之源；赢得顾客心，奉献高品格服务，得市场之份额。海底捞餐饮公司员工誓词："我愿意努力工作，因为我期盼明天会更好；我愿意尊重每一位同事，因为我也需要大家的关心；我愿意真诚，因为我需要问心无愧；我愿意虚心接受意见，因为我们太需要成功；我坚信，只要付出总有回报"。

（二）培养团队精神，树立合作意识

（1）团队精神是核心竞争力。经济学家张维迎先生认为企业的核心竞争力有五大特征：偷不去、买不来、拆不开、带不走、流不掉。技术可以买到，人才可以招揽，品牌可以创造，管理可以学习，服务可以克隆，知识产权可以申请，所以这些都不是核心竞争力。团队精神才是企业的核心竞争力。团队精神是在尊重个人人格、权利和责任的基础上，发挥员工的长处，通过协作达成组织全体成员目标的共同行动。它是个人权利意识和大局意识的共同展现。团队精神的核心是识大体、谋全局，弘扬协同合作精神，多讲"我们"，少用"你""我""他"；最高境界是增强团队成员的向心力、凝聚力，实现个体利益与整体利益的统一，保证组织的高效运转。

（2）合作共享。在现代商战中，团队精神决定着企业的兴衰成败。《易经·系辞上》曰："二人同心，其利断金。""一个篱笆三个桩，一个好汉三个帮"，管理就是"同心协力"。团队凝聚力关键在于团队精神，发挥整体大于部分之和的协同效应。团队建设靠精神，团队效能靠执行。对不对，看团队；行不行，靠执行；成不成，靠精神。"天时不如地利，地利不如人和"。中华民族祈盼和顺，崇尚和美，追求和谐。人和，包括和谐、和睦、和善，蕴含着和以处众、和衷共济、和谐和美、政通人和等深刻的处世哲学和人生理念。团结就是力量，人和才能政通。以团结为贵，以协作为重，是事业成功的关键。旅游产品综合性的特点，要求员工必须具有大局观念、服务理念、协作精神、"补台"意识。只有同心同德、相互合作，才能完成任务。

（三）尊重关爱理解，激励凝聚人心

（1）和谐产生凝聚力。凝聚力是以关心人、温暖人、培育人为核心内容，是人本管理、心本管理的重要方面。凝聚力不仅是维持团体存在的必要条件，而且是发挥团体效能的重要前提。

（2）团体凝聚力强的特征。具有成员之间的信息沟通渠道畅通，沟通频率频繁，团体内气氛民主，成员间关系和谐；成员有较强的归属感，成员参加团体活动的出席率高；成员愿意更多地承担推动团体发展的责任和义务，关心团体，维护团体的权益等特点。

（3）影响团体凝聚力的因素。① 团体目标构成。团体目标应包含完成工作任务与满足成员需求两个方面，两者能有机结合，就可以增强团体的凝聚力；如片面强调某一方面而忽视另一方面，或者满足某一方面而损害另一方面，都会影响和削弱团体的凝聚力。② 团体规范性质。团体规范是一种心理上的约束力，是保持团体整体性的重要因素。但是，团体规范是积极的还是消极的，对团体的凝聚力的性质起着决定性的作用。③ 团体领导方式。一般来说，采用民主协商的领导方式，其成员之间的关系比较和谐，团体的凝聚力强。④ 团体与外部关系。一个与外界隔离的团体凝聚力较强。团体外部的压力具有增强其凝聚力的作用，但是，如果应战失利，也可能因此产生排外倾向，使其凝聚力削弱。当团体遇到外来不公正的评价时，能增强其凝聚力，以便"一致对外"。但外部压力应适当，太大也会使团体凝聚力涣散。⑤ 团体知名度。在组织中的地位高、声誉好的团体，集体荣誉感会强，容易增强其凝聚力。⑥ 团体规模大小。团体规模较小，成员间彼此作用与交往的机会多，容易凝聚。而规模很大的团体，成员间相互交流机会少，就不大可能有较强的凝聚力。⑦ 信息沟通状况。团体内部成员之间信息沟通良好，内部畅通，公开坦荡，则凝聚力强；反之，则凝聚力弱。⑧ 奖励方式。集体奖励比个体奖励更有利于提高团体凝聚力。⑨ 成员个性特征。团体成员的兴趣、爱好、性格、气质、能力等个性特征以及他们的思想水平、道德观念、价值观念等，都会影响团体的凝聚力。⑩ 成员身心健康。员工身心健康不仅能增强体力，也能提高劳动的效率。

（四）鼓舞高昂士气，养成战斗作风

（1）高昂士气。士气就是一支队伍的朝气、锐气、虎气。士气是增强企业活力和内部团结的一个重要因素。士气体现出凝聚力、战斗力等高度的团队精神。一个企业能否有效地实现自己的目标，在很大程度上取决于员工的士气状况。曾国藩强调"军人以气为先"，将部队带成"呼吸相顾，痛痒相关，赴火同行，蹈汤同往，胜则举杯酒以让功，败则出死力以相救"。

（2）好作风出战斗力。① 确立共同价值观。② 培养工作满足感。只有当员工热爱本职工作，对自己的工作岗位感到满足时，才能产生工作的乐趣，士气才能得到鼓舞。员工对工作的满足感，主要体现在工作的技术含量和提升机会等方面，感受到企业的关心和支持。③ 领导作风民主化。领导作风直接影响士气，领导应提升自身形象，改进领导作风，实行民主协商，尊重员工人格，听取员工意见和建议，员工的士气才能得到鼓舞。④ 协调成员关系。团体应努力促进成员之间的心理相容，使他们互相信任、互相帮助。求同存异、团结协作是团体内部士气高昂的重要特征。⑤ 合理报酬体系。合理的收入分配对鼓舞士气是至关重要的。企业效益好，个人收入稳中有升，分配方式合理。⑥ 平等沟通方式。员工之间、上下级之间沟通渠道畅通，彼此坦诚相待，畅所欲言，对团体气氛和凝聚力的增强将起到巨大作用。⑦ 良好工作氛围。工作环境和条件直接影响员工的身心健康。关心员工的工作环境，提供必要的工作条件，是鼓舞士气必不可少的物理环境和物质条件。

（五）持续思想教育，提升队伍素质

一个人的思想反映了他的需要，又调节着他的需要。所谓思想觉悟的高低，实际上是如何进行自我调节，正确处理国家、集体与个人三者之间的关系。心理建设的根本是思想

建设，即塑造美好的心灵和完善的人格。心理建设必须有强大的精神支柱。对员工持续进行以下"五个三"的思想教育。

1. 三观教育

（1）人生观。① 人生目标，即人为什么活着。从为个人、为家庭提升到为大众。② 人生价值，即人怎样活得有意义。③ 人生态度，即做什么样的人。④ 人生的手段，即采用什么方法来实现人生目标。

（2）世界观。一个人对整个世界的总的看法和态度。它是个性心理的核心，是个性心理倾向的集中表现。世界观影响着人的整个精神面貌，指导着人的行动。树立科学的自然观、历史观，科学地与自然、社会以及他人和谐相处。

（3）价值观。① 树立社会主义核心价值观：富强、民主、文明、和谐；自由、平等、公正、法治；爱国、敬业、诚信、友善。② 树立社会对个人应该尊重和满足、个人对社会应该负责任和做贡献的价值观念。③ 人的价值观：对自己有利，对别人也有利，尽量去做；对别人有害，对自己没有利，坚决不做；对自己有利，对别人有害，最好不做；损害自己，对别人有利，必要时还要去做。

2. 三德教育

（1）社会公德。文明礼貌、助人为乐、爱护公物、保护环境、遵纪守法。

（2）职业道德。爱岗敬业、诚实守信、办事公道、服务群众、奉献社会。

（3）家庭美德。尊老爱幼、男女平等、夫妻和睦、勤俭持家、邻里团结。

3. 三情教育

（1）球情教育。爱护地球，保护家园。要有环保意识、绿色理念、可持续发展观念。

（2）国情教育。热爱祖国，热爱社会主义事业，加强爱国主义教育。

（3）企情教育。热爱企业，爱岗敬业，忠于职守，践行使命，把愿景落实在工作上。

4. 三性教育

工作要有责任心，工作要有主动性，工作要有创造性。

5. 三信教育

人要有信仰，人要讲信用，人与人之间要相互信任。

（六）构建企业文化，创造良好氛围

毛泽东说："没有文化的军队是愚蠢的军队，而愚蠢的军队是不能战胜敌人的。"企业短期成功，因为有产品；企业中短期成功，因为会营销；企业中长期成功，因为有战略；企业长期成功，靠的是企业文化。联想集团柳传志认为：企业文化像无处不在的"湿润的空气"，企业战略、组织、制度如一张网，再细再密的网都会有空隙，企业文化可以弥补这些空隙。

1. 企业价值观

企业价值观是组织内各相关团体成员在认同和支持企业目标的基础上形成的，它是决定员工态度和行为的心理基础。企业价值观不仅是鼓舞士气的原动力，而且是企业生存的根本保证。只有全体员工确立了共同的价值观，企业员工才能步调一致、士气高昂地为实现目标而奋斗。企业价值观的构成取向应包括经济价值取向、社会价值取向、伦理价值取向和环保价值取向。海尔张瑞敏把企业价值观的排序定为"四个高于"：人的价值高于物的价值（以人为本、以客为尊），共同价值高于个人价值（共同协作高于独立单干，集体高于个人），客户价值高于企业价值，文化价值高于经济价值。

2. 企业精神

企业精神是一个企业基于自身特定的性质、任务、宗旨、时代要求和发展方向，为谋求生存与发展而在长期生产经营实践的基础上，经精心培育而逐步形成的，并为整个员工群体认同的正向心理定势、价值取向和主导意识。各具特色的企业精神，以简洁而富有哲理的语言形式加以概括，通常通过店歌、店训、店规、店徽等形式形象地表现出来。

3. 企业形象

（1）理念形象。企业理念是企业的灵魂，是企业的精神支柱，是企业文化的集中体现。基本内容是企业的价值观念、企业使命、管理哲学，表现形式是通过向社会公开昭示的企业精神、经营方针、服务宗旨、主打广告语等反映出来。

（2）产品形象。企业生产销售产品的品种、质量、性能、规格、款式、造型、设计、商标、包装、标识、价格等在顾客和社会公众心目中的整体印象，它是企业形象的物质基础和集中体现。

（3）服务形象。企业及全体员工在服务过程中所表现的服务态度、服务方式、服务功能、服务质量以及由此引起的消费者和社会公众对企业的评价。

（4）员工形象。企业员工的职业道德、行为规范、精神风貌、文化水准、服务态度、业务技能、仪表仪容等给外界的整体印象。

（5）经营形象。企业的经营作风、经营方式、管理组织、管理制度、管理基础工作、管理文化氛围、经营成果与效益等在社会公众和员工中留下的总体印象。经营有方、管理有序的经营管理形象是企业实力的表现。

（6）公关形象。企业为了获得社会公众的信任和支持，求得自身事业的发展，创造最佳社会关系所进行的一切活动。现代企业不仅是一个经济组织，而且也是一个社会组织，只有争取公众舆论的理解和支持，优化社会环境，才能求得生存与发展。

（7）环境形象。美丽、绿色、富有特色的环境形象，展现了企业文化的风采，不仅能够激发员工的积极性和创造性，而且能吸引顾客产生好感。

第三节 团体关系

一、人际关系

人际关系理论详见本书第一章的心理与行为知识的内容。

二、团体关系

（一）团体内部关系

（1）管理关系：稳定性。上下级之间的工作关系是管理关系。管理关系要具有稳定性。上下级之间如果相互认同、相互尊重、相互合作，这种关系的牢固程度和融洽程度就高，其稳定性就强。管理关系的稳定性取决于领导者的管理手段及领导能力。民主的、强有力的领导者由于关心下属，指挥有方，身体力行，在赢得下属的称赞、尊重、信任与遵从的同时，会建立起一种十分牢靠的管理关系；而专制型或软弱无能的领导者，则很难建立起一种稳固的管理关系。

（2）同事关系：协作性。团体成员之间为了完成共同的事业而结成的一种平等的相互关系。同事关系要具有协作性。协作性是成员之间相互合作的团队精神，这是建立良好的团体内部关系或增强团体内聚力的基础。同事关系的协作性与个体的态度、感情、兴趣、意识、性格和价值观等因素有一定联系。不同的奖励制度也会影响同事间的关系，采用个体奖励制度容易导致团体成员之间的激烈竞争，团体奖励制度在集体荣誉感的驱动下，会促使团体气氛和睦，士气高涨。领导作风也会影响同事关系的协作性。

（二）团体的外部关系

1. 竞争关系

竞争是一种正常的社会现象，常常被用作激发士气的"杠杆"或推动工作、提高效率的重要管理手段。

（1）竞争的积极影响。内部冲突减少，大家的目标和步调比较一致，内部关系趋于和睦。关心集体荣誉，积极主动地出主意、想办法解决困难或障碍。形成团体压力，要求每个成员服从团体的角色分配，努力做出成绩。

（2）竞争的消极影响。各成员会自觉不自觉地把对方看成对手，彼此防范，明争暗斗，即便有沟通也常带有刺探对方"工作情报"的目的。各成员都有夸大自己成绩，否认或缩小自己过失的倾向，但对对方的成绩与过失会持一种相反的态度。

（3）积极引导合理的竞争。树立整体观念，明确竞争的根本意义是实现组织目标。争取多赢结果，让各方各有所获。鼓励以工作成绩取胜而不是以整倒对方夺标为宗旨的合理竞争。通过设置共同对手，订立超级目标，增加往来机会，强调组织效率来克服消极竞争，预防冲突产生。

2. 合作关系

避免无序的消极竞争，提倡合理的积极竞争，就是把竞争与合作结合起来，这就是"竞合"，在竞争中合作，在合作中竞争。选择合作策略，建立合作关系的团体，一般都能使双方获取更大的好处，得到更大的满足。建立合作关系一要树立团队精神，相互了解信任，加强信息交流。二要建立合理的工作流程，相互依赖、相互帮助、相互协作，形成工作"一条龙"，有利于完成组织任务。

3. 群体间冲突解决方法

（1）协商解决法。双方派出代表，各提出条件，经过协商解决矛盾。要求双方顾全大局，互谅互让。

（2）仲裁解决法。协商无法解决时可由第三方或仲裁机构出面调解。仲裁必须具有权威性。

（3）权威解决法。由上一级领导作裁决，按下级服从上级的原则强迫执行。这种方法往往不能消除冲突的原因。

（4）暂缓解决法。一时难以判断是非，而又不急于马上解决，不妨先放一放，待条件成熟再处理，因此它也称"冷处理"。

（5）求同存异法。有些矛盾各有对错，难以"一刀切"，况且又是无关紧要的小冲突，则双方求大同存小异，站在对方角度想一想。

三、人际沟通

（一）沟通之"道"

1. 沟通作用

（1）功能作用。把事情做好，产生合力，形成互补。美国未来学家约翰·奈斯比特指出："企业未来的竞争是管理的竞争，竞争的焦点在于每个社会成员之间及其外部组织的有效沟通上。"管理学大师彼得·德鲁克把沟通作为管理的一项基本职能。美国社会学家柏来兹说:"组织内的信息沟通,正如人体内的血液循环一样,如果没有沟通活动,组织就会趋于死亡。""把管理者想做的事变成员工愿做的事,把员工的想法变成管理者的想法"关键在于沟通。

(2)心理功能。沟通是一个明确目标、相互激励、协调步骤、增强团队凝聚力的过程。沟通带来理解,理解带来合作;沟通是合作的开始,积极沟通才能有效合作,所以没有沟通就没有效率。管理中,大部分的矛盾来自于双方误会,大部分的误会来自于沟通不善。优秀的团队一定是沟通良好、协调一致的团队。沟通也影响个体的生理、心理与行为,影响团体的气氛与士气。

2. 沟通类型

(1)按组织系统分。① 正式沟通。按照组织结构进行信息传递与交流。沟通渠道有对外、对内两种;沟通形式有文件、会议、网络、电话、交谈等。② 非正式沟通。非正式团体之间的信息传递和交流,不受组织监督而自行选择,能反映员工的真实情绪感受,为组织提供通过正式沟通难以获得的信息。

(2)按沟通方向分。① 上行沟通。下属向上级领导汇报工作、提出建议、发表看法的沟通方法。② 下行沟通。上级向下属传达组织决策、领导意图、管理方针和工作要求等。③ 平行沟通。平行团体之间与平级员工之间交流信息的横向沟通方式。

(3)按沟通媒介分。① 书面沟通。文字准确、严谨,便于贯彻执行,减少因多次解释所造成的错误;信息可以长期保存,反复查阅。缺点是不易随时修改;有时因材料冗长不便阅读;形成材料较为费时;传递速度较慢,受时空影响较大。② 口头沟通。灵活,速度快,简便易行;双方可以自由交换意见,可借助于表情、体态、手势来表达思想。缺点是口齿表达容易不清,语后即失、不好追认,信息保存较少等。③ 效果评估。美国组织行为学家戴尔认为沟通效果依次是:兼用口头与书面沟通的混合方式效果最好,其次是口头沟通,再次才是书面沟通。④ 使用要求。传递重要的、需要长期保存的信息宜用书面沟通方式;而传递一般的、暂时的、例行的信息宜用口头沟通方式。当接受者为一人或少数人时,可采用口头沟通方式;给很多人发送信息时,采用书面沟通为宜。

(4)按沟通者有无地位转移分。① 单向沟通。信息发送者与接收者沟通地位不变。优点是信息传递速度快,凡是工作任务急需布置、完成,工作性质简单,例行的工作,可采用这种方式;缺点是准确性较差,有时还容易使接受者产生抗拒心理。② 双向沟通。信息发送者与接收者沟通地位不断变换。优点是信息准确性较高,接收者有反馈意见的机会,使他有参与感,有助于建立双方的感情和良好的人际关系;缺点是信息传递速度比较慢,对信息发送者来说,随时会受到接收人的质询、批评和挑剔,心理压力较大。

(5)按是否有中间环节分。① 直接沟通。发送者与接收者直接沟通。优点是沟通迅速,可获得准确的信息;缺点是易受时间、地点与条件的限制。② 间接沟通。必须通过第三者的传递,发送者的信息才能传给接收者。优点是不受时间、地点等条件的限制;缺点是较费人力与时间,容易引起信息失真。

(6)按沟通的程度分。① 浅层沟通。仅是表面的沟通,如酒肉朋友、点头之交等。② 深层沟通。达到心灵的沟通,如知音、知己、闺蜜。

3. 沟通层次

(1)不沟不通。本质上不是沟通,甚至可以说是沟通的反面。

(2)沟而不通。① "我不跟你说",闭口不说就很难沟通,但开口说话也可能沟而不通。② 说得不对,对方要么无所谓,要么反驳,把双方搞生气了,无法达到沟通之目的。③ 说得很对,但让对方没面子,恼羞成怒,结果听不进去,沟而不通。

（3）沟而能通。关键是怎么说，让对方：① 听得进去：时机、场所、对象、气氛要合适。② 听得乐意：使对方情绪放松，让对方喜欢听。③ 听得合理：要说得妥当。

（4）不沟而通：心意相通，高度默契。沟通从心开始、从情入手，是人心与心之间的联结。人与人之间的关系，不只是身与身的关系，更重要的是心与心的关系。"心者，身之所主也。"每个人的行动都是由其心所驱使的。要影响、改变人，关键在于影响、改变他的心；要实现人与人的联合，关键在于实现心与心的联结，即关键在于沟通。

4. 沟通障碍

（1）语义表达障碍。语言表达能力差会产生语义上的障碍，如语言使用不当，文字不通顺，模棱两可，含糊不清；讲话时口齿不清或使用对方听不懂的土话、方言；用词不当或用了错别字；使用对方不懂的学术、技术上的专门用语等。

（2）知识经验限制。当沟通双方在知识经验水平上相距太大时，双方没有"共同的经验区"，接受者不能理解发送者的信息含义，导致无法沟通信息。

（3）知觉选择影响。信息客观因素致使有些信息容易引人注意，有些信息易为人们所忽视或摒弃；信息接受者主观因素也会影响知觉选择。

（4）心理因素障碍。凡符合自己需要的、与切身利益密切相关的信息容易听进去；对对方怀有好感时，容易接受和执行对方的信息。情绪镇定时对信息的理解比较正确，情绪急躁时对信息的理解容易片面。人在接受、转达信息时会按照自己的观点去筛选、改造，使之适合自己的"胃口"，从而导致信息失真。

（5）组织结构影响。组织结构庞大，内部层次过多，信息传递每经过一个层次，都会有过滤和失真，积累起来，便会对沟通的效果带来极为不良的影响。

（6）信息过量影响。信息并非越多越好，关键在于适当。信息过量，超越了接受者的接受和理解程度，会产生超限抑制，使人眼花缭乱，无所适从。

此外，沟通时机不当、沟通距离太远等因素，也会影响沟通效果。

5. 沟通原则

沟通的基础是换位思考，沟通的原则是彼此尊重，沟通的艺术须合适和谐，沟通的结果应双赢无败。

（二）沟通之"术"

1. 认真聆听

（1）有效沟通= 40%倾听+35%交谈+16%阅读+9%书写。人长了一张嘴巴，两只耳朵。说明听得多、说得少。沟通首先要学会倾听。倾听是最有效的沟通方式，让别人知道你多么尊重他，使我们了解别人的需要；对他人不能倾听的人，就好比表明了告诉人家"你对我来说，并不重要"，你想结果会如何？

（2）"聽"。这是听的繁体字，内涵丰富。① 王者为尊：尊重对方。② 用耳朵听：听话要会听音（察言），即话外音。"听话听音，锣鼓听声"。③ 用眼睛看："看你怎么说"，观察表情（观色）。④ 用心听：一要专心，聚精会神。二要耐心，不要急不可待地打断，也不要自以为是地匆忙下结论。三要虚心，表现出谦谦君子的儒雅风度。评论与理解是两回事。评论是"从自己的观点出发"，而理解意味着"我们要从对方的角度，用对方的观点去观察问题，理解他为什么这样说，为什么采取这种态度，体会他的思想感情，懂得对方谈问题时的观点和看法"。倾听与理解不等于不分是非，也并不等于完全同意别人的看法与观点。四要细心，能听出深层次的话里之话、弦外之音。五要会心，听的过程中察言观色，准确揣摩对方的心理和需求，来调整自己说话的节奏和内容，用有声的语言或无声的语言表达自己与对方的共鸣感，让对方感受到你的回应与尊重。

2. 精妙表达

（1）"人、时、事、地都对，才说"。要明白：对谁说——沟通对象，什么时候说——沟通时间，什么地方说——沟通地点，说什么——沟通内容，怎么说——沟通方法，说的结果——沟通目的。① 不得其人不要说。人不对，不必看时地，就是不说。对不同的人说不同的话。逢人先说三分话，观察对方的反映，判断人、时、事、地对否，对则无事不可说，不对便沉默是金。学会有言有默。② 不得其时不该说。时不对，人对，不必说。说得时机不对，对方没心思听，则要另择时间说。③ 不得其地不必说。"到什么山唱什么歌"，地不对，时对、人对，不能说。说话要看场合。④ 不得其事不必说。古人曰："成事不说，遂事不谏，既往不咎。"领导已决定的事情不要去评价；正在做的事情也不要去劝谏；已经发生的事情不要去追究。不同的事情，不同的说法，根据事情的不同情况采用不同的说法。开心的事情看场合说，伤心的事情不能见人就说，大事想清楚再说，小事幽默地说，没发生的事情不要胡说，伤害人的话坚决不说，没把握的事谨慎地说，做不到的事不要乱说，讨厌的事对事不对人地说，别人的事小心地说，自己的事听听自己的心里怎么说。

（2）妥当性大于真实性。讲话内容的真实性要服从于讲话方式的妥当性，即讲话的艺术。① 说欺骗话，根本没有人格，自己也觉羞耻；让人家瞧不起，常常惹麻烦。② 说实在话，有时不容易被接受，使听者生气，自己也没有退路。③ 说妥当话，使人听得进去，自己良心也得安宁，对人际关系有助益。

（3）守住底线。① 力图、敢于、善于说真话。但说真话并不是不加分析地"有什么说什么""想怎么说就怎么说"。应该对别人说那些"自己知道而别人不知道"的事情，不是那些"自己不知道而别人知道"的事情。② 不能说真话时，则保持沉默。③ 无权保持沉默而不得不说假话时，不应伤害他人。康德说："一个人所说的必须真实，但是他没有义务把所有的真实都说出来。"守住底线，比追求境界重要得多。

3. 语言艺术

（1）形体配合，艺术表达。① 说话语言：内容、语种、口音、语音等。② 情绪语言：语气、语调、节奏、脸部表情。③ 形体语言：身体动作。④ 潜在语言：通过形体、表情、动作体现潜台词，表达弦外之音。

（2）多听少说，一说便中。使用对方易懂的语言，意思明确，不要模棱两可；对非同行者少讲"行话"；说话时少用长句，多用简明的短句；深入浅出、通俗易懂；重复重要的人名、地名等信息；复述不易为人理解的、重要的信息；借助手势、表情等"体态语言"进行交谈；不讲空话、套话，不东拉西扯；集中注意力聆听对方的讲话；心平气和、感情真挚；口头沟通时附以备忘录；会议结束后做会议纪要；等等。

4. 畅通渠道

上海波特曼丽嘉酒店通过每天班前会、班后会、部门例会来了解问题，每月大部门例会来讨论员工满意度情况，每月人事总监随机抽取 10 位员工喝下午茶，每月总经理邀请不同部门员工吃早餐。员工可以自由地到总经理办公室来提建议和想法。开设员工洽谈室，设建议箱，利用企业内部刊物及墙报等。如家酒店集团对员工的心声一定会给予回应。每位店长每周与 2 位员工谈话 20 分钟，让员工有舒缓的途径。

5. 走动管理

日本"经营之神"松下幸之助经常问其下属："说说看，你对这件事是怎么考虑的""要是你干的话，你会怎么办？"他一有时间就要到工厂里转转，一方面便于发现问题，另一方面利于听取一线员工的意见和建议。在松下的脑子里，从没有"人微言轻"的观念，他总是认真地倾听底层员工的意见。上海波特曼丽嘉酒店认为：管理者应当多花点时间去了解每位员工做了些什么特别的事情、需要什么样的鼓励和肯定，这对于让员工保持积极心态是非常关键的。了解员工需求和工作状况的最好方式是走到每个员工的实际工作环境中,亲身体会他们的感受,一起讨论如何更好地改进。从总经理到各级部门总监、主管实行走动管理,多与员工接触,让员工感到管理者与他们在一起。

6. 事前为重

做事掌握7∶1∶2的比例艺术。① 事前七分:事未发生设法沟通,心理平静一切好谈,方便有效,多花时间也值得。② 临事一分:由于事先充分沟通,事情发生时只要花一分钟就能解决。③ 事后二分:如一时不容易解决,不必急于立即解决,事后再花两分钟以求善补过。做到开大会解决小问题,开小会解决大问题,不开会解决关键问题。

四、非正式团体

(一)非正式团体是客观社会存在

1. 非正式团体特点

非正式团体是一种人们在社会工作和生活中自愿结合而成的团体。其特点有:具有共同的兴趣、爱好或价值观念;协作精神强,内聚力大;心理上彼此意识到对方的存在,并有"我们是一伙"的心理感受;相互认同,互相尊重,不以损害同伙的利益为手段来满足自己的需要;要求每个成员遵守惯例,附和众人的行为,对付外来干预;如果发现有违背惯例的人,就会对他疏远或孤立;有深孚众望的核心人物。

2. 非正式团体产生原因

(1)心理因素。① 价值观念一致。价值观念比较一致的人对事物有共同的看法、共同的追求、相似的生活目的,"志同道合"而形成非正式团体。② 兴趣爱好相同。有共同兴趣爱好,如喜好某项文艺或体育活动的人,业余时间会很自然地聚集在一起活动;喜欢钻研技术的人,则可能聚在一起搞技改、革新。③ 性格相近互补。性格、脾气相近似或互补的人,彼此之间容易被理解而相互产生满意、喜欢、融洽、和谐等情感。④ 心理趋向相似。具有相似心理趋向的人容易组成非正式团体,如为了追求平等感、认同感和力量感而自愿组成一种非正式团体。

(2)环境因素。① 工作生活关系。同一班组、同一科室的人员,由于工作、生活在一起,经常接触与交流,思想感情贴近,容易形成非正式团体。② 共同利害关系。各方面条件比较接近的人有着共同的利害关系,从而相互同情与支持,为实现自己的希望和要求而结合成非正式团体。③ 各种缘由关系。由于彼此是亲戚、同乡、老同学、老同事、老领导、老部下等亲缘关系、地缘关系及史缘关系而结合成非正式团体。

3. 非正式团体功能

(1)组织发展功能。非正式团体对企业组织的功能有正负之分,对于实现组织目标既有积极促进作用,也有消极的阻碍作用。非正式团体的性质如是积极的、成员结构相一致的、价值取向和行为规范趋向于积极、进取、团结、奋斗和高尚的情操与爱好时,则对组织任务的实现起促进作用;相反,当非正式团体的性质是消极的,甚至是破坏的,正式团体的领导人失去非正式团体成员信任,而非正式团体的核心人物又存在许多不良品质时,就会对组织目标的实现起阻碍甚至破坏作用。

(2)心理满足功能。① 满足作用。人有多方面的需求,有些交往、归属、友谊等需求在正式团体中无法得到全部满足,而在非正式团体内不仅可以满足,而且能开诚布公地交流思想。② 控制作用。非正式团体的一些不成文的规范,对其成员有极大的约束力,必须严格遵守;否则,就会被孤立,甚至被抛弃。③ 改造作用。非正式团体的态度和行为模式都会直接或间接地影响每一个成员的态度和行为,并使之得到改造。有些是通过舆论压力来达到的,更多的是在潜移默化中来完成的。④ 激励作用。非正式团体的成员之间有着密切的感情联系,有着强烈的群体意识;非正式团体的核心人物是其成员公认的、最有威信的人物,其所提出的要求,不仅为成员所乐意接受,而且具有很强的激励作用。

(二) 引导和利用非正式团体

1. 承认现实,正视现实

任何一个组织或正式团体中,都存在着非正式团体,这是一种客观社会现象,不以人的意志为转移。对待它们的正确态度是:首先承认它,而后利用它。要了解本组织内存在多少非正式团体,设法掌握其构成原因、背景、宗旨、目标、思想倾向、骨干人物、成员状况和活动方式等,做到心中有数,进而因势利导。作为领导者,如果对非正式团体不闻不问、放任自流,实质上就等于放弃领导职权,是一种不负责任的态度。也不能采取简单压制的办法。因为压制不仅不能限制其消极作用,反而会引起对立情绪和行为,对组织造成损害。当非正式团体成员在工作之余组织和举行一些活动时,领导者不要贸然干涉,更不要歧视他们,不可简单地不加分析地斥其为"小圈子""小集团"或"小宗派"。特别是在非正式团体出现问题行为时,领导者应该加强引导工作,根据其成员目标、需要、思想、感情、兴趣、爱好等,采取相宜的措施;对于他们的不合理要求或越轨行为,要多用说服教育进行妥善地处理和矫正。

2. 建立联系,疏通感情

领导要主动接触非正式团体成员,把他们视为一个活动性能很强的信息反馈系统或沟通网络,与他们建立密切的联系。如适当参加部分业余活动,"一回生、二回熟、三回变朋友"。"熟"就是接纳的前奏。与非正式团体成员促膝谈心,特别是与骨干人物多交谈,加强相互的沟通和了解,尽可能地多听少讲,尊重他们的意见,接受他们的批评、建议乃至挑战。要积极支持他们的正当而有益的活动,要在不影响工作的前提下,提供尽可能多的方便和条件。这样才有可能疏通感情上的隔膜,扫除心理上的障碍,建立起相互之间的友谊和信任。

3. 充分利用,适当限制

(1) 充分利用积极因素。利用非正式团体成员之间感情密切,心理协调,步调一致,互相信任,凝聚力强的特点,引导他们互相学习,取长补短,不断提高业务水平和工作能力,交给他们一些需要高度协作精神才能完成的任务,为实现企业目标做出贡献。利用非正式团体成员之间关系融洽、相互依赖的特点,引导他们相互爱护,相互帮助,关心成员疾苦,稳定职业思想,提高工作士气。利用非正式团体相互接触频繁、思想交流广泛、沟通渠道畅通的特点,及时收集团体的意见和要求,了解员工的心理动态、需求变化、工作态度和对领导的评价,使领导在修正计划、改进工作、弥补过失等方面能够做到心中有数,有的放矢,从而提高决策的准确性、及时性。利用非正式团体的核心人物威望高、影响大、说话灵的特点,引导他号召成员配合组织工作。适时给予他一定的权力,以保证非正式团体的活动能向着有利于实现组织目标的方向发展。努力使非正式团体的组织结构与正式团体的组织结构趋于一致,从而使员工获得最佳的工作心理状态。例如企业通过聘用组合、优化组合、自由组合等方式,使广大员工处于一种亲密、融洽的人际关系中,互相帮助、互相支持,从而为充分发挥员工的能力和充分调动员工的积极性创造一个良好的环境。

(2) 做好转化工作,限制消极因素。针对非正式团体的有些消极因素,领导者应在深入分析和研究其原因、背景、动机的基础上,积极采取有效的对策和预防措施,来影响和控制其成员可能发生的问题行为。做好核心人物的转化工作。要从关心、爱护的角度出发进行引导、教育和帮助。要和他们交朋友,交给他们一定的工作任务,使他们感受到领导的信任与尊重，通过他们来带动和影响其他成员的行为。使非正式团体的目标纳入组织目标的轨道，使他们认识到，只有实现了组织的大目标，才能保证其小团体目标的实现。重视感情投资，满足非正式团体的合理要求，如对他们正当的文娱活动给予必要的支持；给他们公开展现才华的机会，以满足其社交、自尊等精神需求，从而调动他们的积极性。按照工作的性质要求，灵活使用"分而治之"的策略，如人员调换、工作定量或单人操作的办法，对限制这种消极因素有一定成效。

案例讨论

【案例 9-2】特别能战斗的队伍[①]

2011 年 5 月，安徽安港大酒店为了完成年初董事会确定的目标——在 45 天内按质按量完成酒店 12 000 平方米的全面更新改造工作，他们缜密谋划，通力合作，层层落实，埋头苦干，把一个几乎不可能完成的任务出色地完成了。

2011 年年初，林敏董事长多次召开专题会议，从组织上、思想上研究部署酒店更新改造工作，成立了以董事长为总负责人的改造工程领导小组，下设设计方案组、工程设备招标组、建材设备询价组、工程质量监管组、工程验收组、废旧物品处置组与员工安置组。各分组实行"问责制"管理模式，颁布了"安港改造工程专题会议纪要""酒店工程改造及物件采购工作责任分工""工程改造廉洁自律相关规定"等规章制度，从组织与分工上明确工作目标与具体任务。使每个部门、每位员工既明确目标又深感责任重大。

"火车跑得快，全靠车头带。"在这短暂的 45 天内，林董现场办公指挥，各级领导带头垂范，不仅运筹帷幄，更是身先士卒，重活、脏活、累活争着干，员工们都目睹了领导们的辛劳与汗水，甚至还有泪水。为了给施工单位提供良好的施工环境，也为了节约清理费用，每天从早上 7 点一直干到深夜 12 点，有时甚至是后半夜，硬是将 6 000 多袋工程垃圾清运完毕。大家换谈谐地开起了玩笑："安港的姑娘当男人用，安港的男人当驴子用"，姑娘们变成了"白发魔女"、小伙子们成了"黑旋风李逵"。

在工程关键阶段，负责工程监管的工程部林经理的妻子突然住院动手术，他没有脱离岗位一小时；财务部沈经理从母亲病危直到丧事结束没有请过一天假；酒店范副总幼小的孩子生病了，晚上 11 点多想妈妈时，伴着隐隐的电话声，我们看到她眼角的泪水；如此感人的事例天天可见。

紧张的 45 天之后，徜徉在芜湖路这条合肥市最富魅力的林荫大道上，昔日独领风骚的安港大酒店，今天成为一道更加时尚、更加靓丽的风景线。这是酒店领导正确决策、精心筹划，管理团队争先带头，全体员工齐心协力共同拼搏的成果。

请分析：安港大酒店为什么有一支特别能战斗的队伍？林董是采用什么方法来增强团队凝聚力的，其理论依据是什么？

实训项目

1. 选择一个典型案例，分析这个企业是如何进行团队的组织建设与心理建设的。
2. 分析一个单位内有哪些正式组织与非正式组织，了解它们的宗旨、构成、活动内容等特点。

[①] 资料来源：安徽合肥安港大酒店人力资源总监郑静提供。

第十章 旅游企业领导心理研究

学习目标

通过本章学习，应达到以下目标：
1. 知识目标：了解领导的含义、构成、功能、职责、风格、影响力、境界，了解中国人与中国文化的特征。
2. 技能目标：熟悉各种领导理论知识。
3. 能力目标：根据管理实践活动的具体实践，掌握中国式的领导艺术。

导入案例

【案例10-1】让我们一起成长——林敏董事长的领导艺术[①]

安徽安港大酒店有限公司董事长林敏认为：酒店靠员工，干部是头雁，管事应严格，理人须关爱。让员工和我们一起成长，这是酒店成功的领导艺术。

领导就是决策。为了保证决策的正确性，林董经常进行市场调查分析，聆听基层一线的声音，使酒店在激烈的竞争中不断取胜。要把领导的愿景变成员工共同努力的目标，就要保持信息的畅通。林董常深入一线与普通员工交流，组织各种会议，除了酒店公文与通报外，常在店报上发表专题文章，准确、鲜明地传达酒店的年度目标、努力方向以及工作重点。除正式渠道沟通之外，个别谈话和短信等方式也确保了信息交流与问题解决的及时有效。

给员工成长的空间，这是领导的职责。一方面派送优秀后备人才到高星级酒店实地体验培训；另一方面，开展各种岗位的技能大赛。通过考核评比，给予优秀员工加薪和颁发服务师、技师等级称号的物质与精神的双重激励。近年来晋升的一大批主管、经理都是由基层逐级培养、锻炼、选拔出来的，这种管理团队忠诚度高、凝聚力强。同时，还针对酒店发展中的问题，开展互动式的团队学习，激发员工群体智慧，促进团队交流与沟通，分享学习经验与心得，解决实际问题。实行干部轮岗制度，培养多方面的能力，促进全局观念和换位思考，建设和谐团队。

与员工谈心成为林董的工作习惯。2012年春节后的一天，林董与供应部吴经理谈心，吴经理对领导把自己从供应部调任到餐饮部任经理有畏难情绪。面对他的顾虑，林董仔细分析了吴经理的长处后给予鼓励："我了解你、相信你，你具备良好潜质，只要你用心做事，一定能胜任工作。"接着指着安徽省直机关工委颁发给自己荣获"省直机关十大杰出青年"

---

① 资料来源：安徽合肥安港大酒店人力资源总监郑静提供。

的贺词"无私敬业谋发展,锐意进取当先锋"说:"我就把这句话随赠给你,祝你成功。"吴经理愉快地接受了任务,发挥自己善于学习、领悟的特点,带领员工出色地超额完成了当年的工作目标。

管理是从关爱人心开始的,林董是这样认识与践行的。所有中层管理人员在生活中遇到困难时,均能得到林董的帮助与鼓励;员工生病住院及直系亲属去世时,领导均亲自慰问;遇到因员工家属患重大疾病至困的情况,领导亲自探视并给予帮抚。在企业默默工作了17年的清洁工身患重病卧床不起,她的丈夫也患病下岗失业在家,全家三代人的生活入不敷出。病魔无情,身边有爱。林董得知后,发出募捐解困倡议并带头捐款,378位员工纷纷伸出援助之手,踊跃捐款达2万余元。酒店每位员工生日时均可收到生日蛋糕及生日祝福。针对青年人的特点,酒店常组织各种文化体育与娱乐活动。这一切都已形成了制度。一评:评月度、年度优秀员工;四必到:每逢员工有红白喜事、生日、生病住院、生小孩必去探望;四谈心:每逢员工思想情绪波动、违纪违规受到处罚、新员工入店、员工离店时必定谈心;七暖:员工生日一聚会、月评先进一表扬、食宿按月一检查、文体每月一活动、时逢节日一加餐、生病住院一探望、结婚丧事一贺抚。

第一节 领导科学

一、领导概述

(一)领导的本质是影响力

1. 领导要领而导之

(1)领导的含义。领导是领导者指引和影响个人或组织(即被领导者)在一定条件下实现预定目的的行动过程。领,就是政治引领、方向统领、队伍带领与品格率领;导,就是学习先导、专业指导、工作督导与思想疏导;带领着大家干,真情实干、踏实苦干、担当敢干。从心理角度分析,领导就是"让他人做事、把人心安好"。领导的基础是下属,领导的工作是带心,领导的目标是安心,领导的境界是无为。

(2)领导功能。① 组织功能,属于管理学研究的范畴,详见第八章的组织建设内容。② 激励功能,属于心理学研究的范畴。一是提高被领导者接受目标的自觉性和执行任务的积极性,二是激发被领导者实现组织目标的士气,三是提高被领导者的行为效率。

(3)领导作用。毛泽东说:"政治路线确定之后,干部就是决定的因素。"俗话说:"狮子领导的绵羊部队能够打败绵羊领导的狮子部队。"根据二八理论,企业是由少数人来负责与维持的,领导者要承担80%的责任。企业要找对带头人,领导要做好领头雁。领导职责形象地说,一是指方向:"同志们,请往这里走!"二是挥手:"同志们,请跟我一起走!"领导就是激发他人乐于为企业目标而奋斗的历程,进行思想上的引导,业务上的辅导,规则上的督导,人品上的教导。"领导就是服务",领导服务越到位,员工认同越主动,服从也越自觉。这种服务就是六个提供:提供环境和条件、提供平台和舞台、提供规则和规范、提供信息和支持、提供评价和激励、提供疏导和指导。

（4）领导与管理的区别。如表 10-1 所示。

表 10-1　领导与管理的区别[①]

领　　导	管　　理
更具整体性或全局性，看重整体效益	注重局部或部分，看重局部效率
更具宏观性或战略性，注重计划、协调和控制	注重微观性、战术性和专业性，技术性较强，容易规范化和定量化
涉及社会因素复杂，重点在决策层，主要决策者影响大	涉及社会因素较简单，重点在事业层，管理的具体规律和业务对管理影响大
更具变动性和冒险性，常用变革手段打破常规，创造出惊喜来激发群众的积极性和主动性	具有常规性，注重正常秩序的维持
更具超前性，注重发展趋势和前进方向，侧重目标制定和重大决策	注重当前性，注重现实情况和问题，侧重当前活动的落实
更具超脱性，注重从宏观把握过程，从根本上解决问题	更具操作性，注重细节，注重管理要素的科学配置和具体事务性的安排来完成任务

2. 领导应重视心与心的互通

（1）管事先理人。管理是"管事加理人"，事情要靠管，而人要去理。管理侧重事，把事情做好；领导注重人，把人心安好。基层重视作业面，管理偏重制度面，领导重视人性面。领导的工作重点应放在"理人"上，而不是"管事"上。

（2）带人先带心。21 世纪的管理是对人的大脑和心理的管理。心是精神的作用，理性的核心，良知的本质，感情的源泉，行为的动力。被领导的员工是人不是物，只能智取，不能力夺。

（3）理人先安心。要管事，先理人；要理人，先安心。人在哪里不重要，心在哪里才重要。人跟心走，心却不一定跟人走。人在那里，心不一定在那里，而心不在焉、三心二意是做不好工作的；人的事都是从心开始的。

（4）心的互动。心与心的互动才能产生有效感应。① 知心：知人关键知心。领导必须从认识人心、把握人性开始，了解被领导者在什么情境下最乐意接受他人的领导。② 交心：开诚布公，互相谈心，互相了解，遇而能合。③ 连心：出于真诚，互相默契，经历考验，持久不变。④ 关心：重视和爱护被领导者。⑤ 开心：让被领导者受到关心而开心，丝毫没有抗拒的力量。⑥ 放心（安心）：开心之后会好好做事，安心地工作，领导也就能安心了。

3. 领导影响力

领导影响力是指领导者有效地影响和改变被领导者的心理和行为的力量，它是实现有效领导的必要条件，包括权力性影响力与非权力性影响力，如表 10-2 所示。

表 10-2　领导影响力

影 响 力	因　　素	性　　质	心理效应	特　　点	重　要　性
权力性影响力（又称强制性影响力、权力威信）	传统因素	观念性	顺从感	外来性、强制性、阶段性	科学用权，使管理走上正轨
	规范因素	社会性	服从感		
	职位因素	法定性	敬畏感		
	资历因素	历史性	敬重感		
非权力性影响力（又称自然影响力、非权力威信）	品格因素	本质性	敬爱感	内在性、根本性、长远性	更具号召性、感染力，使管理走上高级阶段
	才能因素	实践性	敬佩感		
	知识因素	科学性	信赖感		
	情感因素	精神性	亲切感		

[①] 任静. 旅游心理学[M]. 北京：北京理工大学出版社，2015.

组织赋予权力影响力，自己打造非权力影响力。领导者起码要具备两个条件，一是实力，二是魅力。马云说："领导要比员工强什么？领导永远不要与员工比技能，下属肯定比你强；如果不比你强，说明你用错人了。一个优秀领导人的素质就是眼光、胸怀和实力。要比眼光，比他人看得远；要比胸怀，要能容人、容言、容事情；要比实力，抗失败的能力比他人强。"人格魅力是领导者人品、气质、能力的综合反映。领导者要用好两种权力威信，用好权，首先要铁腕掌权，冷面立威，科学管理，使员工按规范执行，更重要的是靠自己的人格魅力给员工以思想上的正确引导和行为上的良好示范。在管理工作中靠前指挥，在制度执行中严守规定，在用权用人上坚持原则，在处理问题上公道公正，在工作作风上求真务实，在团结共事上胸怀坦荡，努力展示自身过硬、组织信赖、下级钦佩、员工拥护的良好形象。

4. 领导体制

（1）家长制行政领导。老板既是企业财产的所有者，又是企业经营管理者。一切由老板决定，以老板个人经验为转移。资本主义社会发展初期都采用这种领导模式。

（2）经理阶层领导。把企业的财产所有权与经营管理权分离，职业经理人一般都在精通本行业的专家中选拔，也就是"硬"专家转行搞管理。20世纪初、中期一般都采用这种模式。

（3）职业"软"专家领导。20世纪晚期，随着现代化大生产的发展、现代科学技术与生产进一步结合，经营管理的任务日益繁重复杂与重要，管理成为一门科学，从而使以经营管理为专长的职业经理人应运而生，逐步走上了管理第一线，取代了"硬"专家的领导。

（4）专家集体领导。近30年来，现代化的生产与科学技术的高度分化和高度综合，靠职业经理人已不能胜任管理之需了，许多企业出现了集体领导的趋势。公司成立了各类办公室等组织，来替代董事长、总经理一两个人负责决策经营的传统方式，重大事项都要经过共同研讨后才能决定。与此同时出现了大批"智囊团""思想库"，他们给领导机构提供大量信息和资料，起着顾问作用。

（二）领导的最高境界是无为而为，不管之管

1. 老子的"领导"观

老子曰："太上，不知有之；其次，亲而誉之；其次，畏之；其次，侮之。"

（1）高明领导。领导者要善于淡化自己，更多地去做无形的、高端的事情，把有形的、具体的事情交给下属去做。

（2）二等领导。进行人情化、人性化、人本化管理，员工亲近、尊敬、爱戴、喜欢、赞美领导者，形成了"领导爱员工，员工夸领导"的"亲而誉之"的融洽干群关系。

（3）三等领导。实行制度化的科学管理，对员工进行严格监督、控制，让员工无条件服从，老老实实工作，规规矩矩做事。员工钦佩领导者的才华，却不愿接近，畏惧害怕躲避他，形成了"敬而远之""畏之"的干群关系。

（4）差劲领导。领导者自己没本事，却"占着茅坑不拉屎"，不干事，乱干事，甚至干坏事。导致员工看不起他，处处羞辱、蔑视他。形成了摇头叹息、嗤之以鼻、"侮之"的干群关系。

2. 领导风格

（1）一流领导。员工为你主动干，各人尽责是上策。重视塑造自动自发的情境，让员工各自尽心尽力，领导只要表示赞美和感谢。

（2）二流领导。你和员工一起干，有人分忧是中策。领导做好"知人善任"，"群策群力"的工作。领导只要掌握原则，大家便能做好分工内的工作，替领导分忧分劳。

（3）三流领导。埋头苦干，事必躬亲。凡事亲自动手，十分辛苦忙碌。部下袖手旁观，表面应付，实际马马虎虎。凡事都要领导亲力亲为的企业一定做不大、做不长、做不好、做不强。

3. 领导境界

领导者要让他人做事，那么领导者说的话，员工听吗？布置的活儿，员工干吗？一种是拒绝：不听、不干，这种情形不多，这里不做研究。另一种是接受：听话、干活。从心理角度分析，这时又会出现三种境界，如图10-1所示。

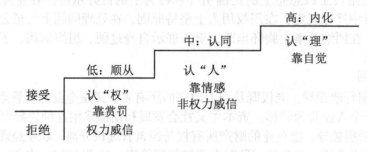

图10-1 领导的三种境界

（1）服从阶段。员工听话、干活，但仅是表面听、表面干，假干、马马虎虎或被动勉强地干。人在心不在，出工不出力，有力不努力，表面敷衍应付，暗里袖手旁观。领导者手中有权，靠着法定的"权"力和刚性的制度，强迫员工服从。员工认的也是"权"，为了自己生存发展，不得不听话、不得不干活。这是低层次的"物本管理"阶段，是以生产为中心、以任务为中心进行"管事"，把人当作机器人，管理方式是通过制度对人实施命令、监督、监控，管理只能起到约束作用。

（2）认同阶段。员工愿听话、想干活；不仅表面服从，内心也认同。员工认的是领导者这个"人"，领导者靠的是和员工之间的情感与关系，以及自己的人格魅力。这是中层次的"人本管理"阶段，管理方式是"理人"，领导者理解、尊重、关心员工，但往往可能仅调动了员工的体力，没激发员工的脑力与内心，员工缺乏内在的工作创造性。

（3）内化阶段。员工发自内心地真听、真干，而且大干、苦干、巧干，工作有积极性、创造性。员工认的、领导者靠的都是一个"理"，这就是企业价值观与共同愿景。这是高层次的"心本管理"阶段，管理方式是"安心"。领导者通过教育、指导与关心，使员工进入高度自动自发的自觉管理阶段，各自尽心尽力地真干。

（三）领导要有将帅意识[①]

1. 领导要有英雄性

领导者应是英雄，要有本领。详见本节的领导影响力和领导品质理论的内容。

2. 领导不露英雄性

领导者要有英雄性，但应不露英雄性。中国人的领导特性有两点，一是带人先带心，二是不露英雄性。人，不能锋芒毕露，也不能深藏不露。目的是要露，但要合理地露，恰到好处地露，站在不露的立场上来露。把表现的机会尽量让给部属，不应该表现时，礼让为先；应该表现时，当仁不让；表现要适可而止。原则是"先求有为，再求不为；先想不露，再合理露"。领导者把自己厉害的英雄性，用不厉害的表面包装起来，而要努力地让下属把厉害的英雄本色表现出来。

---

① 曾仕强. 中国式领导[M]. 北京：北京大学出版社，2005.

3. 领导要搞团队英雄主义而不搞个人英雄主义

领导的本质是用众人之力。《三国演义》中的曹操在官渡之战中，不表现个人英雄性，善听众人意见，发挥众人作用，结果以少胜多；而在赤壁之战中，过度显露个人英雄性，反而大败，说的就是这个道理。领导者要有"将帅意识"，学学中国象棋中的将帅，自己在"九宫格"里运筹帷幄，让本领最大的车马炮和小兵去冲锋陷阵，而不要自己赤膊上阵，当"拼命三郎"。

4. 建立一个和而不同、互补增值的团队

同则不继和则生。在任何一个组织中，人的行为都是互相影响、互相制约、互相补充、互相适应的。不要"能人"团队，而要互补增殖团队。一要防止"核心低能"。兵熊熊一个，将熊熊一窝。二要防止"方向相悖"。要有共同目标与愿景，人心齐，泰山移。三要防止"同性相斥"。一花独放不是春。要异质相补、百花齐放。四要防止"同层相抵"。大材小用，人才浪费；小材大用，贻误工作。内部要团结和谐，不要窝里斗。团队尤其是领导班子必须有一个合理的人才结构。一个组织的效能，固然取决于每个人才的特性，但更有赖于人才队伍整体结构的合理性。结构的残缺会影响组织机构的正常运转，能量的过剩或不协调会增加团队摩擦和内耗。懂得经营管理和科学技术的全才是极少的，绝大多数人都是"偏才"，即具有某一方面的才能。但八仙过海，各显神通，"偏才"组合得好，却可以构成真正的、更大的全才。一个具有合理结构的领导班子，不仅能使每个领导成员人尽其才，做好各自的工作，而且能通过有效的结构组合，发挥出新的巨大的集体力量。企业中往往出现一种有趣的现象：老板与得力干将性格相似、趣味相投的企业问题都比较多，而性格互补的企业都比较健康。领导者之间个性互补为好。如感性的老板在鼓动，理性的老总在执行；外向的老板在激励，内向的老总在操作；董事长在思考，总经理在实践。

5. 打好"团结牌"

（1）团结就是力量，懂团结是真聪明，会团结是真本领。团结出凝聚力，出战斗力，出新的生产力，也出干部。在团结问题上，"一把手"更应带头，做好表率作用。那些孤家寡人，包打天下的超人，是不能长久的。只有靠"众人拾柴"和"三个臭皮匠"之力，工作才能做好。一个手掌，摊开是多个指头，握紧是一个拳头。一个指头劲再大，哪怕是大拇指，其他指头如果不用力，也难以体现出拳头的合力。领导要充分调动大家的积极性，使大家各司其职，各负其责，各展其才，从而使这个团队捏成拳头，打出"团结牌"，形成凝聚力。领导要与人为善，常怀善念，广结善缘，广行善事。大事要理直气壮地坚持原则，小事要讲风格、讲胸怀、讲谦让，不必斤斤计较，多想人家好处，在相互配合中加深了解，努力营造一心一意干工作，尽心尽力谋发展的良好氛围。

（2）一把手要做到：统揽不包揽，善断不武断，信任不放任，大度不失度。作风民主，尊重别人，集思广益。坚持原则，把握全局，听得进不同意见，不搞一言堂，对班子既注意放手工作，又要注意检查督促。大事讲原则，小事讲风格。最大限度地把各方面的积极性调动起来。爱护不袒护，放手不放纵，严格不严厉，宽容不纵容。一把手好比打篮球：把握全场抓住关键（篮板球，易得分也易失分）；确保一分球（罚球）；打好两分球（正常球）；力争三分球（禁区外投篮）。

（3）副职要做到：到位不越位，服从不盲从，补台不拆台，分工不分家。做事要到位，但不能错位，更不能越位。识大体、顾大局，既按照分工积极主动地做好所分管的工作，又要维护班子的集体领导。不利于团结的话不说，不利于团结的事不做。保证思想上同心，目标上同向，事业上同干，形成干事业的良好环境和氛围。二把手好比踢足球：定好位；不错位；要补位；不越位。掌握分寸识时务，站起来比他（一把手）高，却要弯腰行动。多做细节，狠抓落实，并以合适的方式提醒正职。

二、领导理论

（一）品质理论（领导魅力理论）

1. "双十品质"论

日本企业界要求企业领导者应当具备：① 十项品德：使命感、责任感、信赖感、积极性、忠诚老实、进取心、忍耐心、公平、热情、勇气。② 十项能力：思维决策能力、规划能力、判断能力、创造能力、洞察能力、劝说能力、对人理解能力、解决问题能力、培养下级能力、调动积极性能力。

2. "十大条件"论

美国普林斯顿大学鲍莫尔教授提出企业领导人应具有十大条件：① 合作精神。能赢得人们的合作，愿与其他人一起工作；对人不是压服，而是感服和说服。② 决策才能。依据事实而非依据想象进行决策，具有高瞻远瞩的能力。③ 组织能力。能发挥部属的才能，善于组织人力、物力和财力。④ 精于授权。能大权独揽，小权分散；抓住大事，把小事分给部属。⑤ 善于应变：权宜通达，机动进取；不抱残守缺，不墨守成规。⑥ 勇于负责。对上级、下级、客户及整个社会抱有高度责任心。⑦ 敢于求新。对新事物、新环境、新观念有敏锐的感受能力。⑧ 敢担风险。敢于承担企业发展中不景气的风险，有改变企业面貌、创造新局面的雄心和信心。⑨ 尊重他人。重视和采纳别人意见，不武断狂妄。⑩ 品德超人。高尚品德为社会人士、企业职工所敬仰。

3. "九商"理论

近年来不少学者对"魅力型领导"这一概念发生兴趣，并在科学的基础上赋予新的含义。事业成功、人生幸福靠"九商"。

（1）品商（也称德商）。蒙牛集团牛根生说："一个人智力有问题是次品，一个人灵魂有问题就是危险品。"具备优秀品格的领导者有巨大的号召力、动员力、说服力。良好的职业道德应做到：实践第一，实事求是；人民至上，坚持真理；战略眼光，世界思维；正气浩然，廉洁奉公；尊重人才，尊重知识；心胸宽广，容纳百川；谦虚谨慎，宽容待人；以身作则，言行一致；百折不挠，朴实无华等。要有"三业精神"，即敬业、专业和精业。竭尽全力完成任务，实现组织各类目标；处理好上下、内外、团体局部利益和总体利益等各种关系；在取得成绩时，勇于进取和探索；在承受风险和困难时，不畏首畏尾，敢于开拓新的局面。具有社会责任感，敢于负责、承担责任。

（2）心商。详见第一章心商的内容。

（3）志商。确立人生志向与目标的能力。马克斯·韦伯说："任何一项事业背后，必须存在着一种无形的精神力量。"康德说："世界上有两件东西能深深震撼人们的心灵，一件是我们头顶灿烂的星空，另一件是我们心中崇高的道德准则。"人生因理想而伟大，小志小成，大志大成。人生发展规律是：志向—启动目标—启动欲望—启动性格—启动态度—启动习惯—决定人生命运。许多人失败，不是因为没有才干，而是缺乏志向和清晰的发展目标。

（4）智商。领导要有本领，成为通才，员工应是专才。领导者不仅应耳聪目明，更应有智慧之光。想象力的丰富更是创造性地完成任务和开拓创新的基本保证；高度发展的思维能力，能科学地、实事求是地分析判断事物，透过现象看到本质所在。领导者的语言艺术尤显重要，掌握语言表达的技巧，具有说服别人的本领，有说话使人高兴的能力。具有领导特殊能力，如调查研究能力、决策指挥能力、目标规划能力、规范制定能力、选人用人能力、统筹协调能力、激励感召能力、学习创新能力等。有创新的胆略，务实的精神，灵活的应变。

（5）情商。就是非智力因素，详见第一章情商的内容。

（6）逆商。认识逆境与战胜逆境的能力。在意志品质上有高度的自觉性、果断性、坚韧性和自制性。"苦难是人生最好的老师"，花盆长不出万年松、院子跑不出千里马。人要经风雨，见世面。伟大的人格无法在平庸中养成，只有经历熔炼和磨难，视野才会开阔，灵魂才会升华，人生才会走向成功。

（7）悟商。即灵商，对人与事的本质的慎思明辨的顿悟能力。有悟性，有领悟能力，一点就透，能举一反三，悟商高低对人的影响巨大。

（8）财商。理财能力，特别是投资收益能力。你不理财，财不理你。做企业管理，一定要懂经营，善管理，控成本，能盈利。

（9）健商。对健康的智慧和维护健康的能力。身体的承受力、适应力、抗病力和体能等身体素质。健康高于财富。健商不是先天决定的，教育、知识、毅力都可以提高一个人的健康商数。健商理念认为：一个人的情感、心理状态以及生存环境和生活方式，都可以对他产生直接影响。良好的健康状态涉及一个人的诸多方面，包括生理的、心理的、情感的、精神的、环境的和社会的，以及良好的生活质量。

4. "双型"理论[①]

（1）转变型领导理论。转变型领导者能激励下级把组织的利益置于个人利益之上，对下级有巨大的影响力。他们具有魅力型领导者的各种特征，他们会向下级制定远大目标，能获得下级的尊重和信任，能激励下级思考问题和慎重处理问题，帮助下级从新的视角看待原问题。这是一种改革创新型的领导者。

（2）超越型领导理论。超越型领导比转变型领导更进一步。他们会帮助下级发现、利用和最大限度地发挥自己的能力，他们会授权下级对组织做出充分贡献。这种领导方式的关键是要求下级进行自我领导，把下级培养成自我领导者；训练下级自我设置目标，对行为进行内在强化；自我安排工作，同时进行自我批评和表扬。另外超越型领导本人能为下级做出领导榜样，通过令人信服的榜样力量显示自我领导，鼓励下级按这种方式进行演练，形成自我领导和创新的思维模式。

（二）行为理论

1. 作风理论

根据领导者行使权力和发挥影响力的方式，美国学者怀特、李比特将领导分为三种：民主式领导、放任式领导、专制式领导。领导方式越民主，团体士气就越高，工作绩效也越明显；领导方式越专制，团体士气会受到消极影响，工作成果就越差，领导者也会被孤立；放任式的领导方式会严重影响团体的士气，领导者没有权威，团体的目标难以达到。但也有异类，如有人通过对军队的调查，发现具有专制作风的人所领导的军队，战斗力最强，独裁型性格的人喜欢有指挥能力的专制领导者。

2. 两元理论（领导行为四分图）

美国俄亥俄州立大学研究小组把领导行为归纳为组织与体贴两个方面。组织是指领导人在建立组织形态、沟通途径及程序、方法等方面的行为，以关心事为导向；体贴是指领导者在建立与员工之间的友谊、信任、尊重及和睦关系方面的行为，以关心人为导向。组成一个坐标图，有四个象限，如图 10-2 所示。① 低体贴、高组织的领导。最关心的是工作任务的完成。② 高体贴、低组织的领导。更重视组织内的管理关系和互尊互信的气氛。③ 低组织、低体贴的领导。对工作任务和下属需求都不太关心。④ 高组织、高体贴的领

[①] 王婉飞. 旅游心理学[M]. 2 版. 杭州：浙江大学出版社，2017.

导。对工作任务和下属需求都很关心。研究发现，越是强调抓组织、关心人的领导者，其领导效能越好。深入研究发现，在生产部门，抓组织与效率有正比关系，关心人与效率有反比关系；而在非生产部门则正好相反。但从整体看，关心人是更有效的领导行为。

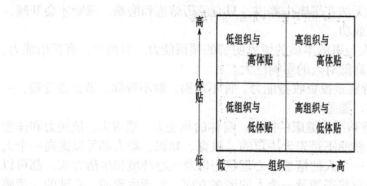

图 10-2　领导行为四分图

3. 管理方格理论

美国心理学家布莱克和莫顿构造了一个管理方格图，如图 10-3 所示。横坐标表示管理者对生产的关心程度，纵坐标表示对人的关心程度。纵横交错、从低到高，构成了 81 个方格，代表了 81 种不同领导风格。其中有五种典型的管理方式，其领导效果依次为：

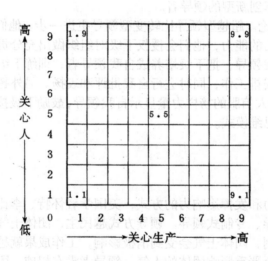

图 10-3　管理方格理论

（1）1.1 型管理："贫乏管理"。低关心生产、低关心员工，是不合格的领导者，是管理者和企业的失败，一般很少出现。

（2）1.9 型管理："乡村俱乐部式管理"。低关心生产、高关心员工，认为只要员工精神愉快，生产成绩自然很高。这种管理的结果可能是很脆弱的，一旦和谐的人际关系受到影响，工作效率就会随之降低。

（3）5.5 型管理："中间式管理"。关心生产、关心员工都一般。努力保持和谐，以免顾此失彼。但是，由于企业固守传统习惯和产品，缺乏创新和进步，从长远观点看，会使企业逐渐落伍，甚至被淘汰。

（4）9.1 型管理："任务管理"。高关心生产、低关心员工，是合格的领导者。只注重生产任务的完成，不关心人的因素。上级监督和控制，下级奉命行事，是一种专制式的管理，最后，管理者同员工可能转向"1.1 型管理"。

（5）9.9 型管理："战斗集体管理"。高关心生产、高关心员工，是优秀的领导者。发扬集体精神，员工运用智慧和创造力进行工作，人际关系和谐，任务完成出色。

此外，还有卡特赖特和詹德的 P、M、PM 型领导理论，日本大阪大学教授三隅二不二的 PM、P、M、pm 四种类型的领导理论，其内容与两元理论大同小异。

（三）人性理论

（1）X 理论。领导者采用什么领导行为是基于对被领导者人性的假设。道格拉斯·麦格雷戈提出了两种对立的人性假设理论。X 理论对人性的假设是"性恶论"。多数人天生是懒惰的，尽可能逃避工作，为此必须加以强迫、控制、指挥，以惩罚相威胁，才能使他们付出适当的努力。多数人干工作是为了满足个人基本生理需要和安全需要，只有用金钱才能激励他们。持 X 理论观点的领导者对下属不信任，采取集权专制的领导方式，用控制与惩罚的方法进行管理。

（2）Y 理论。Y 理论对人性的假设是"性善论"。一般人都是勤奋的，在良好的环境中工作如同娱乐和休息一样自然。人在工作时能实现自我指挥、自我控制，愿意承担责任。大部分人具有较高的想象力和创造性，一般人的潜力只利用了一部分。持 Y 理论观点的领导者对下属高度信任，会采取授权民主的领导方式，用激励手段进行管理。

西方企业管理持 X 理论，一般都采取"严格控制"的专制型领导方式；东方企业管理持 Y 理论，大都采取人情化的领导方式。现在组织成员的文化水平、受教育程度、专业技术知识等得到了大幅度的提高；随着劳动生活质量的提高，组织成员的个人需求越来越多样化，在这种背景下，持 Y 理论观点的领导者越来越多。

（3）超 Y 理论。X 理论与 Y 理论的人性假设都有一定的片面性。人性是复杂的，具有两面性，既有恶的一面，又有善的一面。根据复杂人性的假设提出了超 Y 理论。超 Y 理论认为，有效的领导行为取决于员工不同的人性，人性恶时要采用 X 管理，人性善时要采用 Y 管理。有效的领导行为与工作环境、性质密切相关：采用流水线生产，劳动重复、单调的工厂，需要明确的制度与规范，严格的监督和控制，因而实行 X 管理比较相宜；而对研究所来说，放手让科研人员自由选题和自主研究，能充分发挥他们的积极性和创造性而获得高效率，因而实行 Y 管理比较相宜。

（四）权变理论

1. 权变理论概述

权变理论也称情境理论，是 20 世纪 70 年代初西方管理学界一种新的管理思想。权变就是随机制宜、随机应变的意思。领导是一个动态的过程，领导的有效性取决于领导者、被领导者和特定环境这三个因素的相互作用。权变理论强调领导者在采取领导行动时，需要根据具体环境条件的不同而采取相应不同的领导方式。世界上没有一成不变的、普遍适用的"最佳的"管理理论与方法，没有最好的管理，只有恰好的管理；没有最先进的管理，只有最适合的管理。一切要从实际出发，因人而异、因事而异、因境而异。

2. 主要权变理论简述

（1）菲德勒权变模式。菲德勒把人格测量与情境分类联系起来研究领导效率。他提出，领导者采取关系导向还是工作导向的领导行为是相对稳定的，领导情境中可归纳出领导者与被领导者的关系、工作结构和领导者的地位权力三种基本因素，并根据每一种基本因素的好与差、强与弱、大与小等多种组合，把下属所处的工作情境分为八种类型，结果汇总成表 10-3 所示。

表 10-3 菲德勒领导形态与情境变量之间的相关分析

对领导的有效性	有利			中间状态				不利
情境状态	1	2	3	4	5	6	7	8
领导者与被领导者的相互关系	好	好	好	好	差	差	差	差
工作任务的结构	明确	明确	不明确	不明确	明确	明确	不明确	不明确
地位权力	强	强	强	弱	强	弱	强	弱
领导方法	指令型			宽容型		无资料	无关系	指令型

研究结论：在最有利的情境 1、2、3 和最不利的情境 8 的条件下，应"以任务为中心"的领导行为最有效；在中等条件的情境 4、5、6 中，应"以关系为中心"的领导行为最有效。

（2）成熟度理论。根据领导者的成熟度与员工的成熟度的不同来采用不同的领导行为。领导者与员工的成熟度都可以分为四种：不成熟、初步成熟、比较成熟与很成熟。领导者成熟度的因素有：权威（小—大）、理论水平（低—高）、领导艺术（差—好）、领导经验（少—多）、工作经历（短—长）、责任心（差—强）、运用知识的能力（一般—好）、工作熟练（一般—熟练）。员工成熟度的因素有：能力（知识、技能、经验：强—弱）；努力（态度、毅力、积极心：大—小）。当领导者成熟度大于员工成熟度 2 度时，命令式的领导方式较好；大于 1 度时，宜用说服式的领导方式；两者相等时，可用参与式的领导方式；领导者成熟度小于员工成熟度时，应用授权式的领导方式。

（3）领导生命周期理论。美国俄亥俄州立大学心理学家卡曼把领导行为四分法与阿吉里斯的"不成熟—成熟"个性理论结合起来，提出了领导生命周期理论，如图 10-4 所示。该理论强调，有效的领导行为必须与下级的成熟程度相适应，才能取得良好的效果。对不成熟的员工宜采用高工作、低关系的命令式领导行为；对初步成熟的员工宜采用高工作、高关系的说服式领导行为；对比较成熟的员工宜采用高关系、低工作的参与式领导行为；对很成熟的员工宜采用低工作、低关系的授权式领导行为。随着员工经验的增长，员工逐步由不成熟向成熟发展，因而，领导行为也应该按照"命令式—说服式—参与式—授权式"推移变化。

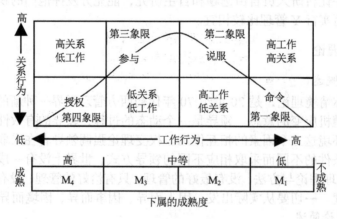

图 10-4 领导生命周期理论

（4）领导新模式。根据上述理论，可衍化成几种新的领导行为模式。①"技能"与"心理"模式。对技能不成熟与心理不成熟者，应多督导、多支持；对技能不成熟与心理成熟者，应多督导、少支持；对技能成熟与心理不成熟者，应少督导、多支持；对技能成熟与心理成熟者，应少督导、少支持。②"任务"与"关系"模式。对目标明确、难以管理的人，轻任务与重关系；对自觉性强、工作时间长的人，轻任务与轻关系；对新员工，要重任务与重关系；对刚上岗、积极性高的人，可以重任务与轻关系。

（5）领导—成员交换理论。[①] 这是一种最新领导理论，又称为"领导的垂直双向连接模型"。领导—成员交换理论认为，领导者对待下级是有区别的，并不是理论假设的一视同仁的，而是有亲疏之分、远近之别的。领导者与下级个人的关系各不相同，领导者将根据自己与下属的亲疏关系施以不同风格的领导。这种关系有两类：① 与"圈内"人的关系。领导者对这类人委以重任，给予较多的关心、帮助和支持，对他们更加信任，对他们的需要也更为敏感，提供较多的参与决策的机会。而这些下属则以更加努力工作、愿意承担重大责任和取得优异成绩予以回报。双方行为依靠的是这种人际交换而不是正式岗位职权的运用，因而这种非正式的、"圈内"的下级往往具有较高的工作绩效、较高的工作满意感和较低的离职率。② 与"圈外"人的关系。在这种关系中，下级接受上级的正式职权以换取应得的工资报酬。这虽然也是一种交换关系，但没有密切的私人友谊，他们之间是一种职务上的正式关系。比较而言，"圈外"人的工作绩效和工作满意感要低于"圈内"的人。

第二节 领导艺术

一、中国人与中国文化[②]

（一）一阴一阳之谓道

《易经·系辞上》曰："一阴一阳之谓道。"中国文化是阴阳文化。

（1）抓住根本——阴阳。宇宙最基本的秘密就是阴阳，阴阳是构成宇宙万事万物最基本的元素。世界一切事物都是阴阳，或者说都可以分为阴阳。物质有阳性物质与阴性物质，现象有阳性现象与阴性现象，规律有阳性规律与阴性规律。

（2）掌握规律——关系。世界变化的规律存在于阴阳对立统一关系之中，这种关系是相生、相克、共存、转化的关系。孤阴不生，独阳不长。阴中有阳，阳中有阴。阴极而阳，阳极而阴。阴阳是一个整体，里面包含两种成分。合起来叫太极，分出去叫阴阳。讲一，就是太极，讲二，就是阴阳。

（3）建立系统——和谐。① 多样性。同为水，海阳刚，湖阴柔；同为山，岭阳刚，丘阴柔；同为人，军人阳刚，诗人阴柔。② 复杂性。山是刚的，却是静态的；水是柔的，却是动态的。秦腔旦角可能比越剧小生阳刚，南方桂林的山可能比北方黄河阴柔等。③ 统一性。宇宙是个整体，不能分割。宇宙有各式各样的物质，能和谐共处，因为有共同的因素。

世界是相对的、变动的、合一的，万物具有多样性、复杂性与统一性的特征。这种阴阳观念深刻影响着中华民族与中国文化。管理科学没有国界，文化却有民族性。领导要素之一是环境，领导者要根据不同的文化背景对不同的被领导者采取不同的领导艺术。

（二）中华民族思维特点

（1）两难。客观事物矛盾复杂、对立统一，表现在中国人的思维上是两难。中国人有几句话要好好体会：随便，都可以，很难讲，不一定，看着办，看你怎么讲，随便你讲。

---

① 王婉飞. 旅游心理学[M]. 2版. 杭州：浙江大学出版社，2017.
② 曾仕强. 管理思维[M]. 北京：东方出版社，2005.

中国话有时是矛盾的。如既讲逢人只说三分话，又讲事无不可对人言；既讲当仁不让，又讲礼让为先；既讲坚忍不拔，又讲刚愎自用；既讲穷寇勿追、归师勿遏，又讲宜将剩勇追穷寇。因此，不能断章取义，只强调任何一句。孔子的"无可、无不可"，说明任何措施都是两难的道理，天下没有"非如此不可"的事情，任何事情都有例外。

（2）兼顾。中国文化是阴阳文化，充满着辩证法。如严爱结合、刚柔相济、恩威并重、软硬兼施、情理均衡、文武兼备、虚实结合、动静相宜、内外兼修、攻守兼备、统筹兼顾等。人要知足知不足，知足常欢乐，知不足常自省；有为有不为，有为常发奋，有不为常自洁。头脑要冷，心里热。做事如山，做人如水。做事斤斤计较抓细节，做人宽宏大量善包容。做事要高标，做人要低调。有声有色地工作，有滋有味地生活，有情有义地交往。领导要有"两把刷子"、两种手段，才能"荡起双桨，驶向彼岸"。这就是科学与艺术、赏与罚、奖与惩、甜头与苦头。身处两难，必须兼顾，用兼顾来突破两难。兼顾，就是全方位，面面俱到，兼容并蓄，兼顾各方。西方人绝对，是选择，二选一，非是即非，非此即彼，倾向对立，易走极端。结果，太刚易折，太柔易靡。中国人相对，要兼顾，二生三，多了一些选择，多了灰色地带。

（3）合理。① 中庸。中，就是不走极端。既不缺位，也不越位；既不过头，也不掉队。走过头等于跟不上。中，就是守住中道，无过无不及，不偏不倚，不亢不卑，不即不离，不疾不徐，恰到好处。中，也是好的意思。庸，就是不唱高调。庸是普通、常用的意思。中庸，就是最适合。既不唱高调，也不趋下流；既反对只有追求，也反对没有底线。世界上没有最好，只有最适合。对你最合适的就是最好的。中庸是处世哲学，是做人艺术。② 合理。不但是合境、合时、合事、合法、合人、合己，更重要的是合理、合道。中国人为人、处世、做事讲究合理。适合，就是恰到好处；合理，就是圆满。"这样做是对的，可惜不够圆满"，中国人要求把事情做好，而不仅仅是把事情做对。③ 和谐。君子和而不同，小人同而不和。和实生物，同则不继。"水清则无鱼，人至察则无徒""峣峣者易折，皎皎者易污"。清一色不一定是好事，相反，越是多样，越有差异，越好。多样统一才是和谐。

二、"两手"艺术：严字当头

有四种代表性的人类组织力量，可在企业管理中运用和借鉴。① 宗教的信念。这种力量直指内心，人们自觉自愿地做事。虽没有强制，但这种力量之大，任何商业机构都望尘莫及。② 军队的号令。军人的天职就是执行命令。这种力量是强制性的，违约成本很高，执行力很强。③ 企业的利益。商业最根本的是追逐利益，商业通过财富分配、创新奖励、奖勤罚懒等方式凝聚力量。④ 家庭的关爱。这是人类最小组织的凝聚力，也是最自然，最生物性的力量。虽然企业是一个商业组织，但是，这四种力量都应该在企业里加以借鉴。纯粹的商业利益不够平衡、丰满。这四种力量，信仰、纪律、利益与爱，应在不同的时间与情境交错使用，打造出一个有信仰、有执行力、充满爱的组织。

管理要从科学管理开始，待有了成效、形成习惯以后，再实行人本管理，这才是最有效的管理之路。没有从严的科学管理，一开始就实行所谓的感情管理是要坏事的。科学管理，其一是管理制度化，工作标准化，服务规范化，操作程序化，检查经常化；其二是熟悉 PDCA（布置、落实、检查、反馈）管理模式。要高字对标，严字当头，实字托底，细字贯穿。

（一）严谨的计划：树立共同愿景

1. 管理的首要职能是计划

详见第九章的组织建设的内容。

2. 领导的核心作用是总览全局

（1）基层员工。活在"昨天"的人，他们要有执行力，必须按照以前制定的规章制度办事，干紧急而又不太重要的事。

（2）中层管理。活在"今天"的人，必须随时解决今天发生的问题，干紧急而又重要的事，进行现场管理。他们要有转化力，使高层的目标能转化成具体明确的指令，上情下达、下情上传。

（3）高层领导。活在"明天"的人，要有前瞻力，预测未来，思考不太紧急而又十分重要的事。领导的头等大事是战略指挥，即做正确的事情，忽视战略是小生产者的观念。领导要突出把方向、管大局、做决策、保落实。领导要集中精力抓大事、做实事、不出事，从烦琐小事中解放出来。领导要看别人看不见的事，做别人做不了的事，算别人算不清的账。领导之妙在于"管头管脚"，而不是从头管到脚。领导应该做的工作是：规划发展战略、慎重科学决策、制定企业制度、组建管理团队、配置人力资源、紧抓策略执行、督导检查任务、绩效考核评估、重视沟通激励、处理外部关系、塑造企业文化、应对企业危机以及处理例外原则等工作。形象地说，领导就是画远景、谋大事、读好书、见高人、琢美玉、成伟业。

（二）严密的制度：建立管理标准

1. 制度意识

科学管理的核心是制度。管理一定要制度化，仅靠情感、良知维系一个组织是不够的，还必须运用制度的力量。制度是组织运行的一系列规则的总和，是特定的管理体系，长期运作会成为一种机制，使其竖能传代、横能复制。制度不是万能的，但没有制度是万万不能的。在管理中，规则比技术重要，制度比道德重要。好制度与环境是比个人素质更重要的东西。"有好制度，坏人也干不了坏事；无好制度，好人也可能干坏事。"好的机制可以将坏人变好，没有约束的环境可以将好人变坏。

2. 制度原则

（1）法理原则。对员工而言，凡是制度未禁止的，都是允许的（法无禁止即可为）；对管理者而言，凡是制度未允许的，都是禁止的（法无授权不可为）。

（2）两条线。保护线越低，稳定面越宽；惩罚线越高，约束力越强。

3. 制度特点

（1）规范正式。标准格式，程序审核，形成文字。

（2）公平一致。对象没有例外，程序不容更改，标准不准变通，体系不能简化。

（3）执行有力。合乎人性，事前培训，领导率先。

（4）权变有度。处理灵活，制度调整。

4. 制度内容

详见第九章的组织建设的内容。

5. 制度要求

（1）科学。管理一定要制度化，制度必须合理化。制度要符合客观规律，具有人性化和可执行性；制度配合要协调互补，不矛盾、不冲突。

（2）全面。制度内容要全面，要有决策机制、执行机制、反馈机制和监督机制四方面的制度；制度要与流程、表单配套，容易执行、规范执行。

（3）细致。制度要具体、明确，尤其是操作性的制度，尽可能地在时间、空间等方面进行细化与量化，使其具有可操作性、可检查性、可追踪性。

（4）平衡。仅仅制度化的管理绝对不是好的管理，因为制度化会把人搞得很僵化。制度只能管例行，没法管例外。制度要与时俱进，学会动态平衡。

（三）严格的执行：没有任何借口

1. 执行力含义

（1）"善学者尽其理，善行者究其难。"执行就是贯彻履行，承办经办，坚守操守。执行力就是人们按照特定的意志和目标贯彻下去并取得一定效果的能力。战略规划在于"做正确的事"，执行力在于"正确地做事"。合理、严格的制度对每一个组织都是极其必要的。制度不仅要有，而且要严，特别是执行要严。制度执行不严，就等于没有。有了愿景，关键在于执行落实。

（2）缺乏执行力的表现。虎头蛇尾、浅尝辄止、应付了事、马虎轻率、遇事拖延、投机取巧、偏离目标、眼高手低、推卸责任、循规蹈矩等。

（3）缺失执行力的原因。① 思想认识原因。对偏差无所谓，对工作不用心，没有常抓不懈的理念。② 传统文化原因。只注重所谓的质，不注重"量"。③ 制度原因。目标不清，盲目行事；出台制度不严谨，朝令夕改；制度本身不合理，流程设计不科学，缺乏细化量化的标准，缺乏针对性。④ 管理原因：缺乏培训，不明白操作程序与标准；缺乏良好的执行方法，缺少科学的监督考核机制；赏罚不明，难以齐心协力。

2. "知道，更要做到"

（1）明确职权关系。在管理中，下级听谁的？"谁大，听谁的""谁对，听谁的""谁与我关系好，听谁的""谁管我，就听谁的"。正确的理念应该是"谁管我，就听谁的"。但在管理中，经常会出现前面几种尤其是第一种情况，造成管理混乱。正确处理好上下级关系，要坚持六项准则：上级为下级服务，下级对上级负责；上级关心下级，下级服从上级；上级可越级检查，下级不允许越级请示；下级可越级投诉，上级不允许越级指挥；上级考评下级，下级评议上级；下级出现错误，上级承担责任。

（2）态度决定一切。认真做事，只是把事情做对；用心做事，才能把事情做好。无须别人催促，主动去做应做的事，而不半途而废。争取一次就成功，次次都做好。强化思想教育，始终把人的价值观念、工作态度的教育放在首位，坚守理想信念，补足精神之"钙"，筑牢思想之"魂"。

（3）解码执行细节。把高端的愿望解码成执行的细节。企业目标靠"共识"才能执行，解决问题要有切入点、引爆点，要结合本单位、本部门的实际情况，将领导的目标解码成每个岗位、每个人应该做的事情。上级要指导下级解码，下级要学会解码。将责任、权利、义务按内容和层次一层一层分解，分别落实到每一级管理者和员工身上。

（4）有效下达指令。工作指令要明确、清楚、完整，让下级知道五个"明了"：明了所做事情的目的、意义和目标；明了相关的制度；明了自己的工作职责和权限；明了可利用的内外部有形、无形的资源；明了需要配合的相关部门、人员和权限。保证指令的统一性、一致性，不能经常变更指令，或者是多头指挥，以免员工无所适从。使下属积极接受工作指令。

（5）养成服从意识。对工作要坚决服从，没有任何借口。某些员工在执行中总是问得太多（问一大堆废话，找一大堆借口），做得太少。借口就是拖延的温床，找借口就是在推卸责任。不要陈述不行的理由，要去寻找可行的办法。成功的人找方法，失败的人找借口。找方法才能成功，找借口只会失败。合理的要求是训练，不合理的要求是磨炼。有制度，按制度办；没制度，按指示办；都没有，按先例办；什么都没有，"看着办"。

（6）细节影响成败。天下大事必作于细，天下难事必作于易。千里之堤，溃于蚁穴。小事做透，举轻若重；大事做细，举重若轻。精细化管理时代，要讲精细、讲细节。执行成功的要诀是：细节细节再细节，检查检查再检查。

（7）养成汇报习惯。员工经常向上级主动汇报，便于上级及时了解最新情况，使之放心，同时有问题可以随时修正。那些能及时向上级汇报的人，往往能取得上级最大的信任，也是升职最快的人。① 下级怎么汇报。尊重领导，礼让三分。伦理社会，不可没大没小。不要提问题，而要有方案，让领导决策。只说过程和想法，不可替领导做决定。简明扼要，不可烦琐啰唆，使人厌烦。与领导想法有分歧时，想尽办法做调整。汇报要择时、择机，点到为止。汇报时不能出卖任何同事。② 上级怎么听汇报。自己先故意不讲，让员工讲；员工不讲领导才问，让下级养成汇报习惯。越级报告是非常态，不可以听，也不能不听。对打小报告的人要保密，要认真倾听，但不必亲自处理。少做指示，让下级学会动脑筋，借用别人的智慧，找出最佳方案。把自己的意见变成下级意见，让下级自己说。尽可能听取各种不同意见。保持紧急时发号施令的权力。

（8）全程检查督导。详见标题（四）的内容。

（9）学会诚实总结。恩格斯指出："最好的道路就是从本身的错误中，'从亲身经历的痛苦经验中'学习。"毛泽东总结自己成功的经验是"总结经验"。可口可乐公司说："写下你过去半年所做的，做你以后半年所写的。"每天记录、归纳和总结自己的工作。总结要三思而行，正思、反思、再合思，多谋善断，谋定而动。总结要实事求是，不要报喜不报忧。对自己多找问题，对下级多看优点。

（10）敢于承担责任。领导的责任就是"承受一切，助人成功"。工作意味着责任，负责任的人是成熟的人。敢于负责就是大胆工作，敢抓敢管，尽职尽责，奋发有为；而不是不负责任、不求有功但求无过。要克服事事企求安稳、时时患得患失、处处畏首畏尾的情绪。要不怕担风险，不怕担责任，不怕得罪人，不怕遭非议。遇到问题不回避，遇到困难不躲避，遇到风险不逃避。敢于迎难而上，勇于承担责任，善于总结经验。工作中有三种责任：一是领导责任，这是最浅的责任，道义责任。二是管理责任，管理缺陷、制度不健全，做得不到位，领导应承担管理责任。三是直接责任，负全责。领导能负责，会负责，负好责，做到权责对等。

（四）严实的督导：加强现场质检

1. "员工不会做你要求的，只会做你检查的"

（1）完整的管理工作链，必须有布置、有检查、有反馈。① 事前控制。预防为主，全面质量管理，ISO 质量体系认证。② 事中控制。走动管理，现场纠正。③ 事后控制。服务补救，投诉管理。

（2）质量管理程序

未预防：进行预防

已预防：—未纠正—进行纠正

　　　　—已纠正—未出现问题

　　　　　　　　—已出现问题—未补救（满意或不满意）

　　　　　　　　　　　　　　—补救（满意或不满意）

（3）管理的一半是检查。各司其职，各负其责。工作要定责、执责、问责与追责。以责促行，以责问效。凡事以目标结果为导向，事事追求一个好的结果。没有督察，很容易产生无效管理；没有检查，督查就无从谈起；检查之后不处理，检查就流于形式。督察：督任务、督进度、督成效；察认识、察责任、察作风。

2. 建立质量检查制度

（1）质检体系。① 调查体系。针对顾客的，以提高顾客满意度为中心。② 检查体系。

以质检员的日常巡查为基础，以相关部门之间的综合大检查为辅，以发现问题、针对重复出现的问题进行专项检查为重点。③ 评价体系。质检后进行加分、扣分，根据最后分值，进行奖惩。

（2）质检内容。想要员工重视什么，你就检查什么；哪里没有检查，哪里就会有问题；有问题不可怕，可怕的是查不出问题；查不出问题，一定是检查者出了问题。强调对管理者的管理，对检查者的检查。管理者"要有一双发现问题的眼睛"，成为专业人士。管理者发现不了问题的原因有：缺乏走动管理，标准过低，要求过松，眼光太低，没有认真分析客人的需求等。

（3）检查方法。① 由上而下，领导带头。强调对检查者有检查，层层监督，领班有主管监督，主管有经理监督，经理有总监监督，总监有总经理监督。② 每事必查、每日必查、每周必查、每月必查。③ 全位质检、全程质检，全员质检。a. 内部检查：综合检查、职能检查、专职检查、专项检查、交叉检查。b. 外部检查：政府的旅游、消防、安全、卫生防疫部门的检查、顾客满意度调查与"神秘顾客"暗查。

（4）质检要求。反复抓、抓反复。海尔集团张瑞敏说："管理是一项笨功夫，没有一劳永逸的方法，只有深入细致的反复抓、抓反复，才能不滑坡、上档次。"现在抓到了，水平达到 10，用不了多久肯定下落到 8，或者下落到 6；再抓，下次回落的时候就不会掉那么多了，逐渐就会非常自然地达到较高水平。

（5）问题整改。管理就是发现与解决问题的过程。发现与解决问题"三不放过"：找不到具体责任人决不放过，找不到问题的真正原因决不放过，找不到最佳解决方案决不放过。

（五）严肃的评价：做好绩效考核

（1）考核机制。事事有标准，人人要考核，个个被评估。考核结果与赏罚挂钩。

（2）考核内容。① 德。道德、品性、工作态度、敬业精神、进取精神、责任感、自觉性、积极性等。② 能。学识水平、工作能力。③ 勤。纪律性、出勤率、人际关系、服务意识、合作性、礼节礼貌、仪容仪表等。④ 绩。数量质量、考勤守时、突出贡献。⑤ 廉。管人、管钱、管物的岗位须考核清廉，公私分明。

（4）考核方法。实行"客评、他评、互评"考核制度。客人考核一线，上级考核下级，下级考核上级，平级互相考核，部门对部门进行考核，新员工岗前培训考核，离职员工对酒店和部门考核，同行对接待工作的考核等全方位的考核。

（5）考核要求。必须客观公正，能量化的量化，不能量化的尽量细化。企业、部门、班组做好各自负责的年度、季度、月、周、日考核考勤。考核工作表现只谈行为不谈个性。少讲概念性的东西，要有行为的描述。

（六）严明的赏罚：艺术运用奖惩

（1）合乎民意。人的本性是"利之所至，趋之若鹜；害之所加，避之不及"。因此，"赏之以众情所喜，罚之以众情所恶；赏一人而万人喜，杀一人而三军震"。

（2）奖勤罚懒。奖罚与业绩挂钩，不能干多干少一个样。业绩大的多奖赏，业绩小的少奖赏，没业绩的不奖赏，偷懒的必须惩罚。

（3）赏罚贵信。赏不可虚设，罚不可妄加。用赏者贵信，用罚者贵必。信赏必罚，其足以战。

（4）赏罚公平。赏不可不平，罚不可不均；罚之贵大，赏之贵小。

三、"两手"艺术：爱在其中

管理偏重制度面，领导偏重人性面。管理要从是非化（慎断是非、去非存是）—标准化（把是非列为标准，大家都看清）—制度化（把标准定为制度，大家共同遵守实行）发展。但是，制度化的管理并不是最好的管理，把所有成员看成是"平均人""机械人"，僵化、缺乏应变，不切时宜，制度化很难适应组织成员的个别差异。因此，管理应进一步向制度化—合理化—人性化发展。仅有严字当头的管理，只能进入管理的低级阶段，即顺从阶段；同时爱在其中，才能使管理进入高级阶段，即内化阶段。

每个人的心中都有善的萌芽，要开花结果就要靠爱的阳光雨露。爱，是人类的原精神，是人类幸福的支点，是一切精神价值的基础，是一切美的源泉。人的本性是自私，管理的本质是大爱。真正的管理学不是为了让人们听从你的使唤，而是为了让人们懂得如何热爱自己的人生、热爱自己的工作。

（一）尊重人

《正面管教》的作者简·尼尔森指出："爱一个人，必须爱到足以尊重他，才是真正的爱。真正的爱是尊重的，是无条件的，不评判的，不伤害的，是鼓励的，是支持的。如果有人说爱我，但没有以上这些元素，我不稀罕。"

（1）尊重人权。天赋人权，公民都享有宪法和法律赋予的各种权利，包括生命权、获得及维护私人财产权、追求幸福权、自由权、知情权、话语权、参与权、平等权、受尊重权等基本权利。生命诚可贵，健康价更高。以人为本，首先要以人的生命为本；科学发展，首先要安全发展；和谐社会，首先要关爱人的生命。漠视和践踏一个人付出的劳动，实际上是对其生存价值的否定。正如如家酒店集团总裁孙坚所说："一家不能保障员工经济权利，却高唱尊重员工的企业是虚伪的。"员工首先要赚得一份心安理得的工资，然后才能谈得上尊重的环境。

（2）尊重人格。尊重，就是尊敬、重视。"理人"，就是心中有人，看得起他。人格平等，关键是起跑线要平等，程序要公正。工作中，"各人事、各做主，两人事、商量办"。领导就是"我支持你做什么，而不是我指示你做什么"。美国著名心理治疗师维琴尼亚·萨提亚说："我想爱你，而不用抓住你；欣赏你，而不需批评你；和你在一起，而不需伤害你；邀请你，而不必强求你；离开你，也不需说歉疚；批评你，但并非责备你；帮助你，而没有半点看低你；那么我俩的相会就是真诚的，而且能彼此润泽的。"

（3）尊重人性。香港凤凰卫视某主持人一语中的击中了一些"服务业基层员工长期不受尊重，被顾客当牛马使唤，被上司当不知疲劳的机器使用，但就是没人认真把他们当人看"的丑陋现象。把企业仅看成是一块写满利润程序的主板，那是无法兼容人性的。其管理的结果之一，或是惨痛的失败，员工像"野蛮人"，难以驯化，总是在管理者目力不及的时候恢复原形；结果之二，或是悲痛的成功，员工像"机器人"，按照事先程序刻板的回应顾客要求。企业要成为基于人性的企业，牢记并践行"员工是人"的理念，了解人性，把握人性，符合人性。

（二）理解人

（1）了解人。"没有调查就没有发言权"，科学决策产生于正确认知，正确认知来自于深入的调查研究。领导者要把 80% 以上的时间用于调研，了解事，了解人。领导要了解你的员工，了解你的团队。要知面、知心、知德、知才、知趣、知型、知长、知短。领导要了解员工的个人情况（人口统计学信息、家庭情况、住宿远近等）；学识才能（学历、经历、阅历、心历，专业培训、知识才华）；性格性情（内外向、长短处、优弱点）；兴趣爱好（专业技能、特殊才能）；发展潜能（今后会展现的长处，独特优势）；行为方式（干得如何，言行一致）；价值取向（为什么做，原因何在）；业绩表现（以往业绩）等方面的内容。当然，领导也要让你的员工与团队了解你，了解你的愿景、你的工作作风、你的个性特点。相互了解，才能更好地沟通。了解人，要全面，避免片面性；要看到人具有层次性、多样性、复杂性和内在矛盾性的特点，避免简单化、片面化、绝对化。

（2）善解人。理解是爱的别名，没有理解就没有爱。丰富而深刻的亲密感不是来自原始的体贴，而是来自彼此心灵的沟通。使人感到孤独的真正原因并不是独处，而是没有人能来分享自己的感受，找不到一个可以畅所欲言、无所顾忌的倾诉对象。善解人意就要设身处地，将心比心。许多矛盾来自误会，许多误会是由于沟通不善。解决之道的关键是沟通，而沟通要学习技巧。

（3）谅解人。承认差异，会导致差异缩小；允许失败，将导致不怕失败。要创造一个宽松的环境，不怕失败，鼓励尝试失败，接受享受失败，就会不怕失败，通过失败看到成功。遇事应冷静对待，不可大惊小怪、视而不见、曲意包庇，应尽快补救，减少损失。分析原因并考虑事情的处境及难处。事情处置应既讲原则（批评教育、严肃查处），又讲感情（爱护、宽容、理解、抚慰）。

（三）教育人

1. 学习理念

（1）终身学习的理念。终身学习化不仅强调终身学习，更要使学习完完全全地融入生活、融入工作、融入人生，做到生活学习化、人生学习化、工作学习化。我们处在一个多变、巨变、快速变化的信息时代，知识更新日新月异，每个人都需要不断地学习以适应现代社会的需要。彼得·圣吉说："未来唯一持久的优势，是有能力比你的竞争对手学习得更快。"

（2）学习是成功之母的理念。人不是生而知之，而是学而知之，学而能之，学而领先之。我们始而行，行而惑，惑而疑，疑而所解，解而终归于悟。行—惑—疑—解—悟的过程就是学习。学习是解惑感悟的过程，是进步的前提，是成功的基础，是超越的基石，是自我思想的产床。"失败是成功之母"，按照强化理论也可说"成功是成功之母"。可是不总结经验、不刻苦学习，失败可以成为失败之母，成功也可以成为失败之母。从本质上说，总结经验、持续学习才是成功之母。成功的实质不是战胜别人，而是战胜自己。你不可能去阻止别人的进步，你唯一能够改变的就是自己，改变自己的唯一途径就是学习。

（3）人品决定产品的理念（详见第一章第二节的人品的内容）。

（4）企业是学校，领导是老师的理念。企业发展人才先行，人才发展培训先行。企业是学校，好企业一定是好学校，差企业必然是差学校；领导是老师，好领导一定是好老师，差领导必然是差老师。办企业在某种意义上说就是办学校，总经理就是校长，部门经理就是系主任，各位主管就是老师。企业不仅是个生产系统，更是训练系统、教育系统，它不仅生产产品，更多的是生产"人"。企业应该成为一个学习型企业，学习要实现三个转变：从"要我学"到"我要学"的转变，从"个人学"到"团队学"的转变，从"高潮式学习"到"恒温式学习"的转变。

2. 培训原则

（1）培训观念。以用为本、以用论教。用，就是实际、实践，培训要联系实际，为实践服务；用，就要以学员为中心来开展培训活动。

（2）培训原则。干什么，学什么；缺什么，补什么；发展什么，培训什么。带着问题学，急用先学，学用结合，学出成效。

3. 培训方法

有一个正确的培训机制，有一个具有实际运作的培训组织，有一套推进企业培训发展的政策，有一支训练有素的训导师队伍，有一定数量的培训经费和设施设备，有一套适合不同员工、不同岗位、不同内容的培训方法。

（四）信任人

1. 多宽容

孔子曰："宽则得众。"人有多大胸怀，就有多高境界；人有多高境界，就能干多大事业。人的胸怀有多大，事业就有多大；人的视野有多宽，道路就有多宽。宽容待下，给下属以良好的心理影响，使其感到亲切和温暖，并在工作中发挥自己的潜能，为实现企业目标而奋斗。居上不宽是管理者的致命伤。

（1）容人。一个人是否成功，关键不在"力量"，而在"雅量"。① 容人之长。看人首先看优点与长处，善于发现他人身上的闪光点；先看其长、后看其短。善于短中见长、正视长中之短。不要带着偏见或挑剔的眼光看待别人，而要客观、公正地去注视别人的优点。只看到别人的缺点和不足的人，永远不会受人欢迎，也永远不会成功。② 容人之短。扬长避（容）短，庸人变人才；舍长就短，人才变庸人。如果因为人才有缺点而弃置不用，那是很不明智的。③ 容人之过。"水至清则无鱼，人至察则无徒"，非原则性的问题，不必较真。④ 容人之异。承认差异，承认个性，允许别人发表不同观点。不要轻易争辩，指责别人的错误。

（2）容言。纳言优于纳才，法治优于人治。纳言重的是思想或建议本身，并不注重人的身份。宽容来源于对每个人权利的尊重：我虽然不赞成你的观点，但我坚决捍卫你发表观点的权利；我虽然不支持你的行动，但我坚决维护你合法行动的自由。领导要搞群言堂，不要搞一言堂。决策过程中要善于倾听不同的意见，采纳正确的建议。

（3）容事。推功揽过原则：有功不贪而退、有过不推而揽、有难不惧而上。

2. 多表扬

"人性的第一原则是渴望能够得到赞赏"。管理中的每一项措施要让员工感到"您重要！"肯定是一个人的力量源泉，领导要学会常夸奖，多表扬。

3. 多信任

（1）"用人不疑，疑人不用"。用人之道：信、赏、罚。欧阳修曰："任人之道，要在不疑。宁可艰于择人，不可轻任而不信。"用人关键是信任，不疑关键是放手（放心、放权）。领导就是"我支持你做什么，而不是我指示你做什么"；管理是管工作如何，而不是管如何工作。对人的尊敬是信任。信任你的操守，就不会把你当贼防；信任你的能力，就会把重要的事情委托给你。人被信任了，才会有责任感。信任不是说出来的，而是做出来的。如企业"六给"：一给员工更多的发言渠道和表现机会，如总经理信箱、店刊、店报、主题演讲会、自由谈、知识竞赛、员工艺术团等。二给员工更多的参与管理的途径和机会，如"诸葛亮"会、干部扩大会、征求意见会、建议有奖活动等。三给员工更多的展现优秀形象的方式和机会，如光荣榜、明星奖、荣誉称号、表彰大会、委屈奖、奖励旅游等。四给基层管理人员和普通员工更多的对客服务的处置权，如更换权、打折权、部分免单权、限额自主应急采购权、要求对客服务配合权等。五给员工创造更加舒适和宽松的硬环境和软环境，如改善员工的住宿条件，改良组织氛围和人际关系，改变不良的领导作风和不当的管理方法。六给员工更加广阔的发展机会和空间，如帮助员工设计职业生涯计划、轮岗锻炼等。

（2）"用人要疑，疑人要用"。疑人仍可用，用人也要疑。疑则问、问则管、管则治、治则重在制度约束。工作信任的标志是授权。会有滥用权力的情况吗？有，但不能为了杜绝少数极端自私和道德不端之人，而放弃对绝大多数人的信任。权力不论大小，没有制约都会被滥用。制约权力就要把权力关进制度的笼子。

（五）激励人

详见本书第八章的内容。

（六）关爱人

人需要生理、心理、物质、精神等方面的关爱。领导给员工更多的关爱，员工给企业更多的回报。良好的企业文化应该是像学校一样培养价值观念，像军队一样奉行严格纪律，像家庭一样营造温馨气氛，像狮子一样领导绵羊部队。管理应该以人为本、以用为本、以能为本、以心为本。造物先造人、做事先理人、育人先育心。让员工"用心极致"地在为客人提供"满意加惊喜"的服务中，实现自身的价值，产生自豪感。对员工进行全面、细微、有责任心的关爱主要体现在以下六个方面。

（1）身心健康。生命诚可贵，健康价更高。关心员工的身体健康，高度重视劳动保护与劳动安全，进行健康知识的教育；关心员工因压力所造成的心理紧张和各种心身疾病，帮助员工进行心理调适。

（2）薪酬优厚。按照市场机制与本企业、本岗位的工作强度和工作要求，制订合理、公平、具有吸引力的工资制度。根据员工的业绩获得公正的薪酬。

（3）氛围和谐。创造有温度的氛围环境，既创造一个安全、舒适、方便休息的自然物理环境，更要创造一个温馨、温暖、和谐的文化氛围。

（4）职业发展。准确了解和把握员工需求，正确评价员工个人能力和潜力，指导、考评、帮助员工制定与实现职业生涯的规划，为员工创造有施展才华、发挥能力的平台，有接受培训、提高本领、实现自我价值的发展空间，有获得成就感和自我实现感的工作。

（5）生活质量。要了解员工的现状与难处、需求与不便、痛苦与问题，关心他们最现实、最直接的利益，解决他们的难点、痛点和堵点问题。不仅要关心员工的工作质量，而且要关心他们的生活质量；不仅要关心8小时以内的工作，而且要关心8小时以外的生活；不仅要关心员工本人，而且要关心员工的家属；不仅要关心员工的物质生活，而且要关心员工的精神生活。

（6）敢于担当。领导要从严要求下级，真心爱护下级。在下级努力工作时，又要形成尽责免责、创新容错机制，为担当者担当，为负责者负责，为干事者干事。

> **案例讨论**
>
> **【案例10-2】华住的"用人哲学"**[①]
>
> （1）对员工，用法家思想。华住约有3万多名员工，他们有三个基本诉求：报酬有竞争力、工作稳定、工作环境轻松愉快。基于连锁酒店的特点和对员工诉求的分析，对于基础员工，笔者建议采用春秋时期的法家思想来管理。法家思想强调规则、精准执行。《韩非子·用人》中提到："使中主守法术，拙匠守规矩尺寸，则万不失矣。君人者，能去贤巧之所不能，守中拙之所万不失，则人力尽而功名立。"这句话很好地概括了标准化、流程化的重要性，强调了执行力的重要性。高标准、严要求必须配合高

---

① 季琦. 上一个10年华住的"用人哲学" [EB/OL]. [2014-10-15]. https://www.meadin.com/column/109238.html.

回报，基层员工的薪酬必须和经营业绩挂钩。应多劳多得，不能搞平均主义，否则企业就难以持续发展，员工工作的稳定性也就没法保证。华住真诚地将每一位员工都看作家人。一个门店、一个部门就像一个小家庭。因为利益不是大家抢来、争来的，而是大家齐心合力做出来的。业绩好的总是那些团结齐心的门店。除了创造轻松愉快的工作氛围，华住还设有互助基金，帮助那些遇到困难的家庭。

（2）对管理者，用儒家思想。华住的大部分管理者，都是早期加入公司，跟着公司一起成长起来的。华住的管理者跟基层员工一样，也要养家糊口，因此，基本的需求也是丰厚的薪酬。不同层次的管理者有不同层次的需求，中层管理者对于发展空间和学习成长有更多的期待，高层管理者还需要归属感和事业感。对于中基层管理人才，儒家思想是合适的管理哲学。诸葛亮曾说"鞠躬尽瘁，死而后已"，儒家的敬业、忠诚跃然纸上。对中基层管理人才的管理可归纳为仁爱、忠义、礼和、睿智、诚信。儒家代表人物王阳明提倡"知行合一"，理论和实践相结合，不能纸上谈兵。这种思想适合中基层管理者的职责，他们所思考的主要是战术问题，如怎么做这个门店，怎么管好团队，华住需要大量"知行合一"的中基层管理人才。

（3）对高管，用道家思想。华住内部将总部平台负责人、"C"字头高管、大区负责人、品牌事业部负责人定义为高层管理者。对于这一群体的管理可以借鉴"道家"思想，引导他们从战略层面看问题，而不能仅仅要求其停留在战术层面。华住需要一批优秀的领导者，而不仅仅是简单的执行者，或者只知道盯着绩效指标、职务和奖金的高级打工者。华住所需要的是具有主人翁精神的创新者、领导者、管理者。

实训项目

1. 分析"没有最好的管理，只有恰好的管理"，论述情境理论的重要性。

2. 根据领导理论阐述老子"太上，不知有之；其次，亲而誉之；其次，畏之；其次，侮之"的含义。

3. 讨论"狮子领导的绵羊部队能够打败绵羊领导的狮子部队"这一说法。

4. 为什么要严爱结合的管理？如何来践行严爱结合的领导艺术？

5. 研讨中国人的哲学源头《易经》的核心观点体现出来的思维特点。

参考文献

[1] 屠如冀. 旅游心理学[M]. 天津：南开大学出版社，1986.
[2] 小爱德华·J. 梅奥，兰斯·P. 贾维斯. 旅游心理学[M]. 南开大学旅游系，译. 天津：南开大学出版社，1987.
[3] 吴正平. 旅游业心理学[M]. 济南：山东友谊书社出版，1987.
[4] 卢家楣. 现代青年心理探索[M]. 上海：同济大学出版社，1989.
[5] 岳祚苇. 旅游心理学[M]. 上海：同济大学出版社，1990.
[6] 吴正平. 实用服务心理学[M]. 北京：中国旅游出版社，1991.
[7] 吴正平. 旅游心理学教程[M]. 北京：北京旅游教育出版社，1994.
[8] 吴正平. 现代饭店人际关系学[M]. 广州：广东旅游出版社，1996.
[9] 刘纯. 旅游心理学[M]. 天津：南开大学出版社，2000.
[10] 孔祥勇. 管理心理学[M]. 北京：高等教育出版社，2001.
[11] 陆永庆. 旅游交际礼仪[M]. 2版. 大连：东北财经大学出版社，2001.
[12] 甘朝有. 旅游心理学[M]. 天津：南开大学出版社，2001.
[13] 吕勤. 旅游心理学[M]. 北京：中国人民大学出版社，2001.
[14] 吴正平. 旅游心理学[M]. 北京：旅游教育出版社，2003.
[15] 曾仕强. 领导与激励[M]. 北京：清华大学出版社，2003.
[16] 孙喜林. 旅游心理学[M]. 大连：东北财经大学出版社，2004.
[17] 屠如冀，叶伯平等. 现代旅游心理学[M]. 4版. 青岛：青岛出版社，2004.
[18] 国家旅游局人事劳动教育司. 导游知识专题[M]. 北京：中国旅游出版社，2004.
[19] 杜炜. 旅游心理学[M]. 北京：旅游教育出版社，2005.
[20] 秦明. 旅游心理学[M]. 北京：北京大学出版社，2005.
[21] 曾仕强. 中国式管理[M]. 北京：中国社会科学出版社，2005.
[22] 曾仕强. 管理思维[M]. 北京：东方出版社，2005.
[23] 曾仕强. 中国式领导[M]. 北京：北京大学出版社，2005.
[24] 李一文. 旅游心理学[M]. 大连：大连理工大学出版社，2006.
[25] 李长秋. 旅游心理学[M]. 郑州：郑州大学出版社，2006.
[26] 曾仕强. 管理大道[M]. 北京：北京大学出版社，2006.
[27] 田利军. 旅游心理学[M]. 北京：中国人民大学出版社，2006.
[28] 叶伯平. 职业点菜师[M]. 北京：北京轻工业出版社，2006.
[29] 李祝舜. 旅游心理学[M]. 北京：机械工业出版社，2007.
[30] 黄安民. 休闲与旅游学概论[M]. 北京：机械工业出版社，2007.
[31] 陈筱. 旅游心理学[M]. 武汉：华中师范大学出版社，2008.
[32] 苏立. 旅游心理学[M]. 北京：电子工业出版社，2008.
[33] 李雪冬. 旅游心理学[M]. 天津：南开大学出版社，2008.

[34] 赵淑云. 旅游心理学[M]. 合肥：安徽大学出版社，2009.

[35] 叶伯平. 旅游心理学[M]. 北京：清华大学出版社，2009.

[36] 吕　勤. 旅游心理学[M]. 北京：北京师范大学出版社，2010.

[37] 李清霞. 旅游心理学[M]. 兰州：西北工业大学出版社，2010.

[38] 叶伯平. 餐饮企业人力资源管理[M]. 北京：高等教育出版社，2010.

[39] 刘俊丽，陈静，陈英等. 旅游心理学[M]. 武汉：中国地质大学出版社，2011

[40] 朱承强. 现代饭店管理[M]. 2版. 北京：高等教育出版社，2011

[41] 薛群慧. 旅游心理学[M]. 北京：科学出版社，2011.

[42] 刘德秀，秦远好. 旅游心理学[M]. 重庆：西南师范大学出版社，2011.

[43] 上海市健康促进委员会办公室. 上海市民心理健康知识120问[M]. 上海世纪出版股份有限公司，2012.

[44] 任　静，李文艳. 旅游心理学[M]. 北京：北京理工大学出版社，2015.

[45] 王婉飞. 旅游心理学[M]. 2版. 杭州：浙江大学出版社，2017.

[46] 叶伯平. 宴会设计与管理[M]. 5版. 北京：清华大学出版社，2017.